西安交通大学 | 本科"十四五"规划教材

社会保障学

（第三版）

主　编　温海红
副主编　张泽滈　胡　晗

西安交通大学出版社

图书在版编目(CIP)数据

社会保障学 / 温海红主编. —3 版. —西安：西安交通大学出版社，2023.9(2024.6重印)
ISBN 978-7-5693-3312-1

Ⅰ.①社… Ⅱ.①温… Ⅲ.①社会保障－高等学校－教材 Ⅳ.①C913.7

中国国家版本馆 CIP 数据核字(2023)第 119742 号

书　　名	社会保障学(第三版) SHEHUI BAOZHANG XUE(DI-SAN BAN)
主　　编	温海红
责任编辑	李逢国
责任校对	郭　剑
装帧设计	伍　胜
出版发行	西安交通大学出版社 (西安市兴庆南路1号　邮政编码 710048)
网　　址	http://www.xjtupress.com
电　　话	(029)82668357　82667874(市场营销中心) (029)82668315(总编办)
传　　真	(029)82668280
印　　刷	西安日报社印务中心
开　　本	787mm×1092mm　1/16　印张　16.125　字数　411千字
版次印次	2023 年 9 月第 1 版　2024 年 6 月第 2 次印刷
书　　号	ISBN 978-7-5693-3312-1
定　　价	49.80元

如发现印装质量问题,请与本社市场营销中心联系。
订购热线:(029)82665248　(029)82667874
投稿热线:(029)82664840
读者信箱:xj_rwjg@126.com

版权所有　侵权必究

前言

民生是人民幸福之基、社会和谐之本。社会保障是保障和改善民生、维护社会公平、增进人民福祉的基本制度,是促进经济社会发展、实现广大人民群众共享改革发展成果的重要制度安排。伴随我国社会经济体制的改革,为了积极应对人口老龄化挑战,国家高度重视社会保障体系建设。近年来,社会保障制度的公平性和普惠性不断提升,目前,我国建成了覆盖城乡居民的世界上规模最大的社会保障体系。

中国特色社会主义进入新时代,社会主要矛盾已经转化为人民日益增长的美好生活需要和不平衡不充分的发展之间的矛盾,为此社会保障体系建设也要顺应时代的发展变化,坚持新发展理念,不断优化制度设计,以中国特色社会保障理论体系指导社会保障制度实践的深入改革,以实现社会保障事业的高质量发展。同时加快建成全覆盖、多层次的中国社会保障体系,最终实现幼有所育、学有所教、劳有所得、病有所医、住有所居、老有所养、弱有所扶、贫有所帮、灾有所援的民生保障目标。

早在20世纪90年代末,随着社会主义市场经济体制的建立,国家十分重视社会保障专业人才的培养工作,自1998年以来社会保障学科发展已有20多年的历史,全国已有100多所高校开办劳动与社会保障本科专业,已建成"本—硕—博"的人才培养体系,为国家社会保障实践发展输送了一批又一批专业人才。

本书共分十章内容,具体分工如下。温海红(西安交通大学):第一章、第三章、第七章;王立剑(西安交通大学):第九章和第十章;商存慧(西北工业大学)第六章;杨潇(西安交通大学):第八章第一节和第二节;张泽滈(西安交通大学):第四章、第六章第四节、第八章第三节和第四节;胡晗(西安交通大学):第二章和第五章;章芬(西安交通大学):第六章第六节。全书由温海红负责统稿。

本书注重理论联系实际,内容具有系统性、全面性及前瞻性,各章节配有案例分析和复习思考题,有助于启发学生思考未来如何完善社会保障制度。本书不仅可作为普通高校劳动与社会保障、财政学、行政管理、人力资源管理等相关专业的本科生教材,也可作为人力资源和社会保障、民政实务工作者的培训教材。

本书在编写中参考和引用了大量的相关著作、教材和论文,在此对相关作者表示衷心感谢,同时衷心感谢西安交通大学出版社李逢国编辑及全体工作人员的大力支持和帮助。

由于时间比较仓促,加之水平有限,书中可能有许多不足之处,敬请读者提出宝贵意见和建议。

编者
2023年5月

目 录

第一章 导论 (1)
第一节 社会保障的概念与理念 (1)
第二节 社会保障制度的特征与功能 (6)
第三节 社会保障学的研究对象和方法 (10)

第二章 社会保障产生与发展 (13)
第一节 国外社会保障产生与发展 (13)
第二节 中国社会保障产生与发展 (15)

第三章 社会保障理论 (27)
第一节 古代社会保障理论 (27)
第二节 现代社会保障理论 (30)
第三节 马克思主义社会保障理论 (34)

第四章 社会保障制度模式 (43)
第一节 投保资助型 (43)
第二节 福利国家型 (51)
第三节 国家保险型 (56)
第四节 强制储蓄型 (60)

第五章 社会保障制度的经济效应 (67)
第一节 社会保障制度与经济增长的关系 (67)
第二节 社会保障制度与储蓄 (70)
第三节 社会保障制度与资本市场 (73)
第四节 社会保障制度与劳动力市场 (76)

第六章 社会保障体系构成 (86)
第一节 社会保险制度 (86)
第二节 社会救助制度 (107)
第三节 社会福利制度 (111)
第四节 军人保障制度 (115)

第五节　补充保障制度……………………………………………………（122）

第七章　社会保障水平……………………………………………………（144）
　　第一节　社会保障水平的概念和特点……………………………………（144）
　　第二节　社会保障适度水平………………………………………………（148）
　　第三节　中国社会保障水平………………………………………………（152）

第八章　社会保障管理……………………………………………………（158）
　　第一节　社会保障管理概述………………………………………………（158）
　　第二节　社会保障管理体制概述…………………………………………（160）
　　第三节　社会保障信息化管理……………………………………………（167）
　　第四节　社会保障经办管理………………………………………………（177）

第九章　社会保障法………………………………………………………（193）
　　第一节　社会保障法的概念和原则………………………………………（193）
　　第二节　社会保障法的产生与发展………………………………………（200）
　　第三节　中国社会保障法…………………………………………………（206）

第十章　国外社会保障制度………………………………………………（214）
　　第一节　英国社会保障制度………………………………………………（214）
　　第二节　德国社会保障制度………………………………………………（221）
　　第三节　美国社会保障制度………………………………………………（229）
　　第四节　日本社会保障制度………………………………………………（237）

参考文献……………………………………………………………………（248）

第一章 导论

学习目标

掌握社会保障的概念和理念
掌握社会保障制度的特征与功能
掌握社会保障的研究对象和方法

关键概念

社会保障　社会保障理念

第一节　社会保障的概念与理念

一、概念与原则

（一）社会保障的概念

"社会保障"一词,源于英文的"social security",意为社会安全,最早出现于1935年美国国会通过的《社会保障法案》中。该法案将社会保障界定为:"社会保障是对国民可能遭遇到的各种危险如疾病、年老、失业等加以保护的社会安全网。"美国社会保障制度的建立引起世界各国的关注,此后"社会保障"一词被广泛使用,各国根据其经济水平、文化和价值观等建立了社会保障制度。

1942年国际劳工组织指出社会保障是"通过一定的组织对这个组织的成员所面临的某种风险提供的保障;它为公民提供保险金,并预防和治疗疾病,在一个人挣不到钱时,资助并帮助他重新找到工作"。社会风险的客观存在是社会保障制度产生的前提条件,国际劳工组织对社会保障制度承担的风险在1952年的《社会保障最低标准公约》中界定为生育、疾病、伤残、失业、养老、居住和灾害七大风险。2004年9月国际劳工组织在北京召开的国际社会保障协会第28届全球大会中提出,社会保障是一项基本人权,是增强社会凝聚力,确保社会和睦、社会包容的根本手段。它是政府社会政策的一个不可缺少的部分,也是预防和缓解贫困的一个重要工具。2007年国际劳工组织又提出基本社会保障的概念,包括基本医疗保健、家庭基本福利、老年人和残疾人的基本养老保险,提供基本社会保障是政府的义务。

我国是在20世纪80年代中期引入"社会保障"一词的,国内学者对社会保障概念的解释不尽相同,归纳起来为:社会保障是国家依法通过强制手段,采用国民收入再分配的方式,对暂时或永久失去劳动能力或因各种原因导致生活困难的社会成员提供基本的生活保障。1998年劳动和社会保障部成立后,对社会保障做了全面的概念界定,即:"社会保障是指国家通过立法,积极动员社会各方面资源,保证无收入、低收入以及遭受各种意外灾害的公民能够维持生存,保障劳动者在年老、失业、患病、工伤、生育时的基本生活不受影响,同时根据经济和社会发展状况,逐步增进公共福利水平,提高国民生活质量。"[1]

社会保障的概念可分为广义和狭义两种,狭义的社会保障是指社会保险,广义的社会保障包括社会保险、社会救济、社会福利、家庭津贴、住房保障。不论是广义还是狭义的社会保障,都是从一国制定的社会政策角度来认定,欧洲福利国家把社会保障作为社会福利(social welfare)中的一个子项目。

随着社会经济的发展变化,社会保障概念的内涵也在不断丰富,其发展经历了"社会救助→社会保险→社会保障→社会福利→社会保护"几个阶段,社会保障的覆盖范围越来越广,保障对象从特殊人群到全体国民,社会保障成为社会经济发展的"稳定器""保护器""调节器"。社会保障的内涵可归纳为以下几方面:

(1)社会保障的责任主体是国家。社会保障是一项重要的社会公共产品或"准公共产品",需要政府通过公共财政支出为国民提供社会公共产品,而社会保障制度的设计、实施都必须由国家统一组织和管理。

(2)社会保障是社会的安全阀。任何社会的经济发展需要一个稳定的社会环境,社会保障作为社会发展的稳定机制,为了消除各种社会风险和劳动风险给社会成员带来的暂时或永久的困难,通过不同的保障项目为他们提供基本生活保障,以保证经济社会的协调发展。

(3)社会保障是国民收入再分配的一种手段。在市场经济条件下,初次分配是按生产要素所有权来分配的,注重效率原则,这种分配必然导致社会成员之间分配不公,出现贫富两极分化现象,会引起社会阶层之间的矛盾,对社会稳定构成威胁,于是政府为了弥补初次分配的缺陷,实现社会公平,通过国民收入再分配的手段,征收社会保障税(或社会保障费),为社会成员基本生活权利提供安全保障,实现社会公平与公正。

(4)社会保障的实施依据是国家立法。社会保障的目的是保障社会成员的基本生活需要,为了确保社会成员的基本生存权得以实现,必须有法可依。一方面表现在雇主和雇员要依法履行缴费义务和享有保障待遇的权利;另一方面表现在根据法律规定征收社会保障基金,以确保社会保障制度的正常运行。

(二)社会保障遵循的原则

1. 公平原则

在社会保障设计中,必须打破各种身份限制,公平地对待每个国民,并确保其享受到相应的社会保障权益;在社会保障实践中,必须更多地维护好弱势群体的利益,以此达到缩小贫富差距,促进整个社会健康、和谐发展的目标。社会公平是社会保障的基本原则,主要体现在以下几个方面:一是保障范围的公平性,即不应对保障对象的性别、职业、民族等身份有所限制;二是保障待遇的公平性;三是保障过程的公平性。强调社会保障公平性原则的同时也要兼顾效率。

2. 与社会经济发展相适应原则

社会保障是国家用经济手段来解决社会问题,进而达到特定的政治目标,因此,社会保

---

[1] 成保良. 社会保障概论[M]. 北京:九州出版社,2001:4.

的发展必须坚持与社会经济发展相适应的原则。一方面,社会发展变化决定着社会保障的结构变化;另一方面,社会保障的确立无一例外地需要相应的财力支撑。与社会经济发展相适应是各国建立社会保障的基本原则。在坚持这一原则时,应当全面理解这一原则的含义,既不能单纯强调社会发展的需要,也不能单纯强调与经济发展水平相适应,而是需要综合考虑社会发展需要和经济发展的承受能力,否则,便会顾此失彼,使社会保障在实践中陷入被动。

3. 责任分担原则

只有确立责任分担原则,并按照这一原则来让政府、企业、个人乃至社会等合理分担社会保障责任,社会保障才可能获得持续发展并有利于整个社会的和谐发展。在政府改革向小政府、大社会格局和有限责任政府迈进的过程中,社会保障亦日益呈现出政府主导和社会分责的发展趋势。坚持责任分担原则,实现正式制度安排与非正式制度安排的有机结合,既是政府无法完全包办社会保障事务以及正式制度安排难以满足国民日益增长的福利需求的现实使然,也是提高社会保障公共资源的效率并充分调动民间与社会力量,共同促进社会保障事业发展的必由之路,最终目的都是为了提高国民的福利水平。需要指出的是,国家虽然不能将非正式的社会性保障纳入正式的制度安排,却应当积极引导并发挥各种非正式制度安排的作用,正式制度安排与非正式制度安排的有机结合,将放大整个社会保障体系的效能。此外,对中国等具有家庭保障传统的国家而言,社会保障与家庭保障相结合亦应当成为责任分担原则的具体体现,将家庭保障作为整个社会保障制度安排的基础,将有利于促使整个社会保障步入稳定、健康、良性的发展轨道。

4. 普遍性与选择性相结合原则

与普遍性原则相比,选择性原则下的社会保障显然不可能是全民保障,因为人们对社会保障的需求客观上存在着差异,国家的财政实力亦有强弱之分,尤其是一些发展中国家的地区发展很不平衡,这些条件极大地制约了普遍性原则的实现,而遵循选择性原则既能够满足社会成员不同的社会保障需求,亦不会超越社会经济发展水平而构成沉重包袱。其实,选择性原则的实践为普遍性原则的落实创造着条件,在肯定普遍性原则并尽可能地推进社会保障公平性与公正性的同时,不能将选择性原则与普遍性原则对立起来,而应当承认发展中国家按照选择性原则或普遍性与选择性相结合的原则来建立社会保障的合理性与过渡性。

5. 互济性原则

社会保障是对社会高收入群体与低收入群体收入分配的调整,"劫富济贫"是社会保障资金筹集与使用过程中通行的原则,也是富人与穷人在同一社会、同一制度下获得共同发展的一种有益的协调机制。互济性原则还体现在社会对遭受风险的群体进行物质帮助方面,如在职者与失业者、年老者与年轻者、患病者与健康者的互助互济。互济性原则既是社会保障赖以生存与发展的基础,也是增进整个社会协调发展的重要条件。在理论与实践中,互济性原则其实是以互惠制为基础的,即"我为他人做贡献,他人也为我做贡献",两者互为条件、互相促进。社会保障正是这种互助或互惠制的强制化、固定化和规范化。

6. 强制性原则

为了切实保障社会成员的基本生活,社会保障一般采用以国家信誉作担保,以法律法规明确规范作保证的强制性原则。国家法律硬约束与政府干预贯穿于社会保障正式制度安排中,但是在非正式制度项目中,通常采取自愿选择方式。社会保障必须以社会保障法律作为制度确立的标准,作为实施社会保障项目的依据,作为政府管理与监督社会保障事务的依据。不仅企业与个人需要依法承担相应的社会保障义务,享受相应的社会保障权益,政府在管理与监督社会保障事务时亦必须依法行政而不能越权行事。

7. 多样性原则

由于社会保障影响和制约因素的复杂化,社会保障制度安排需要体现多样性原则,具体包括:①制度模式的多样化,以适应不同的社会群体的需求;②项目结构的多样化,不能用一种办法涵盖社会保障的全部内容;③待遇水平的多样化,不同的社会保障项目在待遇水平上具有一定的差异,如养老金待遇、失业救济和城市居民最低生活水平救济待遇水平之间的差异。

二、社会保障理念

(一)内涵

理念在不同的领域,针对不同的主体有不同的理解。理念是古希腊哲学家们的一个用语。柏拉图认为理念是"独立存在于事物与人心之外的"一般概念,它是事物的原型,事物不过是理念的不完善的"摹本"或"影子",理念在本质上就是一种观念。我国《辞海》相关词条把"理念"作为与"观念"相同的概念。但理念又不是一般的观念,它是有关事物的性质、宗旨、结构、功能和价值的一些达到理性具体的观念和信念。

理念在社会制度中具有特殊的地位与作用。理念是社会制度背后的核心动机,是社会制度建构的指导思想和创立宗旨,也是社会制度的精髓和灵魂。通常认为一个社会制度有四个基本要素,即理念、规范、组织和设施,其中最重要的就是理念与规范,它们两者共同体现社会制度的存在。一个科学的社会制度背后必有相应的科学的理念。社会保障理念是人们对社会保障的精神、宗旨、功能的理性认识及形成观念,它制约着社会保障制度的建立、发展和改革的实践活动[①]。在社会保障制度的建设中,树立正确和科学的建制理念,有利于社会保障制度的有效和有序发展。

(二)国外社会保障理念的发展

从古代社会保障的起源到现代社会保障的建立和发展,伴随社会保障制度发展的不同阶段,社会保障理念经历了"慈善—惩戒—怀柔—平等普惠"的过程[②]。

1. 古代的"慈善"

在西方国家,宗教团体倡导慈悲为怀、爱人如己的慈善观念,在此基础上产生了救民济困思想,早期的社会保障已注入了仁爱和互助的道德因素,许多宗教团体举办各种慈善事业和救济活动,成为稳定社会和保障社会成员生存权利的非制度安排的基本机制。

2. 英国济贫时代的"惩戒"

英国在1601年颁布了《济贫法》,开创了世界首个社会救助制度,在1834年又通过了新《济贫法》,将政府干预社会保障的思想变成了现实,但是在社会救助制度实施中,贫民要通过惩戒的手段才能获得救济,这在一定程度上侵害了贫民的尊严。

---

① 汪连新,杨建海.社会保障制度理念:历程与启示[J].产业与科技论坛,2011,10(13):23-25.
② 李宏,李娟.社会保障理念基础的演变[J].兰州学刊,2009(9):30.

3. 德国社会保险时代的"怀柔"

1883年德国首创社会保险制度,政府通过对工人阶级实行"红萝卜加大棒"的"怀柔"政策实现了经济的快速发展。该制度为工人阶级提供了较为全面的风险保障,实行劳资责任分担,成为社会保障制度发展史上重要的里程碑。

4. 英国国家福利时代的"平等普惠"

1945年英国创建了国家福利制度,遵循公平、统一、权利与义务对等的基本原则,实现普惠的全民社会福利制度,该理念成为全球社会保障制度追求的理想目标。

(三)我国社会保障理念的发展

改革开放40多年来,伴随社会主义市场经济体制的运行,我国社会保障体制进行了重大的改革,同时人们对社会保障理念的认识也发生了深刻的变化。

1. 计划经济时代的"平均主义"

在20世纪80年代以前,我国由于实行社会主义计划经济体制,把完善的社会保障制度看作是社会主义社会的本质特征和社会主义制度的重要组成部分,认为现代社会保障制度是以工人阶级为主体构建起来的,社会保障在性质上是工人阶级的一项基本权利和社会福利,社会主义国有企事业单位有义务为职工提供相应的福利项目与相关服务。这种理念把社会保障与社会主义制度过度地联系起来,没有认识到社会保障与现代社会之间的内在联系和社会保障与社会秩序之间的内在联系。

2. 改革探索时期的"效率主义"

20世纪80年代后期,我国进行了社会保障制度的改革探索。1992年,伴随市场经济体制的建立,在社会保障制度改革探索中坚持"效率优先、兼顾公平"的理念,全社会在注重效率的同时,出现了社会成员之间、城乡居民收入差距悬殊的现象,因收入分配不公平导致的社会矛盾不断凸显,因此,政府高度重视此问题,提出要进一步完善社会保障制度,缓解社会成员之间分配不公的矛盾。

3. 现代社会保障时期的"公平正义共享"

20世纪90年代末,我国建立了独立于企事业单位之外的社会保障体系,实行筹资多元化和管理社会化,将制度发展作为基本国策之一。2003年以后对社会保障制度的理念重新审视,确定公平是现代社会保障制度的核心价值。2011年实施的《中华人民共和国社会保险法》确立了"公平正义共享"的价值理念,通过不断改革和完善城乡社会保障制度,缩小收入分配差距和缓解社会矛盾,将建设更加公平、更加可持续的社会保障制度作为我国努力奋斗的目标。

公平是社会保障制度自始至终遵循的理念。在社会保障制度运行中,公平是指一个国家的所有国民都能平等地享有维持基本生活的权利,它是起点公平、机会公平和结果公平的统一体。完善的社会保障制度能为社会成员提供基本生活保障,在一定程度上促进了起点公平和过程公平;同时,社会保障作为一种再分配政策,具有调节收入差距的功能,在一定程度上能促进结果公平。

公平是社会保障遵循的首要原则。在社会保障制度安排中,政府通过立法确保国民社会保障权利平等,追求经济社会竞争中的机会公平,缩小收入分配结果的不公平,进而促进其他权益的公平[①]。因此,社会保障制度设计必须遵循公平的原则,处理好公平和效率之间的关系,通过实施社会救助制度保障社会弱势群体的基本生存权利;通过实施社会保险制度保障劳动者在遭遇生、老、病、死、伤残风险时的权益;通过调节再分配缩小社会成员的贫富差距,促进社会稳定和社会文明。

第二节 社会保障制度的特征与功能

一、社会保障制度的特征

社会保障的本质是一种社会福利。社会保障由国家主办,是为了补偿现代社会中被削弱的家庭和企业保障功能,是家庭保障、企业保障逐渐解体的结果。当劳动者保障由分散走向集中,由家庭、企业走向社会时,国家作为全社会的总代表,责无旁贷地担当起组织劳动者保障的责任。当然,这个转变不是偶然的,它深刻地反映了由小生产向社会化大生产飞跃的实质,体现了经济发展的内在要求。所以,社会保障具有社会性的特点,其主要目的是在社会劳动者面临生、老、病、死等方面困难时向其提供帮助,其本质是社会福利事业。社会保障制度具有以下特征。

(一)强制性

社会保障制度通过立法确定社会成员的权利与义务关系,制定有关社会保障法律法规,规定社会保障的项目、内容、形式、享受标准、运作程序、实施范围、对象、资金来源、待遇标准、管理办法,规范社会保障中各方的责任、权利和义务是社会保障制度实施的基础。国家必须保证社会成员在遇到年老、疾病、生育、死亡等风险时得到基本生活的保障,同时政府必须以社会保障税(费)的形式强制征集社会保障基金,以保证某一社会保障项目的支出,个人账户也实行强制缴纳保险费。

(二)保障性

保障性又称补偿性,社会保障制度是国家按照一定时期经济发展水平和承受能力对生存发生困难的社会成员的基本生活需要给予符合实际的物质帮助的一种社会经济制度。基本生活需要包含两方面的内容:一是社会保障制度提供的保障项目是与社会成员生存直接相关的;二是社会保障制度提供的保障水平应限于社会成员的基本生活需要费用。因为生存发生困难的社会成员会引发社会问题,影响社会安定,社会保障制度作为一种社会安全制度,通过提供必要的物质保证,帮助这部分人克服其所面临的生存危机,可以减少社会矛盾和冲突,有利于社会的稳定。当然,社会保障水平是相对的,因为社会生产力的发展水平是社会保障发展的物质基础,即随着生产力发展水平的提高,社会保障的水平将会逐步提高。但是,无论在什么情况下,对社会成员由于生存而引起的基本生活需要,国家或政府必须予以物质保障。

---

① 郑功成.中国社会保障改革与发展战略:理念、目标与行动方案[M].北京:人民出版社,2008:18.

(三)普遍性

社会保障制度对于社会成员来说,应不分部门和行业,不分就业单位的所有制性质或有无职业,不分城市和农村,只要社会成员生存有了困难,就应普遍地、无例外地给予基本生活的物质保障。社会成员之间只存在保障基金的筹集方式、保障的项目标准以及采取形式的不同,不存在社会保障有无的差别。社会成员普遍地得到社会保障,是生产社会化和以生产资料公有制为基础的社会主义社会的客观要求,也是社会主义制度优越性的体现。

(四)公平性

实现公平是社会保障追求的主要目标。凡是生存有困难的社会成员,都可以均等地享有获得社会保障的机会和权利。而且每个社会成员从社会保障中获得的物质帮助是基本均等的,社会主义社会保障制度的公平性是在人民地位平等、权利平等的基础上的机会均等,是真正意义上的公平。社会保障制度的公平性具体表现在三个方面:①社会成员在收入分配上公平。社会保障是国民收入分配和再分配的一种手段,它必须体现公平分配的原则。②社会成员在机会上公平。凡是生存有困难的社会成员,都可以均等地享有获得社会保障的机会和权利,任何一个社会保障项目对于其适用的社会成员来说,都是一种机会公平的保证。③促进社会成员之间起点和过程的公平。对于社会中的部分弱势群体,社会保障制度通过再分配手段解决其基本生活问题。

(五)互济性

社会救助和社会福利的资金来自劳动者的社会剩余劳动,体现了劳动者对非劳动者的无偿援助,其互济性十分明显。社会保障是按照社会成员共担风险的原理组织进行的,从原则上讲,社会保障具有权利与义务的统一性;从实际操作来看,个人是否承担了义务以及承担了多少义务与本人享受社会保障待遇的多少是不相关的,社会保障基金的统筹支付与管理充分体现了人类互助互济的原则。这一特征的产生是因为每个劳动者遭遇的特殊情况不尽相同,退休后的寿命期也有差别,对社会保障的需求量不同,因而每个劳动者的社会保障基金的扣除、存储、分配和使用,在数量和时效方面是不相等的。社会保障在劳动者之间互相调剂,发扬了劳动者之间的互助互济精神,社会保障基金只有进行社会统筹,才能充分体现和发挥互济性的特点,统筹范围越广,互济性效果就越好,保障的程度也就越高。

(六)储存性

社会保障制度的资金是先行扣除、缴纳和储存,然后进行分配和使用的。社会保障的储存性是社会保障保证性和普遍性的物质基础。社会保障的储存性意味着劳动者的社会保障基金的分配使用,是将原来储存的社会保障基金返还给劳动者,其实质是"取之于己,用之于己;能劳动时储存,不能劳动时返还"。储存性还意味着,这部分基金形成后,除增值目的外,一般不用于生产,也不采取经济原则进行分配,以便在任何情况下都能使社会保障获得物质保证。

(七)共享性

社会保障制度是公共产品,具有一定的福利性,其共享性体现在每个社会成员都可以享受经济发展带来的社会发展成果。社会保障通过各项目的实施,调节不同地区、行业、部门之间劳动者的收入分配差距,缓解不同收入阶层之间的贫富差距,保障社会成员的基本生活。社会保障制度的共享性不仅是现代社会保障制度的重要属性,而且是社会保障公平正义理念的具体体现和践行。

(八)统一性

社会保障制度的统一性是指社会保障制度在设计和实施中要统一标准(缴费金额和待遇)、统一政策、统一管理和统一制度。统一性体现了社会保障制度的公平性,同时减少了社会保障机构的管理成本,其理论依据是来自英国贝弗里奇的福利国家思想。英国社会保障制度具有统一性和普惠性的特点,成为世界各国社会保障制度发展的理想模式和重要目标。目前中国基本养老保险制度完善与发展已趋于统一。

二、社会保障制度的功能

(一)补助功能

社会保障制度的补助功能,是指保障失去或没有生活来源者、贫困者、遭遇不幸者和一切工资劳动者,在暂时或永久失去劳动能力以及暂时失去工作岗位后,仍能维持基本生活,是社会保障的基本功能。

社会保障制度的补助功能主要体现在社会救助和社会保险两个方面,特别是社会保险尤为明显。社会救助的目的在于保障最低生活水平,具有鲜明的扶贫特征,属于最低限度的社会保障。它使那些被救助的个人或家庭,在国家和社会群体的帮助下,具有最低生活水平。尽管对最低生活水平的界定各国不尽相同,但就现代社会救助而言,它已不是自然经济、半自然经济统治地位的社会条件下的以保有维持生命所需的最低限度的饮食、穿戴和居住条件而不致受冻挨饿的社会救助了。现代社会救助对最低生活水平的界定已是相对的含义了,虽然各国的经济发展水平差异较大,但是,最低生活水平应该是指享有和当地生产力水平相适应的数量最少的消费资料和服务,因为随着生产力水平的逐步提高,绝对贫困现象总会愈来愈少,并逐步消除。因此,现代社会举办的社会救助,它所能保障的最低生活水平标准只能是相对的最低生活标准线。例如,国际劳工组织认为,在工业化发达国家,所谓最低生活水平,是指家庭和个人收入相当于制造业工人平均工资的30%。尽管如此,社会救助毕竟属于最低层次的社会保障,其范围不大,而且还呈愈来愈少的趋势。社会保险的直接功能就是对工资劳动者在其全部生命周期遇到的各种失去收入的风险进行一定补偿,以保证他们的基本生活。

(二)社会稳定功能

社会保障制度的稳定功能集中表现为"安全网"和"减震器"的作用。通过建立社会保障制度,国家为社会成员的基本生活乃至不断发展提供相应的保障。首先是能够帮助陷入生活困境的社会成员从生存危机中解脱出来;其次是能够满足社会成员对安全与发展保障的需要。如市场经济条件下工人因企业破产或就业竞争失败而失业,即可能陷入生存困境,失业保险与社会救济制度的确立正是对这类社会成员基本生存权利的保障;各种社会福利服务的提供,有效地解除了社会成员在哺幼、养老及其他生活服务等方面的后顾之忧,显然为社会成员的发展创造了条件;等等。可见,社会保障能够防范与消化社会成员因生存危机而可能出现的对社会、对政府的反叛心理与反叛行为;能够保障社会成员在特定事件的影响下仍然可以安居乐业,从而有效地缓和乃至消除引起社会震荡与失控的潜在风险,进而维系社会秩序的稳定和正常、健康的社会发展。因此,社会保障是通过预先防范和及时化解风险来发挥其稳定功能的,它在许多国家均被称为"精巧的社会稳定器"或"减震器"。

(三)多领域调节功能

社会保障制度的调节功能表现在政治、经济与社会发展等领域。在政治领域,社会保障既是各种利益集团相互较量的结果,也是调整不同利益集团、群体或社会阶层利益的必要手段,并在不同的社会制度下表现出不同的政治功能。在社会主义制度下,社会保障制度除具有一般的政治调节功能外,还特别促进了社会成员在国家和社会生活中的主人翁地位;在资本主义制度下,社会保障亦强化了国民对现存制度的依赖意识,同时对调节不同社会阶层的政治冲突、促进政治秩序的长期稳定并维持其整体正常运营发挥着特别重要的政治作用。现代社会保障在工业化国家之所以成为党派斗争和政党政治、民主竞选中的重要议题,正是社会保障具有不容忽视的巨大政治功能的体现。在经济领域,社会保障的调节功能尤其显著。

1. 社会保障制度有效地调节着公平与效率之间的关系

社会保障水平愈高、规模愈大,意味着国家在公平方面的强制力愈强;反之,若社会保障水平愈低、规模愈小,则意味着国家在公平方面的强制力愈弱;而社会保障对公平效率的合理调节,则是促进国民经济持续发展的必要举措。

2. 社会保障制度调节着国民收入的分配与再分配

社会保障资金来源于国民收入的分配与再分配,并通过税收或征费或"转移性支付"给予保证,进而分配给受保障者或有需要者。在社会保障制度健全的国家,这种调节功能更加显著,它通过社会保障资金的征集与社会保障待遇的给付,在不同的受保障对象之间横向调节着收入分配,同时在代与代之间实现着纵向调节收入分配。

3. 社会保障制度调节着国民经济的发展,它甚至被称为国家的福利投资

一方面,社会保障资金的筹集、储存与分配,直接调节着国民储蓄与投资,并随着基金的融通而对相关产业经济的发展格局产生直接调节作用。另一方面,社会保障还是经济发展周期与周期之间的蓄水池,当经济增长时,失业率下降,社会保障收入增加而支出减少,社会保障基金的规模便随之扩大,减少了社会需求的急剧膨胀,最终对平衡社会总供给与总需求起重要作用;当经济衰退时,失业率提高,由于失业者不再缴纳社会保险费等而导致社会保障基金收入的减少,而失业者及经济衰退带来收入下降的低收入阶层对社会保障待遇的要求随之增多,这又使社会保障基金支出规模扩大,从而在一定程度上唤起了有效需求,提高了国民的购买力,最终有助于经济的复苏。

社会保障制度事实上还对市场体系起调节作用,如养老、失业保险制度对劳动力市场起直接调节作用,是劳动力资源自由流动和优化配置的基本条件;社会保障基金的融通对资本市场与产业结构起调节作用;社会保障体系中的教育福利、职业培训、医疗服务和社会福利等,又为提高劳动者的知识素质与身体素质等奠定了基础,并对技术市场产生相应的影响。在社会发展领域,社会保障亦有效地调节着社会成员的协调发展。在社会保障制度健全的国家,社会保障是调节社会成员中高收入阶层(富人)与低收入阶层(穷人)、劳动者与退休者、就业者与失业者、健康者与疾患者、幸运者与不幸者、有子女家庭与无家庭负担者之间利益关系的基本杠杆。不同社会阶层之间的利益冲突因社会保障制度调节功能的发挥而得到了有效缓和；社会因收入分配差距等导致的非公正性、非公平性在一定的程度上得到了调节。

(四)促进社会发展功能

社会保障制度的促进发展功能表现在社会发展领域有如下几个方面：一是能够促进社会成员之间及其与整个社会的协调发展，使社会生活实现良性循环；二是能够促进遭受特殊事件的社会成员重新认识发展变化中的社会环境，适应社会生活的发展变化；三是能够促使社会成员的物质与精神生活水平的提高，使其更加努力地为社会工作；四是能够促进政府有关社会政策的实施，如社会保障对象通常不分性别的做法就极大地促进了男女平等，教育福利有助于义务教育的普及，养老保险与家庭津贴等有利于生育政策的实施等；五是能够促进社会文明的发展，如社会保障为社会成员提供了安全保障，有助于消除其对不幸事件或特殊事件的恐惧感，增强自信心，进而破除封建迷信观念，树立起互助互济、自我负责、积极向上的新观念。可见，社会保障制度在社会成员与社会发展中的促进作用是十分明显的。在经济领域，社会保障通过营造稳定的社会环境促进着经济的发展，同时通过社会保障基金的运营直接促进着某些产业的发展。此外，社会保障对劳动力再生产的保障与劳动力市场的维系，又促进了劳动力资源的高效配置和生产效率的提高。因此，社会保障制度对市场经济并非只有单纯的维系、润滑作用，还有督促促进作用。

(五)社会互助功能

社会保障制度资金来源于包括税收、缴费、捐献等多种渠道，又被支付给受保障者与有需要者，这种分配机制其实是一种风险分散或责任共担机制，风险分散与责任共担本身是以互助为基石并在互助中使风险得到化解的；同时，构成社会保障体系重要组成部分的社会福利与社会服务，无论在国内还是在国外，几乎均以社区为基础，以社会成员之间相互提供劳务为主要的表现形态，从而从实质上体现出了互惠互助以及在互惠互助中的他助与自助。资金的互助、物的互助和劳务服务的互助，表明社会保障制度不仅是一种社会稳定机制，也是一种社会互助机制。在当代社会，生产的社会化与生活方式的社会化，使完全形态的自助成为不可能；而市场机制的作用和人类的私欲，又使完全形态的他助成为不可能。因此，那种希望社会保障完全自助化(完全自我负责)或完全他助化(完全劫富济贫)都是不现实的也是无法实践的；而强调以互惠为基础，充分发挥社会保障的互助功能，同时发挥社会成员自助与他助的作用，将不仅有利于正确理解社会保障制度的实质，更有利于社会保障制度的持续、健康发展。

第三节 社会保障学的研究对象和方法

一、研究对象

社会保障自产生以来就是一国重要的社会经济制度。作为一门新兴学科，社会保障学是一门研究社会保障理论与实践发展，揭示社会保障经济关系及其运动规律的科学。社会保障学具体研究社会保障所涉及的各种分配关系之间的内在联系，揭示国家、用人单位和劳动者之间、社会成员之间在社会保障过程中的经济关系和利益分配,明确社会保障基金的筹集、管理与分配的实现形式及其关系,阐明社会保障经济关系产生、发展和变化的规律。

二、研究方法

社会保障学是一门在多种学科基础上发展起来的综合性学科,与经济学、社会学、管理学、保险学、法学、人口学等学科关系密切。社会保障学属于社会科学,与其他任何一门学科一样,社会保障学不仅有自己的研究对象和目的,而且必须有正确的研究方法。其研究方法主要有以下几种。

(一)调查法

调查法是科学研究中最常用的方法之一,是有目的、有计划、系统地收集有关研究对象现实状况或历史状况的材料的方法。调查法是科学研究中常用的一种基本研究方法,它综合运用历史法、观察法等方法以及谈话、问卷、个案研究、测验等科学方式,进行有计划的、周密的和系统的了解,并对调查收集到的大量资料进行分析、综合、比较、归纳,从而为人们提供规律性的知识。调查法中最常用的是问卷调查法,它是以书面提出问题的方式收集资料的一种研究方法,即调查者就调查项目编制成表式,分发或邮寄给有关人员,请其填写答案,然后回收整理、统计和研究。

(二)观察法

观察法是研究者根据一定的研究目的、研究提纲或观察表,用自己的感官和辅助工具直接观察被研究对象,从而获得资料的一种方法。科学的观察具有目的性、计划性、系统性和可重复性。

(三)文献研究法

文献研究法是根据一定的研究目的或课题,通过调查文献来获得资料,从而全面、正确地了解掌握所要研究问题的一种方法。文献研究法被广泛用于各种学科研究之中。

(四)实证研究法

实证研究法是科学实践研究的一种特殊形式。它依据现有的科学理论和实践的需要提出设计,利用科学仪器和设备,在自然条件下,通过有目的、有步骤的操作,根据观察、记录、测定与此相伴随的现象的变化来确定条件与现象之间的因果关系,其主要目的在于说明各种自变量与某一个因变量的关系。

(五)定量分析法

定量分析法是一种数据分析方法,是指通过对研究对象的规模、速度、范围、程度等数量关系的分析研究,认识和揭示事物间的相互关系、变化规律和发展趋势,借以达到对事物的正确解释和预测的一种研究方法。

在科学研究中,通过定量分析法可以使人们对研究对象的认识进一步精确化,以便更加科学地揭示规律,把握本质,理清关系,预测事物的发展趋势。

(六)定性分析法

定性分析法是对研究对象进行"质"的方面的分析的一种研究方法。具体地说是运用归纳和演绎、分析与综合以及抽象与概括等方法,对获得的各种材料进行思维加工,从而能去粗取精、去伪存真、由此及彼、由表及里,达到认识事物本质、揭示内在规律的目的。

(七)个案研究法

个案研究法是认定研究对象中的某一特定对象,加以调查分析,弄清其特点及其形成过程的一种研究方法。个案研究有三种基本类型:①个人调查,即对组织中的某一个人进行调查研究;②团体调查,即对某个组织或团体进行调查研究;③问题调查,即对某个现象或问题进行调查研究。

本章小结

社会保障是工业社会发展的产物,是现代国家应对社会风险最有效的制度,它不仅是促进经济发展的社会稳定器,也是现代国家和社会文明的重要标志。本章主要介绍了社会保障的基本概念、特征、功能以及社会保障学的研究方法。

复习思考题

1. 简述社会保障的概念和原则。
2. 简述中外社会保障理念的发展。
3. 简述社会保障的功能和特征。

第二章 社会保障产生与发展

学习目标

熟悉国外社会保障制度发展历程
熟悉中国社会保障制度发展历程及特征

关键概念

济贫法　贝弗里奇报告　社会保险　社会福利　社会救助　经济效应

第一节　国外社会保障产生与发展

一、萌芽阶段(16世纪—19世纪上半叶)

社会保障制度起源于英国,在16世纪前后,英国首先进入工业化社会时代,在这期间,资产阶级及其国家通过暴力手段,诸如掠夺教会财产,欺骗性地出让国有土地,盗窃公有土地以及开展圈地运动等,将大批农民从土地上赶走,失去土地的农民到处流浪,对当时英国的社会稳定构成威胁。于是在1601年,英国女王伊丽莎白在综合、修订1536年、1572年、1576年有关救济贫民法规的基础上,颁布了《济贫法》(习惯称为旧《济贫法》)。其内容主要有:规定济贫事业属于教会义务,向地方征收济贫税,建议成立全国济贫机构,对贫民尽扶助义务,对贫民实行"院内济贫"管理。旧《济贫法》是英国新旧社会转型的产物,它的颁布和实施维护了早期资本主义社会的秩序,开创了通过税收和政府干预来实现穷人基本生活保障的先河。

进入18世纪以后,产业革命极大地推动了社会生产力的迅速发展,同时产业工人面临的失业、伤残、疾病等风险增加,生活进一步恶化,形成了大规模的城市贫民阶层,阶级和社会矛盾日益激烈,旧《济贫法》对贫民的管理模式已不可行。于是在1834年,英国议会在对旧《济贫法》实施情况进行调查研究的基础上,出台了新《济贫法》,其内容主要有:建立全国统一的济贫行政体制,重新设立劳役制度,受助者必须住进济贫院,救助水平设定在最底层劳动者的生活水准以下。新《济贫法》以国家立法的形式规定了政府对贫民实行社会救济的责任,开创了现代社会保障事业的先河,被认为是西方社会救济立法和贫民救济事业的一个里程碑,对欧美资本主义国家产生了重要影响。随后欧洲的其他国家纷纷仿效英国,建立了自己的社会救济制度。

二、建立阶段(1883—1934年)

第一次世界大战期间,德国在工业发展中为了赶超英、法两国,在采用国外先进科学技术的同时,对工人阶级进行残酷的压榨和剥削,当时工人阶级和资本家的矛盾加剧,工人阶级自发成立各种互助组织,强烈要求政府实施保护劳工权益的社会政策,迫于国内政治稳定的需要,俾斯麦(又称"铁血宰相")政府接受德国新历史学派的主张,推行了一种"大棒加胡萝卜"的政策,即一方面残酷镇压工人运动,另一方面又推行社会保险政策以安抚工人。1881年,德国皇帝威廉一世颁布了《皇帝诏书》(标志着德国社会保险体系的建立),1883年颁布和实施了《疾病社会保险法》,之后相继颁布了《工伤事故保险法》(1884年)和《老年和残疾社会保险法》(1889年)。

德国社会保险立法的颁布和实施标志着现代社会保障制度的形成,它是世界上第一套最完整的工人社会保障计划,这种社会保险制度是与收入关联的国家型保险计划,其主要特征是强调将劳动者的权利与义务相结合,采用自治管理和商业保险管理模式。德国社会保障制度的实施缓解了劳资矛盾,促成了不同利益群体之间的认同,促进了德国资本主义经济的发展。

三、发展阶段(1935—1947年)

在20世纪30年代经济大危机中,美国经济受到严重的冲击。这次经济危机使美国政府意识到,完全依赖市场的作用似乎很难维持资本生产的持续稳定和繁荣,更不可能在非常时期对人们提供充分的保障。在经济危机发生以前,人们认为一切以自我为中心,提倡个人奋斗,胜者存、败者亡,反对政府承担社会救济责任,但在经济危机爆发以后,人们认识到贫困问题不是个人责任,而是社会问题,人们的观念发生了转变,由此形成强大的社会舆论,成为美国政府后来加快社会保障立法的压力和推动力。加之当时美国的老龄化问题突出,如何妥善解决老年人的生活问题和医疗保障已成为美国当时面临的最严重的社会问题。此时,欧洲社会保障事业的发展为美国社会保障倡导者提供了理论现实依据,他们一方面组织力量在国会、参议院和众议院游说,另一方面向美国广大公民灌输社会保障制度的意义、基本原则等。在凯恩斯国家干预主义的影响下,1935年罗斯福政府颁布了《社会保障法》(世界上第一部社会保障法),此法确立了美国社会保障制度的基本原则与体系、政府的财政责任和行政责任。美国《社会保障法》的颁布在一定程度上缓解了本国的经济危机和劳资冲突,从当时来看,美国建立的社会保障制度是为了提高居民个人的消费能力,社会保障制度是作为反经济危机和需求管理的工具来使用的。

四、繁荣阶段(1948—1979年)

第二次世界大战后,科学技术发展迅速,社会生产力大幅度提高,社会财富出现了惊人的增长。经济的快速发展为发达资本主义国家广泛推行社会保险福利政策提供了充分的物质基础。西欧各国政府普遍对20世纪30年代经济危机和第二次世界大战进行反思,吸收社会主义的某些思想,给公民以更加普遍的生活照顾,使他们能尽快地从战争的阴影中走出来。

1942年11月,牛津大学教授贝弗里奇(1879—1963)受英国政府委托起草了《社会保险与相关服务》的报告(又称《贝弗里奇报告》)。此报告提出"国家对于每个公民'从摇篮到坟墓'即由生到死的一切生活与危险,诸如疾病、灾害、年老、生育、死亡以及鳏寡孤独残疾等,都给予安全保障"。该报告认为社会保障应旨在维持公民生存的最低限度的收入,社会保障就是对公民收入达到最低标准的保障,国家所组织的社会保险、社会救助的目的在于保证公民以劳动为条件获得维持生存的基本收入,至于有些阶层需求保障超出最低生活标准的需要,可以通过参加私人举办的自愿保险计划去解决。他认为英国社会政策应以消灭贫困、疾病、肮脏、无知和懒散五大祸害为目标,主张通过建立一个社会性的国民保障制度,对每个公民提供七个方面的社会保障,即儿童补助、养老金、残疾津贴、失业救济、丧葬补助、丧失生活来源救济、妇女福利。

同时该报告指出了社会保障主要包括三方面内容:社会保险用以满足居民的基本生活需要;社会救助用以满足特殊情况的需要,如给低于贫困线的人发放补助;自愿保险用以满足较高收入的人的需要,如医生、律师(商业保险)。《贝弗里奇报告》对英国等西方国家实施"普遍福利"的社会政策产生了重大影响。1945年英国工党执政后,政府采纳《贝弗里奇报告》,1948年英国首相艾德礼宣布英国建成了面向全民提供终身福利的制度,拉开了"福利国家"的序幕。英国社会福利制度具有覆盖全民、项目齐全、水平较高的特征。

五、改革阶段(20世纪70年代末至今)

20世纪70年代末以来,由于受石油危机的影响,西方国家经济增长缓慢,通货膨胀严重,财政收入不断下降,同时伴随着失业人数增多,导致社会保障支出增长,各个国家社会福利开支的增长速度超过了财政开支的增长速度,使国家财政负担加重。由于实行高福利的社会政策,企业要缴纳较高的社会保障税,社会保障费用在劳动力成本中占有较大的比例,如法国等国家的社会保障费用已占劳动力成本的25%～30%[①],劳动力成本上升,削弱了企业的市场竞争力。同时该制度在一定程度上削弱了市场对劳动力供求关系的调节作用,加之政府管理效率低下、日益官僚化,福利国家的社会保障制度运行处于危机的境地,改革的呼声与日俱增。于是,各国政府在"福利国家"制度的框架下采取较为稳定推进的改革措施,改革措施主要包括:提高社会保障缴费率,征收社会保障税,扩大就业,以增加社会保障基金收入;改革养老金计发办法,提高退休年龄或鼓励延迟退休,严格给付条件,降低待遇水平等,以节约社会保障开支。

第二节　中国社会保障产生与发展

中国社会保障制度实践源于古代,如储粮备荒、仓储赈灾、养老慈幼等措施,在新中国成立之前,现代意义的社会保障制度尚未建立。在民国政府时期,先后颁布了社会保险和社会救助的相关法令,如1929年的《工厂法》《工会法》《工作伤害保险法》、1943年的《社会救济法》等,由于当时政局不稳定,社会保障的相关法规难以执行。

在中国共产党革命根据地和解放区,1931年颁布了《中华苏维埃共和国劳动法》,1945年制定了《解放区临时救济委员会组织和工作条例》,1948年颁布了《东北公营企业战时暂行劳动保险条例》,等等。这些条例主要照搬苏联的社会保障制度,虽然条例内容不够合理,不符合我国的实际情况,但在当时条件下保障了广大职工和群众在遭遇生、老、病、死、伤残风险时的基本生活,解除了前线战士的后顾之忧。

新中国成立之前,虽然社会保障制度不健全,且发展缓慢、保障水平较低、覆盖范围狭窄,但是为新中国成立后社会保障制度的建立和发展奠定了基础。1949年10月1日,中华人民共和国成立,我国结合国情逐步完善和发展了社会保障制度,形成了中国特色的社会保障体系。

一、创建时期(1949—1956年)

1. 城乡社会救济制度

新中国成立后,因自然灾害频发,受灾人群较多,工人失业,农民生活困难,1949年12月

---

① 张琪.社会保障概论[M].北京:中国劳动社会保障出版社,2006:29.

政务院颁布了社会保障第一份政策性文件《关于生产救灾的指示》,1950年劳动部颁发了《救济失业工人暂行办法》,同时成立中央救灾委员会组织开展全国性救灾工作,组织群众开展生产自救、专业训练和节约互助。通过大规模应急救济活动,缓解了灾民和失业工人的生活困难问题,稳定了灾区和重要城市的社会秩序。1956年1月,中共中央政治局提出《1956年到1967年全国农业发展纲要(草案)》,同年6月发布的《高级农业合作社示范章程》确立了面向农村孤老残幼的"五保"制度,这是第一项中国特色的乡村集体福利保障制度,为农村弱势老年人群提供了兜底保障,让广大农村居民感受到了社会主义的优越性①。

2. 革命烈士褒扬抚恤制度

根据1949年9月29日的《中国人民政治协商会议共同纲领》,1950年12月内务部颁布了《革命烈士家属革命军人家属优待暂行条例》《革命残疾军人优待抚恤暂行条例》《革命军人牺牲、病故褒恤暂行条例》《革命工作人员伤亡褒恤暂行条例》《民兵民工伤亡抚恤暂行条例》,这些条例对革命烈士和烈属褒扬抚恤工作做了具体规定。

3. 公职人员社会保障制度

1950年以来,国家逐步通过单项法规形式对工作人员的疾病、养老、生育、死亡抚恤等做出规定,内务部颁布了《革命工作人员伤亡褒恤暂行条例》,政务院颁发了《关于各级人民政府、党派、团体及所属事业单位国家工作人员实行公费医疗预防指示》《关于各级人民政府工作人员在患病期间待遇暂行办法》《关于女工作人员生产假期的通知》《国家机关工作人员退休处理暂行办法》《国家机关工作人员退职处理暂行办法》,财政部、卫生部和国家人事局联合颁发了《关于国家机关工作人员子女医疗问题》。

4. 城镇企业职工劳动保险制度

1950年5月19日,劳动部颁布《救济失业工人暂行办法》,对城镇失业工人的救济范围、救济标准、方法及资金来源做了明确规定。1951年2月,政务院公布实施《中华人民共和国劳动保险条例》(以下简称《条例》),这是我国第一部社会保险法规,对建立我国企业职工社会保险体系架构具有重要意义。这部法规明确了除失业保险以外的养老、工伤、生育、遗属等基本保险项目,为我国企业职工社会保险制度发展奠定了基础,这也是我国企业职工社会保险制度的基本法律依据。该条例对企业职工劳动保险费的管理做出了具体规定。《条例》的实施在一定程度上纠正了以前社会保险工作中"各行其是"的现象,统一了保险项目保险费和待遇的标准。1953年劳动部颁布《中华人民共和国劳动保险条例实施细则修正草案》,把实施范围进一步扩大,保险津贴标准进一步提高。对那些尚未实行《条例》的企业,职工的保险待遇由企业行政与工会组织双方根据《条例》的原则与本企业的实际情况进行协商,通过签订集体保险合同的办法解决。1956年国家发布的《中华人民共和国女工保护条例(草案)》对女工结婚、怀孕、生育、哺乳做出保护性规定,促进了妇女健康和就业工作。

这一时期出台的法规政策,目的是解决人民群众的生活困难,促进经济发展和社会稳定,标志着新中国社会保障体系的初步形成,其主要特征是国家为责任主体,覆盖对象有限,是城乡有别的社会保障制度。

---

① 郑功成.中国社会保障70年发展(1949—2019):回顾与展望[J].中国人民大学学报,2019(5):2-16.

二、调整时期(1957—1965 年)

伴随经济实行全面调整的方针,我国社会保障制度也进入调整阶段,主要的政策调整有以下方面。

1. 统一退休条件和退休待遇

1958 年 2 月,国务院公布实施《关于工人、职员退休处理的暂行规定》,同年 3 月全国人大常委会第九十四次会议原则上批准了《国务院关于工人职员退职处理的暂行规定(草案)》,统一了企业职工与国家机关工作人员的退休保险待遇,放宽了退休条件,适当提高了退职待遇标准。

2. 完善不同行业企业职工的养老保险

1962 年 4 月,中共中央批转《中央统战部关于处理资产阶级工商业者退休问题意见》,同年 7 月《国务院关于处理资产阶级工商业者退休问题的补充规定》发布,对资产阶级工商业者的退休条件和待遇做了相应规定。针对精简下放职工和生活困难职工,1962 年 6 月国务院颁布《关于精简职工安置办法的若干规定》,确定当地民政部发放救济费。为了解决集体所有制企业职工的退休问题,1966 年第二轻工业部、全国手工业合作社制定了《关于轻、手工业集体所有制职工、社员退休统筹暂行办法》。

3. 确定了医疗收费制度

在医疗保险方面,20 世纪 50 年代初,国家机关事业单位工作人员实行公费医疗制度,企业职工实行劳保医疗制度,都属于免费医疗保障制度。1965 年 9 月,中央在批转卫生部党委《关于把卫生工作重点放到农村的报告》中指出:"公费医疗应做适当改革,劳保医疗制度的执行也应当适当整顿。"根据中央的批示,卫生部、财政部发布《关于改进公费医疗管理问题的通知》,劳动部、全国总工会发出了《关于改进企业职工劳保医疗制度几个问题的通知》,这些规定使医疗保险制度更加适合当时的实际。

4. 工伤保险扩展了职业病

1957 年 2 月,卫生部颁发《职业病范围和职业病患者处理办法的规定》,这是我国工伤保险的专门法规,促进了我国职业病防治工作。1963 年,劳动部与有关部门又联合召开防硅尘危害,即防硅肺病工作会议,对硅肺患者的社会保险待遇做了具体的规定。

5. 建立农村合作医疗制度

1960 年中共中央转发卫生部《关于人民公社卫生工作几个问题的意见》,1965 年毛泽东同志发表"六二六指示",尤其是"把医疗卫生工作的重点放到农村去"的指示直接推动了农村医疗卫生事业的发展。同时大规模培训"赤脚医生",通过互助合作的形式满足农村居民的医疗保障需求。1958—1965 年,我国建立了适合农村情况的农村合作医疗制度。这一制度要求农民和集体各负担部分费用,筹集的医疗保险基金用于补贴农民患病后的医疗支出。

6. 社会救助和社会福利制度得以完善和发展

1962 年内务部和财政部出台《抚恤、救济事业费管理使用办法》,规定合理和及时使用抚恤费和救济事业费。1963 年《中共中央、国务院关于生产救灾工作的决定》确定了救灾的途径和方法等内容。1965 年内务部出台《关于国家机关和事业单位工作人员福利费掌管使用问题的通知》,明确福利费用的使用范围。

这一时期的社会保障事业得到了较大发展,社会保险制度仍延续着创建时期的城乡有别和不同劳动者之间保障有差异的格局,同时,由于企业职工的劳动保险和社会福利从国家保障中分离出来由企业实施,导致企业社会负担加重。

三、停滞时期(1966—1976年)

1966—1976年,"文化大革命"使我国经济和社会发展遭受了新中国成立以来严重的挫折和损失,劳动保障制度由原来全国统一变为支离破碎的"企业保障"。1969年2月,财政部颁发《关于国营企业财务工作中几项制度改革的意见(草案)》,明文规定不再向企业统一提取社会保险费,用于职工退休、生育、疾病、工伤等保险费用改为企业自筹,从"企业营业外收入中列支"。原来管理劳动保险业务的工会系统也瘫痪了。

四、恢复时期(1977—1983年)

"文化大革命"结束后,国家出台一系列政策恢复和重建社会保障制度,促进社会保障事业的发展,恢复企业生产及社会经济。

1. 严格和规范了机关事业单位干部和企业职工的离退休制度

针对"文化大革命"期间退休退职工作的随意性等问题,国务院于1978年6月出台《关于安置老弱病残干部的暂行办法》《关于工人退休、退职的暂行办法》,1980年10月国务院颁布《关于老干部离职休养的暂行规定》,1981年11月国务院发布《关于严格执行工人退休、退职暂行办法的通知》,1982年中央军委颁发《关于军队干部离职休养的暂行办法》、国务院颁发《关于发布老干部离职休养制度的几项规定的通知》,1983年劳动部、人事部颁发《关于建国前参加工作的老工人退休待遇的通知》。在此期间也补充和完善了集体所有制企业职工的社会保险制度,1977年12月轻工业部、财政部和国家劳动总局颁布《关于手工业合作工厂劳动保险福利待遇标准和劳保费用列支问题的意见》,1978年国务院同意商业部、财政部、供销合作总社、国家劳动总局《关于合作商店实行退休办法的报告》,1979年卫生部、财政部、国家劳动总局颁布《关于集体卫生人员实行退休退职有关问题的通知》。

2. 恢复和重建社会救助和社会福利

1978年民政部、财政部重新印发《抚恤、救济事业费管理使用办法》,1981年国务院转发民政部《关于进一步加强生产救灾工作报告》,规范救灾费用管理,扩大救济范围。为了改善和提高职工福利,1982年民政部印发《城市社会福利事业单位管理工作试行办法》,1983年民政部、劳动人事部颁布《关于进一步做好城镇待业的盲聋哑残青年就业工作安置的通知》,大力扶持和保护福利企业生产,做好特殊青年群体的就业安置。

五、改革与发展时期(1984年至今)

党的十一届三中全会以来,伴随着经济体制改革的实施,我国社会保障制度发生了巨大的变化。这一时期,为了加快国有企业改革的步伐,我国借鉴国外社会保障制度经验,结合国情积极探索和改革社会保障制度,构建中国特色的社会保障体系框架。

(一)城乡社会保险制度的改革探索

1. 城乡养老保险制度

养老保险是社会保险制度改革的先锋,1984年我国在广东、江苏等地开展养老保险制度,实行社会统筹的改革试点工作。1986年国务院出台《国营企业实行劳动合同制暂行规定》,确定职工缴费比例。1991年国务院发布《关于企业职工养老保险制度改革的决定》,确定由国家、企业和个人承担养老保险费。1995年国务院发布《关于深化企业职工养老保险制度改革的通知》,确立养老保险制度实施"社会统筹＋个人账户"相结合的模式。1997年国务院颁布《关于建立统一的企业职工基本养老保险制度的决定》,明确了全国统一企业和个人的缴费比例和待遇。2005年国务院颁布《关于完善企业职工基本养老保险制度的决定》,指出扩大覆盖范围,调整个人账户缴费比例,完善养老金计发办法。

我国农村养老保险制度改革试点是从1991年开始的。1992年民政部印发《县级农村社会养老保险基本方案(实行)》,确立个人缴费的个人账户制度。1998年将农村社会养老保险制度交给人社部,实行社会保险的统一管理。2009年国务院发布《关于开展新型农村社会养老保险试点的指导意见》,明确新型农村社会养老保险(简称新农保)实行"基础养老金＋个人账户"模式。2011年国务院发布《关于开展城镇居民社会养老保险试点的指导意见》,实行和新农保一样的制度模式,为没有收入的人群建立社会养老保险制度,充分体现了我国养老保险制度的公平性和普惠性。

2. 城乡医疗保险制度

1989年国家在吉林四平、辽宁丹东等地开展医疗保险制度的试点工作。1994年国家体改委等部门发布《关于职工医疗制度改革的试点意见》,在江西九江和江苏镇江率先试点,实行社会统筹和个人账户相结合的模式。1996年国务院转发此文件,扩大试点范围。1998年《国务院关于建立城镇职工基本医疗保险制度的决定》发布,明确了制度模式和覆盖范围。为了进一步扩大社会保障覆盖人群,劳动和社会保障部出台《关于城镇灵活就业人员参加基本医疗保险的指导意见》。

我国农村医疗保险制度是根据1993年中共中央《关于建立社会主义市场经济体制若干问题的决定》精神制定的。1996年卫生部决定开展改革试点工作。1997年国务院颁发《关于发展和完善农村合作医疗的若干意见》。2003年国务院颁发《关于建立新型农村合作医疗制度的意见》。2007年国务院颁发《关于开展城镇居民基本医疗保险试点的指导意见》,规定参保人群和缴费。2008年国务院下发《关于大学生纳入城镇居民医疗保险试点范围的指导意见》。2009年卫生部等五部委联合下发《关于巩固和发展新型农村合作医疗制度的意见》,这些政策文件促进了城乡医疗保险制度的公平性。2012年针对城乡居民医疗保障水平低和费用负担重的情况,国家发改委等发布《关于开展城乡居民大病保险工作的指导意见》,明确针对城镇居民医保、新农合参保(合)人员大病负担重的情况,引入市场机制,建立大病保险制度,减轻城乡居民的大病负担,要求大病医保报销比例不低于50%。

3. 失业保险制度

为了配合劳动合同制的推行,1986年国务院颁布《国营企业职工待业保险暂行规定》,明确了领取失业保险金的人员和待遇。1993年国务院颁布《国有企业职工待业保险规定》,该规定扩大了保障范围,调整了收缴基数。1999年国务院颁布《失业保险条例》,对失业保险参保单位和人员、筹资比例、基金管理等做了明确规定,从此我国失业保险制度走向法制化、规范化。

4. 工伤保险制度

劳动部于1988年拟定了《关于企业职工保险制度改革的设想(讨论稿)》,之后召开多次会议提出改革工伤保险制度,并在部分地区开始了工伤保险制度的改革试点。1994年通过的《中华人民共和国劳动法》第73条规定,劳动者在因工伤残或者患职业病的情况下,依法享受社会保险待遇。这一基本法以国家法律的形式保障了工伤者享受工伤保险待遇。1996年劳动部颁布《企业职工工伤保险试行办法》,2003年国务院出台《工伤保险条例》,该条例是第一次制定的、专门的、具有法律效力的工伤保险法规,从法律上实现了劳动法赋予劳动者的工伤保险待遇权利,增强了工伤保险待遇权的行使与保护机制,为建立和健全比较完善的社会保障法律体系奠定了法律基石。之后在工伤保险制度实施中仍存在一些问题,2010年12月20日《国务院关于修改〈工伤保险条例〉的决定》发布,2011年实施的新条例扩大了保障范围,修改了工伤认定程序,提高了待遇。

5. 生育保险制度

国务院于1988年颁布《女职工劳动保护规定》,确定了女职工生育享受产假。1994年劳动部颁布《企业职工生育保险试行办法》,规定了管理原则、覆盖范围和待遇标准等。在2011年的《中华人民共和国社会保险法》和2012年国务院公布的《女职工劳动保护特别规定》中,明确了延长产假天数、生育津贴、医疗费用标准等。

(二)城乡社会救助制度改革探索

1. 最低生活保障制度

20世纪90年代以来,为了缓解城市新贫困问题,1997年国务院出台《关于在全国建立城市居民最低生活保障制度的通知》,1999年国务院发布《城市居民最低生活保障条例》,极大地推动了城市居民最低生活保障工作的开展,将城市居民最低生活保障制度纳入法制化发展轨道。为贯彻落实党的十六届六中全会精神,切实解决农村贫困人口的生活困难问题,2007年国务院颁发了《关于在全国建立农村最低生活保障制度的通知》。针对城乡最低生活保障制度实施中存在的问题,2012年国务院颁布《关于进一步加强和改进最低生活保障工作的意见》,并提出改进措施。

2. 医疗救助制度

根据2002年《中共中央、国务院关于进一步加强农村卫生工作的决定》,为了改善农村医疗卫生状况,提高城乡居民的医疗保健水平,自2003年以来,民政部等陆续发布了《关于实施农村医疗救助的意见》《关于加快推进农村医疗救助工作的通知》《关于建立城市医疗救助制度试点工作的意见》,城乡医疗救助制度逐步迈向完善阶段。2009年民政部等发布《关于进一步完善城乡医疗救助制度的意见》,明确救助资金来源,规范管理运行。

3. 临时救助制度

临时救助是一项传统的民政业务,长期以来,临时救助制度在保障城乡困难群众基本生活、缓解群众特殊困难方面发挥了重要作用。早在1982年国务院就颁布了《城市流浪乞讨人员收容遣送办法》,2003年民政部发布了《城市生活无着的流浪乞讨人员救助管理办法实施细则》。针对流浪未成年人数增加和犯罪率上升问题,2006年民政部等十九部委发布了《关于加强流浪未成年人工作意见》。为了妥善解决城乡贫困居民的突发性、临时性生活困难问题，推进社会救助体系建设，2007年民政部颁发了《关于进一步建立健全临时救助制度的通知》。2011年国务院发布《关于加强和改进流浪未成年人救助保护工作的意见》，该意见针对未成年人流浪现象，明确了流浪未成年人救助保护工作的总体要求、基本原则以及改进救助保护工作的政策措施。

4. 住房救助制度

为贯彻落实《中共中央关于建立社会主义市场经济体制若干问题的决定》，深化城镇住房制度改革，促进住房商品化和住房建设的发展，1994年国务院发布《关于深化城镇住房制度改革的决定》，强调城镇住房制度改革的根本目的是建立与社会主义市场经济体制相适应的新的城镇住房制度，实现住房商品化、社会化，加快住房建设，改善居住条件，满足城镇居民不断增长的住房需求，明确城镇住房制度改革的基本内容，全面推行住房公积金制度。同年建设部、国务院和财政部印发《城镇经济适用住房建设管理办法》，制定该办法的目的是为了建立以中、低收入家庭为对象，具有社会保障性质的经济适用住房供应体系，加快经济适用住房建设，提高城镇职工、居民的住房水平。

1998年国务院发布《关于进一步深化城镇住房制度改革加快住房建设的通知》，具体目标是停止住房实物分配，建立和完善以经济适用住房为主的多层次城镇住房供应体系，最低收入家庭租赁由政府或单位提供廉租住房。1999年建设部发布《城镇廉租住房管理办法》，明确具体目标是停止住房实物分配，建立和完善以经济适用住房为主的多层次城镇住房供应体系，最低收入家庭租赁由政府或单位提供廉租住房。2003年和2007年建设部分别印发《城镇最低收入家庭廉租住房管理办法》《廉租住房管理办法》，我国廉租住房制度不断完善。2012年住建部发布《公共租赁住房管理办法》，对公共租赁住房的管理、分配、运营与退出机制进行了详细的规定，使公共租赁住房的建设和管理逐渐步入了规范化的轨道，明确了保障对象的特殊性。

5. 教育救助制度

20世纪80年代末，我国中小学阶段通过实施"希望工程"和"春雷计划"等政策，救助贫困地区失学儿童。为了解决特殊困难未成年人面临上学难的问题，2004年民政部、教育部印发《关于进一步做好城乡特殊困难未成年人教育救助工作的通知》，保障这部分未成年人的受教育权利。2005年国务院颁布《关于深化农村义务教育经费保障机制改革的通知》《关于做好免除城市义务教育阶段学生学杂费工作的通知》，全部免除城乡义务教育阶段学生学杂费。为了解决贫困学生接受高等教育的问题，进一步做好资助高校贫困家庭学生工作，2004年教育部、财政部、中国人民银行银监会发布《关于进一步完善国家助学贷款工作的若干意见》。

6. 就业救助制度

就业救助也称就业援助，为了确保国有企业改革顺利进行，重点解决国有企业下岗失业人员再就业问题，2002年国务院出台《关于进一步做好下岗失业人员再就业工作的通知》，2005年国务院发布《关于进一步加强就业再就业工作的通知》，强调重点解决好体制转轨遗留的再就业问题的同时，努力做好城镇新增劳动力就业和农村富余劳动力转移就业工作，有步骤地统筹城乡就业，提高劳动者素质，探索建立市场经济条件下促进就业的长效机制。2007年全国人民代表大会常务委员会通过了《中华人民共和国就业促进法》，其目的是为了促进就业，促进经济发展与扩大就业相协调，促进社会和谐稳定，此后确立中国特色的积极就业政策框架，就业援助制度趋于法制化。2008年国务院颁布《关于做好促进就业工作的通知》，进一步完善面向所有就业困难人员的就业救助制度。

(三)社会保障体系框架完善

1. 城镇机关事业单位养老保险制度改革

基于2008年试点省份的经验,2015年国务院出台《关于机关事业单位工作人员养老保险制度改革的决定》,确定参保单位和参保人员,实行社会统筹与个人账户相结合的基本养老保险制度,改革遵循公平与效率相结合的原则,建立待遇与缴费挂钩机制,多缴多得,长缴多得,提高单位和职工参保缴费的积极性。该制度的改革标志着我国城镇基本养老保险制度从二元制走向一元制,进一步提升了基本养老保险制度的公平性。

2. 整合城乡居民基本医疗保险制度,实施医疗保险与生育保险合并

2016年国务院下发《关于整合城乡居民基本医疗保险制度的意见》,提出要按照"统一制度、整合政策、均衡水平、完善机制、提升服务"的总体思路,突出整合基本制度政策,突出理顺管理体制,突出提升服务效能,实现统一覆盖范围、统一筹资政策、统一保障待遇、统一医保目录、统一定点管理、统一基金管理,从而建立起统一的城乡居民基本医疗保险制度。同年人力资源和社会保障部发布《关于开展长期护理保险制度试点的指导意见》,决定在河北省承德市、吉林省长春市等15个城市开展长期护理保险制度试点,为应对人口老龄化、实现"老有所养"目标奠定了制度基础。

3. 社会救助制度趋于法制化

2014年国务院颁布《社会救助暂行办法》,确立了以最低生活保障、特困人员供养、受灾人员救助、医疗救助、教育救助、住房救助、就业救助、临时救助等八项救助制度为主体、社会力量参与为补充的制度框架,基本覆盖各类困难群众。《社会救助暂行办法》是社会救助领域统领性、支架性法规,是对促进社会公平、增进人民福祉的庄严承诺,2019年修订了此暂行办法。2021年民政部印发《特困人员认定办法》,明确了认定工作遵循的原则和条件。为规范最低生活保障审核确认流程,确保低保制度公开、公平、公正实施,民政部制定了《最低生活保障审核确认办法》,于2021年7月1日起施行。

为了维护残疾人的合法权益,发展残疾人事业,保障残疾人平等、充分地参与社会生活,共享社会物质文化成果,2018年全国人民代表大会常务委员会修订了《中华人民共和国残疾人保障法》。为了保护未成年人身心健康,保障未成年人合法权益,促进未成年人德、智、体、美、劳全面发展,培养有理想、有道德、有文化、有纪律的社会主义建设者和接班人,培养担当民族复兴大任的时代新人,2020年10月17日全国人民代表大会常务委员会修订了《中华人民共和国未成年人保护法》,于2021年6月1日施行。

2020年5月28日,第十三届全国人民代表大会第三次会议审议通过了新中国历史上首部以法典命名的法律——《中华人民共和国民法典》。这是中国特色社会主义法治体系建设进程中具有划时代意义的大事,是新时代我国社会主义法治建设的重大成果。《中华人民共和国民法典》是一部社会生活的百科全书,是人民民事权利的保护法典,共分为7编,依次为总则编、物权编、合同编、人格权编、婚姻家庭编、继承编、侵权责任编。《中华人民共和国民法典》的颁布为民事权利提供全面保障,标志着中国特色社会主义法治建设进入新时期。

4. 慈善制度逐步完善

为了发展慈善事业,弘扬慈善文化,规范慈善活动,保护慈善组织、捐赠人、志愿者、受益人等慈善活动参与者的合法权益,促进社会进步,共享发展成果,2016年以来国务院先后出台了《中华人民共和国慈善法》《志愿服务条例》。

5. 医疗保险制度全面深化改革

自2015年以来,我国从卫生体制、医保、医药、医院等方面进行了深入改革,出台了一系列政策完善的医疗保险制度。2015年国务院转发民政部等部门出台的《关于进一步完善医疗救助制度全面开展重特大疾病医疗救助工作的意见》,该意见明确任务目标是城市医疗救助制度和农村医疗救助制度于2015年底前合并实施,全面开展重特大疾病医疗救助工作,进一步细化实化政策措施,实现医疗救助制度科学规范、运行有效,与相关社会救助、医疗保障政策相配套,保障城乡居民基本医疗权益。为了推进城乡居民大病保险制度建设,筑牢全民基本医疗保障网底,让更多的人民群众受益,同年国务院印发《关于全面实施城乡居民大病保险的意见》。2016年国务院发布《关于整合城乡居民基本医疗保险制度的意见》,该意见是推进医药卫生体制改革、实现城乡居民公平享有基本医疗保险权益、促进社会公平正义、增进人民福祉的重大举措。2017年国务院办公厅印发《生育保险和职工基本医疗保险合并实施试点方案的通知》,其指导思想遵循保留险种、保障待遇、统一管理、降低成本的总体思路,推进两项保险合并实施,通过整合两项保险基金及管理资源,强化基金共济能力,提升管理综合效能,降低管理运行成本。为更好地保障参保人员权益、规范医疗服务行为、控制医疗费用不合理增长、充分发挥医保在医改中的基础性作用、进一步深化基本医疗保险支付方式改革,2017年国务院发布了《关于进一步深化基本医疗保险支付方式改革的指导意见》。

为推进"健康中国"建设、提高人民健康水平,2016年中共中央国务院印发《"健康中国2030"规划纲要》,纲要的战略目标是到2020年,建立覆盖城乡居民的中国特色基本医疗卫生制度,全民健康素养水平持续提高,健康服务体系完善高效,人人享有基本医疗卫生服务和基本体育健身服务,基本形成内涵丰富、结构合理的健康产业体系,主要健康指标居于中、高收入国家前列。到2030年,全民健康的制度体系更加完善,健康领域发展更加协调,健康生活方式得到普及,健康服务质量和健康保障水平不断提高,健康产业繁荣发展,基本实现健康公平,主要健康指标进入高收入国家行列。到2050年,建成与社会主义现代化国家相适应的健康国家。

2018年3月,我国组建中华人民共和国国家医疗保障局,它是实现"三保合一""四权合一"的新的主管部门。2019年国务院发布《关于全面推进生育保险和职工基本医疗保险合并实施的意见》,国家医疗保障局发布《关于印发医疗保障标准化工作指导意见的通知》,国家医疗保障局、人力资源和社会保障部印发《国家基本医疗保险、工伤保险和生育保险药品目录的通知》,为了解决医疗保障发展不平衡不充分的问题,全面提升医保治理能力,深度净化制度运行环境,2020年国务院出台《关于深化医疗保障制度改革的意见》《关于推进医疗保障基金监管制度体系改革的指导意见》。为规范基本医疗保险关系转移接续工作、统一经办流程、提升服务水平,2021年国家医疗保障局、财政部印发《基本医疗保险关系转移接续暂行办法》。同年国务院出台《健全重特大疾病医疗保险和救助制度的意见》,该意见明确指出要"促进基本医保、大病保险、医疗救助综合保障与慈善救助、商业健康保险等协同发展、有效衔接,构建政府主导、多方参与的多层次医疗保障体系"。为进一步提高参保人员的用药保障水平,国家医疗保障局、人力资源和社会保障部印发《国家基本医疗保险、工伤保险和生育保险药品目录(2021年)》。

为了积极应对人口老龄化,满足长期失能人员的基本生活照料需求,2020年国家医疗保障局和财政部颁布《关于扩大长期护理保险制度试点的指导意见》,国家医疗保障局出台《关于坚持传统服务方式与智能化服务创新并行优化医疗保障服务工作的实施意见》,该实施意见的宗旨是着力解决老年人等群体运用智能技术时遇到的困难,强化服务意识,坚持传统服务方式与智能化服务创新并行,不断提升服务质量,努力打造群众满意的医疗保障服务。

6. 军人优抚制度框架初步形成

2012年人力资源和社会保障部颁布《中华人民共和国军人保险法》,为维护军人军属合法权益,加强退役军人服务保障体系建设,建立健全集中统一、职责清晰的退役军人管理保障体制,2018年3月我国组建了中华人民共和国退役军人事务部,随后退役军人事务部等10部门联合印发《关于进一步加强由政府安排工作退役士兵就业安置工作的意见》,这是党中央决策部署组建退役军人事务部后,首个专门针对由政府安排工作退役士兵出台的政策性文件。2018年全国人民代表大会常务委员会通过了《中华人民共和国英雄烈士保护法》,该法是对英雄烈士事迹和精神的弘扬,其中第三条指出:"英雄烈士事迹和精神是中华民族的共同历史记忆和社会主义核心价值观的重要体现。"2019年中共中央办公厅、国务院办公厅印发《关于解决部分退役士兵社会保险问题的意见》,为解决部分退役士兵的基本养老、医疗困难提供了政策依据。2019年退役军人事务部、中央军委政治工作部联合印发《关于进一步规范退役士兵移交安置工作有关具体问题的通知》,该通知针对当前军地在移交安置工作中的一些难点、断点问题提出了解决办法,进一步压实了军地责任,增强了刚性约束,加强了业务衔接,对于提升工作的严肃性和协同性,健全军地移交工作机制具有重要作用。2020年中央宣传部、国家发展改革委等20个部门联合印发了《关于加强军人军属、退役军人和其他优抚对象优待工作的意见》,全力推进退役军人事务领域治理体系和治理能力现代化。

2021年1月1日,我国实施了《中华人民共和国退役军人保障法》,其目的是为了加强退役军人保障工作,维护退役军人合法权益,让军人成为全社会尊崇的职业。此法遵循以人为本、分类保障、服务优先、依法管理的原则,内容共分十章,对退役军人的移交接收、退役安置、教育培训、就业创业、抚恤优待、褒扬激励、服务管理、法律责任做了明确规定。作为我国第一部关于退役军人的专门法律,其颁布出台顺应了新时代的发展要求,为厚植强军兴军根基、维护社会安全稳定提供了法律保障。2021年中央政法委、最高人民法院、最高人民检察院、公安部、司法部、退役军人事务部6部门联合印发《关于加强退役军人司法救助工作的意见》,明确了退役军人司法救助工作的主要原则和对象范围。

目前我国社会保障制度已从城镇扩大到农村,从国有企业扩大到各类企业,从就业群体扩大到非就业或就业不稳定的群体,已经建立起世界上覆盖人群最多的社会保障制度。近年来我国社会保障法制建设步伐加快,促进了社会保障体系的不断完善,基本形成了由民政部主导,以最低生活保障与特困人员供养制度、受灾人员救助以及医疗救助、教育救助、住房救助、就业救助和临时救助为主体,以社会力量参与为补充的综合性社会救助制度,社会保险制度和体系不断完善和发展,基本养老保险制度覆盖全体城乡居民,全民医保体系基本形成,各项社会福利事业稳步发展,社会保障制度成为全民共享国家发展成果的基本制度保证①。

 本章小结

社会保障制度起源于西方发达国家,经历了萌芽、建立、发展、繁荣、改革五个发展阶段。

---

① 郑功成.中国社会保障发展报告[M].北京:人民出版社,2016.

中国社会保障制度经历了创建、调整、停滞、恢复、改革探索、全面发展阶段,并取得了显著成果。

案例分析

世界最大社会保障体系是怎样建成的?

党的十九届五中全会指出,"十三五"时期,我国"建成世界上规模最大的社会保障体系,基本医疗保险覆盖超过十三亿人,基本养老保险覆盖近十亿人"。中国为什么能建成世界最大的社会保障体系?如何进一步完善中国特色社会保障体系?

一、正确定位:全民共享改革发展成果的基本途径与制度保障

调研结果表明,社会保障已经成为我国全体人民共享改革发展成果的基本途径与制度保障。例如,河南省商丘市平安街道董庄新村一户郭姓人家有四代共8口人,社会保障项目解除了他们在老年生活、疾病医疗、子女教育、住房等方面的后顾之忧,也减轻了家庭成员照顾残疾人生活等负担。四川省凉山彝族自治州喜德县郊一户建档立卡贫困户祖孙三代5口人,他们过上吃穿"两不愁"和义务教育、基本医疗、住房安全"三保障"的生活,也离不开社会保障制度的兜底作用。这些都源于我国社会保障制度的正确定位和中国特色社会主义的制度优势。

党的十八大以来,我国坚持把社会保障全民覆盖作为全面建成小康社会的新要求,实施全民参保计划,各项社会保障的覆盖人数大幅增加。到2019年末,全国共有861万人享受城市最低生活保障,3456万人享受农村最低生活保障,439万人享受农村特困人员救助供养。这使我国社会保障建设深得人心,得到人民群众支持,为我国建成世界规模最大社会保障体系提供了重要前提。我国成为当今世界社会保障发展速度最快、覆盖人口规模最大、保障水平持续提升幅度最大的国家,国际社会保障协会2016年授予中国政府"社会保障杰出成就奖"。

二、根本原因:中国特色社会主义制度优势

社会保障制度是保障人民生活、调节社会分配、促进社会公正的一项基本制度。中国特色社会主义制度优势使我国能够在很短时间里就把社会保障制度快速覆盖到全民,让日益健全的社会保障体系成为满足人民群众美好生活需要的重要制度保障。

1. 确保社会保障体系建设持续推进

中国共产党领导是中国特色社会主义制度的最大优势。在党的领导下,新中国成立之初虽然积贫积弱,但依然创造条件,在城镇建立了比较健全的劳动保险等一系列社会保障制度,在农村建立了初级社会保障体系。改革开放后,我国社会保障实现了制度转型与持续发展,迅速建成与社会主义市场经济体制相适应的社会保障制度。

2. 保证社会保障高效率建设

比如,我国的根本政治制度、基本政治制度确保党中央集中统一领导和国家制度统一、政令统一,从根本上保证了社会保障建设的有力、有效推进。又如,我国的长远战略规划,包括新时代中国特色社会主义发展的战略安排及连续不断的五年规划等,保证了我国社会保障建设的连续性和可持续性。

3. 解放和发展生产力,奠定雄厚物质基础

社会保障需要财力支撑。改革开放推动了国民经济持续快速发展,社会保障也有了越来越雄厚的物质基础。党的十八大以来,我国财政性教育经费达到国内生产总值的4%,社会养老保险制度全覆盖,为全体城乡居民医疗保险提供筹资规模2/3以上的财政补贴,精准扶贫、精准脱贫让连片深度贫困地区在短短几年内发生了翻天覆地的变化。

三、展望未来:走向成熟、定型发展

党的十九届五中全会提出了到2035年基本实现社会主义现代化的远景目标,提出"十四五"时期"多层次社会保障体系更加健全"的发展目标,为完善中国特色社会保障体系提供了行动指南。当前,我国社会保障体系建设正在走向成熟、定型发展的新阶段,全民共享的社会保障安全网将进一步织密扎牢。

近年来,我国社会保障学界不断深化研究,为促进社会保障改革与发展贡献了力量。例如,在养老保险、医疗保险基本实现全覆盖的条件下,深入研究社会保障高质量发展问题;探讨完善统一的城乡居民基本养老保险制度、城乡居民基本医疗保险制度的路径与方案;深化对社会保险制度的权责均衡问题研究,探索降低用人单位缴费率、加大政府公共投入并适度提高个人责任的可行方案;围绕补齐制度短板,加强对社会救助制度等制度研究;围绕积极应对人口老龄化,探索养老服务业的发展新路径;围绕形成多层次社会保障体系,深化企业年金、商业性养老金研究,探索引入社会资本进入养老、医疗及基本公共服务领域的路径;围绕维护制度公平、促进制度可持续发展,研究设计基本养老保险全国统筹方案等。

面向未来,我国社会保障学者应继续深化重大问题研究。一是进一步研究中国特色社会保障制度在中国特色社会主义制度和国家治理体系中的定位与功能,更好地发挥制度作用。二是深入研究数字化时代社会保障发展面临的新机遇、新挑战,既适应新就业形态的劳动关系特点,创新完善社会保障制度,又运用数字技术提升社会保障现代化水平。三是进一步研究社会主义市场经济条件下社会保障与经济发展的关系,促进二者良性互动。四是深入研究中华优秀传统文化中的社会保障思想,为进一步增强社会保障制度的中国特色提供思想来源。五是适应新时代我国社会主要矛盾变化,顺应人民对美好生活的新期待,深入研究优化现行制度安排的路径和方案,促进中国特色社会保障体系更加成熟、更加定型,更好地维护社会公正,更好地造福人民。

(资料来源:中国共产党新闻网)

思考:
1. 中国特色社会保障制度的特点是什么?
2. 中国特色社会保障制度未来发展面临的问题有哪些?

 复习思考题

1. 简述国外社会保障制度发展对中国有哪些启示。
2. 简述中国社会保障制度发展阶段及其特征。

第三章 社会保障理论

学习目标

掌握古代、现代社会保障理论
掌握中国特色社会保障思想

关键概念

社会保障理论　社会保障思想

第一节 古代社会保障理论

一、中国古代社会保障思想

(一)大同社会思想

我国古代儒家思想的杰出代表人物孔子曾提出了著名的大同社会思想。他在《礼记·礼运篇》中说:"大道之行也,天下为公。选贤与能,讲信修睦,故人不独亲其亲,不独子其子,使老有所终,壮有所用,幼有所长,矜寡孤独废疾者,皆有所养。男有分,女有归。货恶其弃于地也,不必藏于己;力恶其不出于身也,不必为己。是故谋闭而不兴,盗窃乱贼而不作,故外户而不闭,是谓大同。"孔子提出的大同社会是一种理想的社会状态,但是这种理想社会不复存在,于是他又提出了小康社会的思想,他说:"今大道既隐,天下为家,各亲其亲,各子其子,货力为己。大人世及以为礼,城郭沟池以为固。"

我国古代道家杰出思想家老子提出了"小国寡民"的理想社会思想,他在《道德经》中指出:"虽有舟舆,无所乘之;虽有甲兵,无所陈之。使民复结绳而用之。甘其食,美其服,安其居,乐其俗。"庄子在《庄子·天下》指出:"不离于宗,谓之天人。不离于精,谓之神人。不离于真,谓之至人。……以仁为恩,以义为理,以礼为行,以乐为和,薰然慈仁,谓之君子。"

(二)社会救济与社会福利思想

1. 仓储思想

仓储思想主要包括调粟、赈济、养恤和蠲缓等方面,这些思想经过历朝历代的发展和完善,形成了独具特色的中国传统社会保障理论体系。在《汉书·食货志》中李悝说:"籴甚贵伤民,甚贱伤农。民伤则离散,农伤则国贫。故甚贵与甚贱,其伤一也。善为国者,使民毋伤而农益劝。""是故善平籴者,谨观岁有上中下孰。……故大孰则上籴三而舍一,中孰则籴二,下孰则籴一,使民适足,贾平则止。小饥则发小孰之所敛,中饥则发中孰之所敛,大饥则发大孰之所敛,而粜之。"这些调粟的思想不断演变和发展,逐步在后代的执政中得以实施。

2. 赈济思想

早在先秦著作中就出现了赈济思想。《左传》中有"振廪同食",这里"振"就是"赈"的意思。以后历代赈济思想不断发展。至明代,林希元对古代赈济思想进行了系统的总结,提出救荒三便说,曰:"极贫之民便赈米,次贫之民便赈钱,稍贫之民便转贷。"因此,赈济思想逐步发展成为中国传统社会保障思想的主流。赈济思想的发展尤以两宋为盛。宋代程明道在《程氏遗书》中写道:"救饥者,日得一食则不死矣。当先营宽广居处,切不得令相枕借宿,戒使晨入,午而后与之食。择羸弱者作稀粥,早晚两给,勿使至饱,俟气稍完,然后一给,其力能自营一食者,皆不来矣。比之不择而与,能活数倍多也。"

3. 互助思想

互助是中国的传统美德之一,它是社会成员之间的互助共济,是有余力余财者帮助无劳动能力或贫困或遭灾的社会成员避免生存危机的社会活动。社会互助思想基础产生于儒家的"仁孝"观念。在《论语·颜渊》里讲到"樊迟问'仁'。子曰'爱人'"。儒家将这种"爱人"的思想视作人的本性,构成了社会互助论的核心。由"仁"引发的忠孝观念逐步将互助的观念深化。孟子在《滕文公》中主张:"出入相助,守望相互,疾病相扶持……"《管子·五辅》中说:"养长老,慈幼孤,恤鳏寡,问疾病,吊祸丧,此谓匡其急。衣冻寒,食饥渴,匡贫窭,振罢露,资乏绝,此谓振其穷。"在唐代的律令条文中,有对鳏寡、孤独、贫穷、老疾者交由近亲收养的规定,如《唐令》中有明确规定:"诸鳏寡、孤独、贫穷、老疾,不能存者,令近亲收养。若无近亲,付乡里安恤。在路有疾患,不能自胜者,当界官司收付村坊安养。"墨子主张"兼相爱、交相利",提倡"天下之人皆相爱,强不执弱,众不劫寡,富不侮贫,贵不敖贱,诈不欺愚","曰有力者疾以助人,有财者勉以分人,有道者劝以教人。若此则饥者得食,寒者得衣,乱者得治。若饥则得食,寒则得衣,乱则得治,此安生生"。

4. 养老思想

尊老爱老是中华民族的优良传统。养老起源于原始社会末期,在《礼记·王制》中记载:"凡养老,有虞氏以燕礼,夏后氏以飨礼,殷人以食礼。周人修而兼用之,五十养于乡,六十养于国,七十养幼骚,达于诸侯。"春秋战国时期的《周礼·地官司徒》提出:"一曰慈幼,二曰养老,三曰振穷,四曰恤贫,五曰宽疾,六曰安富。"《续汉礼仪志》记载:"仲秋之月,县道皆案户比民,年始七十者,授之以玉杖,哺之以糜粥。八十九十,礼有加赐,玉杖长尺,端以鸠为饰。"《梁书·武帝本纪》中记载,梁武帝萧衍下诏宣布:"凡民有单老孤稚不能自存,主者郡县咸加收养,赡给衣食,每令周足,以终其身。又于京师置孤独园,孤幼有归,华发不匮。若终年命,厚加料理。"

中国古代的大同社会思想、社会救济与社会福利思想成为现代社会保障思想的重要理论渊源,而且儒家思想对社会保障制度的影响很深,在当时的自然经济条件下,社会保障思想的实践主要是以丰补歉的储粮度荒。从汉朝开始,就有了由朝廷兴办、名为"常平仓"的仓储制度;到了隋朝,又有了以地方劝募为主的"义仓";到了南宋年间,出现了主要由社区管理、居民普遍加入、带有一定社会保险意义的"社仓"。国家积极介入是中国古代社会保障实践的一个显著特点。

二、西方古代社会保障思想

(一)城邦思想

古希腊时代的城邦思想是西方社会福利思想的重要历史渊源之一。其代表人物柏拉图在《理想国》中指出:"我们的立法不是为城邦任何一个阶级的特殊幸福,而是为了造成全国作为一个整体的幸福。它运用说服或强制,使全体公民彼此协调和谐,使他们把各自能向集体提供的利益让大家分享。而他在城邦里造就这样的人,其目的就在于让他们不至于各行其是,把他们团结成一个不可分割的城邦公民集体。"亚里士多德在《政治学》中指出:"城邦的一般含义就是要维持自给生活而且具有足够人数的一个公民集团。"他主张建立一种理想的政体来促进人们分享美好的生活,并设计了理性政体的原则,即多数人利益、人人享有幸福生活等。亚里士多德指出"所谓'公正',它的正式意义,主要在于'平等'"。他认为平等对于社会的稳定具有重要影响,而社会冲突的主要原则是由于社会不平等所导致的。

(二)人文主义

文艺复兴起源于意大利,是14世纪到16世纪的一场反映新兴资产阶级要求的欧洲思想文化运动,是西欧近代三大思想解放运动(文艺复兴、宗教改革与启蒙运动)之一,对当时的政治、科学、经济、哲学、神学世界观都产生了极大影响,它揭开了近代欧洲历史的序幕,被认为是中古时代和近代的分界,其核心精神是人文主义精神。该时期代表人物有但丁、达·芬奇、拉斐尔等,其代表作有"美术三杰""文学三杰",这些作品深刻地批判了封建道德伦理观念和社会陋习,集中体现了人文主义精神,发现了人和人的伟大,肯定了人的价值和创造力,提出人要获得解放,个性应该自由。恩格斯曾高度评价"文艺复兴"在历史上的进步作用。他写道:"这是一次人类从来没有经历过的最伟大的、进步的变革,是一个需要巨人而且产生了巨人——在思维能力、热情和性格方面,在多才多艺和学识渊博方面的巨人——的时代。"

文艺复兴的核心思想是人文主义,即以人为中心而不是以神为中心,肯定人的价值和尊严。主张人生的目的是追求现实生活中的幸福,倡导个性解放,反对愚昧迷信的神学思想,认为人是现实生活的创造者和主人。人文主义具有如下特点:①提倡以人为核心,探讨人的本性,歌颂人的美,促进人的幸福。②反对禁欲主义,提倡享受尘世生活。③提倡理性,崇尚知识,反对迷信,强调修养。文艺复兴对西方社会福利思想产生的影响较为深远。

(三)启蒙运动

启蒙运动是始于17—18世纪的一场资本主义性质的反封建、反教会的思想文化运动。启蒙运动最初产生在英国,随后发展到法国、德国与俄国,此外,荷兰、比利时等国也有波及。启蒙运动的主要思想是反对教会权威,反对封建社会,核心是倡导理性。启蒙运动的代表人物有孟德斯鸠、伏尔泰、狄德罗、卢梭、康德。其中卢梭是一位激进的民主主义者,他的思想精华和基本原则是人民主权思想。卢梭继承了洛克的"人民主权说",进而提出"主权在民"的主张,他认为一切权利属于人民,权利的表现和运用必须体现人民的意志。卢梭还强调"公共意志",认为它非常重要,公民应接受它的统治。"公共意志"的具体形式就是法律,遵守法律的行为就是自由的行为。启蒙运动的主要内容是提倡理性精神,其天赋人权思想确立了人人都有平等享有社会生活的权利的基本理念,公民有权享受必要的社会保障,政府有责任提供必要的社会保障。

第二节 现代社会保障理论

一、国家干预主义社会保障思想

国家干预主义主张国家干预经济生活,通过收入再分配的方法(如累进所得税、转移支付),强调收入和财富分配的社会均等化,增进全社会福利,促进社会经济的增长。其代表学派主要有以下几类。

(一)德国新历史学派

该学派是19世纪末20世纪初对德国社会保障制度的建立产生直接影响的思想学派,又称"讲坛社会主义",代表人物有施穆勒、阿道夫、布伦坦诺等,他们认为国家是集体经济的最高形式,在进步的文明社会中,国家的公共职能应不断扩大和增加。其主要观点如下:

(1)强调精神和伦理在社会经济与生活中的重要地位,通过对民族精神和道德伦理的强调,协调劳资关系,促进经济发展。施穆勒曾说:"劳资矛盾是由于工人缺乏道德造成的,劳资矛盾的解决应该依靠工人道德水平的提高。"桑巴特说"企业家精神和市民精神结合起来形成了资本主义精神","这种精神创造了资本主义"。

(2)强调国家在经济发展和社会进步中的重要作用,主张实行强有力的国家干预。施穆勒认为"没有一个坚强组织的国家权力并具备充分的经济功用,没有一个国家经济构成其余一切经济的中心,那就很难设想有一个高度发展的国民经济"。

(3)资本主义经济组织形式的变化可以避免其经济发展中的某些弊端,从而使资本主义经济过渡到社会主义计划经济。德国卡特尔经济组织形式的出现,有利于德国资本主义经济计划性的实现,这也是实现德国经济走向社会主义计划经济的有效途径。

(4)提倡社会改良主义,主张实行社会立法,促进社会福利事业的发展。主张制定社会立法,推行社会保险,建立工厂监督员制度、劳资纠纷仲裁制度,加强劳动保护,对贫困者提供社会救济,改革财政制度。

德国新历史学派主张国家干预、发展生产力、增进国民福利的思想,被认为是后来西方各国建立"福利国家"、实行社会保障制度的理论来源,是一种资产阶级改良主义,它更强调阶段矛盾的调和,成为统治者稳定其政府的工具。新历史学派的社会保障思想成为德国最早建立社会保险制度的理论基础。

(二)瑞典学派

瑞典学派又称北欧学派,起源于19世纪末20世纪初,该学派继承并进一步发展了威克赛尔的福利再分配理论,强调收入和财富分配均等化,实现"福利国家"。其代表人物威克塞尔和卡塞尔认为资本主义经济中各阶层的利益并不是和谐一致的,是会发生抵触的,财产分配的不公平就能说明这一点,他们主张改革当时瑞典的经济制度,政府应对经济与社会生活实施有效干预,推行扩张性财政政策,采取积极的社会政策,建立有效的社会保障制度,并强调实行充分就业对于社会经济发展的重要意义。其观点构成了福利国家的理论与政策依据,对当今社会仍有影响力;他们倡导的理想社会如消灭贫困、淡化阶级、减少不平等都是最低目标;他们主张的国有化和计划经济都是用高税收、高公债来支撑的高福利政策；他们提倡的社会福利民主化的理论仍随时代而不断发展。瑞典学派为政府实施对经济和社会的干预、制定合理的经济与社会政策，为瑞典建立"普惠型"社会保障制度奠定了理论基础。

(三)凯恩斯主义

20世纪前期西方经济学最有影响的经济学家之一约翰·梅纳德·凯恩斯提出了就业一般理论、有效需求理论、投资乘数理论、加速理论、经济危机理论。其中有效需求理论认为社会的就业量取决于有效需求。所谓有效需求，是指商品的总供给价格和总需求价格达到均衡时的总需求。当总需求价格大于总供给价格时，社会对商品的需求超过商品的供给，资本家就会增雇工人，扩大生产；反之，总需求价格小于总供给价格时，就会出现供过于求的状况，资本家或者被迫降价出售商品，或者让一部分商品滞销，因无法实现其最低利润而裁减雇员，收缩生产。就业量取决于总供给与总需求的均衡点，由于在短期内生产成本和正常利润波动不大，因而资本家愿意供给的产量不会有很大变动，总供给基本是稳定的。这样，就业量实际上取决于总需求，这个与总供给相均衡的总需求就是有效需求。

凯恩斯认为资本主义市场经济的自动调节器作用尽管可以使储蓄和投资达到相等，但是却未必可以达到充分就业的水平。一旦出现小于充分就业的均衡水平，国家就应该积极干预经济生活，通过增加政府投资来推动就业的扩大并克服经济危机。"我所寻求的是改善资本主义的社会机器，而不是推翻它。"凯恩斯的建议和主张，并不是为了根除贫困和给人民带来更大幸福，他撇开资本主义生产关系的基本矛盾，用心理因素和供求理论来解释资本主义社会存在的失业和危机的原因，其就是为垄断资产阶级推行国家垄断资本主义提供政策依据，为资本主义制度的存在进行辩护。第二次世界大战以后，凯恩斯的经济学曾一度成为资本主义国家，尤其是美国政府制定经济政策、社会公共政策和建立福利国家的重要理论依据。

二、自由主义社会保障思想

自由主义主张福利服务的市场化是最好的选择，应当降低并且转移国家的作用，让市场发挥主导作用。对政府而言，一方面提供最基本的福利，如安全网的建立；另一方面必须放弃那些不可能实现的关于建立平等和公正社会的目标。自由主义的代表学派有以下几类。

(一)古典政治经济学的社会保障思想

在19世纪，古典政治经济学具有重要的影响，其关于财富、工资、人口与济贫法的主张奠定了自由主义社会保障理论的基础。亚当·斯密被称为"古典经济学之父"，他是经济自由主义的倡导者，他期望在自律的个人自由基础上建立起一种自发调节的社会经济秩序，因而倡导一种"自然的、简单明了的自由体系"。在其中，政府只需维持和平，建立和维持一个严密的执法体制，提供教育和其他最低限度的公共事业；政府无须干预一般的经济事务，可以放心地让每一个人有按他自己的方式来行动的自由，这样他自然就会对公共利益做出最大的贡献。

亚当·斯密在其代表作《国富论》中认为国民财富就是一个国家所生产的商品总量，要促进国民财富的增长，需兼顾好个人、社会、生产者等各方的利益。他提出了经济自由主义理论，允许政府在"看不见的手"之外发挥重要的调节作用。按照亚当·斯密的观点，政府在市场经济中的三项基本职责是：①保护社会免遭其他社会之暴力入侵，如向他国实施经济制裁；

②尽可能保护每个社会成员免受其他社会成员之不正义的压迫,诸如将声讨某大型集团定性为非法活动;③建立和维护特定的社会公共工程和公共制度,如向他国产品设置高额关税。而即使在履行这些职责时,政府的设计也应当考虑引入竞争。

李嘉图在《政治经济学及赋税原理》中坚决主张废除济贫法制度。他认为"修改济贫法的任何计划,如果不以废除它为最终目标,都是不值一顾的"。如果实行全国统一征收的方式,我们所要消除的灾难不但不会减轻反而还会增加。而不同教区独立征集用于维持本教区济贫事业的基金,较之全国统一征收该种基金要好得多,也更能保持较低的济贫税率。因为,"当全部款项都将用来为一个教区本身谋福利时,和几百个其他教区共享这种利益时相比较,一个教区对于经济地征收济贫捐款和节约地分配救济金问题,远远地更为关心"①。马尔萨斯认为英国现行的济贫法影响人们自由构成和自立意识的发挥,削弱了普通人储蓄的能力和意愿,对劳动力市场产生障碍,并给那些不依靠救济者增加了许多麻烦。对此他提出首先要完全废除现有的济贫法制度,鼓励人们开垦新地,尽最大可能鼓励农业而不是制造业,各地可以为极端贫困者建立济贫院,通过由全国统一征收的济贫税提供经费,收容贫民。可以针对有劳动能力者建立专门的济贫院,其中所有人都必须全天工作,并按照市价获得报酬②。

(二)供给学派

该学派明确反对福利国家政策,他们认为福利服务的市场化是最好的选择,应当降低并且转移国家的作用,让市场发挥主导作用。对政府而言,一方面提供最基本的福利,如安全网的建立;另一方面必须放弃那些不可能实现的关于建立平等和公正社会的目标。

1. 激进的供给学派

美国经济学家阿瑟·拉弗为了说明税率和税收之间的关系,以及减税在刺激经济增长中的作用,他提出了著名的"拉弗曲线",即在一般情况下,提高税率能增加政府税收收入。但税率的提高超过一定的限度时,企业的经营成本提高,投资减少,收入减少,即税基减小,反而导致政府的税收减少,这便成为此学派解释减税的理论依据。其主张有:①大幅度和持续地削减个人所得税和企业税,以刺激人们的工作积极性,增强储蓄和投资的引诱力。②采取相对紧缩的货币政策,使货币供给量的增长和长期的经济增长潜力相适应,从而恢复某种形式的金本位制。③减少国家对经济生活的干预,特别是要改变国家干预的方向和内容,主张更多地通过减税实行"供给"管理,更多依靠市场的力量自动调节经济。④缩小政府开支,大规模缩减福利开支,提高私人投资的能力。

2. 温和的供给学派

美国著名经济学家马丁·费尔德斯坦被称为供应学派经济学之父,其主张为:①平衡预算开支,削减不必要的支出,特别是要削减福利开支和价格补贴;②逐步改革税收体制,平衡国家预算,消除财政赤字,鼓励储蓄和投资,增加生产,加速资本形成;③长期推行低货币增长率(年货币增长率不超过6%,并至少坚持5~7年),采取有节制并可预期的货币供给政策。

供给学派是对凯恩斯主义的直接否定。它是适应资本主义经济"滞胀"的形势和要求而产

---

① 李嘉图.政治经济学及赋税原理[M].郭大力,王亚楠,译.北京:商务印书馆,1962:88-91.
② 马尔萨斯.人口原理[M].朱泱,胡企林,朱和中,译.北京:商务印书馆,1992:33-39.

生的,其理论和政策主张有一定的合理性,供给学派理论观点和政策主张很快受到美国统治阶级的重视,供给学派理论成为"里根经济学"的核心部分。

三、新自由主义社会保障思想

新自由主义的主张对当代西方社会保障制度改革产生了重要的影响。哈耶克是奥地利裔英国经济学家,是新自由主义的代表人物。他主张以个人自由为基础的私人企业制度和自由市场制度是迄今为止所能选择的最好制度,国家过多地干预经济忽略了市场的能动作用,也妨碍了个人的自我独立。

美国著名经济学家米尔顿·弗里德曼是货币主义经济学派的主要提倡者。他主张在通货膨胀与货币供给之间有着一个紧密而稳定的联结关系,亦即通货膨胀的现象应该以联邦储备银行对全国经济提供的货币数量为基准。他强烈反对以金融政策作为需求管理的手段,并且主张政府在经济上扮演的角色应该被严格限制。他亦深信经济自由最终将导致政治自由。他主张国家只提供最基本的福利,并放弃不可能实现的建立平等公正社会的目标,同时提倡福利服务应由市场来提供,政府只负责推进,从而建立一个内部竞争的福利服务市场。米尔顿·弗里德曼在《资本主义与自由》中指出:"对低收入者按某一法定的标准由政府发给补助金,从而把低收入者的收入拉平,这会挫伤人们的劳动积极性……"弗里德曼强调"经济自由是达到政治自由的不可或缺的手段"。"资本主义和自由相等"这个等式是他对保守主义在20世纪70年代复兴的最大贡献。

四、"第三条道路"社会保障思想

"第三条道路"是第二次世界大战后西方资本主义经济社会政策发展变化的直接产物,是为了避免传统的社会民主主义与新自由主义的极端化而寻求的一种中间道路,20世纪末"第三条道路"开始对西方社会产生巨大影响①。

(一)英国"第三条道路"社会保障思想

安东尼·吉登斯在他的著作《第三条道路:社会民主主义的复兴》中指出"无责任即无权利",主张实行积极福利和社会投资政策。他认为第三条道路是一种超越社会民主主义与新自由主义的政治理论、意识形态,其理论已成为流行于欧美的"第三条道路"思潮的重要基础,影响深远。以英国布莱尔首相为首的工党在执政期间,认为"第三条道路是现代社会民主重新得到恢复并取得成功的道路,绝不是在社会民主主义和新自由主义之间的一条妥协之路。它寻找采纳中间和中左道路的基本价值观念,并使其适用于全世界根本的社会和经济变革,而且不受过时的意识形态的束缚"。布莱尔主张放弃传统的、单一的极端保守性或激进性政策选择,实行介于两者之间的调和性政策选择,强调有限的国家干预与有限的市场调节相结合,主张社会保障中的国家责任、社会责任与个人责任平衡,强调社会保障水平与经济发展水平的协调。布莱尔以"第三条道路"的思想为指导,在英国积极推行"布莱尔新政",其观点主要有以下几方面。

---

① 李珍.社会保障理论[M].3版.北京:中国劳动社会保障出版社,2013:161-165.

1. 减少政府干预,放宽劳动力市场管制

推行取消管制的政策不是解决失业问题的有效措施,福利支出应当维持在欧洲的水准上,而不是向美国看齐;应当把这些支出主要引向对人力资源的投资上。对人力资源的投资,是主要经济部门中的企业所拥有的最主要的缩小社会差距的资源。

2. 改革福利制度,增加社会就业

为了解决高福利制度带来的政府巨额开支问题和严重的失业问题,布莱尔政府在实行最低工资制、提供基本的社会保障的同时,积极提供培训和就业机会,消除人们对福利国家的依赖,鼓励人们的劳动积极性。国家不仅提供适当水平的养老金,还应支持强制性的养老储蓄。

3. 改革教育体制,改善国民医疗卫生服务

这项政策的具体内容包括提高教师素质,严格对教师的考核,关闭不合格的学校;缩短患者在医院的候诊时间,取消保守党政府在医疗卫生服务领域推行的内部自由市场等。

(二)美国"第三条道路"社会保障思想

克林顿当选为美国总统后,为了摆脱 1990—1991 年的经济衰退,便提出了反经济衰退计划,改革美国的健康保险制度是克林顿政府社会福利政策的重心。克林顿指出"我们的政策既不是随便的,也不是保守的;既不是共和党的,也不是民主党的。我们的政策是新的,是与以往不同的","是介于自由放任资本主义和福利国家之间的第三条道路"。他在《美国变革的前景》中提出了自己的政策主张,在国内政策上,克林顿提出要走介于自由放任资本主义和福利国家之间的"第三条道路",这"第三条道路"也称为"克林顿经济学"。他认为政府必须干预经济,尤其是财政干预,以实现充分就业和经济增长的目标。具体表现为短期内用财政赤字刺激经济,促使经济复苏,增加就业;长期内逐步减少财政赤字,增加政府公共投资,以维持经济的持续稳定增长①。

第三节 马克思主义社会保障理论

一、马克思、恩格斯的社会保障思想

马克思从人口学、制度经济学的视角,在《资本论》《哥达纲领批判》《英国工人阶级状况》等经典著作中阐述了社会保障的思想,提出了无产阶级贫困化理论、六项扣除理论,其中六项扣除理论是马克思社会福利的重要组成部分。马克思和恩格斯始终关注无产阶级的贫困问题。早在 1844 年马克思就指出工人的劳动为富人创造了财富,却为自己产生了赤贫,并论述了造成贫困的原因是资本主义制度的本质——生产资料私有化,资本主义工资制度导致无产阶级的贫困化。马克思指出"在劳动生产力提高时,劳动力的价格能够不断下降,而工人的生活资料用量同时不断增加。但是相对地说,即同剩余价值比较起来,劳动力的价值还是不断下降,从而工人和资本家的生活状况之间的鸿沟越来越深"。

马克思在《哥达纲领批判》中明确了社会保障制度建立的必要性和可行性,他指出:"为了

---

① 傅钦才,文建东.凯恩斯主义复兴与克林顿经济学[J].武汉大学学报(哲社版),1994(1):22-28.

对偶然事故提供保险,为了保证必要的、同需要的发展以及人口的增长相适应的累进的扩大再生产(从资本主义观点来说叫作积累),就需要一定量的剩余劳动。补偿风险的保险费,只是把资本家的损失平均分摊,或者说,更普遍地在整个资本家阶级中分摊。相对过剩人口的最底层陷于需要救济的赤贫的境地……这个社会阶层由三类人组成。第一类是有劳动能力的人……他们的人数每当危机发生时就增大,每当营业复苏时就减少。第二类是孤儿和需要救济的贫民的子女。他们是产业后备军的候补者,在高度繁荣时期……他们迅速地、大量地被卷入现役劳动军的队伍。第三类是衰败的、流落街头的、没有劳动能力的人……因分工而失去灵活性以致被淘汰的人,还有超过工人正常年龄的人,最后还有随着带有危险性的机器、采矿业、化学工厂等的发展而人数日益增多的工业牺牲者,如残疾者、病人、寡妇等。"

马克思指出社会总产品的扣除为:"第一,用来补偿消费掉的生产资料的部分。第二,用来扩大再生产的追加部分。第三,用来应付不幸事故、自然灾害等的后备基金或保险基金。……剩下的总产品中其他部分是用来作为消费资料的。在把这部分进行个人分配之前,还得从里面扣除:①和生产没有直接关系的一般管理费用。和现代社会比起来,这一部分将会立即极为显著地缩减,并将随着新社会的发展而日益减少。②用来满足共同需要的部分,如学校、保健设施等。和现代社会比起来,这一部分将会立即显著增加,并将随着新社会的发展而日益增加。③为丧失劳动能力的人等设立的基金。总之,就是现在属于所谓官办济贫事业的部分。"

1847年恩格斯在《共产主义原理》中提出了12条"利用民主来实行直接侵犯私有制和保证无产阶级生存的各种措施",其中指出:"……(4)组织劳动或者让无产者在国家的田庄、工厂、作坊中工作……并迫使残存的厂主付出的工资跟国家所付出的一样高。(5)直到私有制废除为止,对社会的一切成员实行劳动义务制。""(8)所有的儿童,从能够离开母亲照顾的时候起,由国家机关公费教育。把教育和工厂劳动结合起来。(9)在国有土地上建筑大厦,作为公民公社的公共住宅。(10)拆毁一切不合卫生条件的、建筑得很坏的住宅和市街。"

恩格斯在《反杜林论》中提出无产阶级贫困化理论,明确了社会保障基金的来源与建立原则。"即将到来的社会变革将把这种社会生产基金和后备基金,即全部原料、生产工具和生活资料,从特权阶级的支配中夺过来,并且把它们转交给全社会作为公共财产,这样才真正把它们变成社会的基金。""劳动产品超出维持劳动的费用而形成剩余,以及社会生产基金与后备基金靠这种剩余而形成和积累,过去和现在都是一切社会的、政治的和智力的发展的基础。"

马克思、恩格斯的社会保障思想不仅具有科学性,而且具有革命性,它与西方资产阶级社会保障思想具有本质的不同,是科学社会主义的重要组成部分,也是无产阶级社会保障思想的光辉篇章。

二、列宁的国家保险理论

列宁继承和发展了马克思、恩格斯的社会保障思想,1899年俄国社会民主工党产生以来,他在《我们党的纲领草案》中阐述了无产阶级贫困化理论,认为"在资本主义社会中存在严重贫困化的趋势",主张必须把"贫困、压迫、奴役、屈辱、剥削的程度不断加深"写进纲领中。

列宁提出了国家保险理论,明确了无产阶级国家保险的建立原则和目的。"只有社会主义才可能广泛推行和真正支配根据科学原则进行的产品的社会生产和分配,以便使所有劳动者过上最美好、最幸福的生活。只有社会主义才能实现这一点。"列宁指出工人保险的最好形式是国家保险,提出建立国家保险的四大原则:①工人在以下一切场合(伤残、疾病、年老、残疾、女工生育)丧失劳动能力,或因失业失掉工资时国家保险都要给工人以保障;②保险要包括一切雇佣劳动者家属;③对一切被保险者都要按照补助金全部工资的原则给予补助,同时由企业主和国家负责;④各种保险都由统一的保险组织办理,这种组织应按区域或被保险者完全自理的原则建立。

列宁的社会保障思想不仅具有系统性,而且具有全面性,尤其是他提出的无产积极国家保险的基本原则,是对马克思主义思想和理论的重大发展和重要贡献。列宁的社会保障理论对后来其他社会主义国家的社会保障制度产生了直接而深远的影响。

三、中国特色社会保障思想

中国特色社会保障思想是构建中国社会主义理论体系的有机组成部分,是对马克思社会保障思想的继承和发展。中国社会保障思想的产生和发展与经济体制的改革息息相关,经历了对社会保障制度功能认识和中国特色社会保障制度本质属性认识的过程。在计划经济时代,依据列宁的国家保险思想建立了城乡分割的社会保障理论,自改革开放以来为了促进经济发展,1993年《中共中央关于建立社会主义市场经济体制若干问题的决定》提出"建立合理的个人收入分配和社会保障制度";1999年《中共中央关于国有企业改革和发展若干问题的决定》提出"加快社会保障体系建设,是顺利推进国有企业改革的重要条件";2003年《中共中央关于完善社会主义市场经济体制若干问题的决定》强调"加快建设与经济发展水平相适应的社会保障体系";2006年《中共中央关于构建社会主义和谐社会若干问题的决定》指出"完善社会保障制度,保障群众基本生活"。党的十八大报告指出,"社会保障是保障人民生活、调节社会分配的一项基本制度"。2013年《中共中央关于全面深化改革若干问题的决定》指出"建立更加公平可持续的社会保障制度";2015年《中共中央关于制定国民经济和社会发展第十三个五年规划的建议》指出"坚持共享发展,着力增进人民福祉";党的十八届五中全会指出"实施脱贫攻坚工程",到2020年"我国现行标准下农村贫困人口实现脱贫"。党的十九大报告明确指出,"按照兜底线、织密网、建机制的要求,全面建成覆盖全民、城乡统筹、权责清晰、保障适度、可持续的多层次社会保障体系"。党的二十大报告指出,"社会保障体系是人民生活的安全网和社会运行的稳定器。健全覆盖全民、统筹城乡、公平统一、安全规范、可持续的多层次社会保障体系"。我国新时代社会保障体系的建设与发展,必须从中国式现代化的内在要求出发,以促进全体人民共同富裕为目标导向,走出一条具有中国特色的社会保障发展新路子。

(一)民生观

新中国成立以来,中国共产党始终坚持以适应时代发展要求和应对复杂的国际形势为宗旨,对民生建设提出了理论化、科学化的扶贫理论思想。毛泽东同志在《论十大关系》中指出:"拿工人讲,工人的劳动生产率提高了,他们的劳动条件和集体福利就需要逐步有所改进。我们历来提倡艰苦奋斗,反对把个人物质利益看得高于一切,同时我们也历来提倡关心群众生活,反对不关心群众痛痒的官僚主义。随着整个国民经济的发展,工资也需要适当调整。关于工资,最近决定增加一些,主要加在下面,加在工人方面,以便缩小上下两方面的距离。我们的工资一般还不高,但是因为就业的人多了,因为物价低和稳,加上其他种种条件,工人的生活比过去还是有了很大改善。在无产阶级政权下面,工人的政治觉悟和劳动积极性一直很高。去年年底中央号召反右倾保守,工人群众热烈拥护,奋战三个月,破例地超额完成了今年第一季度的计划。我们需要大力发扬他们这种艰苦奋斗的精神,也需要更多地注意解决他们在劳动和生活中的迫切问题。"

20 世纪 80 年代,邓小平同志多次强调指出,社会主义的基本要求是在生产力不断提升的基础之上实现人民生活水平的显著提升。他深刻指出:"社会主义时期的主要任务是发展生产力,使社会物质财富不断增长、人民生活一天天好起来。"他多次强调指出:"我们社会主义发展过程中,贫穷绝不是社会主义,在社会主义建设中我们必须消灭贫穷。只有通过不断发展生产力,提高广大人民群众的生活水平,才能最终消灭贫穷,也只有这样才真正符合社会主义的要求。要坚持走社会主义道路,就要在生产发展的基础上改善人民生活。"

20 世纪 90 年代至 21 世纪初期,江泽民同志全面阐述"三个代表"重要思想的基本内涵,并把代表广大人民的根本利益作为民生建设的基本归宿及现实出发点。江泽民同志提出:"既要着眼于人民现实的物质文化生活需要,又要着眼于促进人民素质的提高,要努力促进人的全面发展。""必须把为人民谋利益作为自己全部活动的出发点和归宿。人民群众的整体利益总是由各方面的具体利益构成的。"①

21 世纪以来,胡锦涛同志提出"必须坚持以人为本"的发展理念,及时提出科学发展观的现实论断,这是和谐社会构建过程中的基本目标,其目的在于实现社会与民生的双向发展。胡锦涛同志指出:"注重社会建设,着力保障和改善民生,推进社会体制改革,完善社会管理,推动建设和谐社会。"②

党的十八大以来,习近平总书记在领导中国特色社会主义民生建设过程中,始终实践和履行着党的为人民服务的根本宗旨,坚持以人民为中心的发展思想,结合新时代我国的实际国情,围绕社会发展过程中民生问题的具体特点进行政策路线的创新性探索,提出精准扶贫战略思想等具有中国时代特色的民生思想和致富方案。2012 年习近平总书记指出:"我们的人民热爱生活,期盼有更好的教育、更稳定的工作、更满意的收入、更可靠的社会保障、更高水平的医疗卫生服务、更舒适的居住条件、更优美的环境,期盼孩子们能成长得更好、工作得更好、生活得更好。人民对美好生活的向往,就是我们的奋斗目标。"③2018 年习近平总书记在湖北考察时强调:"要抓住人民最关心最直接最现实的利益问题,把人民群众的小事当作我们的大事,从人民群众关心的事情做起,从让人民满意的事情抓起,加强全方位就业服务,高度重视困难群众帮扶救助工作,加快建成多层次社会保障体系,加强社区治理体系建设,坚持精准扶贫精准脱贫,推进民生保障精准化精细化。"④2020 年 1 月 19 日至 21 日,习近平总书记在云南考察调研时指出:"要坚持以人民为中心的发展思想,全面落实党中央各项惠民政策,抓住人民群众最关心最直接最现实的利益问题,全力做好普惠性、基础性、兜底性民生建设,让各族群众有更

---

① 江泽民文选:第 3 卷[M].北京:人民出版社,2006:294.
② 高举中国特色社会主义伟大旗帜,为夺取全面建设小康社会新胜利而奋斗[N].人民日报,2007-10-15(01).
③ 习近平谈治国理政:第一卷[M].北京:外文出版社,2014:4.
④ 习近平谈治国理政:第三卷[M].北京:外文出版社,2020:135-136.

多获得感、幸福感、安全感。"

党的十九大报告中提出"以人民为中心"的发展思想,并将其作为习近平新时代中国特色社会主义思想的精神实质和丰富内涵。党的二十大报告指出:"中国共产党领导人民打江山、守江山,守的是人民的心。守好民心必须要保障和改善民生,本质上看就是要实现好、维护好、发展好最广大人民的根本利益,紧紧抓住人民最关心最直接最现实的利益问题。必须坚持在发展中保障和改善民生,鼓励共同奋斗创造美好生活,不断实现人民对美好生活的向往。"党的二十大报告同时指出,"中国式现代化是全体人民共同富裕的现代化",并且将"扎实推进共同富裕"视为民生工作的重要目标。

(二)公平观

中国特色社会保障制度的公平观是中国特色社会主义的内在要求,也是马克思公平观与我国经济社会发展的阶段性特征相结合的产物。早在1954年3月,中共中央农村工作部发布的《中共中央关于发展农业生产合作社的决议》中明确地指出,要"逐步实行农业的社会主义改造……并使农民能够逐步完全摆脱贫困的状况而取得共同富裕和普遍繁荣的生活"。这表明当时社会主义改造的根本目的,就是要让农民摆脱贫困,实现共同富裕。

1978年党的十一届三中全会前后,邓小平同志14次提出要把允许一部分地区和一部分人先富起来作为一个大政策定下来,强调这是为了实现共同富裕的一个必要手段。对于发展过程中出现的地区差距和贫富差距问题,1985年3月,在全国科技工作会议上,邓小平同志强调共同富裕是社会主义的目的,他指出:"社会主义的目的就是要全国人民共同富裕,不是两极分化。"同年在中国共产党全国代表会议上,邓小平同志强调共同富裕是社会主义必须坚持的根本原则之一:"在改革中,我们始终坚持两条根本原则,一是以社会主义公有制经济为主体,一是共同富裕。"在党的十六大报告中,江泽民同志指出:"在经济发展的基础上,促进社会全面进步,不断提高人民生活水平,保证人民共享发展成果。"在党的十七大报告中,胡锦涛同志指出:"要通过发展增加社会物质财富、不断改善人民生活,又要通过发展保障社会公平正义、不断促进社会和谐。实现社会公平正义是中国共产党人的一贯主张,是发展中国特色社会主义的重大任务。"

党的十八大报告明确提出:"公平正义是中国特色社会主义的内在要求。要在全体人民共同奋斗、经济社会发展的基础上,加紧建设对保障社会公平正义具有重大作用的制度,逐步建立以权利公平、机会公平、规则公平为主要内容的社会公平保障体系,努力营造公平的社会环境,保证人民平等参与、平等发展权利。"党的十八大以来,我国坚持以人民为中心的思想,着力改善社会公平环境,特别是从"两不愁""三保障"等一系列人民群众最关心、最直接的问题入手,集中致力于社会公平制度建设。2015年十八届五中全会提出的共享发展理念,为社会公平的制度建设提供了更为明确的理论遵循:"根据人人参与、人人尽力、人人享有的原则",注重机会公平,提高公共服务共享水平,建立更加公平更可持续的社会保障制度。党的十九大报告提出:"坚持在发展中保障和改善民生。增进民生福祉是发展的根本目的。必须多谋民生之利、多解民生之忧,在发展中补齐民生短板、促进社会公平正义,在幼有所育、学有所教、劳有所得、病有所医、老有所养、住有所居、弱有所扶上不断取得新进展,深入开展脱贫攻坚,保证全体人民在共建共享发展中有更多获得感,不断促进人的全面发展、全体人民共同富裕。建设平安中国,加强和创新社会治理,维护社会和谐稳定,确保国家长治久安、人民安居乐业。"2021年1月28日习近平总书记在十九届中央政治局第二十七次集体学习时指出:"要自觉主动解决地区差距、城乡差距、收入差距等问题,坚持在发展中保障和改善民生,统筹做好就业、收入分配、教育、社保、医疗、住房、养老、扶幼等各方面工作,更加注重向农村、基层、欠发达地区倾斜,向困难群众倾斜,促进社会公平正义,让发展成果更多更公平惠及全体人民。"

党的二十大报告指出:"维护人民根本利益,增进民生福祉,不断实现发展为了人民、发展依靠人民、发展成果由人民共享,让现代化建设成果更多更公平惠及全体人民。"

中国共产党的根本宗旨是全心全意为人民服务,为人民服务是党的一切理论和行动的根本指导方针。改善民生是中国共产党100多年来的重要实践,中国共产党成立以来始终把为中国人民谋幸福、为中华民族谋复兴作为自己的初心使命。坚持人民至上,是我们党始终如一的坚守、永恒不变的追求。

案例分析

新中国70多年社会保障发展的理论与实践逻辑
郑功成

中国的现代社会保障制度是新中国成立后逐步建立和发展起来的。70多年来,社会保障制度经历了全面而深刻的制度变革,实现了从部分覆盖走向全民福祉的发展目标,不仅反映了中国人民民生福利的持续改善与社会权益的持续扩大,更折射了中国经济社会的整体变革与发展进步,在中华人民共和国史上谱写了浓墨重彩的篇章。

经过70多年的制度变革与发展,中国新型社会保障体系日益健全,不仅有效地解除了人民生活的后顾之忧,保障了14亿人的基本生活,还有力地保障了国民经济的持续发展,促进了社会公正。总结中国社会保障制度变革与发展的经验,主要有如下几点。

一、坚持民生为重的发展取向

新中国成立以来,民生问题一直受到党和政府的高度重视。重视民生必定重视社会保障,改善民生必定强化社会保障,这是中国社会保障70多年发展的一条基本经验。新中国成立初期,伴随着生产资料公有制的全面推行,国家通过迅速建立包括劳动保险、公费医疗、城镇社会福利、农村合作医疗等在内的一系列社会保障制度来保障民生,体现的即是以民生为重的价值取向。进入20世纪70年代末,中国实行改革开放并选择了更有效率的市场经济体制,国民经济获得了持续快速发展,社会保障制度变革则始终以民生为重,党和政府特别重视通过不断健全社会保障制度,让发展成果更多更公平地惠及民生。比如,20世纪80年代,针对可能出现的失业工人,建立了国有企业失业保险制度;20世纪90年代末,针对部分退休人员不能按时足额领取养老金、国有企业改革中出现大规模下岗职工等现象,强力推进"收支两条线""两个确保、三条保障线"的政策;进入21世纪以来,国家全面推进养老保险、医疗保险的发展,并迅速覆盖全体人民。这些举措不仅有效化解了困难群体的生活危机,而且全面增进了全体人民的福祉。

二、充分发挥社会主义的制度优势

中国是社会主义国家,社会主义的本质要求决定了社会保障制度的发展方向。早在1955年毛泽东同志就指出:"现在我们实行这么一种制度,这么一种计划,是可以一年一年走向更富更强的,一年一年可以看到更富更强些。而这个富,是共同的富,这个强,是共同的强,大家都有份。"可见,社会主义中国追求的是共同富裕。改革开放后,邓小平同志明确指出:"社会主义的目的就是要全国人民共同富裕,不是两极分化。""社会主义最大的优越性就是共同富裕,这是体现社会主义本质的一个东西。"社会保障具有二次分配的功能,要走向共同富裕,就需要通过建立健全社会保障制度,实现社会财富更加公平的再分配。

中国共产党的领导和全国一盘棋的国家治理格局,决定了我们的国家发展能够考虑长远与全局,并且政府具有统一、有效的执行力。可以说,正是社会主义的制度优势和中国政府的积极作为,推进了新中国社会保障的快速发展。回顾70多年来的发展历程,中国社会保障的重大改革措施都是由党中央在凝聚全党智慧并广泛征求各界意见的条件下提出的,通过制定统一、具体的政策和大规模的转移支付,中央政府对社会保障改革发挥了有力的指导和支撑作用,各级政府在改革推进中能够保持行动的高度一致性。从新中国成立初期采取大规模的救济行动,到20世纪50年代迅速建成与计划经济相适应的传统社会保障制度,再到改革开放后新型社会保障体系的不断发展,特别是近10多年来社会保障成为全民共享国家发展成果的基本制度保障,党和政府发挥的作用为当代世界所有目共睹。比如,城乡养老保险中的基础养老金全部由政府负担,虽然开始时养老金水平并不高,但制度得以迅速全面建立起来,每个老年人的养老金待遇得到了保障;再比如,城乡居民的医疗保险,政府承担的筹资责任与个人缴费金额之比约为3∶1或4∶1,有力地推进了全民医保目标的实现;而针对困难群体的医疗救助更是政府的重要责任,2018年全国医疗救助基金支出424.6亿元,资助参加基本医疗保险7673.9万人,实施门诊和住院救助5361万人次,等等。

三、依据国情走中国特色的社会保障发展之路

中国是社会主义国家,也是一个历史悠久、地域辽阔、人口众多的发展中国家,这样的国情决定了我们不可能照搬任何国家的社会保障发展模式。新中国成立以来,党和政府依据现实国情,不断探索,走出了一条中国特色的社会保障发展之路。计划经济时代,在财力有限的条件下,中国重视预防、低成本高产出的农村合作医疗制度取得了巨大成功,获得了世界卫生组织与世界银行的高度赞誉;生产自救和政府救灾相结合的体制亦使中国能够化解自然灾害频繁发生的局面;强大的家庭保障与邻里互助传统则为社会成员应对生活风险提供了巨大的韧性。改革开放后,为减少改革成本,尽力保障群众福利不受损失,社会保障制度改革采取了渐进式的策略,每项改革都从地方试点开始,在总结经验教训的基础上再形成全国性方案,在全国加以推进。目前来看,政府补贴低收入困难群体参加基本养老保险、基本医疗保险,建立福利养老金、城乡居民养老保险制度,建立下岗职工基本生活保障制度,以及正在推进中的居家养老服务、保障性住房建设等,均是依据现实国情做出的具有鲜明中国特色的改革举措。尽管中国特色的社会保障制度还未完全成熟,但总体而言,它已经以造福全体人民并持续发展的客观事实,证明了走中国特色社会保障发展之路的正确性。

四、经济增长与社会保障相互促进

新中国成立之初,我国在一穷二白的条件下建立了传统社会保障制度,曾激发了亿万人民建设社会主义的积极性,国民经济快速发展,工业体系得以建立。后来因过分追求低工资高福利式的"大锅饭""平均主义",导致生产效率下降,经济发展受挫,传统社会保障制度也难以为继。改革开放后,伴随国民经济的持续高速增长,政府持续加大对社会保障及相关公共服务的投入,让更多发展成果惠及民生,新型社会保障体系的不断发展也为经济增长创造了有利条件并在关键时点发挥了重要作用。

例如,1997年亚洲金融危机爆发,形成了不利的外部经济环境。1998年,党和政府意识到社会保障不足是消费不旺的重要原因,便将社会保障改革摆到头等重要位置,强力落实"两个确保、三条保障线",同时建立面向低收入困难群体的最低生活保障制度,推进医疗保险改革与住房体制改革等,这些举措不仅解决了城乡居民的现实困难,也刺激了居民消费,为全面推进各项重大改革并实现国民经济再次持续高速增长提供了良好的内部环境。2008年国际金融危机爆发,再次形成了不利的外部经济环境。2009年党和政府强力推进各项社会保障制度建设,包括为农民建立养老保险制度并很快实现了养老保险制度覆盖全体适龄人口的目标、启动三年医改计划并很快实现医保制度覆盖全民的目标,同年还掀起大规模的保障性住房建设,城乡居民的社会保障水平普遍得到大幅度提升。这些举措迅速减轻了百姓的后顾之忧,增加了城乡居民收入,促使居民消费快速增长,进而成为拉动国民经济增长的第一大引擎。

五、渐进式改革与收入增长替代是一种有效的策略

任何社会保障改革都是对既有利益格局的调整,必然触及部分群体的切身利益。如果在收入不增长的条件下削减福利,结果必然是社会成员的福利净损失。改革开放以来的社会保障改革,采取的是与经济改革一样的渐进式策略,即试点先行、渐次推进、平稳过渡。这种策略有利于及时总结社会保障改革中的经验教训并不断修订、完善改革方案,避免了任何一项社会保障改革因波及全国而产生巨大社会风险的可能。

此外,改革开放以来的社会保障改革几乎触及所有人的利益,它使改革对象丧失了免费享受养老金、医疗保障待遇的权益,还需要承担相应的缴费责任,但改革并未引发广泛的负面情绪,很大程度上得益于经济增长过程中城镇职工工资不断提升,农民因土地承包责任制和进城务工等使收入迅速增长而产生的收入替代效应。2014年通过增加工资的举措,让面向机关事业单位工作人员的免费型退休金制度转为缴费型养老保险制度,也使利益相关者降低了对原有社会保障制度的依赖,直接增强了对社会保障改革的承受力和认可度。

六、建设更高质量的中国特色社会保障体系

2018年我国人均GDP已达1万美元,2021年我国步入高收入国家行列,这表明国家发展已经站在了很高的起点上。根据党的十九大报告明确部署的时间表,2035年中国将基本实现社会主义现代化,21世纪中叶将建成富强、民主、文明、和谐、美丽的社会主义现代化强国。这意味着到21世纪中叶,国民的社会保障需求将达到一个更高水平。为此,新时代的社会保障,要在全面优化现行制度安排的基础上,制定系统、科学的顶层设计,坚守共建共享、互助共济的基本原则,重构责任分担机制,充分调动各界各方的积极性,促使整个社会保障体系沿着普惠、公平、可持续的方向稳步迈进。一个高质量的中国特色社会保障体系的全面建成,将不仅能够不断增进全体人民的福祉,切实保障民生质量稳步提升,而且可以维系国家的长治久安,促使整个经济社会持续协调健康发展,成为国家富强、民族振兴、人民幸福的坚固制度保障。

(资料来源:光明日报)

思考:

70多年来中国社会保障制度变革与发展的经验有哪些?

本章小结

社会保障制度发展需要一定的理论为基础。本章阐述了中外古代社会保障思想、现代社会保障理论、马克思主义社会保障理论和中国社会保障理论。随着社会经济发展,社会保障理论将会不断丰富和完善。

复习思考题

1. 论述国外现代社会保障理论。
2. 论述马克思主义社会保障理论。

推荐阅读书目

1. 邓大松.社会保障学[M].北京:高等教育出版社,2019.
2. 李珍.社会保障理论[M].3版.北京:中国劳动社会保障出版社,2013.
3. 杨翠迎.社会保障学[M].上海:复旦大学出版社,2015.

第四章 社会保障制度模式

学习目标

掌握社会保障制度的类型概念
掌握社会保障不同制度类型的特征及优缺点

关键概念

投保资助型　福利国家型　国家保险型　强制储蓄型

第一节 投保资助型

一、概述

(一)概念

社会保障制度是国家通过立法制定的社会保险、救助、补贴等一系列制度的总称,是现代国家最重要的社会经济制度之一。这一制度以国家和政府为主体,依据法律规定,以社会保障基金为依托,通过集体投保、个人投保、国家资助、强制储蓄的办法筹集资金,通过国民收入再分配,对暂时或者永久失去劳动能力以及由于各种原因生活困难的公民给予物质帮助,保障其基本生活所需。现代社会保障制度起源于19世纪末的欧洲工业社会。1601年,英国女王颁行了世界上第一部《济贫法》,这是现代社会保障制度的萌芽。19世纪末,德国颁布的《疾病社会保险法》等一系列法案,标志着世界上第一个完整的保险体系的建立。1935年美国国会通过了综合性的《社会保障法》,"社会保障"一词由此产生,它标志着现代社会保障制度的形成。

社会保障制度模式是指不同类型的国家在社会保障制度内容、水平与运行机制方面的共同特征。各国的社会保障理念受到其社会、经济、政治、历史文化等多方面的影响,因此,一国的社会保障模式也是由其社会、经济、政治、历史文化发展程度决定的。在不同的社会保障理念影响下,各国社会保障制度在内容、水平、运行机制上具有不同特点,但是,一般意义上的社会保障模式,在关注各国社会保障制度国别特色的同时,更强调不同类型国家社会保障制度内容、水平与运行机制方面的共同特征,社会保障模式并不等同于社会保障制度的国别特色,而更多注重于差异中的共性。社会保障制度模式是历史发展的产物,在其初步发展阶段,尽管各国的社会保障制度存在一些不同特点,但是在其内容构成、水平与运行机制方面尚未体现出明显的类型性。第二次世界大战后,社会保障制度进入全面发展阶段。西方国家把恢复、重建和发展社会保障制度作为缓解战后社会危机、促进国民经济恢复和发展的重要手段,亚洲、非洲、拉丁美洲的国家也都广泛地建立了社会保障制度。由此,基于不同社会、经济、政治、历史文化背景下的社会保障理念差别的类型性逐渐明显,在此基础上,社会保障制度逐步形成了不同的发展模式。目前,按照政府、企业和个人在社会保障制度中承担的不同责任,社会保障权利与义务的对等关系,以及社会保障给付水平的高低、财务制度的形式等标准,可以将世界各国实施的社会保障制度大体上划分为四种模式:投保资助型、福利国家型、国家保险型、强制储蓄型。

投保资助型社会保障制度,是指当前由德国、美国和日本等一些国家采用的以各种保险项目为主要形式的社会保障制度。其中心思想是为劳动者建立各种社会保障制度,并辅以社会救助和社会福利措施,以此来构建满足社会成员需求的较完备的社会保障体系。投保资助模式是最早出现的社会保障模式,因此也被称为"传统型"社会保障模式①。

(二)特点

1. 社会保障对象的"有选择性"

投保资助型社会保障模式的保障对象是"有选择"的,而非"全民"的,并不是所有的社会成员都被纳入社会保障对象。该模式对不同的社会成员选用不同的保险标准,并以劳动者为核心建立社会保险制度;不同人群、不同地区实行差别保障,社会保障缴费标准、给付水平都存在一定的差异性,不具有"统一性"与"普遍性"。

2. 社会保障基金来源的多样性

投保资助型社会保障模式强调劳动者个人在社会保险方面的责任,社会保险费由国家、雇主和劳动者三方负担,以劳动者和雇主的社会保险缴费为主,国家财政给予适当支持,即个人和雇主投保,国家资助。在这种社会保障模式中,企业、个人和政府都是责任主体,但在不同的社会保障项目中各有不同的角色:在社会保险中,企业和个人是主要缴税(费)者,政府只是最后责任人的角色;在社会救济、社会福利制度中,政府则是最主要的责任人。

3. 社会保障权利与义务的相对统一性

投保资助型社会保障模式比较重视社会保险中权利与义务的关系,强化自我保障意识,在一定程度上体现了效率原则。劳动者享受社会保险的权利与社会保险缴费的义务相联系,享有的社会保险待遇水平与社会保险缴费多少和个人收入情况相联系,权利与义务比较对等。

4. 社会保险基金的互济性

投保资助型社会保障模式的社会保险基金筹集模式采取现收现付制度,雇主和雇员的社会保险缴纳情况只记录个人缴费情况,不建立以给付为目的的个人账户。社会保险基金在被保险人之间统筹使用,特别是在代与代之间转移支付,这既符合社会保险的大数法则原理,又体现社会保险的互助互济宗旨,基金筹集以现收现付为主。

(三)优缺点

1. 优点

(1)投保资助型社会保障模式与福利国家型模式和强制储蓄型模式相比,更好地体现了公平目标与效率目标的统一。该种社会保障模式强调自我保障,强调社会保险资金的"自助性",

---

① 孙光德,董克用.社会保障概论[M].北京:中国人民大学出版社,2000:15.

几乎所有的社会保险待遇的获得都是以个人缴费为前提的,强调权利与义务的相对统一。这种制度内在的激励机制促进了社会保障制度效率目标的实现。

(2)投保资助型社会保障模式一般采取现收现付制筹集保险基金,一代人的社会保障待遇(主要指养老金)由同时期正在工作的下一代人缴费支付,以支定收,实现当年收支平衡。这种社会保障模式实际上就是代际转移支付。老年人一般为社会的弱势群体,占贫困人口的较大比例。通过这种代际转移支付可以使老年贫困现象得到一定的缓解,有助于社会公平目标的实现。这种现收现付制筹资模式在社会保障制度建立初期,因支出规模小而负担较轻。

(3)劳动者享受社会保险的权利与社会保险缴费的义务相联系,体现了效率的原则;保险基金在成员之间统筹使用,也体现了保险互惠互济的宗旨。

2. 缺点

1)采取现收现付方式筹集基金使未来养老负担加重

投保资助型社会保障模式易受人口结构变化的影响,社会保险缴费率需不断调整。在人口老龄化加剧与就业比例下降时,缴费率过高会使企业和个人难以承受,因此,在人口年龄结构不平衡、人口迅速老化的国家或地区,实行该模式会使社会保障缴费率不断上升。由于该制度模式遵循当期收支平衡,缺乏必要的基金积累,因此,它难以适应人口老龄化来临时养老保险费用日益膨胀的需要,使未来的社会养老负担加重。

2)投保资助型社会保障模式容易产生代际矛盾

投保资助型社会保障模式的长期项目是以代际转移方式运行的,即长期项目当期所需资金主要由在职职工和雇主分摊保险费。随着人口老龄化的加剧,在职职工的工资收入上缴社会保障税(费)的比例越来越大,缴费压力越来越大,缴费负担越来越重。如果不提高缴费率,虽可减轻在职职工的负担,却可能降低退休职工的福利待遇水平。因此,过重的社会保障缴费负担必将产生和激化代际冲突。

二、典型国家

(一)德国

采用这种模式的国家以德国最为典型,故其又称为"德国模式"。德国是世界上最早推行社会保障制度的国家之一。

1. 基本原则

德国社会保障制度确立迄今已有160多年的历史,其社会保障体系包罗万象,仅社会保险项目就有100多种。德国社会保障制度包括社会保险、社会救济、家庭补贴三个方面,其中以社会保险为核心内容。在市场经济体制下,建立德国社会保障制度的基本原则有三项:第一,社会保障要有利于发挥市场经济的作用;第二,社会保障要保持在收入再分配的合理范围内,以维护经济效率与社会公正二者的内在统一;第三,社会保障应由国家、企业和个人三者合理分担,将社会保障视为一个维护社会稳定的过程,并将国家担负的社会保障任务与每个人根据其能力自主决定命运的天然义务严格分开[①]。

---

① 和春雷.当代德国社会保障制度[M].北京:法律出版社,2001:104.

2. 内容

1) 养老保险

德国养老保险分为法定养老保险、企业养老保险和个人自愿养老保险三种模式,后两者又被称为"补充养老保险"。法定养老保险为德国的基本养老保险,具有强制性,是基础性的养老保障。目前,80%～90%的老年人、伤残者和遗属的主要生活来源都依靠基本养老保险。除国家公务员外,所有工资收入超过最低限额的从业人员,都是法定养老保险对象。部分收入不高的独立经营者和自由职业者,也是法定养老保险人。与法定养老保险不同,企业养老保险采取"直接支付原则",即职工在工作期间积攒了多少企业养老保险,退休后就能得到相应数额的养老金。目前,德国的企业养老保险对劳动力的覆盖率已高达65%,成为养老保险制度中最重要的补充部分。自愿养老保险者主要是医生、律师、零售商等,他们不受法定义务保险的约束。一般说来,体力劳动者参加工人老年保险,脑力劳动者参加职员养老保险。受保人每月缴纳的保险费,最高不得超过工资计算限额的18%;如果受保人每月收入低于计算限额,保险费全部由雇主负担。2015年,德国法定养老保险、企业养老保险和自愿养老保险所支付养老金的比例大约分别为70%、20%和10%。

德国法定养老保险资金主要有两个来源:一是企业雇主和雇员缴纳的法定养老保险费,这是养老金的主要来源;二是政府的财政补贴。进入21世纪以来,德国已两次宣布调整正常退休领取养老金年龄。自2001年起至2012年,将女性60岁、男性63岁统一提高至65岁;自2012年起至2029年,从65岁逐步上调至67岁。目前,对于1947年1月1日至1958年12月31日出生的人,之前的65岁基本年龄门槛每下一年推迟一个月,对于1959年至1963年出生的人,每年推迟两个月。对于1964年1月1日之后出生的人,将适用67岁的基本年龄门槛。同时,提前领取养老金的年龄门槛也随着新的基本年龄门槛而调整。参保人低于法定退休年龄的,只要能证明缴纳35年符合条件的养老金,就可于63岁起提前申领养老金,作为对较长养老金期限的补偿,在达到法定退休年龄之前的每个月,养老金减少0.3%,但如果已经缴纳45年的养老金,则无须减少。如果在达到申请条件后延迟申领,未领取的每个月养老金增加0.5%。

在德国享受养老金的条件主要是:①年满67岁的男性和女性投保人,分别缴足15年和10年以上的保险费者,可以领取退休金。②年满60岁的男性投保人,如果在满60岁前的一年半时间里已失业52周以上,也可以领取退休金。③提前退休者、为教育照顾子女而退休者、在丧失就业能力前缴纳了15年以上保险费者,也可以享受退休金或丧失劳动能力养老金。公务员退休的最低工龄条件为10年,公务员养老金全部由政府财政负担,政府把这项支出列入国家年度财政预算。年满65岁、缴纳保险费在15年以上的农民,也可以申请领取养老金,但享受养老保险的农民必须把本人财产如农具、土地、场院等的一部分转给后代或他人。农民缴纳养老保险费和领取养老保险金的水平都相对低一些。

德国政府鼓励企业为其雇员建立补充养老保险,鼓励私人保险公司开展人寿保险业务,使部分投保人从工资收入中拿出一部分到私人保险公司中办理储蓄保险。这样,德国的养老保险实际上形成了一个由法定养老保险、补充养老保险、储蓄养老保险所组成的立体社会养老保险网络。

2) 失业保险

根据德国的《失业救济条例》,失业保险属于强制性保险制度。失业保险的覆盖范围包括每个工资超过最低限制的雇员,不论其工资高低,均有义务参加法定失业保险。但国家公务员和军人不是法定的失业保险对象。失业保险分为失业补助和失业救济两种。此外,失业保险还包括就业介绍、职业咨询、职业培训、职工教育及提供帮助就业的福利和康复福利,制定增加新的就业机会等措施。领取失业补助金的条件和办法是:法律规定没有工作或每周工作不到15小时即为失业,失业者在失业前的2年内缴纳了12个月以上的失业保险金,失业后亲自到联邦劳动局登记才能成为官方承认的失业者,并具有资格申请失业补助金,发放失业补助金的时间不超过1年(老年人为2年)。根据失业前净工资(扣除各种税收和社会保险费)和就业年限等情况,再套用相应的失业补助金等级,没有孩子的失业者一般可以领取到相当于失业前的12个月内平均每天的净工资60%的失业补助金,若有孩子一起生活,则可以领到67%的失业补助金。凡不具备领取失业补助金条件的失业者,可以申请领取基本求职者津贴(也称失业救济金Ⅱ或收入补助金),福利通常一次批准12个月,再次申请需要再次证明仍符合福利要求。失业救济金Ⅱ或收入补助金由当地就业中心以每月固定费率现金补助的形式支付。自2021年1月1日起,确保单身人士或单亲父母的生活水平的福利(即所谓的标准要求)为每月446欧元。如果有几个人生活在同一个需求社区中,则标准需求如下:配偶、生活伴侣和其他同居伴侣每月401欧元;18岁以上适合工作、生活在需求社区中的其他人,或25岁以下有资格领取福利但未经就业中心批准搬迁的成年人,每月357欧元;14岁以上直到19岁的青少年每月373欧元;7至14岁儿童每月309欧元;6岁以下儿童每月283欧元。

失业保险金有三个来源:一是依法征收的相当于雇员工资3.3%的失业保险金,由雇主和雇员各负担50%;二是雇主的"摊款",即雇主参加互助会,并缴纳相应费用,当企业倒闭时由该互助会支付雇员的工资;三是政府财政补贴。

3) 医疗保险

根据德国法律,在德国合法居住的每个人都必须有健康保险,这种健康保险是强制性的。德国的健康保险制度分为公共或"法定"健康保险和私人健康保险。根据2021年的最新规定,如果年收入低于64350欧元则只能且必须参加公共(法定)健康保险,但如果参保人是一名自由职业者,就可以选择退出法定保险并购买私人保险。年收入超过64350欧元的公民可以选择继续购买公共保险或转投私人保险,自由职业者、德国公务员和从事兼职工作且月收入低于450欧元的公民也在此列。在德国,大约90%的人参加了法定健康保险,一般而言,这种公共保险的费用为投保人工资的14.6%~15.6%,由投保人和雇主各自承担50%。法定医疗保险缴费基数设封顶线和保底线,由政府每年予以调整,收入高于封顶线以上部分不再征缴,收入低于保底线的人群可免除缴费义务,由政府代缴。

养老金领取者的医疗保险费由养老保险机构缴纳,失业补助金、失业救济金和家属补助金领取者的医疗保险费,由劳动局缴纳。在投保人及其家属生病或采取预防措施时,医疗保险提供费用或服务,以保障和恢复投保人及其家属的健康。承担的费用包括外科、内科和牙科的治疗、药品,以及无力支付的住院费用等。如果患病职工丧失工作能力,按规定发给病假费。患病期在6个星期内均由雇主正常发放工资,从第7个星期起病假费为正常收入的70%,每月最多3386欧元,最多支付78周。职工在住院或疗养期间,家庭可以得到补助。

2007年4月1日,德国政府出台了《社会医疗保险竞争法》,要求建立中央健康基金(central health fund,CHF)。CHF的建立改变了基金池规模和基金分配格局。以前,各疾病基金直接向雇员和雇主收取费用并单独管理。现在,由联邦保险局管理的CHF统一负责收取法定医疗保险费和政府补贴,然后基于morbi-RSA(基于发病率的风险结构补偿机制)将资金划拨给下级各疾病基金,再由各疾病基金进行待遇给付并维持收支平衡。CHF 的建立意味着基金在全国层面分配,不同于调剂金模式下的局部基金在全国层面分配的做法。CHF 向各疾病基金划拨的资金包括四个部分:①用于标准报销目录项目的资金。其划拨金额依据风险调整公式计算得出。从比例来看,大约占所有 CHF 总划拨的 92%。②用于支付管理成本的资金。其中一半是按照人头付费计算的,另一半是基于风险调整公式计算的,大约占 CHF 总划拨的 5%。③用于自愿保险的资金。设定统一的人均支付标准,以资助自愿医疗保险报销目录项目。④用于疾病管理项目的资金。按照人均 152 欧元的额度划拨给各疾病基金,鼓励各疾病基金提供疾病管理项目。

4) 工伤保险

德国的工伤意外保险涵盖因工伤事故和职业病产生的费用。工伤事故是指在执行保险活动(通常是雇佣合同中规定的工作)期间发生的事故,以及在往返于该保险活动的途中发生的事故(通勤事故)。职业病是指《职业病条例》所列的,由被保险人通过保险活动而感染的疾病。目前《职业病条例》列出了 80 种公认的职业病(清单与证明制度相结合)。工伤保险应包含:补偿工伤事故给个人造成的经济损失;工伤医疗费;工伤补助金,即在工伤事故发生前工资总额的 80%,但不超过净工资;抚恤金,投保者的劳动能力损失 20% 以上者可以获得该项补助,金额取决于工作适应性降低的程度以及在保险索赔前 12 个日历月的收入,全额抚恤金等于 2/3 的收入;丧葬费;遗属抚恤金;孤儿补助(18 岁以下的儿童可以领取孤儿抚恤金,半孤儿有权获得每年 20% 的抚恤金,完全孤儿有权获得保单持有人年收入的 30%。如果孩子还在上学,养老金将一直发放到他们 27 岁生日截止)。此外,工伤保险还包括预防工伤事故和职业病的相关措施,为投保者提供就业帮助等。

工人和雇员有强制性的国家事故保险,以承担工作事故的后果。自由职业者可以通过提供保险的专业协会自愿为工伤事故后果投保,需自己为自己缴费。公务员(联邦、州和地方各级以及其他公共机构的雇员)由社区、城市、地区、州的意外保险提供者和国家联合会(意外保险基金、市意外保险和预防联合会)投保。法律规定:企业雇主有义务保证劳工的安全,企业应缴纳的工伤事故保险金全部由雇主独自承担。2019 年雇主的平均缴款额为工资的 1.14%,呈现逐年递减的趋势。支付方式是雇主必须把工伤事故保险费缴纳到同业公会,由同业公会负责对发生工伤事故的投保者赔偿。

5) 社会救济

德国的社会救济除失业救济外,还有对病人、残疾者和老年人的救济。这类救济的申请者,或为维持最低生活水平,或是解决特殊需要,如残疾者和老年人的旁人照料等。社会扶助分两类,即生活扶助和特别扶助。根据社会扶助的原则,只有自身没有能力和财力获得生活费的人才有资格享受社会扶助。扶助的内容包括食品费、生活费、燃料费及杂费等日常生活费。扶助的方法有短期津贴和长期津贴、普遍津贴和特别津贴等。

德国的社会保障依据雇员收入状况实行义务保险和自愿保险相结合。其中,义务保险占主要地位,收入未达到一定标准的雇员必须参加义务保险。德国社会保障制度是建立在义务保险和由第三者(包括政府在内)提供资助或补贴作为保险金来源的基础上的,实行的是现收现付资金筹集模式。

德国这种完善的高福利制度的优点是明显的。比如,它体现了社会保障制度的根本价值,即突出了社会公平,具有较强的社会共济功能。但近来其统收统支的统筹模式逐渐陷入困境,具体表现为:一是包括教育、养老、医疗等巨额福利预算项目大多数面向中产阶层,违背了"由富人向穷人"进行财富再分配的初衷。二是社会福利开支的猛增,造成了庞大的政府财政赤字,使政府不得不举债来维持"福利国家"的现状。随着人口老龄化的发展,这一问题将更加严重。三是高福利导致的高税收,增大了企业的生产成本,严重削弱了经济增长的基础。

(二)美国

20世纪初,随着美国工业化的发展、人们生活水平的提高,人们对老年生活开始普遍关注。20世纪30年代的经济大萧条,使美国老年人生活处于最困难的境地,社会退休金成了老年人的希望所在。1934年,罗斯福成立了经济保险委员会,1935年公布了《社会保障法》,1939年增加了伤残保险和老年配偶养老保险。经过几年准备,在积累了一大笔基金后,美国于1942年付诸实施,开始支付退休金。20世纪50年代美国经济有了很大发展,1965年增加了老年人医疗保险,1972年又增加了残疾者医疗保险。自20世纪30年代建立保障制度以来,美国已逐步形成了庞大的社会保障体系。

1. 特点

1)社会保障制度充分强调"自助"

美国社会保障制度十分强调"财务自理"原则,其社会保障资金主要来源于个人在职期间所缴的费用,实行专款专用,社会保障基金纳入政府财政预算,个人社会保障待遇的高低与个人缴费贡献大小的关联度较高,具有商业保险下的权利与义务对等的特性。

2)社会保障基金来源多样化

美国社会保障基金由各级政府(联邦政府、州和地方政府)、企业和个人共同提供,养老金制度的资金主要来源于雇主和雇员缴纳的社会保障税,联邦政府主要提供退伍军人津贴和低收入家庭的补充保障收入以及食品券,州和地方政府主要担负公共救助、医疗补助以及对扶养儿童家庭的补助,企业主要支付失业救济金和补充养老金。

3)社会保障管理多层次

美国联邦、州、地方各级都有社会保障管理机构,其社会保障制度实行以州政府管理为主、联邦政府支持的管理方式,管理权限尽可能下放到地方和基层。联邦政府主要是举办项目、制定标准、颁布政策、筹措资金,具体的管理与服务则主要由州与地方政府基层机构承担。与此相应,社会保障基金的管理与运营严格分开,政府部门只负责监督,而保险基金保值增值在内的运营活动则由专门的经营机构负责。

4)社会保障水平差异较大

美国社会保障管理权利的下放,使州和地方政府拥有更多的自主权,但是,自主权使各州和地方政府负责提供经费的保障项目的待遇水平与该地区经济发展水平和税收水平相关,因此,美国各州公民所享有的社会保障待遇相差甚远。另外,美国社会保障制度的重点是老人和儿童,而对劳动力人口的某些需求没有考虑或考虑很少。美国的社会保障制度与其他发达国家最大的区别在于它没有社会医疗保险。这种制度安排不可避免地拉大了人们的社会保障水平差距,是造成贫富差距较大的原因之一。

5)社会保障的内容广泛,社会保障的主要形式是缴纳各种保险金[①]

在美国,社会保障内容涉及生老病残、衣食住行、工作学习、职业工种等各个方面,集保险、

---

① 范恒山.瑞典与美国的社会保障体制[J].管理世界,1998(3):9.

福利、安居和救济于一体,项目达数百种之多。但在覆盖面和保障水平上却不如欧洲国家的"福利型"模式高,如退休保险、失业保险等,只相当于工资的50%。保障资金的来源体现多方共同负担的原则,雇主与雇员都有缴纳保险税的责任。从支配层次上看,由国家财政直接支出和属于国家管理的社会保障费比例较大。

6) 保障项目的参与实行强制性与自由选择相结合的原则

对于那些涉及人们生存与基本生活需要的保险如老龄、疾病与失业等项目,美国实行法律性的强制参与办法,对于其他项目特别是同少数高标准需要有关的保障项目则实行自由选择。例如:老年法定退休保险具有强制性、贡献性和福利性,退休和医疗保险基金有正常来源渠道,能自我调整。其退休金的收支是按照现收现付、收支平衡的原则确定的,根据人口老龄化的预测、退休费支出的需要,不断调整保险税税率,通过自我调整达到自我循环正常运转的目的。

7) 采取相应措施应对老龄化

注重研究社会保障的管理与效率、保障目标与水平等问题,逐步提高保险税税率;退休金也要纳入个人所得税范围之内,把负担加在高收入者身上;适当降低各项福利待遇水平,使之不紧跟工资水平增长;利用退休基金搞投资经营,增加储备,减少年轻人的社会负担。

8) 严格控制失业救济金发放标准和发放时间,以利于失业者积极再就业

联邦立法规定,由企业雇主缴纳失业保险税款,雇员不缴。利率由各州自行确定,全国不统一。救济金发放时间,大多数规定需经一周等待期后方可使用,最多支付26周。联邦法规定,在失业高峰期可延长合乎法定救济周数的50%,即最多追加13周。严格限制发放周数的目的在于促使失业者积极再就业。

2. 内容

1) 养老、残疾和遗属保险

美国养老、遗属和残疾社会保险制度一般涵盖雇员和独立劳动者,政府雇员、矿工有专门的养老保险制度,农民和其他人可选择自愿加入私营养老保险制度。公共养老保障基金的筹资采取现收现付模式,基金来源于社会保障税(亦称为工薪税),税率由1937年开征时的1%上升到目前的12.4%,雇主和雇员各缴纳一半,即6.2%,应税工薪有上限限制,2021年OASDI(老年、遗属和残疾保险)的最高工资基数是142800美元。对于医疗保险部分,需要额外缴纳1.45%,且该部分应税工薪无上限。被保险人只要缴费满40个季度,达到正常退休年龄就可获全部基本养老金,投保人最早可以在62岁时开始领取养老金,若提前退休则减发养老金;延迟退休(但不得晚于70岁)则相应增加养老金。

公共养老金给付水平为21岁至退休时投保人平均收入的40%~50%,被保险人供养的亲属可享受被保险人年金的50%,被抚养的18岁以下未婚子女可获得50%的基本保险金。1940年,大约222000人每月平均领取22.60美元的福利。截至2021年10月,这个数字接近7000万。2021年的平均每月福利为1543美元(2022年的估计平均每月福利为1657美元)。

发展保险公司经营的自愿投保退休金保险,吸收闲散资金增强经济实力。美国的一些人寿保险公司除经营人寿保险、财产保险、死亡保险外,还大力经营集体和个人自愿投保性质的私人退休金保险,作为法定退休保险的补充。集体退休保险由企业雇主为雇员投保,根据企业经营好坏和雇员个人情况投保可多可少,雇员退休后逐月领取。政府通过对退休保险金免税予以支持,并用投资获取的利润,弥补因通货膨胀导致投保金额贬值,以保证退休者收入,增强对老年人的生活保障。

2）医疗保险

迄今为止,美国没有建立普遍性医疗社会保险制度,政府仅负担老人和穷人等特殊群体的医疗保障,官方提供的公共医疗保险很少,绝大多数为私人团体提供的各种私营商业医疗保险。美国医疗社会保险制度主要分为两类:一类是专门为老年人提供的医疗照顾,分为"住院保险"和"辅助医疗保险"两种。住院保险属强制保险,所有养老金领取者都必须参加;辅助医疗保险属自愿保险,65岁以上的公民都可以参加。"住院保险"和"辅助医疗保险"均实行定额缴费制,联邦政府不对住院保险提供任何财政援助,仅对辅助医疗保险提供财政补助。另一类是专门向穷人提供的医疗补助,该制度由联邦政府和州政府联合开办,经费主要来自各州财政,因此,贫困患者得到的医疗补助差异较大。

3）失业保险

美国失业保险制度实行强制性原则,绝大多数劳动者（包括国家公务员）都能享受到失业保险制度的保障。失业保险费由国家和企业分担,联邦法律规定,各州都应建立失业保险,否则,该州必须按雇员工资的6.2%向联邦政府缴纳失业保险费。失业保险由联邦和州工资税提供资金。在大多数州,雇主在以下情况下缴纳州和联邦失业税:①他们在一个日历年的任何季度向雇员支付总计1500美元或更多的工资;②在一个日历年的20周内,他们在一周的任何一天至少有一名员工,无论这些周是否连续。

4）工伤保险

美国没有全国统一的工伤保险法,联邦政府只负责联邦雇员、岸边和港口工人、硅肺患者和能源员工的工伤补偿,受雇于私营公司或州和地方政府机构的个人的工伤补偿与美国劳工部无关,由各州对工伤补偿自行立法,实施强制保险制度。目前美国大多数州都采用商业保险模式,有4个州为垄断基金州[①],即要求雇主必须从政府运营的基金中购买工伤保险,有19个州提供从竞争性国家基金购买工人赔偿保险的选项。

5）社会救助

美国社会救助方案较为复杂,公共救助体系包括补充保障收入,补充营养援助计划,妇女、婴儿和儿童特别补充营养计划,贫困家庭临时援助,对抚养儿童家庭的补助,医疗补助和公共救助。社会救助项目资金来源于联邦政府与州政府,但是州政府有较大的自主权,能够自行决定补助金额的多少,各州社会救助的标准相差较大。

第二节 福利国家型

一、概述

（一）概念与特点

福利国家型社会保障制度是指欧洲一些国家实行的由国家高度统一管理和支配的社会保障制度模式。采用这种模式的国家以英国、瑞典为代表。其主要特点有以下几方面。

1. 社会保障项目的"齐全性"

福利国家型社会保障模式的保障项目齐全,实行全方位社会保障。它涉及"从摇篮到坟

---

① 这四个州分别为北达科他州、俄亥俄州、华盛顿州和怀俄明州。

墓"的一切福利保障项目,社会保障的目标不仅是使公民免遭贫困、疾病、愚昧、肮脏和失业之苦,而且维护社会成员一定标准的生活质量,加强个人安全感。

2. 社会保障对象的"全民性"与"普遍性"

福利国家型社会保障制度为全体社会成员提供保障,"全民性"与"普遍性"是这种社会保障制度模式的基本特点。这种模式下的各种社会保险制度,不仅仅局限于被保险本人,而且涉及被保险人的家属;不仅为被保险人提供一系列免费福利,也为其家属提供一定的免费福利。例如,福利国家的公民只要达到法定的退休年龄就可以领取基本养老金,在瑞典,全家只要有一人参加医疗保险,其家庭成员都可以享受免费医疗服务。

3. 社会保障权利与义务的"不对等性"

个人不缴纳或低标准缴纳社会保障费,社会保障开支基本上由企业和政府负担。这种社会保障模式按照统一标准缴费、统一标准给付,社会保障支出费用主要由国家税收解决。这种社会保障模式强调国家的主体地位,强调企业的社会责任,而忽略个人享有社会保障权利与应尽社会保障义务的对等性。在福利国家的公民看来,提供保障是国家的基本义务,而享有社会保障是公民的基本权利。

4. 社会保障标准的"高水平性"

福利国家型社会保障制度以政府负责、全民高福利为主要特征。该模式为社会成员提供了宽范围、高水平的社会保障,全面性社会保险制度和广泛而优厚的社会福利制度使其社会保障支出占国内生产总值的比例比较大,社会保障水平在世界上最高。养老金、医疗保障和失业保障等项目支出的增长速度一直快于国内生产总值(GDP)的增长速度,20世纪70年代中期以后失业保障支出增长更快。

(二)优缺点

1. 优点

1)促进了经济的稳定与发展

瑞典20世纪50—60年代的公共福利支出扩张,带动了瑞典经济的增长,创造了瑞典经济的"黄金时代",并促成为世人所瞩目的"瑞典模式"的出现。在战后到1975年之间,英国经济增长,穷人的绝对生活水准、健康标准、教育质量、住房质量以及残疾人群体的照顾等方面,都有了持续的提高,这些成就远远超过20世纪30年代的英国在这些方面所取得的成就,也超过1975年以后英国所取得的成就,这说明该时期英国"福利国家"政策的实施对社会经济有很大的促进作用。

2)缓解了贫困,稳定了社会

福利国家型社会保障制度以各种转移支付的形式直接向低收入阶层提供生活补贴,使这些国家的社会贫困问题有了较大的缓解。老人与儿童多为贫困人口,而瑞典养老金覆盖率为100%,老年贫困人口不到0.5%。贫困人口的减少有助于缓解社会矛盾、维持社会稳定。

3)缩小了贫富差距,促进了社会公平

高福利政策通过各种社会保险和社会救济政策使低收入阶层得到了一定的补偿,从短期看,解决了贫困人口的社会问题,从长期看,改变了社会结构,使贫困家庭的子女也有条件受到较好的教育,从根本上改变贫困问题。同时,福利国家型社会保障模式的运行需要政府的大量财力支持,而政府财力主要来自税收,高累进税率制度具有很大的再分配性,使社会贫富差距缩小,社会更趋于公平。

2. 缺点

1)公共财政支付压力大

福利支出增长普遍超过了经济和劳动生产率的增长速度,不仅造成财政不堪重负,而且还引发通货膨胀。福利国家型的社会保障模式是建立在生产力高度发达,高税收、高消费、高福利基础之上的,政府必须提供大量资金。20世纪80年代中期,西方发达国家政府用于社会保障的财政支出占全部社会保障费用的比例平均为14.5%,而英国为56%,远远高于平均水平。瑞典的社会保障也是建立在高税收之上的,其基本养老金的30%由政府财政拨款。意大利的社会保障支出已占国内生产总值的28%,居欧洲国家之首。目前,实行这种模式的国家由于包揽过多,支付费用标准过高,已陷入严重的支付危机,长期以来,实行福利国家型社会保障模式的国家的公共支出一直呈直线上升趋势,公共支出增长率远远高于同期国民收入增长率。为支撑高福利支出,这些国家税收的边际税率很高,但仍然满足不了迅速增长的公共支出需求。这些国家的财政状况日益恶化,导致财政赤字长期化。1951—1986年,英国财政有32年出现赤字。1950—1980年的30年间,瑞典财政赤字增长了137倍,财政赤字占到GDP的12%。为了弥补巨额财政赤字,这些国家不得不大量举债,甚至不得不扩大货币发行,这直接导致物价急剧上涨。过高的通货膨胀又降低了人们的实际收入,使其高福利政策大打折扣。

2)挫伤了劳动者的积极性

在福利国家型的社会保障模式下,由于社会保障完全由国家包下来,个人不缴费,不利于培养职工自我保障的意识,高福利滋生了"福利病"。高福利政策促进了社会公平,但却损害了效率,挫伤了人们工作的积极性。福利待遇的"普遍性"与"统一性",使人们努力工作、消极工作、不工作之间没有太大的区别,人们请假和缺勤所承受的收入损失很小,"大锅饭"现象相当严重。瑞典1989年出勤率只有78%,英国略强一些,但1980年人均有效工作时间仍比日本少200小时。为了维持庞大的福利支出,福利国家不得不实行高税收政策,不仅造成私人、企业储蓄和投资能力下降,还导致参加工作所得在扣除税收后,同不参加工作而从社会保障中获得的各种津贴之间的差距大大缩小,助长了公民的懒惰思想,严重影响了人们的工作积极性。

3)企业竞争能力削弱

福利国家型社会保障模式国家的企业的工资和为福利开支所支付的税收上升过快,产品成本迅速提高,不利于企业实行自主经营、参与市场竞争,也不利于劳动力流动。1974—1982年,瑞典的工资水平比欧洲其他国家高出30%以上。企业竞争力的削弱使总储蓄、总投资规模和技术进步严重受损,出现大量的逃税,造成资本和人才外流,经济资源和人力资源浪费严重,成为福利国家经济增长减慢的内在因素。除此之外,长期推行高福利、高消费政策,导致消费在国民收入中所占比例过大,造成投资萎缩,最终影响经济增长的速度。

二、典型国家

英国是福利国家型社会保障制度模式的典型国家。自1948年第一个宣布建立福利国家以来,英国已经建立起一套"从摇篮到坟墓"的社会保障体系。

1. 特点

1) 社会保障项目的完整性

英国的社会保障制度涉及年老、疾病、生育、工伤、失业、残疾、贫困等各项社会问题,完整的社会保障项目使英国发展起"从摇篮到坟墓"的社会福利,人们在整个生命期间都可以从社会保障制度中受益,尤其是老年人、残疾人和儿童。

2) 社会保障的普遍性取向

英国的社会保障待遇更多的是与公民权利联系在一起的,体现着国家与公民之间的直接关系。国民保险待遇与收入无关,无论被保险人缴费多少,都同样地享受定额待遇,在被保险人之间存在着明显的再分配。由于国民保险还提供受赡养人待遇,几乎覆盖了全体公民,其再分配性进一步延续到全社会。

3) 社会保障承担家庭赡养责任

英国国民保险在待遇设计上的指导原则不是工资丧失的补偿,不是按照工资的一定比例支付待遇,而是考虑到劳动者的家庭赡养情况。国民保险待遇为被保险人承担了赡养家庭的责任,支付的保险待遇一部分是维持被保险人本人的生活,另一部分是维持受赡养人的生活。在英国,无论家长的收入如何,未成年的子女可以享受各种福利待遇。

4) 政府的主体作用

英国的国民保险比较强调政府的责任,政府为社会保险提供了一定补贴,国民保健服务、社会服务以及非缴费性收入支持保障项目的经费,基本都是由国家通过一般税收承担的。国民保险直接由政府管理,成为政府一个庞大的部门。国民保健服务不仅在行政上由政府管理,医院也由政府举办,业务人员属公共雇员。

2. 内容

1) 老年、残疾和遗属保险

英国国家养老保险制度涵盖全体公民的养老、残疾和遗属年金,包括基本养老金和补充养老金两种。国家养老保险制度的资金筹集采取现收现付模式,除来源于雇员和雇主缴费外,英国政府还对其提供了大量资金。凡是男性年满65岁(女性60岁)的英国公民,按照收入总额不低于最低收入限额52倍的相关等级进行缴费,且缴费记录达到合格年限的受保人都可领取全额国家基本养老金。若没有缴纳足够合格年限的费用时,基本养老金按合格年限的相应比率进行支付。国家养老金包括三个主要部分——基本养老金、附加养老金和养老金信贷。

除了国家养老金外,职业养老金、个人养老金以及各类特殊养老金也在英国的养老保险体系中发挥着重要作用。

2) 医疗保险

英国的国民保健服务(national health service)是政府通过一般税收筹措经费,按区域人口结合其他因素给国立医疗机构直接拨款,向全国所有的居民提供免费或价格极为低廉的医疗预防保健服务,门诊、住院以及妇女的分娩基本上都是免费的。这些系统98.8%的资金来自一般税收和国民保险缴纳的费用,以及一些服务的患者费用中的少量资金。英国医疗保险还提供疾病津贴,雇员连续生病4天,就可从雇主处得到病期津贴;其他被保险人必须参保26周以上,才能从国民保险得到病期津贴。津贴标准取决于被保险人的工资收入,领取医疗保险津贴的最长期限为28周,在领取医疗保险津贴期间,受益人还可从事有收入的工作。

3) 失业保险

英国失业保险是国民保险的一部分,实行国家强制保险,费用由雇主和雇员共同负担,但是,对被保险人的收入有一定规定,如 1997 年规定,每周收入 62 英镑以上的雇员才能参加保险。失业者只要在最近 2 个纳税年度中的 1 年足额缴纳国民保险费(且缴费收入基数不低于应税周收入低限的 25 倍),或者最近 2 个纳税年度中每年的社会保障缴费的收入基数不低于应税周收入低限的 50 倍,就可领取最长期限为 52 周的失业保险津贴。对没有资格获得或者超过领取缴费型失业保险待遇期限的失业者,还可享受收入调查型失业保险待遇,但最长享受期限为 26 周。目前,英国的失业保险有两种支付方式:求职者津贴(jobseeker's allowance,JSA)和通用信贷(universal credit)。求职者津贴每年更改一次;对于 2020—2021 年纳税年度(从 2020 年 4 月 6 日开始),25 岁以上单身人士的最高应付金额为每周 74.35 英镑或 18-24 岁单身人士每周 58.90 英镑。夫妻双方都失业的规则更为复杂,但根据年龄和其他因素,每周最多可支付 116.80 英镑。对于那些仍在获得基于收入的 JSA 或正在获得通用信贷并且储蓄超过 6000 英镑的人,每 250 英镑的积蓄每周减少 1 英镑,最高可达 16000 英镑。储蓄超过 16000 英镑的人无法获得基于收入的 JSA 或通用信贷。英国系统以前提供租金支付,作为住房福利的单独计划的一部分,但是对于大多数新的索赔人来说,这项福利现在作为全面的通用信贷计划的一部分支付。通用信贷是于 2010 年提出,2012 年立法确认的新型社会保障制度,与具有 100% 提款率的现有福利(如收入支持)不同,通用信贷旨在逐渐减少——如税收抵免和住房福利——允许索赔人从事兼职工作而不会完全失去他们的权利。该政策实施至今仍然面临许多问题和争议。

4) 工伤保险

工伤保险也是英国国民保险的一部分,除独立劳动者被排除在外,所有雇员均享受工伤保险。工伤保险基金来源于雇主和被保险人缴纳的保险费,工伤保险津贴分为暂时伤残待遇和永久伤残待遇。英国没有类似于几个欧盟国家和美国所采用的工人赔偿法或计划。英国的健康与安全执行局(HSE)是负责处理英国所有与工作相关的安全问题的政府机构。HSE 还建立了框架,规定了指导英国雇主和雇员遵守法律规定的工作场所安全规则和法规的方式。在没有工人赔偿计划的情况下,雇主被迫按照 1969 年的雇主责任(强制保险)法获得雇主责任保险。尽管市场惯例会设定 5000000 至 10000000 英镑的范围,但它的最低赔偿限额为每次 5000000 英镑——尤其是对于风险更大的职业更高,例如从事石油钻井作业的职业。尽管如此,并非所有英国雇主都需要雇主责任保险。地方当局、联合董事会或委员会、国有化行业和附属实体、警察当局、由公共资金资助的组织、海上设施的船员雇主以及卫生服务机构或 NHS 信托基金可豁免。

5) 社会救助

英国社会救助主要包括儿童津贴、求职者津贴、住房补贴、财产税补贴和社会基金。儿童补贴是一项免税、非缴费型、不需财产调查的补贴,任何在英国居住半年以上的居民(包括外国人),如果家中有 16 岁以下的孩子,就可得到国家补贴。求职者津贴是在 1996 年 10 月 6 日开始实施的,是支付给那些失业者或者每周工作时间少于 16 小时并且正在寻找工作的人的津贴。住房补贴和财产税补贴都是免税的、无须缴费的补贴,但要进行财产状况调查。社会基金是提供给那些申请求职者津贴的人,以满足被认为超过日常生活的正常开支的"一次性"需要[1]。自 2012 年以后,这些社会救助方式正在逐渐被通用信贷所取代和合并。

---

[1] 穆怀中.社会保障国际比较[M].北京:中国劳动社会保障出版社,2002:195.

第三节 国家保险型

一、概述

(一)概念与特征

1. 概念

苏联是世界上第一个建立社会主义的国家,并逐步形成了国家保险型社会保障制度模式。随后,东欧国家和包括我国在内的亚洲社会主义国家,仿效苏联的做法,纷纷建立了国家保险型的社会保障制度。实际上,这类社会保障模式是就业保障型或单位保障型模式,其宗旨是"最充分地满足有劳动能力者的需要,保护劳动者的健康并维持其工作能力"。

2. 特征

国家保险型社会保障制度的特征表现为以下几方面:

(1)强调国家和企业的责任,被保险人不承担任何责任与义务。这种模式的社会保险费完全由单位缴纳,个人不需要缴纳任何费用。但是,过高的支付水平使得企业无法担负起所有的给付水平,企业出现收不抵支时,由国家完全兜底。因此,保险费虽由单位缴纳,但最终的责任人仍然是国家,该制度模式特别强调的是国家的责任。

(2)社会保险待遇偏高,一般替代率为原工资的70%左右。个人虽不需缴纳任何社会保险费,但却可以享受较高的给付水平。制度内成员与制度外成员之间的福利待遇相差甚远,制度内的社会成员及其家属享有一切保障,而制度外的社会成员几乎一无所有。

(3)保险待遇与就业高度相关,与缴费完全无关。社会成员无须缴费,只要是在国有经济部门就业,就可免费享受社会保障待遇,其直接赡养的直系亲属也可享受一定的免费待遇。受保人及其家属所能够享受待遇的高低与其工龄长短有关,与其所在的行业发展水平有关,而与个人缴费多少无关,与单位缴费多少无关。

(4)社会保障部门发展不平衡,社会保障资源"浪费"与"稀缺"并存。国家保险型社会保障模式在国有经济部门发展比较成熟,提供的社会保障项目繁多、保障水平很高;而在非国有部门一片空白。社会成员的社会保障待遇差异极大,一部分人享受过度的社会保障,保障资源浪费严重;另一部分人严重缺乏保障,保障资源匮乏。

(二)优缺点

1. 优点

国家保险型社会保障制度是计划经济体制下的产物。该模式对各个国家的社会主义建设与发展起到了积极的作用,它保证了劳动力再生产的顺利进行。实行国家保险型社会保障制度的国家,普遍推行充分就业的政策,而且国有经济在国民经济中占有绝对统治地位,因此,这些国家的公民在国有经济部门中的就业比例极高。社会成员一旦就业,就会自动加入被保障者的行列,本人及其家属可以享受到各种社会保障待遇。例如,生病可以享受免费医疗,伤残可以领取抚恤金,年老可以领取退休金。这些待遇的享受,个人无须事先缴纳任何费用,保险费由单位负责,国家对社会成员的保障待遇承担完全责任。这种社会保障模式很好地解决了劳动者的后顾之忧,为维持劳动力再生产的顺利进行提供了充分保证。

2. 缺点

1) 与就业相关联

这种模式本质上是一种就业保障,拥有工作就等于拥有一切,失去工作就等于失去一切。而计划经济下的充分就业政策,使国家保险型社会保障模式缺乏失业保险项目。这种模式在计划经济体制与充分就业的政策下有其生存空间,但是在实行国家保险型社会保障模式的国家中,伴随着经济体制改革的步伐,市场经济逐步取代计划经济,失业政策逐步取代充分就业政策,隐性失业逐步转化为显性失业,失业问题凸现,原有的社会保障制度缺乏失业保险,难以满足社会的需要。

2) 忽视效率

国家保险型社会保障模式完全遵照"按需分配"的原则分配社会保障资源,注重了公平,损失了效率。这种模式是按照社会成员的需求设立项目的,是按照社会成员的需要分配社会保障基金的,忽略了社会保障机构的供给能力,忽略了被保障者个人的贡献大小。这种模式增加了劳动者的福利,解除了劳动者的后顾之忧,很好地维护了社会公平,国有经济部门的每个就业者都享有平等的、无须缴纳费用的社会保障权益。但是,过分强调公平权益一方面容易造成制度内成员对保障资源的严重浪费,另一方面不利于激发劳动者的工作积极性,社会经济效率极低。

3) 覆盖面狭窄

国家保险型社会保障模式的覆盖面比较小,仅限于就业劳动者,保障对象主要是国有经济部门的雇员。经济体制的改革使这些国家的非国有经济在国民经济中所占的比例逐步增加,非国有经济的地位逐步提升,越来越多的社会成员在非国有经济部门就业,国家保险型社会保障模式的覆盖面较窄的问题日趋严峻。如果继续采取这种模式,既不符合社会保障的普遍性原则,又加重了国家的财政负担,降低了企业的竞争力,因此,凡是实行国家保险型社会保障模式的国家先后开始改革社会保障制度,使其更加适应社会经济发展的需要,更加适应社会成员的生活需求。

二、典型国家

(一)苏联

十月革命胜利后,经过几十年的努力,苏联的国家保险型社会保障制度逐步趋于完善和成熟,并被其他社会主义国家所仿效。

1. 特点

1) 城市覆盖面广,农村人口被边缘化

在计划经济体制下,苏联国有和集体所有制在经济成分中占据绝对主导地位,因此,与之相对应的社会保障制度覆盖所有在国有企业和集体农庄工作的职工和他们的家属。但是,农村人口被排除在社会保障覆盖范围之外,城市与农村人口享受的社会保障待遇相差悬殊。

2) 个人不承担任何社会保障责任和费用,所有费用由国家和企业负担

社会保障基金来源于国家预算(占比93%)和集体农庄集资(占比7%)两部分。其中,国家预算部分又包括国家社会保险基金预算、全苏联国家预算和各加盟共和国预算。国家社会保险基金预算来源于企业、机关的社会保险费和国家预算拨款,主要用于支付养老金、各项抚

恤金和补助金;全苏联国家预算和各加盟共和国预算主要用于支付现役军人养老、残疾人抚恤金、全苏联功勋优抚金、残疾军人抚恤金、残疾人教育支出以及养老院、残疾人优惠服务等项目的开支。各项社会保障费用分别列入国家财政预算和企业成本,这种由国家和企业包揽一切的社会保障体制,导致国家和企业负担过重。

3)社会保障给付水平较高,且与缴费无关

凡是工作5年以上、达到退休年龄的职工,就可领取低额养老金。对永久性或长期性失去劳动能力的职工除支付伤残抚恤金(最高可达到养老金的100%)外,还向其供养的家属支付家属补助。遗属抚恤金的支付甚至可超过赡养人工资的100%。养老金的工资替代率较高,平均为65%,与退休前的工资水平成反比,退休前工资越高,养老金的替代率越低;退休前工资越低,养老金的替代率越高。

4)在充分就业政策取向下缺乏失业保险

长期以来,以苏联为代表的社会主义国家普遍认为失业问题是市场经济的特有现象,计划经济实行劳动者充分就业的政策,因此,苏联的社会保障制度根本没有涉及失业保险问题。

2. 内容

1)养老金

苏联劳动者只要工作一定年限(男性25年以上、女性20年以上),达到一定的年龄(男性60岁、女性55岁)就可以领取养老金。从事特殊工作的工人与职员,退休年龄和工龄可分别下调10岁和5岁;在边远地区工作的人员和一些特殊人员可提前5年退休。此外,拥有5个孩子的母亲以及盲人,也可降低享受养老金的条件。养老金的替代率与退休前的工资呈反向关系,一般介于50%~100%,平均水平为65%。退休人员每延长工作1年,加发10卢布的养老金,最高限额为40卢布;在同一部门连续工作15年以上者,加发10%养老金,连续工作25年以上者,加发20%的养老金。

2)伤残、遗属抚恤金

苏联为永久或长期丧失劳动能力者发放伤残抚恤金。达到养老金最低领取工龄的人,按100%的养老金发放伤残抚恤金;没有达到养老金最低领取工龄的人,按90%的养老金发放伤残抚恤金。对伤残者所供养的家属发给家属补助,其中供养2人者每月补助10卢布,供养2人以上者每月另加10卢布。对需长期护理的伤残者,每月发放15卢布的护理补助。苏联还为死者的直系受赡养人提供遗属抚恤金。其中,遗属为1人者,每月可领取相当于赡养人工资65%的遗属抚恤金,2人者为100%,3人以上者为110%。若被保险人连续工龄满10年者,这项津贴可加发10%,满15年者可加发15%。

3)各类补助

补助主要包括疾病补助、医疗补助、生育补助和贫困家庭补助。国有企业职工和集体农庄职工在生病时可领取相当于工资的50%~100%的疾病补助。医疗补助是由政府卫生机构直接向被保险人及其供养的家属提供的各项医疗服务。生育补助是向产妇提供的现金补助,补助标准为产妇工资的100%,发放期限为产前8周和产后8—10周。贫困家庭补助是对人均月收入不足50卢布的家庭提供的现金补助,每个孩子每月可获得12卢布的补助。此外,苏联政府还提供母亲补助、照料婴儿补助、军人子女补助和先天性残疾补助等社会保障项目。

(二)改革前中国的国家保障制度

1949—1986年,中国一直实行国家保险型的社会保障制度,其主要由国家保障、城镇单位保障和农村集体保障三大块组成,其中城镇单位保障是社会保障制度的主体,国家保障和集体保障起辅助作用。

1. 特点

1) 国家负责,单位包办,个人不承担任何责任与义务

各单位直接承担着本单位职工的各项社会保障费用,导致企业负担沉重,国家只好通过财政补贴的形式,直接向国有企业输血,可见,国家才是该制度的最后责任人。同时,无论是城镇还是农村,居民所有的生活保障事宜都必须通过单位组织获得,各项社会保障的事务由单位包办。国家和单位承担了社会保障的全部费用和责任,而个人无须缴纳任何费用,无须承担任何直接的责任与义务。

2) 城乡社会保障制度差异较大

在城镇,从退休金到疾病医疗,从住房福利到教育福利,从就业安置到贫困救助,从价格补贴到职工食堂等,社会保障项目无所不包,给城镇劳动者及其家属提供了一种高福利保障。而农村社会保障项目较少,主要保障项目——合作医疗制度与五保户供养制度随着生产经营体制的转变,也逐渐衰退下来。

3) 社会保障与就业紧密相关

在计划经济体制下,中国长期奉行的是"高就业、低工资、高福利"的政策。因此,真正体现城镇居民生活水平的不是工资收入,而是福利待遇。在城镇,可以说拥有了工作就拥有了一切生活保障。

4) 社会福利"早熟"与"缺位"并存

机关事业单位的"单位福利"和国有企业的"企业福利"远远超出了当时中国经济的发展水平,呈现出福利"早熟"性;城镇集体企业和农村社会保障项目极少,"缺位"现象严重,社会保障水平极低,远远滞后于经济的发展水平。

2. 内容

1) 城镇单位保障

这种单位保障一方面体现为职工劳动保险。20世纪50年代初,政务院颁布的《中华人民共和国劳动保险条例》规定,职工在疾病、伤残、生育及年老时可以获得必要的物质帮助,其所供养的家属也可享受一定的保障。保障对象为国有企业和集体企业的职工,城镇居民一旦拥有了工作,本人及其家属的生、老、病、残、死各项事宜均有保障。企业职工的退休养老经费来源于企业生产收益,并在企业营业外列支。职工达到一定的年龄和工龄(男性60岁、25年工龄,女性50岁、20年工龄)就可退休养老,按企业工龄的长短领取退休养老金,退休金的工资替代率为50%~70%。职工生病期间可以享受劳保医疗,半年内按工龄的长短领取个人工资的60%~100%的病假工资,半年以上者领取个人工资的40%~60%的救济金。职工供养的直系家属生病治疗时,手术费和药费由企业和个人各负担一半。另一方面体现为职工集体福利,包括福利设施、职工住房、福利补贴、文化体育设施等,其中住房福利是城镇职工最大的福利待遇。每个企业都为自己的职工提供低租金的住房福利,许多企业都有自己的幼儿园、小学和中学。

2) 国家保障

国家保障是指在国家政策统一管理下,资金主要来源于政府财政拨款,由政府部门直接管理的社会保障项目。国家保障具体包括以下项目:①机关事业单位工作人员的养老、医疗和住

房保障。覆盖所有的国家机关事业单位从业者及其家属。机关事业单位人员年老可以领取退休金,生病可以享受公费医疗;退休养老经费和公费医疗经费来源于国家财政拨款。②城镇居民价格补贴,覆盖所有城镇居民。③军人养老、医疗保障覆盖所有现役军人,并为军烈属提供抚恤金。④由民政部门向无依无靠的城镇孤老残幼提供救助。⑤农村救灾和贫困救济,原则上覆盖所有农村居民,实际上仅有不到5％的农村居民获得救助。

3) 集体保障

集体保障是为农村居民提供的社会保障,经费来源于社队的统一提留。集体保障主要包括两项:①合作医疗。合作医疗采取社员出"保健费"和生产合作社提供"公益金"补助相结合的办法。合作医疗曾经覆盖了95％以上的农村人口,对改善农村缺医少药的状况、提高农民的健康与生活水平做出了突出的贡献。但是,随着20世纪80年代初人民公社的取消,传统合作医疗制度逐渐衰落。②"五保户"供养。"五保户"制度是专门为农村无依无靠的鳏寡孤独者提供吃、穿、烧、住、葬五方面的社会救助制度。对"五保"对象,采取集中供养(敬老院)与分散供养(专户赡养)两种形式,经费主要由乡镇统筹解决。

第四节 强制储蓄型

一、概述

(一)概念与特点

1. 概念

强制储蓄型社会保障模式是一种由国家强制推行的自我储蓄的社会保障制度。一些新兴工业化国家和发展中国家采用了这种自我积累型的社会保障制度,尤其以新加坡的中央公积金制度和智利的储蓄积累制度最具有代表性,其区别在于新加坡是"国有强制性储蓄积累型"社会保障模式,而智利是"民营强制性储蓄积累型"社会保障模式。

2. 特点

1) 实行强制储蓄

所有公民只要拥有薪金收入,就必须依法按工资收入的一定比例缴纳社会保障费,并自动成为该制度所覆盖的会员。各国具体实施时有所不同,例如,新加坡强调劳资双方共同缴费,企业负担较重;而智利则实行个人负担、雇主不需要缴费的政策,企业负担较轻。

2) 采取基金积累制度,而不是现收现付制度

无论是雇主缴纳的保险费,还是雇员缴纳的保险费,均完全计入相应的个人账户,实行完全积累。每个人为自己未来的保障需求自我储蓄,个人账户间的资金不可转移支付,某些国家允许家庭成员之间相互填补账户缺口。

3) 给付方式采取既定供款制度,而不是既定给付制度

给付水平的高低取决于个人账户的积累,即取决于供款和投资收益,而不是社会保障制度对社会成员的承诺。会员所享受的待遇,只能在其个人账户总金额以内支付,因此,会员有可能面临保障水平不足的风险。

4) 强调效率,忽视公平

强制储蓄型模式把个人享受的待遇和自己的努力与存款的多少紧密地联系在一起,具有很强的激励作用。然而,它不具有代际和代内的再分配性。政府通常很少提供财政补贴,这在一定程度上推卸了政府在社会保障中应尽的责任。

(二)优缺点

1. 优点

(1)这种模式具有累积性和增长性,资金供给比较稳定,在经济波动中表现出较强的抵抗能力。它能够有效解决社会保险基金保值增值问题,减轻国家的财政负担。新加坡等国公积金的国有化管理,把资金引导到政府控股公司的股票、政府债券及政府批准的其他投资工具上来,保证了公积金的安全性和保值性;而智利等拉美国家的社保基金实行民营化管理,获得了较高的投资回报率,降低了会员的缴费率。

(2)社会保障制度的发展能够带动国内市场的发展。新加坡中央公积金是基础设施投资的主要来源,该制度很好地解决了国民的住房问题;而智利社会保障基金由私营机构运营,促进了国内储蓄率的提高和资本市场的发育,较高的投资回报率使该制度在世界上掀起了一场社会保障私营化的浪潮。

(3)强化了公民的自我保障意识,减轻了国家的财政负担。无论是国有化管理还是民营化管理,社会保险基金完全来自个人的储蓄,给付水平的高低完全取决于个人以往的劳动报酬和劳动贡献,对个人具有很强的激励作用,很好地调动了劳动者的工作积极性和储蓄积极性。政府通过强制社会成员为自己未来的保障需求进行储蓄,减轻了国家财政负担,同时还使个人克服了短视行为,每个人都为自己的未来需求提前进行准备,积累了大量的资金以满足自身的需求。

2. 缺点

强制储蓄型社会保障制度拉大了社会成员之间的福利差距。强制储蓄型社会保障模式在强化储蓄积累功能的同时,弱化了再分配功能,使社会保障制度偏离了"社会共济"方向。在这种社会保障模式下,个人账户以雇员工资收入为基数计算缴费比例,工资基数越高,缴费越多,投资后获取的利润也相应越高。因此,低收入者最终所能获取的福利水平相对降低了,高收入者的福利水平相对提高了。该模式不仅不具有再分配性,而且还拉大了社会成员之间的福利差距。虽然有利于树立职工自我保障的意识,充分体现权利与义务的统一,但这种模式缺乏社会统筹,不能发挥社会保障的调剂互助功能,是一种初级的原始的社会保障制度。

二、典型国家

(一)新加坡

新加坡的中央公积金制度(central provident funds,CPF)建立于1955年,是通过政府立法强制个人储蓄,采取完全积累模式的一种社会保障制度。该制度最初只是一种简单的养老储蓄制度,后来,随着社会经济的发展和人们收入水平的提高,逐步发展成综合性的包括养老、住房、医疗在内的制度。会员除在达到退休年龄时才能领取养老金之外,退休前还可以在特准范围内用公积金购买住房、支付医疗和教育费用等。

新加坡法律规定,所有公共部门和私人部门的雇员强制性参加中央公积金制度,由雇主和雇员共同缴纳公积金,每月最高缴纳限额为1200新元,政府几乎不承担补贴责任。55岁以下投保人的公积金缴费率为月工资的37%,其中雇员负担20%,雇主负担17%,公共部门雇员由政府负担;55—60岁者(含55岁)的缴费率为28%,其中雇员负担14%,雇主负担14%,公共部门雇员由政府负担;60—65岁者(含60岁)的缴费率为18.5%,其中雇员负担8.5%,雇主负担10%,公共部门雇员由政府负担;65—70岁者(含65岁)的缴费率为14%,其中雇员负担6%,雇主负担8%,公共部门雇员由政府负担;70岁以上者的缴费率为12.5%,其中雇员负担5%,雇主负担7.5%,公共部门雇员由政府负担。新加坡的公积金个人账户分为普通账户(ordinary account)、医疗储蓄账户(medisave account)和特别账户(special account)三类。公积金缴费的75%存入普通账户,15%存入医疗储蓄账户(34—44岁者为17.5%,45岁以上者为20%,最高存款额为2万新元),10%存入特别账户。会员年满55岁后,个人账户结构发生变化,由三个账户转为退休账户(retirement account)和医疗储蓄账户两个账户。雇主本人和自雇者自1992年起也被强制性要求参加公积金制度,其公积金缴费全部由个人负担。同时,在新加坡领取薪金的外国雇员也必须参加公积金计划[①]。

据中央公积金局统计,1955年中央公积金会员只有18万人,到了2006年公积金个人账户拥有者已高达310万人,占人口总数的86%,截至2021年第三季度公积金个人账户拥有者为410万人;1996年,公积金存款总额达到725.67亿新元,是新加坡1965年独立时公积金总额的1623倍;到了2008年,中央公积金存款额高达1513余亿新元。中央公积金结存的储蓄基金占社会总储蓄额的1/3,其中有80%用于购买政府的有价证券,少量投资在短期证券上。截至2021年第三季度,中央公积金存款额为4956.3亿新元。从1995年至1997年,新加坡的储蓄率、投资率、GDP的增长率三年的平均值分别为53.1%、36.7%、8.0%,居东亚国家和地区榜首,这就意味着高储蓄转化为高资本形成,从而带来了经济的高速增长。

新加坡中央公积金制度具有多种社会保障功能。首先,养老保障功能。中央公积金设置"特别账户"的目的就是通过强制储蓄,给会员老年退休或完全丧失工作能力之后提供生活保障,退休账户用于支付养老金。当会员年满55岁时,在保留退休账户法定最低存款12.3万新元的前提下,就可从公积金中一次性提取现金。年满62岁时,就可按月从退休账户中领取养老金。若退休账户存款达不到法定最低标准,有三种方案可供会员选择:一是推迟退休,继续增加公积金账户积累;二是用现金直接填补退休账户最低标准差额;三是由其配偶、子女从各自的公积金普通账户中转拨填补。其次,医疗保障功能。新加坡政府设置"医疗储蓄账户"的目的就是强制会员为自己和家人的医疗费用进行储蓄。会员55岁从公积金中提取现金时,医疗储蓄账户也必须达到法定的最低限额3.45万新元。会员可以用该账户的存款支付本人及其家属门诊、住院费用,支付前3个孩子的分娩医疗费及本人和家属的健保双全保费。再次,住房保障功能。新加坡的住房分为廉租房、廉价房和入息公寓三种,前两者由建屋发展局负责实施,可以无偿获得土地;后者由私人发展商投资建设,必须购买土地。中央公积金会员可以用普通账户的存款购买政府建造的廉价房和私人建造的入息公寓,或者用普通账户的存款偿还购房贷款。此外,新加坡的公积金制度还具有其他社会保障功能。中央公积金制度还为会员提供家庭保障、产业和教育投资计划,给予新加坡人们更全面的保障。

---

① 郑秉文,方定友,史寒冰.当代东亚国家、地区社会保障制度[M].北京:法律出版社,2002:227-228.

(二)智利

20世纪80年代初,智利对社会保障制度进行了改革,其核心部分是改革原有的养老保险制度,建立个人账户制,将私营部门引入养老保险基金的运作管理当中。智利现行的个人账户制是个人账户强制储蓄,私营机构具体操作,政府实施立法和监管,并承担最终风险。智利养老保险的缴费完全由个人承担,雇主不缴纳任何费用。每个投保人每月将工资的13%交给自己选择的一家养老基金管理公司(pension fund administrators,AFP),养老基金管理公司则为投保人设立一个个人账户,并负责将个人账户中的资金投资于资本市场。投保人缴费中的10%作为个人的养老金存入个人账户,另外3%由养老基金管理公司根据规定作为投保人的人寿保险和意外事故保险金,转交给指定的保险公司。保障收入有一个上限,这个上限是与实际收入增长挂钩的。

智利工人每年在私人养老基金中的缴款约为国内生产总值的3.5%。养老基金的养老金支付仍然相对较低,主要是因为只有少数存款人达到了退休年龄。

投保人达到法定退休年龄(男65岁,女60岁)、缴费年限达到20年的,都可以根据个人账户的储蓄积累总额领取养老金。个人在领取养老金时,可以选择四种支付方式:一是计划支取,投保人继续将养老金储蓄留在养老基金管理公司,按月领取养老金,而且储蓄具有继承权。二是终身年金,从人寿保险公司购买终身年金,超额部分可以一次性提现,但是年金不具有继承性。三是计划支取加终身年金,投保人将一部分储蓄留在养老基金管理公司,其余资金转入一家人寿保险公司。投保人先在养老基金管理公司每月领取一份养老金,到期后,再从保险公司领取年金。四是通过延迟领取终身年金来获得一份临时收入。

凡是缴费年限满20年的投保人,总收入低于最低老年养恤金的,国家财政保证其最低法定养老金。如果个人账户中积累的养老金金额等于或高于本人最近10年平均收入的50%,或者等于或高于领取最低养老金应存款额的110%,投保人可以提前退休。投保人还可以将个人账户中高于本人退休前10年平均工资的70%的账户余额资金用于担保申请住房贷款或提现。如果投保人年龄小于70岁,最低月养老金为CLP(智利比索的货币缩写)132258.72;投保人年龄70岁至75岁的为CLP144614.74;投保人年龄大于75岁的为CLP154299.05。这一福利正在逐步被淘汰,并在2023年完全被老年团结补充福利(APS)所取代。

在固定缴款计划中,允许在任何年龄提前退休,只要投保人账户中积累的资本足以资助超过一定门槛的养老金。第一个条件是,收益必须至少等于PMAS(最高补助限额)的80%。第二个条件是,养恤金必须至少等于领取养恤金前10年平均收入的70%。在特定职业的艰苦条件下,每工作5年,正常的退休年龄就会减少一到两年。正常退休年龄的最大减少幅度是10年。

养老储蓄计划的收缴、支付、投资等具体工作由养老基金管理公司统一进行管理。养老基金管理公司是专门从事养老金运作的私营机构,其他任何机构均不能从事养老金的投资管理业务。按照规定,只要拥有12万美元的资本金,且能够吸收4000人以上者就可成立一家养老基金管理公司。投保人可以自由选择任何一家养老基金管理公司托管自己的养老金个人账户,并且每年可以转换一次基金管理公司。私人养老基金的设立和运作受法律监管。例如,任何养老基金都必须存入最低准备金。允许的投资类型由法律规定。私人养老基金的合规性由政府监管机构监督。养老基金管理公司运用会员的养老金个人账户资金进行投资,政府对养老金投资实行严格的监管。通过政府养老金投资风险委员会的认定以后,个人账户上的养老金可选择政府债券、金融机构及公司债券、可转换公司债券、公司股票等作为投资工具。政府债券以外的各项投资不得超过养老金总投资额的30%,若某种证券的90%资金来源于养老金,则该债券必须保留在中央银行或证券存款公司。养老基金管理公司必须保证养老金的最低收益,每月养老金的投资收益不得低于过去12个月全部养老金平均收益率的两个百分点。如果低于最低收益要求,则必须动用收益波动准备金和现金准备金予以弥补,仍然无法弥补的养老基金管理公司将被宣布破产,政府财政承担最后责任予以弥补。

2008年,智利养老金制度再次进行了改革,最低养老金和辅助养老金制度被税收资助的统一养老金制度所取代。所有65岁以上、在智利居住至少20年且没有规定最低水平的私人养老金的公民都有资格获得养老金,允许养老基金投资的法定框架也已得到扩展,并且在2015年之前的过渡期内,个体经营者也被纳入了养老金体系。

智利在改革养老保险制度的同时,也进行医疗保险制度的改革,国家与私营机构共同分担医疗保险的责任与风险,实行医疗保险基金的部分私营化。与养老保险制度一样,雇主不缴纳医疗保险费,费用完全由个人承担,每月缴纳工资收入的7%。医疗保险投保人可以自由选择公共计划和私营计划;选择公共计划者的缴费进入政府管理的医疗基金,选择私营计划者的缴费交给自己选择的医疗保险公司。

智利现行的社会保障制度具有三大特征:①强制储蓄性。智利的养老保险和医疗保险制度实行完全积累制,每个社会成员为自己的养老、医疗进行个人自我储蓄。企业不缴费,个人缴纳全部的费用。这种储蓄不是自愿性而是强制性的,每个人每月必须为养老保险缴纳个人工资收入的10%,为医疗保险缴纳个人工资收入的7%,分别计入养老保险个人账户和医疗保险个人账户(或政府管理的医疗基金),以满足个人的养老和医疗需求。②社会保险私营化。养老保险个人账户和医疗保险个人账户完全归个人所用,社会保障给付水平的高低完全决定于个人工作期间的缴费积累。所有的社会成员将养老储蓄交由私营养老基金管理公司经营与管理,社会成员可选择将医疗储蓄交给医疗保险公司进行经营与管理,这些私营机构自负盈亏,实行市场化运作。③政府承担最后责任。智利养老金、医疗保险基金私营化的结果,必然造成社会成员的社会保障基金积累金额差距过大。由于各种原因,必然会有一部分人的养老金达不到国家规定的最低养老金要求,这时,国家财政会承担最后责任,保证缴费10年以上的投保人退休时都能享有最低养老水平。国家对所有医疗保险的投保人提供一定的补贴。而且,智利政府还完全承担了由旧的社会保障制度转向新的社会保障制度的转制成本。当在职者由旧制度转入新制度时,政府发给"认可债券",作为旧制度下养老金积累的凭证。"认可债券"以年利率4%计入个人账户,退休时由国家以现金的形式将"认可债券"兑回,并且一次性付清。

本章小结

社会保障制度模式是指不同类型的国家在社会保障制度内容、水平与运行机制方面的共同特征。各国的社会保障理念受到其社会、经济、政治、历史文化等多方面的影响,一国的社会保障模式实际上是由其社会、经济、政治、历史文化发展程度决定的。在不同的社会保障理念影响下,各国社会保障制度在内容、水平、运行机制上具有不同特点。

案例分析

德国为什么要向"懒人"开战

战后的联邦德国为了实现社会的公正与平等,曾大力发展福利事业。失业者不仅得到了生活的基本保障,而且还能享受任何国家都不能比拟的优厚待遇。比如:你只要连续工作2年,一旦失业就可以连续若干年从国家领取每月1800马克的固定收入;同时还能享受医疗和养老保险,就连住房和子女补贴也比在职人员要多。例如:一个有2个孩子的低收入家庭,每月的毛收入连同住房和子女补贴,总共为3245马克,而同样一个四口之家如果靠失业救济生活,每月可以得到2940马克,只比前者少300马克。那么,有谁还愿意为区区这点钱而每月苦干150个小时呢?问题就出在这里,一个原本为了实现公正的体制却造成了一种新的不合理。正如一位专家所说:"其实并不是德国人懒惰,而是我们的体制懒惰,是制度把人养懒了。"

至于德国到底有多少条"懒汉",人们难以准确统计。专家们认为,实际的"懒人"肯定很多,否则,平常大白天,哪来那么多闲人泡在啤酒馆、游戏厅,或者在大街上游荡呢?游手好闲、专靠社会救济过活的人,实际上是一种剥削他人劳动的"寄生虫",因此他们的所为已日益引起德国民众的极大义愤。人们纷纷呼吁:必须对这些懒汉进行惩治,"不劳动者不得食"!

目前,德国政府正在认真考虑对社会福利和劳动市场制度进行改革。尽管阻力重重,但仍然决心向这些积弊已久却长年无人敢碰的禁区进军。其方略是:一方面,创造一批低收入的劳动岗位,以帮助长期失业者(这些人大都学历低、能力较差)重返劳动市场;另一方面,对于不肯劳动、钻社会福利空子的"懒人",则坚决减少或取消对他们的社会救济。

据说18世纪初,欧洲人曾用一种奇特的方法惩治懒惰:谁要拒绝劳动,就把他关进地牢,然后往囚室里灌水,只需几个时辰,就能把懒汉淹死。这时,懒汉为了求生只有一个办法:给牢房里放着一台小水泵,他必须拼命地蹬踏水泵踏板,通过"劳动"才能死里逃生。400年过去了,当年的"水泵治懒法"如今已变成了法律,德国《联邦社会救助法》第25款规定:凡不肯劳动的人,就没有权利得到生活补助。

思考:
1. 德国的这种现象说明了什么?
2. 是不是单一实行社会保险制度能够解决此类问题?

复习思考题

1. 社会保障制度模式形成的影响因素有哪些?
2. 简述投保资助型社会保障制度模式的特点与效果。
3. 福利国家型社会保障制度模式有哪些特点?其效果如何?
4. 国家保险型社会保障制度模式有哪些特点?其效果怎么样?
5. 强制储蓄型社会保障制度模式有哪些特点?其效果怎样?

推荐阅读书目

1. 吕学静.各国社会保障制度[M].北京:经济管理出版社,2001.
2. 吕学静.现代各国社会保障制度[M].北京:中国劳动社会保障出版社,2006.
3. 和春雷.当代德国社会保障制度[M].北京:法律出版社,2001.
4. 姜守明,耿亮.西方社会保障制度[M].北京:科学出版社,2002.
5. 穆怀中.社会保障国际比较[M].北京:中国劳动社会保障出版社,2014.
6. 孙光德,董克用.社会保障概论[M].北京:中国人民大学出版社,2019.
7. 丁建定.西方国家社会保障制度史[M].北京:高等教育出版社,2010.
8. 丁建定.社会保障概论新编[M].北京:中国人民大学出版社,2016.
9. 李珍.社会保障理论[M].北京:中国劳动社会保障出版社,2018.
10. 吕学静.现代社会保障概论[M].北京:首都经济贸易大学出版社,2021.

第五章 社会保障制度的经济效应

📝 **学习目标**

掌握社会保障制度与经济增长、储蓄、资本市场、劳动力的关系

 关键概念

经济效应　挤出效应

第一节　社会保障制度与经济增长的关系

一、社会保障制度与经济增长的一般关系

长期以来,人们在谈到社会保障与经济的关系时,经常认为社会保障是一种社会政策,是经济政策的补充,社会保障实施受制于经济发展水平。随着社会保障制度的不断建立与完善,一些学者明确指出,社会保障不仅是一种社会制度,同时也是一种经济制度,它可以用来进行再分配、需求管理,还可提高储蓄能力及促进资本形成等[①]。从积累的角度来评价社会保障制度,主要是要看社会保障制度是否能够促进社会形成适当积累率,从而促进经济增长[②]。一般而言,实现经济增长,一方面要靠每个社会成员努力工作,另一方面要不断有新的投资形成积累,特别是对处在经济起飞阶段的发展中国家而言,资本形成对经济增长具有非常重要的作用,而社会保障制度的合理设计就能够有效促进资本形成。

从总体上讲,社会保障制度与经济发展是相互影响、相互促进的。一方面,社会保障制度的建立和发展离不开社会经济的发展,现代社会保障制度就是社会化大生产发展的产物;另一方面,社会经济的发展离不开完善的社会保障制度,社会保障制度能够促进经济的发展。

社会保障作为一项经济政策主要源于1929—1933年资本主义世界严重的经济危机,此后,凯恩斯主义盛行于资本主义各国。凯恩斯认为造成危机的原因是"有效需求"不足,要彻底解决这些问题,政府必须扩大财政开支,刺激需求增加[③]。各国政府把扩大社会保障规模作为增加需求的重要途径和政府宏观调控的经济工具,用它来调节社会需求和消费结构,促进社会经济发展。在萧条时期,经济增长放慢甚至下降,企业开工率下降,就业人数减少,失业增加,劳动者及其家庭收入水平下降,结果是社会保障基金中用于失业救济和家庭补助的补助金增加。同时,对工作报酬所征的保险税收入却大为减少,社会保障基金当期收不抵支,出现赤字,

---

① 杨燕绥,张曼.社会保障内涵再认识[J].社会保障研究,2008(1):6-9.
② 周小川.社会保障与企业盈利能力[J].经济社会体制比较,2000(6):1-5.
③ 马涛.西方经济学的范式结构及其演变[J].中国社会科学,2014(10):41-61.

就会动用其结余基金,使原本处于储备状态的一部分基金重新被纳入经济运行中,家庭收入增加、购买力增强、社会总需求上升,有助于恢复经济增长,即在萧条时期自动释放需求,改善有效需求不足的状况。在经济高涨时期,企业开工增加,就业人数增加,劳动者收入水平提高,社会保障基金中用于失业救济和家庭困难的补助金减少,基金出现结余,即经济高涨时自动缓解需求压力,抑制增长速度,从而起到平抑经济周期的作用。在社会保障制度的实践过程中,人们对其评价随着经济的波动有所不同,在经济增长时期,人们认为社会保障制度对经济发展具有正外部效应;而当经济处于萧条、低速发展时期,人们又转而攻击社会保障制度,认为它是经济发展的阻碍因素,特别是随着人们对西欧、北欧福利制度的深入探讨,社会保障越来越受到人们的批判,对其进行改革的呼声日益高涨。可见,人们对社会保障制度与经济增长之间的关系尚无统一认识,评价随经济状况的变化而改变。这种现象也反映在理论界对社会保障与经济增长关系的分析上。

二、不同理论对社会保障制度与经济增长关系的研究

在关于社会保障制度对经济增长效应的分析中,同样也对现收现付制和基金积累制的不同影响进行了区分[①]。研究思路一般分为两种:一种是以储蓄为中间变量,认为储蓄对经济增长的作用不容忽视,因而通过考察现收现付制和基金积累制对储蓄的影响进而分析对经济增长的影响;另一种则是不考虑储蓄这一变量,而是基于经济增长的"黄金律"理论,即如果经济是稳定增长的,那么经济增长与储蓄率无关。

(一)以储蓄为中间变量的分析

1. 保罗·萨缪尔森对养老保险制度进行的研究

保罗·萨缪尔森首先假设一种经济在没有资本存量的前提下,均衡状态中现收现付制养老保险制度的实际回报率等于实际工资总额增长率,即人口增长率和生产增长率的总和。如果工资的增长率加上劳动力增长率所形成的"生物回报率"大于利率,现收现付制在长期运作中仍然有成本优势和较高的收益率,所提供的养老保险制度则不会影响经济增长。

但现实经济生活中资本存量是存在的,从长期来看,资本的边际产出大于工资总额的增长率,此时,如果生物回报率低于利率,完全基金积累制养老保险制度更具备长期运作的成本优势和较高的收益率。也就是说,基金积累制下,由于资本生产率较高,能在缴费额较低的情况下向每一代人支付同样甚至更多的养老金,更有助于减少阻碍增长的隐含成本,诸如储蓄减少、财政负担加重等。

2. 基金优势论的观点

基金优势论承认基金积累制对储蓄有"挤进"效应,现收现付制对储蓄有"挤出"效应,现收现付制在总体上即使对储蓄只有很小的负面作用,但因储蓄的损失而错过资本市场发展的机遇可能无法弥补。现收现付制由于切断了养老金缴费和受益之间的市场联系,更注重收入的再分配功能,可能会引致偷税漏税及劳动力市场供求的扭曲,影响效率的提高,减缓经济增长速度。而基金积累制能极大增加储蓄,通过具备长期效应的储蓄率的提高可以促进资本形成、优化资本配置、推动金融创新,不断促进资本市场效率的提高,为一国经济的长期、稳定增长提

---

① 都春雯.对社会保障经济增长效率和社会分配效率的思考[J].人口与经济,2004(6):73-78.

供基础条件。

基金优势论认为,基金积累制会引致储蓄增加、投资增加和比现收现付制更高的产出增长,从而能够有效推动经济增长。但上述每一环节的实现都存在一定限制条件:在第一个环节上(即基金会引致储蓄增加问题),无论何种情况只有当基金正在建立时储蓄可能会较高;增加的年金储蓄是否会抵消其他储蓄,主要取决于人们为了资助退休或留下遗产而进行储蓄的程度。这一结论源于马丁·费尔德斯坦关于现收现付制会对储蓄产生"挤出"效应的论述,目前虽得到广泛认同,但在理论上还是不确定。在第二个环节上,增加的储蓄并不必然引致更多的投资,年金储蓄也可用来购买收藏品,没有证据表明年金储蓄的增长与投资的增长是高度相关的。在第三个环节上,储蓄促成资本形成,引致投资,资本能够进行有效配置是促进经济增长的条件,没有证据说明退休金管理机构会比其他机构做出更有效的选择,而且许多国家为了保证年金储蓄的安全性,对其投资做出了多种限制,比如美国严格规定社会保障基金主要投资国债和银行,加拿大注册退休金计划中允许投资外国资产的最高比例限制在30%(2000年),这些限制大大减少了投资途径,降低了投资效率。此外,各国由于文化传统的差别,在年金储蓄的使用上存在极大差异,年金储蓄的增长与投资增长、经济增长是高度正相关的假设尚未得到有力的证明。

(二)以经济增长"黄金律"为基础的分析

除了以储蓄为中间变量研究社会保障与经济增长的关系外,还有根据经济增长的"黄金律"来讨论养老金对经济增长的作用,即以经济增长"黄金律"为基础,不考虑储蓄来分析社会保障制度对经济增长的效应。经济增长的"黄金律"理论认为,如果经济是稳定增长的,那么其增长路径与储蓄率无关,它表明在封闭经济中,只要资本收益的递减保持在一定水平上,那么经济的稳定增长与储蓄无关。因此,经济增长与社会保障的财务制度模式没有直接关系,也就是说,即使"挤出"效应存在,也并不说明现收现付制会阻碍经济增长,相反,即使基金积累制有增加储蓄的作用,也不一定能够促进经济增长。因此,在促进经济增长方面,基金积累制与现收现付制没有优劣之分。

(三)现收现付制与基金积累制混合优势论

彼得·戴蒙德等人在分析现有关于养老金计划和经济增长的关系的研究成果后得出结论:现收现付制或基金积累制中任何单独的一种制度安排都不能保证满足实现"黄金律"增长的条件。

(1)假定公共养老金制度只是现收现付制计划,且可以视为转移支付制度,那么养老金收益增加(即转移支付增加)就必须依靠税收的增加来实现。税收的增加要减少纳税者的可支配收入,从而降低其消费需求,但由于现收现付制的养老金计划只是转移支付制度,因此,只有当养老金计划是在指定收入税融资时,它才可能不减少总需求,否则,总消费需求一般而言会减少。商品和劳务市场上总需求的降低减少了总消费支出,进而通过乘数作用减少了国民收入。

(2)假定只有基金积累制的养老计划,那么税收收入、货币基数、政府商品、劳务和债务利息开支可以保持不变,养老金转移支付的增加就要通过政府增加资本市场上的借债来融资。政府在资本市场上增加债务发行的短期影响,通过两个相互关联的因素起作用:一是政府增加债务发行对消费者的永久性可支配收入的影响,另一个则是政府债务对利率的影响。在短期内,可以假定消费者不知道政府增加债务发行会迫使他们将来支付更多的税收,从而减少他们的可支配收入,这样,政府债务的增加对个人消费和储蓄都不会有直接影响;但由于增加政府债务会提高市场利率,提高资本价格,所以除政府之外的其他资本需求将减少,投资也会减少。从长期来看,假定消费者知道政府增加债务发行肯定会提高税收,从而减少其永久性可支配收入,那么理性消费者会减少消费,增加储蓄,增加资本市场供给,利率保持不变,当前消费者支出必然下降。因此,一个依靠政府债务进行融资的养老金计划将会在短期内减少投资,长期内虽然对投资没有影响,但却是以消费萎缩为代价的。

任何一个同质结构的养老金计划并不能保证经济能够沿着最优的路径增长。无论从收入再分配角度还是从经济适度增长的角度看,现收现付制和基金积累制在功能上均是互为补充的。养老金制度设计的关键在于,适当搭配现收现付制和基金积累制,促进经济增长和收入分配的共同改进,达到制度的外部正效应。以上分析表明,社会保障制度对经济增长的作用同样存在着不同的观点,人们站在不同角度、从不同的前提条件中得出了不同结论。

社会保障的给付水平虽然受制于经济发展,但作为一种经济制度,它又推动着经济的增长和发展,人们在设计社会保障制度时不仅关注其社会职能,而且试图通过合理的制度设计,发挥该制度对经济的促进作用,以期使社会保障制度达到"双赢"的效果。

第二节 社会保障制度与储蓄

社会保障制度与经济发展密切相关,学界讨论最多的是社会保障制度对储蓄的影响。由于社会保障制度(主要指养老保险)与储蓄关系非常复杂,关于社会保障制度与储蓄的关系至今仍是学界争论的焦点之一。

一、现收现付制对储蓄的影响

1. 储蓄挤出论

公共养老金制度挤出储蓄的观点是由哈佛大学马丁·费尔德斯坦于1974年提出的。他认为,社会保障制度具有再分配功能,可能会挤出个人储蓄,减少经济增长所需的资金积累,这种现象被称为社会保障的挤出效应(crowded-out effect)。马丁·费尔德斯坦认为,社会保障会通过两个方向相反的力量影响个人储蓄:一个力量是"挤出储蓄"的,即人们既然可以从公共养老金计划中获得养老金收益,就可能减少为退休期消费而在工作时期积累财产的需要,这叫作"资产替代效应";另一个力量则是"挤进储蓄"的,即由于现收现付制提供了较为安全的退休待遇,可能会诱使人们提前退休。提前退休则意味着工作期缩短、退休期延长,这反过来又要求人们在工作期有一个比较高的储蓄率,这叫作"引致退休效应"。个人储蓄的净效应就取决于这两个方向相反效应的力量对比,如果资产替代效应大于引致退休效应,个人储蓄就会减少;如果引致退休效应大于资产替代效应,则个人储蓄就会增加。

马丁·费尔德斯坦以美国为例,根据修正的哈德罗储蓄生命周期模式得出结论:美国社会保障制度将会通过资产替代效应和引致退休效应的共同作用影响个人储蓄,如果没有公共养老金计划,个人储蓄总量将至少增加50%甚至100%。由于养老保险制度提供退休保险金,导致私人储蓄水平下降了30%～50%甚至更多,因而社会保障制度对个人储蓄具有明显的挤出效应。马丁·费尔德斯坦的这些论述引发了美国有关社会保障制度的讨论,推动了社会保障私有化理论的发展及美国社会保障制度的改革。

挤出效应的实质在于公共养老金计划向个人提供了退休后有一定养老金收入索取权的制度化保证。这就使个人有条件减少他在工作期间为退休后生活而积累的部分个人储蓄。第一,个人储蓄只是把自己工作时的收入转移到退休后消费,不存在代际转移行为,储蓄仅源于消费动机,否则,挤出效应不能成立;第二,个人在其生命周期收入一定的前提下,工作期消费和退休期消费的边际替代率要小于1,总是更偏好当期消费,否则,挤出效应就不能成立。

社会保障制度(主要指现收现付制的养老金财务制度)虽然会对储蓄产生挤出效应,但由于劳动者对收入和支出的不确定性预期,挤出效应事实上很弱。第一,社会养老保险制度会通过资产替代效应和引致退休效应两个方向相反的力量来影响个人储蓄,但在现收现付的养老保险制度框架中,这两种效应不会完全抵消,而会在共同对养老保险制度施加影响的过程中产生相互转换的倾向。一方面,劳动者收入和支出的不确定性会减少社会养老保险制度的资产替代效应,基于自己家庭生存、发展的考虑,人们要求增加储蓄;另一方面,示范效应和对个人老年生活预期的作用,提前退休或者按政府规定年龄退休所产生的引致退休效应进一步增强,这种情况下个人储蓄的提高同样可以认为是"资产替代效应"的动态变化或弱化。第二,现收现付的养老保险制度对储蓄的影响程度可能会因自愿性家庭代际转换和政府强制实施的代际转换而降低。但由于社会经济的发展,劳动力价值不断提高,人们对养老金受益水平提高的期望值较大,这就要求新一代人通过更高的养老保险缴费等来承担未来一代人的养老保险,因而增加企业经济负担,影响企业劳动生产率的提高。政府部门基于人口老龄化和对本国国际竞争力的考虑,会对代际转移行为采取措施,抑制公共养老金支出的增长势头,并通过政府政策引导私人储蓄率的提高。

2. 巴罗中性论

巴罗运用他的"中性理论"指出:社会保障有可能被个人代际转移支付所补偿,抵消一部分挤出效应;如果不同的人都具有相同的偏好、工作岗位、禀赋、税资及社会保障缴费率,那么退休年龄就不会因为社会保障制度的引入而受影响。在这种情况下,如果存在遗产动机,即私人储蓄并不仅仅为个人进行,那么社会保障对于个人储蓄的挤出效应为零;当私人储蓄只是一个消费者一生中不同阶段收入转移的工资,即储蓄仅仅源于消费动机(consumption motive)时,社会保障才可能挤出私人储蓄。

人们对于社会保障挤出效应的争论不仅存在于理论研究领域,同样也反映在大量经验研究中[①]。费尔德斯坦等人的经验研究证明了挤出效应的存在;但巴罗、科皮兹、乔治等人研究得出社会保障对个人储蓄没有影响,甚至有激励作用的结论,不同程度地否定了挤出效应假设;斯特雷的实证研究认为,社会保障计划对私人储蓄没有显著影响,且对不同国家的实证研究表明:在不同国家,挤出效应的大小及存在与否有巨大差异。因此,无论从理论还是从实证方面挤出效应理论尚无定论,但多数学者倾向于挤出效应的存在。

由于数据、时期以及模型的不同,世界银行1997年的研究表明:发达工业国家现收现付制的社会保障制度的实证研究得出了完全不同的结论;发展中国家现收现付制的社会保障制度的研究虽然较少,但结果却显示其对储蓄的负效应可能很小。发展中国家出现这种研究结果的原因主要有:第一,社会保障的覆盖面小;第二,缺少可靠的储蓄手段,这就意味着储蓄和资

---

① 胡宏伟,栾文敬,杨睿,等.挤入还是挤出:社会保障对子女经济供养老人的影响:关于医疗保障与家庭经济供养行为[J].人口研究,2012,36(2):82-96.

产额较小;第三,私人的家庭内财富转移会抵消公共转移;第四,新的养老保险制度缺乏可信度。所有这些都增强了年轻人为自己老年生活增加储蓄的愿望,因此社会保障制度对储蓄的挤出效应微弱。

二、基金积累制对储蓄的影响

基金积累方式实际上是一种强制或半强制的储蓄积累方式。采取此种方式的主要原因是基于人们的非理性预期。人们不一定都有合理预期的长远眼光,工作期间对未来所做的安排经常是不够的,收入用于当期消费过多,对未来退休生活预留不够,社会出现老年人口生活贫困现象,对个人和社会均会产生消极影响。因此,政府通过强制方式,帮助工作人口进行储蓄和积累以防止老龄危机,但人们对强制性储蓄积累对社会总储蓄和积累的影响也有不同认识。

1. 世界银行观点

世界银行认为:实行完全积累制的老年保障计划,一方面要求人们积累一定的储蓄额,另一方面会减弱现收现付制对储蓄的消极影响,从而增加完全积累制对储蓄的促进作用。世界银行通过对美国、澳大利亚的职业年金方案及智利、新加坡养老保障制度的研究,认为积累制有增加居民储蓄、促成资本形成的潜力。

2. 戴维斯有关理论

戴维斯利用生命周期理论研究了养老保险基金对个人生命周期储蓄的影响。他首先假定不存在现收现付制的养老金计划,个人生命周期的收入全部用于消费。个人在其年轻时收入较低,工作期和退休期消费的边际替代率小于1。当不存在流动性约束时,可以借债消费,这样他的消费支出就会大于其当期收入,因而净资产为负。由于边际消费倾向小于边际收入的增加,随着他收入的增加,将会达到一个收入等于消费支出的点,他从这个点开始还债,净资产也开始增加。当存在流动性约束时,他的净资产在超出最优消费水平之前会呈现正值,超出消费水平之后则会远高于无流动性约束时的净资产。进一步,如果他在工作期再参加一个强制储蓄计划,以便为退休后积累足够的收入,那么,他在工作期的消费水平还会进一步下降,相应的净资产积累也会进一步增大。由此,养老金基金这种强制性储蓄就会对个人储蓄行为产生影响。

首先,由于养老金承诺的非流动性和未来收益的不确定性,尤其是在通货膨胀的压力下,个人储蓄不会随着养老金收益增加而减少。其次,流动性约束的存在限制了个人自由借债的能力,意味着个人在一生中需要较高借入的时间段,并不能够按照其整个生命周期的计划进行消费,这样,强制储蓄(如养老金基金的缴费)不会因为借债也不会因为减少个人自愿储蓄而减少。再次,在增长经济中,雇员希望提前退休,也会使其增加工作期储蓄。最后,如果从当前消费转向未来消费的替代超过了可以减少储蓄的收入效应,那么税收方面的优惠政策也会为提高个人的总储蓄而提供激励。

戴维斯认为,短视行为是影响储蓄的重要因素之一。一方面,通过养老基金的强制储蓄可以提高个人的储蓄率;另一方面,并非所有的强制储蓄计划都能这样。如果养老金计划的信用太低或比其他储蓄计划风险大,个人就会设法逃避缴费,且年金市场也可能减少个人的预防性储蓄。税收的激励作用仅限于储蓄愿望低于养老金计划提供的储蓄水平的那部分人,对于储蓄愿望大于这一水平的就起不了作用。

基金积累制的社会保障制度对个人储蓄行为的影响比现收现付制要复杂。假定一个既定供款的基金积累制养老金计划，作为对个人部分收入延迟支付的机制，它强制工作期的个人储蓄，再假定个人生命期收入和消费倾向一定，则这种强制储蓄也可能会减少个人的自愿储蓄，因为强制储蓄和自愿储蓄之间具有替代效应。所以，它对个人生命周期储蓄的影响，首先取决于强制储蓄和自愿储蓄之间边际替代率的大小，如果边际替代率是1，则强制储蓄对个人生命周期储蓄不会有影响；如果边际替代率不等于1，则强制性储蓄会减少个人自愿储蓄。戴维斯在分析了不同国家的养老基金后，没有发现其对个人储蓄的规律性影响，因而得出结论：基金积累制养老计划对个人储蓄的影响要依具体情况而定，即针对具体经济而言，通过养老金实行的强制储蓄和个人储蓄之间的边际替代率是可以进行有目的的调整的。

如同对现收现付制储蓄影响的研究一样，有很多实证文献研究年金与储蓄的关系，但得出的结论并不一致：狄克斯-米罗和金发现年金和储蓄之间存在抵消作用，而舒尔茨却发现年金和储蓄之间不相关或负相关，肯尼克尔和苏顿利用消费者财务调查数据，认为既定供款型的职业年金计划对非养老金储蓄的影响效果微不足道，同样对养老金的储蓄也没有太大影响。

三、社会保障制度改革

社会保障制度的财务安排不是影响储蓄的主要原因，储蓄的变化更多的是缘于社会保障制度本身的发展和变化。他们认为，无论是现收现付制还是基金积累制，在制度安排趋于成熟时，从动态、长期观点看其对储蓄不会有显著的影响。当制度的保障水平发生改变时则会对储蓄这一经济变量产生显著作用。

不论采取现收现付制还是基金积累制的财务制度，当一国社会保障水平提高时，人们对未来的预期普遍比较乐观，因此会增加消费，减少储蓄量，即对储蓄产生"挤出"作用；相反，当一国保障水平降低时，人们就会减少消费而增加储蓄，社会保障制度的变化对储蓄产生"挤进"作用。这里我们以中国为案例说明社会保障制度改革对居民储蓄产生的"挤进"作用。1998年初到2000年末，因社会保障制度改革所造成的不确定性等原因，导致中国持续出现了数十个月储蓄居高不下、有效需求不足的局面。城镇养老保险制度改革减少了居民预期收入，医疗保险、福利住房、免费高等教育、失业保险等改革增大了居民消费支出，对居民即期储蓄产生了"挤进"效应，促使人们增加储蓄以防止未来不确定性危机。有关数据显示，1998—1999年，在家庭收入增加的情况下，消费者处理收入的首选方式是储蓄，其中首要原因是子女教育，其次是养老和住房。可见，社会保障制度改革对储蓄具有很强的"挤进"作用。

目前，除现收现付制社会保障计划挤出储蓄的理论得到相对比较肯定的认同外，关于现收现付制社会保障对总储蓄的影响、基金积累制对于个人生命周期储蓄的总影响在理论上仍无定论。

第三节　社会保障制度与资本市场

一、社会保障基金管理观念的改变促进了资本形成

早期社会保障实行现收现付财务制度，基金直接或间接由政府经营，不存在基金保值增值压力。20世纪70年代石油危机之后，西方各国经济增长速度下降，专家认为巨额的社会保障

支出带来高额公共开支和不平衡预算,使传统社会保障制度出现了危机;雇主负担社会保险费致使产品成本增加,降低了产品的国际竞争力;过分慷慨的社会保障支出造成了懒惰与依赖心理,特别是随着人口老龄化逐步加深,现收现付制发生了未来支付危机,因而引发社会保障改革浪潮,其中以智利的私有化改革和新加坡的中央公积金制度为典型,取得了令人瞩目的成绩,促使人们对退休金的管理制度进行重新认识。

与各国私营"企业退休基金"的投资模式进行比较,政府经营的、投资于政府债券或其他公共部门的社会保障基金管理模式未必是最好的选择,多数政府经营的社会保障基金实际投资收益率甚至为负,而私人经营的企业退休基金则有较高的投资收益率。研究表明,在1969—1990年的投资活动中,兼顾投资收益与投资风险,债券投资是较差的选择。因此,一些国家开始在社会保障基金管理的主体模式和投资模式上做出尝试、变化。人们认识到政府管理、投资政府债券的基金过于强调名义安全性,而使基金实际投资收益率过低,难以适应人口结构老化矛盾,因而开始关注社会保障与资本形成的关系。社会保障基金的积累在多大程度上能够转化为资本,取决于投资主体和方向的选择,社会保障基金管理已超出了仅仅对基金保值增值的要求,同时强调了其对资本形式、资本市场繁荣及经济增长的综合作用。

二、社会保障基金对资本市场的影响

(一)有利于促进经济发展

目前,各国特别是发达国家,规模庞大的养老金保险基金资产已经成为资本市场的主导力量,它对资本市场有着巨大的支撑作用。养老保险基金资产的规模取决于一国人口的年龄结构、养老金数额、缴费比率和获得的投资收益。从目前看,各国养老保险基金由于存蓄时限长、老龄化日趋严重,因此,其资产都具有了相当的规模。一般来说,那些养老金已经增长到占其国内生产总值相当比例的国家,通常也是那些具有规模较大、效率较高的资本的国家,这种情况在欧洲表现得尤为突出。养老金在金融市场中所起的作用已经远远超过这些国家一定的经济规模所能起到的作用。资本市场在经济中能够发挥巨大作用,在于它能为长期债券、股本和风险资本提供出路,其中养老保险基金对实现这一过程起着重要的作用。具体表现在以下几方面:

1. 拓宽金融工具和金融业务

长远来看,养老保险基金入市可以促进各种新型金融工具的出现,例如大面额可转让定期存单、长期基建债券、长期国家债券等。与此同时,为了满足机构投资者的需要,金融服务机构如"信用评级公司",也会得到相应的发展。在美国,基金对资本市场的影响已经发展到影响利率和金融创新的方向。

2. 推动国际化资本市场

发达国家的养老金所持有的外国资产比例逐年增长,养老金越来越积极地参与国际金融市场。从长远来说,养老金通过风险转移和掉期业务介入国际资本市场,使本国资本市场和国际资本市场的联系更为密切,促进了资本市场国际化。

(二)有利于机构投资者的扩大,保持资本市场的稳定发展

在发展中国家,社会保障基金在资本市场中是占据着主导地位的机构投资者,其资金投资使用影响到了整个市场的运行。证券市场缺乏大的机构客户将使得大户人为操纵股市,散户

盲目跟进,从而加剧了证券资本市场的投机性和不稳定性。而只有当市场上存在众多的机构投资者时将会使市场不易为少数大投资者所左右。同时,养老金可以在更长时间期限内进行投资组合,这就为金融市场提供了长期稳定的投资资金,而不是短期性的投资资金,有利于金融市场的稳定。作为最大的机构投资者之一,社会保障基金对于改善上市公司的治理结构产生了正面影响,养老金作为积极的股东,通过对董事提名规则的修改、代理投票、股东议案等方式要求信息披露更加透明,改善了上市公司的治理结构和财务绩效。

(三)有利于金融创新

金融创新的必要前提条件是市场发展已经有了一定的广度和深度,机构投资者发展也有了相当的规模和数量。社会保障基金因其需要获取长期的稳定回报,要求相应的投资具备较强的安全性,由此对资本市场中存在的各种金融工具的风险分布以及相应的投资回报有不同的要求,从而推动金融市场的发展和深化。社会保障基金作为规模巨大的机构投资者,有利于竞争性金融市场的发展,以及相应金融机构的创新;同时,社会保障基金进入资本市场特别是证券市场,将会为证券市场的金融衍生产品创新提供较大的便利条件。20世纪70年代以来的欧美证券市场金融衍生工具的产生与发展无不和社会保障基金的进入有着较大的关联。

社会保障基金除了对资本市场有促进作用外,对资本市场也有一些负面影响。作为一个着眼于长期获取稳定投资回报的机构投资者,也会做出一些短期行为,而其短期行为可能导致资本市场扭曲与产生泡沫:一方面,社会保障基金的社会保障特性,使得政府部门对社会保障基金安全性的要求特别高,对基金的监督和检查也特别严格,这使社会保障基金的管理人不断地进行资产组合的调整,想方设法避免经营业绩的明显变化;同时,作为新兴市场国家,资本市场波动幅度很大,需要防范其不稳定性所带来的潜在风险,确保养老金的投资安全,而在控制风险的前提下实现保值增值目标,则有可能对资本市场的正常运行产生不良影响。另一方面,规模巨大并且逐年增长的社会保障基金进入资本市场,也会对资本市场形成一定的压力,不仅会对利率下降形成压力,还会对基金投资收益水平的提高制造障碍,并且社保基金规模的不断增大有可能会导致规模不经济。正如交易费用约束下的企业不能变成一个无限膨胀的超级大市场,单个基金的规模也不能无限扩张,也有一个合理边界。在边界之内,基金运营效率会随着规模的增加而增加,规模经济持续发挥作用;一旦超越边界,受管理复杂程度上升、协调和监督难度加大、局部投资失误的风险和后果加重等因素影响,基金的管理费用会增加,导致基金的投资收益水平下降,规模不经济的后果就开始显现。

三、资本市场对社会保障基金的意义

社会保障基金进入资本市场的目的在于能从市场中获得基金的保值、增值,实现社会保障基金对社会保障给付支出的正常需求,保证社会保障体系的稳定。扩大社会保障基金投资在资本市场的份额,优化投资组合结构,合理搭配投资期限,适度分散投资领域,将使得投资收益提高,有利于社会保障基金的保值、增值,而资本市场可以实现这一点,其有利的方面在于以下几方面。

(一)能够提供投资手段

投资工具比较成熟的资本市场可以为社会保障基金提供各种各样的投资工具或投资手段,尽可能多地对社会保障基金实施吸纳,使社会保障基金不至于大量闲置,而较好地运用成熟的投资工具进行组合投资能够比较好地分散投资风险。

(二)获得良好的投资回报

许多国家的实践证明,比较成熟的资本市场为社会保障基金获取比较优厚的回报提供了前提。比较成熟的资本市场基础设施比较完善,市场流动性较强,使得社会保障基金能够根据预定的风险与收益率进行积极的投资组合管理。

(三)能够有效地降低和分散风险

成熟的资本市场中机构客户多、投资工具多样、投资组合合理、投资运营环境规范。对于以长期投资为主的社会保障基金来说,成熟的资本市场可以有效降低市场价格风险,并且成熟的资本市场中利率波动幅度较小,有利于降低社会保障基金的负债风险。

第四节 社会保障制度与劳动力市场

一、社会保障制度与劳动力市场互动的发展与变迁

(一)发展阶段

英国是西方工业化最早的国家,随后是美国、法国、德国、日本等国家,初期工业化过程中出现的大量剩余劳动力从政治上来看大多是通过对外殖民地移民或开发迁移来实现的,从经济上来说主要反映在城市化进程较快。对于工业化、城市化中出现的贫困问题,20世纪30年代大危机之前的早期社会保障主要是针对缺乏劳动能力的人实施的;对于失业、贫困又有劳动能力的人起初主要是"惩罚"性政策,而后发展到"救济"性政策,再后才逐步发展到"济身"性政策。

1. 形成阶段

20世纪30年代至70年代是城乡劳动力市场与社会保障互动关系的基本形成时期。凯恩斯时期,现代社会保障制度逐渐确立,重工业化时期的现代社会保障,以"收入维持"为制度特征,以充分就业为政策目标。在这一时期城乡劳动力市场与社会保障的互动关系逐步形成并发展起来。

2. 发展阶段

20世纪70年代后,劳动力市场与社会保障的互动关系进入一个新的理性发展时期。20世纪70年代中期后,"供给冲击"危机发生,经济"滞胀",新古典主义经济学派理论开始占据主导地位。政府的社会福利角色开始受到质疑,很多国家进行了社会保障制度的私有化改革,以"失业"为社会常态,经济社会政策的重心由公平转向效率。这也算是对过快增加福利性开支政策的反省,劳动力市场与社会保障的互动关系进入一个新的理性的发展时期。

3. 成熟阶段

20世纪90年代后,社会保障与劳动力市场互动关系更加趋向成熟。20世纪90年代以后,政府对其社会福利角色进行了新的调整,政府干预思想成为主流思想,国家政府职能空间扩展,社会保障制度发展受到重视。政府职能的变化受到主流社会控制思想的影响,进而影响

到社会保障制度的发展。"能促型"政府对劳动力市场的干预,对社会保障作用的重视,使得社会保障与劳动力市场的互动关系更加趋向成熟。在迈向知识化、信息化的新经济时期,瑞典和美国两种不同社会保障制度变革模式的基本共同点就是重视就业培训支出,强调人力资本投资,实施"促进就业型"福利制度,促进经济结构转型与升级,丰富和提升经济增长的内涵与质量。瑞典"劳动力市场政策"甚至可能比主要依靠市场力量或依靠失业来刺激重新配置劳动力的美国模式还要有效,瑞典劳动力市场适应经济和技术突变的能力较强,具有灵活性,劳动力市场中劳动力流动速度与美国一样高。

(二)工业化、城市化进程中劳动力市场与社会保障的互动关系分析

在工业化和城市化加速发展的进程中,随着大批量的人口由农村流向城市,城乡劳动力市场逐步走向一体化;同时,一系列社会问题此起彼伏、不断涌现,各方面的社会需求日益迫切,社会保障为促进劳动力市场合理运行应时而生。一定的社会保障不仅解决了工业化、城市化进程中的高素质的劳动力需求以及社会问题,也有力推动了工业化和城市化进程。

社会保障作为工业社会和经济发展的产物,成为一种正式的制度安排,最早萌芽于17—18世纪的英国,当时对进入城市的农村劳动力、贫民实行"救济"制度。工业化早期的社会保障主要以"贫困救济"为目的,缓解社会矛盾,保证劳动力的健康供给与再生产。1601年英国颁布《济贫法》,政府正式开始了贫民救济的管理,对无劳动能力的贫民实施居家救济,对有劳动能力的贫民实行"惩罚"措施;随着工业革命中贫民问题进一步加剧,1834年英国颁布实施了新的《济贫法》,对贫民本人实行济贫院内救济与政治、人身自由处罚,对有劳动能力的贫困者实行严格控制的院外救济。19世纪末,济贫制度进行了一定改革,院内济贫条件有所改善,院外救济规模逐步扩大,突出了"救济性原则"。

此时,欧洲大陆上德国的工业化也迅速兴起,在工业化和城市化进程中德国也出现了一些社会问题,比较突出的是劳资问题,新历史学派论证了建立社会保障制度的客观性和必然性。政府通过的《社会保险法》针对工业化风险采取了社会保险的方法,更好地适应了正在蓬勃发展的工业化社会。工伤和失业是典型的工业化风险,疾病和老龄给工业人口带来的失去收入的生存风险也大大高于农业人口,德国的社会保险法就是这种工业化风险的时代产物。特别是1889年俾斯麦首相支持建立的德国公共养老金计划,标志着社会保障制度已经开始走向国家化和社会化,这有效缓和了尖锐的社会矛盾,创造了相对稳定的社会环境,根本上保证了工业化、城市化发展需要的稳定并不断扩大的劳动力队伍。这种社会保险方法后来被很多周边工业化国家效仿,也影响了英国社会保险制度的进程。"二战"后,德国一直奉行社会市场经济理论,它包括两个密不可分的领域:一是带来经济效率的自由竞争的市场;二是创造并提供社会公正的社会保障,即完善的社会保障体系被看成是德国社会市场经济的一个非常重要的内容。

1905年英国颁布《失业工人法》,1908年颁布《养老金法》,国家逐渐承担起了更多的责任。特别是1905年的《失业工人法》,规定了对失业工人的救助措施和解决失业工人再就业的办法,实现了从惩罚、救济到"济身"的制度转变,这充分说明决策者开始认识到社会保障对劳动力市场的推动作用。1911年丘吉尔政府颁布《国民保险法》,《失业保险法》作为该法第二部分被议会批准实施,英国正式确立了直接涉及普通工人生活的社会政策。

福利国家的设计师威廉·贝弗里奇在1909年出版的《失业:一种工业的问题》一书中指

出:"失业基本上是一种工业和国家的问题,而不是个人品行的问题,为劳动者提供合理的就业保障应该是一切个人义务及社会行动的基础。问题的关键不是失业,而是就业不足。"他强调失业是工业社会发展进程中对劳动力供需进行调节的某种经济力量未能发挥真正效力的结果,这种经济力量要想发挥效力,必须由国家进行调节,以利于就业问题的解决。"二战"后,英国政府在 1942 年贝弗里奇报告基础上建立了从"摇篮到坟墓"的福利制度,基本保障了失业工人和贫民的利益,开始进入了社会保障从"济身"到人为创造农村剩余劳动力的阶段,有力地促进了工业化和城市化的发展。

在工业化与城市化发展进程中的社会保障实践层面上,在欧洲出现了两种不同的模式或方法:一种传承英国的《济贫法》传统,以选择性的补救和济贫作为政府社会功能的基本出发点;另一种延袭德国的《社会保险法》传统,以制度性的阶级调和作为政府社会干预的基本措施。这两种模式都影响了一批工业化国家:美国、拉美和东亚的部分地区在工业化社会到来时,针对大量农村劳动力流动转移中出现的问题采取了英国的济贫传统,扩大政府的社会职能;而西欧大陆的周边国家,包括南欧与部分东欧国家,针对工业化发展中的劳动力转移所带来的贫困与失业问题,则采取或正在采用德国的社会保险模式。

美国在工业化发展中借鉴了英国的济贫传统,以选择性的补救和济贫作为政府社会功能的基本出发点,并且影响至今,即使是在 20 世纪 30 年代罗斯福新政及其近半个世纪的影响时期。美国在经历了 20 世纪 30 年代"大萧条"时期后,罗斯福总统受凯恩斯主义经济学的影响实施"新政",国家采取主动措施,甚至通过赤字财政政策,大幅度提高生活福利,即采取"普遍福利"政策,抑制经济危机。通过大幅增加政府转移支付,实行社会保障,增加社会福利设施,刺激有效需求,带动劳动力市场发展,促进实现充分就业。这一系列社会保障政策也有力保证了这一时期工业化和城市化的飞速发展,20 世纪 30 年代正是美国由农村快速迈向城市的时期。1935 年,美国通过第一部社会保障法典《社会保障法》,包括了五个项目的社会保障,随后联邦政府成立了社会保险署,并规定社会保险包括养老金、失业保险、老年保险以及对盲人、需赡养儿童及其他遭遇不幸者的救济。它是时代产物,保证了工业化与城市化发展进程中所需的大量农村转移劳动力。之后的历届民主党政府,从杜鲁门、肯尼迪到约翰逊基本上都继承并发展了罗斯福的政策,甚至一些共和党人也"运用罗斯福处理问题的方法来应付他们面对的问题"。

20 世纪 40—60 年代是西方国家工业化与城市化成熟发展期,也正是福利国家高速发展阶段,大危机之后社会的主流思想是自由市场经济是不公平和低效率的,政府的福利性干预不仅保证了社会公平,而且也是弥补市场失灵、克服市场低效率的必要手段,从而促进了城乡劳动力市场发展,加快了农村劳动力转移到城市工业就业岗位的资源配置。

20 世纪 70 年代中期之后,由于很多国家经济停滞、失业严重,社会保障的财政支出压力增大,政府的社会福利角色受到质疑,世界范围内开始了社会保障私有化改革趋势,社会政策的重心由公平转向了效率。高效率的前提条件是一定的社会公平和健全的市场机制,因此改革成功的国家基本上是福利国家,它们拥有发达的市场机制自不必多说,"一定的社会公平"是前期实行的全面社会福利奠定了的,社会福利私有化改革只是对政府失灵或者政府过度干预的一种纠正。其他国家私有化成功的较少,原因在于前提条件的缺失。"帕累托改进"也是建立在以一定的社会公平为基本假设的基础上的,有了一定的社会公平的基础,改革常常可以获得超常规成效。在工业化、城市化发展期和市场机制不健全的情况下,有政府福利性干预与支持,不仅可以保证社会公平,更有利于效率的发挥与社会经济的发展,还可以逐步促进市场机制的发育与成熟。

20世纪90年代后很多国家开始尝试社会保障改革,其中英国最为成功。英国布莱尔政府主张"第三条道路",倾情于变社会福利政策为社会投资政策,通过在经济、教育、培训等领域的政府投资和个人投资,建立一种使福利可以维持,但享受者具有相应责任与风险的积极福利政策。"第三条道路"主张国家与个人共同承担责任,社会保障应该是一项由国家、非政府机构、私营机构和个人共同参与的事业,国家提供给国民最基本的生活保障,支援最需要帮助的贫困人员,同时鼓励和倡导私营机构来承担这方面的责任,引进市场竞争机制和消费者自由选择服务体制。在这里,我们仍将社会保障改革后的英国与美国列为互动的同一类型,但英国社会团结性比较强,将效率与公平、自由市场与国家干预有机结合起来,而美国过于强调效率,导致社会分化现象明显。欧洲大陆国家社会保障与劳动力市场政策也进行了一定调整,但阻力较大,成效很小,没有发生根本性的变化。

20世纪90年代以后,人们重新认识到社会政策的积极作用,福利国家的社会政策也发生了相应的变化,政府对其社会福利角色进行了新的调整,在直接提供福利的同时,更强调对劳动力市场的干预,即"公平与效率"同时兼顾。政府的角色从过去被动应对或政府失灵转向了积极的、以预防和发展为目标的"能促型政府",本质上看,社会保障与劳动力市场互动更加成熟了。

在工业化和城市化加速发展的转型时期,社会保障的社会经济影响是至关重要的,它有利于促进城乡劳动力市场一体化发展,有利于加速工业化、城市化发展进程,在实现国民收入和经济增长的实践中也有利于社会保障自身的成长。社会保障与劳动力市场的良性互动是工业化和城市化进程中经济发展的一条基本规律,也是欧美发达国家快速发展强大的一条重要经验。相反,一些发展中国家由于没有完善的社会保障制度,没能实现与劳动力市场的良性互动,结果在工业化与城市化进程中遭受到重大挫折。因此,在工业化和城市化发展中,为了应对经济波动的影响,社会保障和劳动者安全保障措施就非常重要,包括失业保险和各种形式的劳动力市场政策或项目。

二、社会保障制度与劳动力资源配置的关系

社会保障从根本上讲是对人的保障,是对社会个体所提供的一系列保护或制约政策,因此它必然与劳动者发生密切联系。

(一)社会保障制度与劳动力流动

在市场经济国家,社会保障制度是对市场机制缺陷的一种弥补,其出发点是为了达到最低限度的社会公平。社会保障制度的实施是社会财富再分配的过程,它为失业者提供失业保险,为老年人提供养老和医疗照顾,为贫困妇女和儿童提供实物和资金帮助,为病人和残疾人提供伤残保障和健康服务,为贫困人口提供基本生活资料,从而起到了社会安全网的作用。社会保障能够有效地缓解生存风险,在一定程度上影响人们行为选择。

在没有社会保障制度的经济中引入社会保障会提高社会福利水平,并加速劳动力在部门间的流动速度。也有研究认为,当人们的储蓄具有较强的预防动机,且存在于封闭的经济中时

这一结论不成立。此时引入社会保障非但不会加速劳动力的部门间流动,反而会缓解这种流动。这些研究表明,在社会保障制度实施过程中,不同条件会产生不同效应,就社会保障对劳动力市场的影响而言,也随着各种条件的变化而不同。

1. 计划经济条件下社会保障制度与劳动力流动

1978年以前中国实行计划经济体制,所有制结构分国有经济、集体经济和非公有经济。1966年"文化大革命"后,非公有经济小到可以忽略不计,主体基本是国有经济。社会保障制度按所有制设计,国有经济部门为雇员以企业或单位为主体提供工作保障,如高水平的养老、医疗、工伤保险和高水平的住房、教育等福利;除少量救济外,广大农村集体经济劳动者被排斥在正式社会保障制度外。城镇集体所有制企业的社会保险和福利事业是真正意义上的企业保险和福利,企业是真正的责任主体,只能为雇员提供低水平的保险和福利。对于劳动者,这三个部门的比较收入差别是极大的。

这种以企业为分配单位的经济部门差别巨大的工资及社会保障制度对中国劳动力资源的优化配置造成的负面影响是深远的,它阻碍了劳动力在企业间和部门间的有效流动,阻碍了中国城镇化、非农化发展,最终影响中国经济发展速度。由于上述部门收入和保障的巨大差别,国有经济部门具有强吸引力,劳动力自动流入,从而使该部门劳动力价格(高工资加高保障)趋于下降,直到与其他部门接近。由于国有部门劳动力成本高,政府能提供的就业机会有限,在这种情况下,政府不但有必要而且有可能限制和压抑对该部门的劳动力需求,这样,国有经济部门的工作愈发成为稀缺资源。

计划经济体制下的就业和社会保障制度对中国经济的影响是深刻的。一是制度安排固化了中国城乡二元经济结构,成为经济体制改革前中国经济的基本特征,也是中国经济发展缓慢的主要原因之一。二是对国有经济就业的高度保护,"铁饭碗"养成了一代又一代的"贵族工人",劳动效率低下,是城镇经济体制改革首先从打破"铁饭碗"开始的原因。三是直接影响了中国经济由计划向市场的转型,加大了改革的成本和摩擦力。

2. 转型经济中的社会保障制度与劳动力流动

对处于转型时期的国家和地区,如中东欧国家、中国,现有的社会保障制度成为劳动力流动的制约因素。伴随着中国经济体制改革的进行,多种所有制形式逐步出现,市场经济逐渐建立,劳动力市场成为最活跃的市场,企业与劳动者的双向选择是市场经济发育成熟的重要标志。然而,如果劳动者没有统一的社会保障体系为其提供社会化的基本保障,那么进入劳动力市场就会困难重重。我国原有的社会保障范围只限于国有企业,非国有部门缺少相应保障,使得走出国有企业风险加大,出现了看似奇怪却又合理的现象——国有企业职工宁愿待岗、失业、半失业也不愿到非国有部门就业,这极大地限制了劳动力的合理流动,导致劳动力资源配置效率低下,原因无非是国有企业的高福利及全面社会保障,非国有企业的低保障性使职工无安全感。在这种状况下,如果能够建立统一的社会保障制度,解除劳动者对企业的过分依赖,劳动者进入劳动力市场自主择业的积极性就会提高。因此,社会保障体系的建立和完善,可以促进劳动力市场形成,有利于劳动力在地区间、部门间的合理流动。

3. 成熟市场经济条件下的社会保障制度与劳动力流动

在西方成熟的市场经济国家,由于实行普遍社会保障制度,这保证了劳动者的基本生活,对劳动力的生产和再生产起到了重要的保障作用,提高了劳动力素质。由于社会保障的覆盖面较为广泛,因而减少了劳动力流动的风险,在一定程度上促进了劳动力的自由流动与合理配置。

在社会保障体系中,养老金与劳动力市场的流动性关系最为密切。一般而言,养老金不仅影响退休雇员的流动性,也与年轻人对新工作机会的选择有关。由于养老金收益与雇员资历密切相关,所以养老金可以减少劳动力市场的流动性。部分研究认为养老金是雇主以支付雇佣费用和训练成本的方式对雇员进行的一种投资,所以希望雇员能够工作足够长的时间,待其收回投资后再改变工作,因此,雇主试图减少雇员的流动性。此外,养老金还可以帮助雇主判别雇员是否愿意长期留在该企业工作,因为建立在长期合约基础上的养老金计划对于那些希望频繁更换工作岗位的人而言其价值和吸引力会降低;然而养老金通过给予雇员某些权利而诱使他直到获得这些权利后才会离开这个企业,从而减少流动性。

(二)社会保障制度与劳动力市场

1. 社会保障制度与劳动力供给

社会保障制度作为基本保障制度,为社会成员的基本生活提供了有效保障。比如,劳动者在失去劳动能力后,可以继续获得社会帮助,或者从自己劳动所得积累中改善生活,使其能够在劳动期间免除后顾之忧,全身心投入劳动之中。从这个层面讲,社会保障有利于激发劳动者的积极性。

但现实中,社会保障实际运行的各个阶段对劳动力供给的影响是不同的。在征收社会保险税,对失业者、退休者支付救济金、养老金时,情况就有所不同。以社会保险资金筹集为例,世界各国社会保障都存在纳税人与受益人相脱离的问题。因此,尽管社会保障从整体上对劳动力供给有积极影响,但其相对影响不确定甚至是消极的,会阻碍劳动力供给。

社会保障支付对劳动力供给的影响主要体现为改变个人劳动力供给决策的条件。社会保障支付是政府的货币支出,同时就是一定社会群体的货币收入,这种货币收入增量必定产生收入效应和替代效应。其他条件不变,如制度劳动时间和工资率不变,收入增加,必定会减少劳动力供给。社会保障支付的替代效应则是指由于转移支付的存在,影响到一些商品或服务的价格,如对教育的补贴支出会使教育的价格下降,人们节省的费用用于其他用途,由此带来劳动力市场的连锁效应。

从理论上讲,社会保障税的增加对劳动力供给的影响是不确定的。一方面,社会保险税的征收虽然可以为劳动者提供长期稳定的工作环境,但会减少个人收入总量,降低当期消费水平,劳动者会选择以闲暇替代劳动(替代效应),从而抑制劳动力供给;另一方面,由于课税使当期收入减少影响纳税人生活水平,劳动者会为弥补收入下降而努力工作,从而增加劳动力供给。至于最终会增加还是会减少劳动力供给,则要看替代效应和收入效应之差。若替代效应大于收入效应则会减少劳动力供给,反之,则会增加劳动力供给。许多研究表明,工薪税增加会减少就业人口。社会保险税有可能引致低工资收入,如果低收入者在其退休后能够通过社会保障制度获得足够的养老金,满足其基本生活需要,或其养老金与工作收入相当或高于工作收入,他们就很可能提前退休,过早地离开劳动力市场,减少劳动力供给。

1994年世界银行在《防止老龄化危机》报告中指出,过去30年全世界都存在退休年龄提前现象,发达国家更甚,公共和私人年金计划是主要诱因之一。大多数发达国家公共年金计划的收入审查制度诱使老年人退休,否则他们将会失去一定的年金收入。欠发达国家退休年龄的降低主要有以下几个因素:①公共年金制度的覆盖率低;②缺乏必要的收入审查制度;③存在大量非正规部门,退休后仍能够在这些部门继续工作获得收入,决定了提前退休的经济性。世界银行在1994年计算得出,提前退休使发达国家劳动力市场中熟练人口的供给减少了3%~6%,发展中国家则减少了1%~2%。

发展中国家由于工业劳动力比例较低,加之非正规部门庞大,逃税变得相对容易,一些雇主为了逃税也向非正规部门转移,甚至一些大公司也将某些工作交由管理不规范的小企业去做。非正规部门的增加破坏了公共年金计划的目标,影响了政府的财政能力、劳动力和国民产出。非正规部门的雇主和雇员一方面通过逃税行为减少政府税收收入,另一方面由于缺少资本和工作培训,生产力低下,对国民经济产生不利影响。据估算,假设非正规部门雇员的边际产出比正规部门低2%,工资税的征收使20%的劳动者转入非正规部门,那么劳动对国内生产总值的贡献将会减少4%。这种由高工资税造成的劳动力市场效率的损失,一般发展中国家比发达国家更为严重。

社会保险税对劳动力供给影响的长短期效应不同。从短期效应看,生产者把社会保险税同其他生产成本一样处置,并企图通过涨价来弥补,提价后销售量会受到影响,产出和就业会有下降趋势,如果政府通过货币政策与财政政策,把产品需求保持在原有水平上,这种作用就能抵消;从长期效应看,社会保险税的影响取决于工薪者对工资降低的反应,在生产技术一定的情况下资本要素和劳动力要素边际收益递减,企业总是在"劳动—资本"的最佳组合中获取最低的生产成本,开征社会保险税并没有使劳动者发挥更高的生产力,因此企业没有理由在征税后支付较高的附加费用,除非某些工薪收入者对收入减少的反应是退出劳动力行列,这样企业就不得不用较高的工资来增加或留住雇员。在劳动力过剩和工资水平较低的国家,劳动力的总供给与工资的期望值没有密切关系,较低的工资并不会导致劳动者离开企业或明显减少工作时间。

还有一种可能,即使劳动力供给对工资期望值不是没有一点关系,雇员也会承担这项税收。如果雇员把用这项税收所资助的福利作为相应的补偿,他们可能情愿接受这项税计征以后的较低工资。如果这是一种普遍流行的态度,这项税就如同享用福利者付费一样,劳动力的供给不会发生变化,工薪收入因税收的额度而下降,全部负担将由挣工资者承受。

2. 社会保障制度与劳动力需求

社会保障基金属于财政转移支付的一部分,是政府的一种货币性的支出,与实际的商品和劳务交换没有直接联系。因此,静态地分析,政府的社会保障支付变动不影响国民收入总量的变动,与经济社会的就业总量无关。但是,社会保障支付会通过两个途径间接影响到劳动力市场的劳动力需求:一是社会保障支付影响社会产品的需求结构,从而影响劳动力的需求结构;二是社会保障支付转化为受益者(受助者)的消费支出需求,带动产品或服务生产,间接增加劳动力需求。举例来说,生活特别困难群体的社会救济会增加对特定产品和服务的需求,而这种需求又会导致对生产和提供这些产品和劳务的派生劳动力需求。此外,在现代生产经济体制中,国家通常根据工资总额来征收社会保障税或者缴纳社会保障费,用于劳动者暂时或者永久丧失劳动能力时对劳动者进行补偿,如支付养老、医疗、失业、工伤保险等。征收社会保障税或者缴纳社会保障费,在一定程度上相当于雇主在产品生产中的人工成本增加,在其他条件不变的情况下会导致劳动力需求减少。

社会保障制度是一种再分配制度,无论它采取何种财务制度,社会保障支出都会成为劳动力成本的一部分,因此,社会保障必然增加劳动力成本,从而影响雇主对劳动力资源的需求。社会保障税虽然由雇员和企业或雇主共同承担,但由于雇员与雇主所处地位不同,两者所具有的供给弹性不同,因而社会保障税对雇员或劳动力的影响更大,劳动力的供给弹性相对较小甚至没有弹性,使劳动力相对资本而言缺乏转嫁能力,而资本常常可以通过减少工资、增加劳动需求等措施将大部分税赋转嫁给劳动者。但各国实践证明,即使存在转嫁行为,社会保障对劳动力需求的影响仍不容忽视。

(1)失业保险会挤出劳动力需求。失业保险属于事后措施、再分配行为,公共经济学已证明,任何再分配行为都不是无成本的,必须为之付出效率的代价。失业保险所需要的基金最终由劳动者承担,因此,失业保险给付水平过高必然会引起劳动力成本的上升,减少雇主对劳动力的需求。20世纪末西欧各国正是因为失业保险给付水平的上升,使得劳动力成本不断上升,加剧了失业保险金支出的负担,使失业和失业保险陷入恶性循环之中。

(2)高水平的社会保障引起的提前退休或相对低退休年龄对劳动力市场会形成一种压迫。有一种观点认为,年轻人就业比老年人更重要,老年人较早退休能够为年轻人提供工作机会,但目前没有任何研究证明降低退休年龄有利于提高就业率。

从理论上讲,退休模式与资本有机构成密切相关。如果劳动力的成本低而资本的成本高,市场就会选择劳动力而不是资本;相反,如果劳动力成本高于资本,市场就会选择资本而不是劳动力。劳动力成本的高低取决于包括养老金在内的工资和福利的高低。提前退休一方面意味着劳动年限缩短,另一方面意味着较长的退休期。如果社会保障给付水平一定,为了达到既定保障水平,社会保障供款率必然提高,劳动力成本必然上升;由于社会保障水平具有刚性,雇主不能随意改变,但可以选择用资本替代劳动,资本替代劳动的结果是一部分劳动力被排挤出生产过程,失业率上升。许多欧洲国家近年来失业率居高不下的重要原因之一就是提前退休等高福利引起的劳动力成本过高。

对具有刚性的社会保障支出,雇主可能采取的措施就是试图将其负担的社会保障税转嫁给消费者,从而提高产品价格,但这对面对竞争性市场经济特别是国际市场竞争的雇主而言几乎是不可能的。因此,他们只能减少产量或者退出生产领域,或者通过高价格转嫁给消费者,或通过降低工资转嫁给雇员。

3. 社会保障与劳动力价值(价格)

既然社会保障是对劳动者提供的一种保护措施,那么社会保障费用从何而来?它与劳动力的价值或价格之间存在何种联系呢?有关社会保障与劳动力价值的讨论是以社会保障基金的来源为切入点的。值得一提的是,这里的社会保障仅指国家强制实行的制度,就是我国社会保障体系中的社会统筹部分。从世界范围来看,社会保障的财务制度主要有三种,即现收现付制、基金积累制和现收现付与基金积累混合制。社会保障基金有三个主体来源,即政府、雇主和雇员。关于社会保障基金的属性问题则有以下不同的观点。

1)公共服务价格论

既然社会保障由政府组织实施,并经常以税收的形式征集,它关系到整个经济中每个主体的经济利益,关系到各种经济资源的有效配置,关系到全民福利,因此社会保障制度是一种公共产品,政府支付的成本最终是由全体公民承担的,对个人而言,只不过是承担多少的问题,所以从本质上讲,社会保障基金属于对公共物品和服务支付的费用。

2)属性多样论

社会保障基金来源不同,其属性也不尽相同。由雇员缴纳的社会保险费是维持劳动力再生产的费用,因而属于必要劳动;由雇主缴纳的社会保险费是对企业利润的扣除,因而属于剩余劳动。

3)必要劳动论

社会保障基金不论采取何种形式、何种渠道筹集,从来源上都可以划分为两部分,一部分由雇员个人缴纳,另一部分由政府和雇主缴纳。由雇员个人缴纳的费用所形成的社会保障基金,由雇员按工资的比例直接从工资收入中缴纳,因而是工资的一部分,故属于必要劳动时间创造的价值。对于由雇主和国家承担费用所形成的社会保障基金,同样也认为其属性是必要劳动。理由如下:

(1)马克思对资本主义条件下劳动力价值的分析表明,劳动力价值包括三部分,即劳动者维持自身生存所必需的生活资料的价值、劳动者养活家属所必需的生活资料的价值、劳动者为了掌握一定的生产技术所必须花费的受教育训练的费用。随着劳动者生活水平的不断提高,必要劳动将会扩大,这时劳动者的必要劳动不仅包括维持和再生产劳动力所必需的生活资料价值,还应包括劳动者丧失劳动力后维持生活所需要的生活资料价值。

(2)从劳动者养老保险基金的实际来源看,劳动者养老保险基金属于必要劳动。从形式上看,劳动者丧失劳动力后,维持生活所需要的生活资料价值不包括在劳动力价值之内,给予劳动者的福利似乎是雇主从剩余价值中拿出一部分转移给劳动者的,属于剩余劳动。但从社会保障基金的实际来源看,并非如此。马克思认为,剩余价值率首先取决于劳动量的剥削程度,在考察剩余价值的生产时,假定工人得到正常工资,也就是说,工人得到的工资同他的劳动力价值相等。在实际生活中,社会保障基金对工资的扣除起着极为重要的作用,在一定限度内,这实际上是把劳动者的必要消费基金转化为资本的积累基金。马克思的这一论述,深刻揭示了劳动者社会保障基金的真实来源及其劳动属性。劳动者获得的社会保障待遇,是从劳动者必要劳动创造的价值中进行的一种扣除,因而属于必要劳动。

社会保障基金无论是由政府、雇员还是雇主缴纳,其本质都是劳动者创造价值的一部分,是劳动者应得利益的组成部分,而不是政府或雇主对劳动者的恩赐,政府只是对个体的短视行为进行修正,在制度的运行中起到促进和监督作用。但劳动者应得利益必须与经济发展水平相适应,否则将会对经济发展造成不利影响。

本章小结

社会保障制度具有强制性、保障性、普遍性、公平性、互济性、储存性、共享性、统一性等特征。在社会经济发展中,社会保障制度发挥着补助功能、社会稳定功能和多领域调节功能。社会保障制度对经济增长的作用主要是通过该制度对储蓄、资本市场和劳动力的影响实现的。

复习思考题

1. 社会保障的经济效应主要体现在哪些方面?

2. 什么是挤出效应论？
3. 社会保障制度与储蓄的关系如何？
4. 社会保障制度与投资的关系如何？
5. 社会保障制度与经济增长的关系如何？

推荐阅读书目

1. 郑成功.社会保障学：理念、制度、实践与思辨[M].北京：商务印书馆，2000.
2. 米尔丝，郑秉文.社会保障经济学[M].北京：法律出版社，2003.
3. 封进.人口转变、社会保障与经济发展[M].上海：上海人民出版社，2005.

第六章 社会保障体系构成

学习目标

掌握中国社会保障体系的构成及特点
掌握补充保障的内容及特点
了解国外社会保障体系的发展情况

关键概念

社会保险　养老保险　医疗保险　工伤保险　失业保险　生育保险　长期护理保险
社会救济　社会福利　社会优抚　企业年金　商业保险　慈善　住房保障

第一节　社会保险制度

一、概述

(一)概念

社会保险是社会保障的核心或基本内容,它是国家通过立法的形式,对全体劳动者在遭遇年老、疾病、伤残、失业、死亡等风险时提供的基本生活保障制度,它强调被保险人的权利和义务相对等,其目的是解除劳动者的后顾之忧,维护社会安定。《中华人民共和国社会保险法》第二条明确规定:"国家建立基本养老保险、基本医疗保险、工伤保险、失业保险、生育保险等社会保险制度,保障公民在年老、疾病、工伤、失业、生育等情况下依法从国家和社会获得物质帮助的权利。"

美国危险及保险学会社会保险术语委员会将社会保险界定为:"通常由政府采用危险集中管理方式,对于可能发生预期损失的被保险人,提供现金给付或医疗服务。"1953年在维也纳召开的社会保险会议把社会保险定义为:"社会保险是以法律保证的一种基本社会权利,其职能主要是以劳动为生的人,在暂时或永久丧失劳动能力时,能够利用这种权利来维持劳动者及其家属的生活。"[①]社会保险主要包含以下要素:①它是为了解决劳动者因劳动风险带来的后顾之忧,确保社会安定和家庭稳定;②它是通过国家立法的形式强制实施的保险制度;③保障的对象是劳动者,其享受待遇的前提条件是缴纳社会保险费,并已丧失或暂时丧失劳动能力或者收入来源;④保障的水平是维持丧失劳动能力者及其家属的基本生活需要。

---

① 林义.社会保险[M].北京:中国金融出版社,1998:20.

(二)特征

1. 实施过程的强制性

社会保险是以国家为主体建立的国民生活安全保障制度,由国家立法建立,因此,具有法律强制性。只要是法定范围内的投保者,都必须按照国家有关法律规定参加社会保险,并按时缴纳保险费,依法享受社会保险待遇。社会保险明显区别于商业人身保险的"意思自治"原则。

2. 社会政策目的性

社会保障制度作为市场经济国家社会政策的重要组成部分已被各国普遍认可,而作为社会保障制度主体的社会保险制度自然就承担了更多的社会责任,各国建立社会保险制度的主要目的是为劳动者的基本生活提供保障,维护社会稳定。

3. 保险权利与义务的对应性

享受保险保障是劳动者的权利,缴纳保险费是劳动者的义务。各国社会保险均规定享受权利的重要前提条件是履行了缴纳社会保险费的义务。参保者缴纳的费用是社会保险基金的来源之一,在日益重视社会保险运行效率的前提下,个人缴费情况与享受待遇的关系越来越密切,缴费多少与保障待遇高低成正比。社会救助是国家和社会对困难群体的单方面援助,接受社会救助者无须履行相应缴费义务。社会福利以提高社会成员的生活水平为宗旨,也没有要求权利与义务的对应关系。

4. 保险基金的储备性

社会保险是一个社会风险的防范机制,它预先筹集社会保险基金,当预定风险发生后才运用保险金补偿风险损失。因此,保险基金就具有一定的储备功能。就个人而言,从参加社会保险开始便按规定缴费,等于为自己积累了领取保险金的权益,待遭遇风险时就可以领取保险金;就社会而言,这个储备基金可以投资,促进经济发展。在实行基金积累制的财务机制下,保险金的储备性更加明显。社会救助和社会福利基金则完全属于流动基金,基本没有储备功能。

5. 保险功能上的互济性

社会保险借鉴了保险制度中风险分担的一般原理,通过社会保障费的筹集和支付实现了个人风险在全体参保者之间的分担,同时也就实现了参保者之间的互助。互济性主要表现为被保险人缴纳的保险费,在保险范围内进行地区之间、企业之间,或强者与弱者、老年人与年轻人之间的调剂和收入再分配。

另外,社会保险是在政府主导下为其社会成员提供基本生活保障制度,在遵循社会保险权利与义务对应关系的同时,还要充分体现其福利性,这也是社会保险的一个最基本的特点。

(三)基本原则

1. 强制性原则

强制性原则是指凡属于法律规定范围内的劳动者都必须无条件地参加社会保险,并按规定履行缴纳社会保险费的义务,这是社会保险的首要原则[①]。强制劳动者参加社会保险是社会化大生产的客观要求,生产的高度社会化促进了劳动力再生产的社会化,人作为社会劳动力

---

① 张洪涛,郑功成.保险学[M].北京:中国人民大学出版社,2004:206.

而存在,物质资料的再生产与劳动力的再生产是相互结合的;而家庭作为社会的基本组成单位,其抚养、赡养功能逐渐削弱。社会保险的强制性特点,一般是通过国家立法和国家强制征收社会保险费来具体体现的。社会保险的缴费标准和待遇项目、保险金的给付标准等均按国家和地方政府的法律、法令统一确定,劳动者对于是否参加社会保险和投保的项目以及待遇标准等均无权任意选择和更改。

2. 满足基本生活需要原则

要满足基本生活需要,一是按照一个国家的不同气候和其他自然条件特点,确定不同的衣、食、住、行等自然需要;二是根据一个国家的经济、文化发展水平,确定需要的范围和需要的方式。社会保险实行满足基本生活需要的原则,是同社会保险的性质相适应的。在劳动者部分或全部丧失劳动能力或失业时,由国家通过法律保障而获得物质生活权利,提供切实可靠的基本生活保障。

3. 社会公平原则

社会公平原则是指当风险出现时,对所有被保险人提供维持特定生活标准的津贴,以满足他们的基本生活需要[①]。这一原则与个人酬报对等原则是相对的,所谓个人酬报对等原则,是指投保人所得到的津贴直接取决于他所缴纳的保险费,津贴的精算标准完全等于缴费的精算标准。社会保险在充分的社会公平性和充分的个人酬报对等性之间选择一个作为提供津贴的基础时,明显地偏重前者。社会保险的基本目标决定了它必须选择社会公平原则,如果社会保险采用个人酬报对等原则,个人所得到的保险津贴实际上等于他们缴纳的保险费,那么低收入群体所能领得的津贴不足以维持他们的基本生活,社会保险的基本目标就无法实现。

4. 法制原则

法制原则是指政府利用法律手段建立和管理社会保险事业。它主要包括两个方面:首先,用法律确定社会保险资格条件、缴费义务与津贴权利。在社会保险中,将领取社会保险津贴视作一种法定的权利,申请救助者无须证明其收入与资产无法维持本人及其家庭的生活,亦即不需要做家庭财产状况调查。其次,用法律确定管理机构及主要管理办法。由于社会保险涉及面广、标准化要求高、管理难度大,为保证该项事业的顺利发展,国家一般对有关的管理事项要用法律的形式加以明确。

二、社会保险制度的构成

由于各国经济发展水平的不同,每个国家在一定时期所能提供的经济保障水平存在着较大的差别,因此,各国社会保险实施的范围、内容是不一样的。从基本的方面看,社会保险制度主要包括养老保险、医疗保险、失业保险、工伤保险和生育保险。

(一)养老保险制度

1. 概述

养老保险又称老年社会保险或退休收入计划,是国家通过立法,对达到国家法定的退休年龄或缴费满一定年限的劳动者,由国家或用人单位为其提供社会保险金,以保障其基本生活需

---

① 林义.社会保险[M].北京:中国金融出版社,1998:25.

要的一项社会制度。养老保险由于适用人数多,基金数额庞大,因此成为社会保险制度中的核心组成部分。德国是最早建立养老保险制度的国家,随后养老保险制度被许多国家所效仿和采纳,迄今已有160多个国家和地区建立了养老保险制度。

由于世界各国社会经济发展水平不同,各国养老金发展水平也不一致。世界社会养老金制度的发展表现出两个基本的进程:一是从最初的国家养老金制度即国家基本养老金制度,发展到建立国家补充养老金制度,进而发展到建立各种职业养老金制度,从而使得养老金津贴水平和养老保险的保证水平不断提高;二是养老金制度从最初仅仅针对城市工业劳动者,发展到政府公务员、商业服务人员、林业工人、农业工人,最后发展到各种手工业者、自我雇佣者等,从而使得养老保险的覆盖水平不断提高。

养老保险制度具有以下特点:一是由国家立法,强制实行,企业单位和个人都必须参加;二是养老保险费用由国家、单位和个人三方或单位和个人双方共同负担。养老保险模式的分类若根据养老基金的筹资方式进行,则可分为现收现付制、完全积累制和部分积累制。现行养老保险体系一般由三个层次构成:国家基本养老保险、补充养老保险和个人储蓄性养老保险,其中国家基本养老保险是最重要,也是最高层次的养老保障,一般由国家强制实施;第二和第三层次作为企业或职工自愿参加的养老保险形式,对一个国家的养老保险制度起着重要的补充作用。

2. 中国养老保险制度的发展阶段

新中国成立后,由于生产力水平低,在养老制度方面,政府机关和部分国有企业实行退休养老制度。改革开放后,逐步建立了符合中国历史文化和现实需求的养老制度,并在实践中不断调整完善。20世纪80年代中后期,相继建立了城镇职工养老保险、城镇居民养老保险、农村养老保险三大养老保险制度,开创了养老统筹发展新格局。随着时代的不断发展,养老制度由"三险共存"到城乡一体,实行了城乡居民养老保险制度并轨改革、机关事业单位养老保险社会化改革、建立职业年金等改革措施。基本养老保险制度实现了"转轨"和"并轨"两大变革,建立了更加公平、更可持续的养老制度,基本养老保险制度发展历程见图6-1。

图6-1 我国养老保险发展历程示意图

1)城镇企业职工养老保险制度的发展

1986年的"七五"规划对社会保障的改革与社会化问题进行了阐述,社会保障社会化正式载入国家发展计划。同年7月,随着劳动合同制度实行,劳动合同制工人的养老保险制度开始建立,劳动合同制工人按工资3%缴纳养老保险,个人开始参与养老保险缴费。为适应市场经济改革的需要,1991年6月国务院发布《关于企业职工养老保险制度改革的决定》,正式提出养老保险实行社会统筹,养老金由国家、企业和职工共同负担,同时探索建立多层次的养老保险体系。其后社会统筹在全国范围内逐步推行,虽然一定程度上解决了统筹区域内企业间负担不均的问题,但统筹层次较低且激励机制尚不完善。1993年,十四届三中全会《关于建立社会主义市场经济体制若干问题的决定》提出企业职工养老保险实行社会统筹与个人账户结合的模式,成为社会保障制度改革的重大突破。

1995年国务院发布《关于深化企业职工养老保险制度改革的通知》,明确了我国企业职工养老保险改革的目标,提出两个社会统筹与个人账户相结合的实施方法供地方选择,同时地方可结合实际情况进行修改和完善。1997年国务院颁布《关于建立统一的企业职工基本养老保险制度的决定》,开始建立统一的城镇企业职工养老保险制度。1998年,国务院发布了《关于实行企业职工基本养老保险省级统筹和行业统筹移交地方管理有关问题的通知》,将电力、铁路、邮电等11个行业的统筹权限移交地方,结束了行业与地方分别统筹、多头管理的局面。

2005年,国务院发布《关于完善企业职工基本养老保险制度的决定》,修改了养老金计发办法,规定企业缴纳费用全部计入统筹账户,个人账户由工资总额的11%降为8%,提高了制度的激励性,同时将个体工商户、灵活就业人员纳入了覆盖范围。2015年国务院发布《机关事业单位工作人员养老保险制度改革的决定》把机关事业单位的工作人员也纳入社会保险制度的范围,机关事业单位养老保险实行和企业基本养老保险相同的缴费比例。

2017年12月,人力资源和社会保障部、财政部联合下发了《企业年金办法》,企业年金是在基本养老保险基础上建立的企业职工补充养老保险制度。2018年国务院发布《关于建立企业职工基本养老保险基金中央调剂制度的通知》,均衡地区之间由于人口结构、人口流动等因素带来的养老负担,发挥地区间互济功能。2019年国务院办公厅发布《关于印发降低社会保险费率综合方案的通知》,将18个城镇企业职工养老保险的单位缴费比例由20%降低为16%,同时调整缴费基数,两项政策为进一步推进城镇企业职工养老保险全国统筹奠定了良好的基础。

2)城乡居民养老保险制度的发展

(1)农村社会养老保险(也称老农保)。农村社会养老保险是在20世纪80年代末至90年代初开始进行试点的。国务院1991年确定农村的养老保险由民政部负责。1992年1月,民政部颁布了《县级农村社会养老保险基本方案》,确定了农村社会养老保险实行以个人缴费为主、集体补助为辅和国家政策扶持相结合的原则。1997年,农村养老保险划归劳动和社会保障部管理,现在由人力资源和社会保障部主管。但是,在广大农村地区推行的养老保险制度由于管理混乱、体制不顺、基金的运营和监管制度不完善等原因,很快就出现了停滞甚至倒退的现象。

(2)新型农村社会养老保险。2004年以来中共中央制定出台了关于"三农"问题的三个一号文件,新型农村养老保险探索随之在全国开展起来,许多地方根据中央政策精神和本地实际,并汲取农村养老保险失败教训,按照个人、集体和政府三方筹资原则,开始探索建立新型农村养老保险制度,中国农村养老保险由此进入"新型"时期。国家新农保借鉴了"宝鸡模式"。陕西省宝鸡市是国家新农保的最早试点城市,从2007年开始,宝鸡有216个村的老人已经可以"凭证领钱"。到2009年,新农保就已经在宝鸡市境内推行了"全覆盖",参保农民已达116万人。

2009年9月,国家在总结各地经验的基础上出台了《关于开展新型农村社会养老保险试点的指导意见》,正式在国家层面启动了新型制度试点,新型农村养老保险制度正式确立。随着新型农村养老保险的建立和全覆盖的实现,农村居民终于结束了在国家层面无养老保障的局面。

(3)城镇居民社会养老保险。城镇居民社会养老保险是我国为实现全民共享社会主义改革发展的成果,对城镇户籍非从业居民开辟的新的养老保险制度,是继2009年新型农村社会养老保险试点后,党中央、国务院为加快建设覆盖城乡居民的社会保险体系做出的又一重大战略部署。

根据党的十七大精神和《中华人民共和国国民经济和社会发展第十二个五年规划纲要》《中华人民共和国社会保险法》的规定,我国要加快覆盖城乡居民社会保险体系的建立,逐步解决城镇居民的养老问题,到2020年基本建成覆盖城乡居民的社会保障体系。2011年国务院颁布了《关于开展城镇居民社会养老保险试点的指导意见》,提出根据城镇居民的实际情况,实行政府主导和居民自愿相结合的城镇居民社会养老保险试点工作。

城镇居民实行个人缴费和政府补贴相结合的社会养老。个人缴费标准设为10个档次,依次为每年100元、200元、300元……最高为1000元。政府补贴标准为:对中、西部地区按国家标准给予全额补助,对东部发达地区按国家标准50%给予补助。地方政府对城镇居民缴费补贴标准每人每年不低于30元,可适当提高个人高档次缴费的补贴,根据实际情况由地方政府确定。在养老金运营管理方面,实行社会统筹和个人账户相结合制度,基本养老金包括基础养老金和个人账户养老金,基础养老金标准设为每人每月55元,由国家财政拨款。个人账户养老金由个人缴纳费用、地方政府缴费补贴等构成。城镇居民年满60周岁,可按月领取养老金。到2012年我国已基本实现城镇居民养老保险制度全覆盖。

3)城乡居民基本养老保险并轨

城乡居民基本养老保险是在城镇居民社会养老保险和新型农村社会养老保险合并统一后的一项基本养老保险制度。为实现我国养老城乡统筹发展、有效衔接,2012年人社部发布了《城乡养老保险制度衔接暂行办法》的征求意见。2013年底,国务院顺应形势要求,将农村社会养老保险和城镇居民养老保险两项制度合并实施,在全国范围内建立统一的城乡居民基本养老保险。2014年2月,国务院下发了《关于建立统一的城乡居民基本养老保险制度的意见》,该意见强调:按照全覆盖、保基本、有弹性、可持续的方针,以增强公平性、适应流动性、保证可持续性为重点,全面推进和不断完善覆盖全体城乡居民的基本养老保险制度。在基金筹集、建立个人账户、养老金待遇及调整、领取条件等方面,城乡居民养老保险制度与农村社会养老保险、城镇居民基本养老保险的规定基本上一致。2018年1月,中央全面深化改革领导小组审议通过了《关于建立城乡居民基本养老保险待遇确定和基础养老金正常调整机制的指导意见》,要求建立城乡居民基本养老保险相关机制,确保参保居民共享经济社会发展成果。

3. 中国养老保险制度现存的问题

(1)法制化水平低,不利于养老保险制度统一和明确各方参与主体的预期。一个主要依靠政策性文件实施的养老保险制度无疑是中国特有的现象,但这种状况正在损害制度的权威性与稳定性,从而需要尽快改变。

(2)多层次养老保险制度框架体系已呈雏形,但尚未成型。即第一层次的法定基本养老保险制度还未完全定型,而第二、三层次的养老保险并未充分发展,中国养老保险制度改革任重道远。

(3)基本养老保险制度解决了普惠性问题,但还未解决公平性问题。三大基本养老保险制度已经覆盖全民,老年人均能够按月领取数额不等的养老金,但地区之间、城乡之间、群体之间的待遇差距仍大。

(4) 突出了政府责任，但政府责任边界以及中央与地方政府的责任划分还不明确。例如，中国政府对职工基本养老保险的财政补贴在逐年增长，但这种兜底保障机制在稳定和预期性等方面均不如固定比例分担机制合理；城乡居民养老保险制度得益于政府提供的基础性养老金，但财政对参保人的缴费补贴缺乏明确和稳定的规制；对企业年金、商业性养老金的财政与税收支持政策还欠精准。

(5) 基本养老保险的保障水平不断提高，但缺乏统筹考虑与正常调整机制。以职工基本养老金为例，2005年至2015年每年提高10%，2016年提高6.5%，2017年提高5.5%，2018年、2019年均提高5%，但这并非根据物价上涨指数与同期工资增长指数等相关参数及其不同权重进行的自动调整，而是更多地考虑到公众诉求与同期基金收支及财政状况提供的临时性增长。养老金正常调整机制的缺乏导致养老保险待遇的提高缺乏可预期性。

近年来通过国家层级强化统筹考虑与顶层设计，中国养老保险制度正在从长期试验性改革状态走向成熟和定型发展的新阶段。2018年中央政府建立职工基本养老保险调剂制度，向全国统筹的既定目标迈出了实质性步伐，但真正建立全面统一的制度还需要更多规制；2019年出台降低基本养老保险单位缴费率的政策，使主体各方筹资责任向相对均衡迈进了一大步。此外，国家还出台了促进商业性养老保险的政策和开展个人税收递延型商业养老保险试点，这表明中国养老保险制度在向构建多层次养老保险体系的方向稳步发展。

4. 中国完善养老保险制度的思路

1) 加快养老保险制度的法制化进程

当务之急是尽快修订《中华人民共和国社会保险法》，包括机关事业单位工作人员、城乡居民的社会养老保险应当纳入法律，社会保险费统一由国家税务机构征收需在法律中加以明确，国家财政承担的兜底责任、各级政府的责任分担、职工基本养老保险个人账户的私有性等内容均需要对现有法律做出相应的调整。同时，宜制定专门的养老保险条例（行政法规），为三大基本养老保险制度的统一提供具体的执行依据。条件成熟时应择机制定专门的养老保险法。

2) 完善多层次养老保险体系的建设方案

关键是明确不同养老金层次的功能定位，包括促使法定的基本养老保险制度早日定型并公平地惠及全民，重点发展适度普惠的企业年金，鼓励中高收入群体通过商业性养老保险获得更好的保障。根据这种功能有别的定位，制定精准的政策体系并有序推进，这样才能取得预期效果。

3) 在巩固制度普惠性的同时提高公平性

在这方面，需要全面落实全民参保计划，特别是确保灵活就业和新业态从业人员、高流动性的就业人员能够参保且不会断保；通过统一缴费基数、缴费率、视同缴费方案、待遇计发政策，避免政策偏差带来的待遇不公；需要尽快建立正常的养老金待遇调整机制。

4) 建立全国统一的养老保险信息系统

国家层面应当推出养老保险信息标准体系，尽快实现纵向、横向信息对接畅通、上下一体，为养老保险制度的统一提供有力的技术支撑，并为参保人参保缴费提供便捷条件[①]。

---

① 华颖，郑功成.中国养老保险制度：效果评估与政策建议[J].山东社会学，2020(4)：66-74.

(二)医疗保险制度

1. 概述

医疗保险是国家和企业对职工因患病(含非因工负伤)暂时丧失劳动能力时的治疗与生活给予物质帮助的一种社会保险制度[①]。最早建立医疗保险制度的国家是德国,随后许多国家纷纷建立了适合本国情况的医疗保险制度。目前全世界大部分国家不同程度地建立了医疗社会保险制度。医疗保险是社会保险的重要组成部分,也是社会保障制度中运行十分复杂的社会保障项目。

目前医疗保险采取的是现收现付制,因此为了保证医疗社会保险的顺利运行,其基金的筹集遵循"以支定收、收支平衡、略有结余"的原则。在医疗保险基金的筹集方面由国家、企业和个人三方共同承担。各国医疗保险制度主要有国家医疗保险模式、社会医疗保险模式和个人储蓄医疗保险模式。其中社会医疗保险模式是目前世界上大多数国家所采用的一种模式。这种模式大都以立法的形式对医疗保险的各项内容做出规定,雇主和雇员均需缴纳医疗保险费,建立医疗社会保险基金并用于雇员及其家庭成员的医疗保障。

2016年1月3日,国务院印发了《国务院关于整合城乡居民基本医疗保险制度的意见》(国发〔2016〕3号),目前我国医疗保险制度的构成为城镇职工基本医疗保险制度和城乡居民基本医疗保险制度,二者共同构成了医疗保障制度的基础部分,初步形成了以基本医疗保险为主,辅以各种形式的补充医疗保险,社会医疗救助为底线的多层次医疗保障体系的基本框架。

2. 中国医疗保险制度的发展阶段

1) 基本医疗保险的全面建立(1998—2008年)

1998年国务院发布《关于建立城镇职工基本医疗保险制度的决定》(国发〔1998〕44号),标志着职工医保的全面建立。社会统筹和个人账户相结合的职工医保制度是德国社会保险模式和新加坡个人账户模式的结合体,是出于当时对我国社会主义市场经济的理解,即所有制结构亟须进行变革。

2003年,卫生部、财政部、农业部共同发布了《关于建立新型合作医疗制度的意见》,标志着新农合制度正式建立。试点工作在全国展开并普及,2009年参合人数达8.33亿,基本实现农村人口全覆盖。新农合本质上是社会医疗保险,它保障的对象是农村户籍人口,农民以家庭为单位参保,中央政府、地方政府和个人共同出资,以县市为统筹单位形成医疗保险基金,当参保人发生医疗费用时,医保基金给予补偿。随着城乡居民医保整合,新农合的名称成为历史。

2007年,城镇居民基本医疗保险制度开始试行,中央发出指示要求城镇居民基本医疗保险工作要按照"试点—推广"的政策运行,先期在条件充分的省份选取2至3个城市作为政策试点地区,由试点城市比照城镇职工基本医疗保险政策的相关规定执行,待试点成熟后全面展开,并"鼓励有条件的地区结合城镇职工基本医疗保险和新型农村合作医疗管理的实际,进一步整合基本医疗保障管理资源"。这一要求的提出直接推动各地实践探索整合统筹城镇职工基本医疗保险和新农合,无论是将城镇居民基本医疗保险和城镇职工基本医疗保险整合还是与新农合整合,都在一定程度上标志着在全国范围内开始了医疗保险管理经办的跨险种、跨城乡统筹整合。

---

① 荆涛.保险学[M].北京:对外经济贸易大学出版社,2003:658.

2) 新医改背景下医疗保险的进一步完善（2009年至今）

为了进一步完善我国医疗保障体系，2009年中共中央、国务院明确提出要"做好城镇职工基本医疗保险制度、城镇居民基本医疗保险制度、新型农村合作医疗制度和城乡医疗救助制度之间的衔接。以城乡流动的农民工为重点积极做好基本医疗保险关系转移接续，以异地安置的退休人员为重点改进异地就医结算服务"。2010年10月28日颁布的《中华人民共和国社会保险法》为各项医疗保险制度统筹提供了法律支持，这在法理上为医疗保险政策整合奠定了基础。

国务院于2016年1月发布《国务院关于整合城乡居民基本医疗保险制度的意见》。该意见以时间表和路线图的方式为整合新农合和城镇居民基本医疗保险提出了要求，要求务必于2016年6月底前做出规划和部署，并于2016年12月底前出台具体实施方案。由于原有制度运行惯性和路径依赖，因此为两项医保的整合提供了一年的过渡期和接轨期，2018年，城乡居民医疗保险制度实现无缝衔接，并轨运行。

2018年3月，根据十三届全国人大审议通过的国务院机构改革方案，组建并挂牌成立了医疗保障局，这是医疗保险政策变迁过程中的重大改革，这一机构的设立将全面整合与医疗保险相关的各项职能，为今后建立一体化的医疗保险制度奠定重要基础。

3. 中国医疗保险制度的发展现状

1) 医疗保险制度不完善

一方面，制度设计缺乏公平性。从筹资方面看，城镇职工医疗保险筹资额较高，筹资以职工和用人单位共同缴费方式为主，国家财政补贴比例较少，退休人员不缴费。而城乡居民医疗保险筹资额不高，居民自愿参保，由各级财政和居民共同筹资，从而导致两个制度在保障待遇水平上存在一定差距。另一方面，随着医疗保险制度的不断完善和实施，消费者的收入水平不断增加，因此有能力去消费各种医疗服务，同时人们对各种医疗服务的需求也越来越大，所以医疗服务的总体费用会不断增加。同时在医疗保险实施过程中，由于医疗保险制度存在一些漏洞和缺陷，使得一些患者在对医疗服务进行消费时产生依赖心理，导致医疗服务和保险之间出现不平衡与不对称，出现医疗服务费用无法控制和骗取医保基金的现象。

2) 城乡居民医疗保险基金统筹层次低

目前，我国各地医疗制度未统一，并且存在着较大的差异性。许多地方将原城镇居民医保和新农合的两个基金进行合并，以提高基金的抗风险能力。但这种合并只是一种表象，基金账户仍无法很好地融合，还是依照原来的做法分开运行，制度和实际的矛盾反而增加了基金统筹的难度，降低了医疗保险制度的共济能力。

3) 缺乏有效监管机制

大部分地区在对城乡居民医疗保障制度进行全面整合之后，其医保经办机构基本为人社部门的下属事业单位，负责人多为人社部门领导兼任，此运作系统使医保的决策受人社部门牵制，不能从广大参保人的根本利益出发，缺乏独立性。因此，人社部门作为医保经办机构的监督管理部门很难行使好权力，自我监督效果不理想。

4) 医疗保险信息系统建设不完善

医疗互联网是一个开放的平台，构建互联网体系需要大量的资金投入，医疗保险信息系统尚未全国联网，异地审核难度较大，同时互联网信息系统的建设往往涉及患者和医疗机构多方的隐私和利益，医疗机构对医疗互联网建设缺乏兴趣和动力，很难完成医疗卫生资源信息的传输与共享。农村卫生服务系统由于衔接与合作机制的缺失，影响了服务网络的系统性。新型农村合作医疗保险和城镇居民医保的计算机网络和数据资源不能共享,没有共同的网络信息专线,居民医保信息不能及时传输,技术规范和操作也没有统一的标准,数据的安全性受到了很大影响。

4. 中国医疗保险制度的改革思路

1)不断完善基本医疗保险制度

按照国务院关于深化医疗保障制度改革的意见和"十四五"全民医疗保障规划的部署,应优化医疗保险筹资和补偿政策,建立合理筹资和支付待遇机制,优化待遇保障政策向弱势人群倾斜,做好门诊待遇和住院待遇的统筹衔接,逐步缩小制度间、人群间的保障待遇差距,增强医疗保险制度的公平性。针对医疗费用不断增长的问题,首先,结合不同医疗支付方式的优缺点,选择合适的医疗支付方式,妥善处理医院、保险、患者三方利益关系,有效控制医疗费用支出。其次,深化"三医联动"改革,持续构建以健康为导向的医保机制、增强医药改革的协同性和系统性,满足广大人民群众基本医疗服务的需求。

2)逐步提高基金统筹层次,完善监管机制

目前,我国医疗保险统筹地区最底层为县级,其抵抗基金运行风险的能力极其微弱,且无法适应大规模人口流动和就业形式多样化的要求,解决这些问题的关键在于提高统一保障服务层次,对医疗保险制度进行全面变革,加快推进城乡一体化的医疗保险制度的构建。城乡居民医疗保险基金应作为一个整体,设立城乡居民医疗保险基金专户,独立核算,专款专用,以进一步提升基金使用效率,增强基金互助共济效能,抵御基金运行风险。同时,要建立医疗保险基金信息披露和监察制度,定期让民众了解医保基金的使用情况,并得到相关部门的监督。

3)建立健全医疗保险信息系统

建立统一的信息网络平台,建立以省级为主,国家、省、市、县多级业务网络并存的覆盖系统,实现医保数据"同城同人同库"的目标,方便参保人员报销,改善重复参保、脱保及信息不完善等状况。同时,医保信息平台与公安部门户籍数据进行共享,探索实施基本医疗保险全民登记办法,对没有参加医保的户籍居民开展未参保原因维护,保证信息数据的完整性。

4)促进多层次医疗保险制度体系的均衡发展

进一步明确医疗救助、基本医保的保障任务与责任边界,为补充医疗保险和商业健康保险留有发展空间,大力推动商业健康保险等补充保险的发展。巩固基本医疗保险、大病医疗保险和医疗救助的制度框架,实现不同层次医保制度既有分工又有序衔接,接续补偿,积极发展商业健康保险,满足人们多元化的医疗保障需求。

(三)失业保险制度

1. 概述

失业保险制度是劳动者由于非本人原因失去工作、中断收入时,由国家和社会依法保证其基本生活需要的一种社会保险制度①。其核心内容是通过集中建立失业保险资金,分散失业风险,使暂时处于失业状态的劳动者得到最基本的生活保障,并通过就业培训,使失业者尽快就业。1905年,法国建立了非强制性失业保险制度,是最早建立非强制性失业保险制度的国家;1911年,英国建立了强制性失业保险制度,是世界上首个建立强制性失业保险制度的国家。此后,许多国家纷纷建立失业保险制度。目前全世界有69个国家建立了失业保险制度,

---

① 孙光德,董克用.社会保障概论[M].北京:中国人民大学出版社,2000:175.

其中大部分国家实施强制性保险制度。由于世界各国的社会、经济、政治和文化发展不同,各国所实施的失业保险制度的类型有:①强制性失业保险制度。它是由国家通过立法强制实施的失业保险制度,这是目前大部分国家采取的失业保险形式,美国、日本、英国、加拿大等30多个国家都采取这种制度。②非强制性失业保险制度。这种类型的失业保险制度不是由政府管理,而是由工会组织建立,政府提供大量的资金,劳动者自愿参加,采取这种制度的代表国家有法国、挪威、丹麦等。③双重失业保险制度。这种制度是指既有国家强制性失业保险,又有由国家提供资金,以经济状况调查为发放失业救济金依据的失业补贴制度,采取这种制度的典型国家是德国。

失业保险资金的筹集一般也是采取现收现付的方式,其基金的来源一般包括雇主、雇员缴纳的失业保险费和政府的财政补贴。雇主按雇员工资总额的一定比例缴纳失业保险费,雇员按自己工资的一定比例缴纳失业保险费;当雇主与雇员的失业保险费收入不能抵消支出时,政府财政给予补贴。失业保险制度是社会保险制度的重要内容。由于失业问题已经成为世界大多数国家的主要社会问题,并具有持续和广泛的社会影响,失业保险制度的作用和影响也就越来越明显。同时,失业保险制度理念与目标转变也越来越受到各国的关注,改变传统失业保险制度注重消极性提供失业津贴的做法,转而推行以促进就业为目的的积极性失业保险制度,从20世纪中期以来已经成为西方各国失业保险制度改革和发展的道路选择。

2. 中国失业保险制度的发展阶段

中国失业保险制度的正式建立,经历了一个极其曲折、漫长的过程。我国的失业保险制度起步较晚、重视程度不足、制度功能发挥有限。自改革开放以来,我国失业保险制度经历了从"昙花一现"到不断规范、完善的过程。

1)建立与初步发展(1980—1999年)

1986年7月12日,为改革国营企业劳动人事制度、增强企业活力,国务院颁布《国营企业职工待业保险暂行规定》①,标志着由改革劳动用工制度催生的待业保险制度正式确立,"社会主义国家没有失业"的神话从此被打破。

1987年,财政部分别于1月13日和3月21日先后下发了《关于加强国营企业职工待业保险基金和退休养老基金财务管理的暂行规定》②《国营企业职工待业保险基金和退休养老基金预算管理暂行办法》,对待业保险基金要纳入国家预算、专户储存、专款专用、实行"收付实现制"等财务预算管理细则做出了明确规定。

1989年4月21日劳动部印发《国营企业职工待业保险基金管理办法》,进一步细化了待业保险基金管理方面的工作细则,实现了从"待业救济"到"待业保险"的制度观念转变。

1993年4月12日,国务院正式颁布《国有企业职工待业保险规定》,标志着我国首次从国家立法层面正式确立了失业保险制度,这是进一步完善我国现代社会保障制度体系的又一里程碑事件,其实施对于缓解全面经济体制改革阶段国有企业消化冗员、实现劳动力优化组合、平稳过渡发挥了重要作用。截至1998年底,全国参加失业保险的人数达到7928万人,全年有158万人享受失业保险待遇,另有149万企业内职工享受了一次性救济。

1998年6月,中共中央、国务院颁布《切实做好国有企业下岗职工基本生活保障和再就业工作的通知》,要求"各地广泛建立再就业服务中心,负责为本企业下岗职工发放基本生活费和

---

① 《国营企业职工待业保险暂行规定》,1986年7月12日由国务院发布,1986年10月1日起施行,共5章16条。
② 《关于加强国营企业职工待业保险基金和退休养老基金财务管理的暂行规定》,财政部发布,国发〔1986〕77号。

代下岗职工缴纳养老、医疗、失业等社会保险费用,组织下岗职工参加职业指导和再就业培训,引导和帮助他们实现再就业"。

1998年12月26日国务院第11次常务会议正式通过《失业保险条例》,标志着我国第一次以国家正式法规的形式认可了现代失业保险制度在社会主义市场经济中的作用,也意味着我国现代失业保险制度从此进入了新的发展阶段。

1999年1月22日,国务院以第259号令颁发了《社会保险费征缴暂行条例》,对包括失业保险在内的各项险种的费基、费率以及征收、缴纳等工作进行了详细的规定,促使失业保险等各项社会保险制度向着更加规范的方向发展。

2) 21世纪后失业保险制度持续发展期(2000—2010年)

2000年8月劳动部颁布《关于切实做好事业单位参加失业保险工作有关问题的通知》,要求各地劳动保障部门及其经办失业保险业务的社会保险经办机构,切实抓紧事业单位失业保险工作。2002年,国务院下发《关于进一步做好下岗失业人员再就业工作的通知》,肯定了国有企业下岗职工基本生活保障制度、失业保险制度和城市居民最低生活保障制度的"三条保障线"的作用。2005年11月国务院发布的《关于进一步加强就业再就业工作的通知》中再次明确提出要"建立就业与失业保险、城市居民最低生活保障工作的联动机制",对进一步完善失业保险金的申领、失业保险金标准等具体工作给出了指导意见,并要求"进一步发挥失业保险制度促进再就业的功能,鼓励东部地区在统筹考虑地方财政就业再就业资金安排的前提下,可以结合本地实际进行适当扩大失业保险基金支出范围试点"。2006年6月针对当年普通高校毕业生规模猛增、就业压力突出的问题,中央14部委联合颁布《关于切实做好2006年普通高等学校毕业生就业工作的通知》,要求各级单位加强领导、落实责任,引导高校毕业生面向基层就业,加强对离校后未就业高校毕业生的就业服务和社会保障工作,切实把高校毕业生就业工作纳入再就业工作体系,统一领导和统筹协调。

2008年3月国办发《关于加快发展服务业若干政策措施的实施意见》指出,应"尽快修订《失业保险条例》,完善失业保险制度,扩大参保范围,加快把从事服务业的个体经营户、非正规就业人员、农民工纳入失业保险覆盖范围"。同年针对当年国际金融危机对我国经济的影响不断加深,国内就业压力明显增大的局势,人社部联合财政部下发了《关于采取积极措施减轻企业负担稳定就业局势有关问题的通知》,允许困难企业在2009年内"缓缴社会保险费";"阶段性降低城镇职工基本医疗保险、失业保险、工伤保险、生育保险的费率",并明确表态可以"使用失业保险基金帮助困难企业稳定就业岗位"。

2009年7月东部7省(市)扩大失业保险基金支出范围试点期限3年过去后,为应对国际金融危机,进一步发挥失业保险基金预防失业、促进就业的作用,人社部联合财政部下发了《关于延长东部7省(市)扩大失业保险基金支出范围试点政策有关问题的通知》,要求7省(市)试点期限延长1年,努力提高失业保险基金统筹层次,继续完善省级调剂金制度,加大省级调剂金筹集和调剂使用力度。

3) 提升社会治理:失业保险制度深化发展阶段(2011年至今)

2011年我国第一部《中华人民共和国社会保险法》正式实施。作为五大社保项目之一的失业保险制度,不断拓展自身功能,多方面、全方位参与社会治理,开始进入深化发展期。2015年开始实施"稳岗补贴"政策,面向不裁员、少裁员、稳定就业岗位的企业(主要适用于实施兼并重组的企业、化解产能严重过剩的企业、淘汰落后产能的企业),按不少于企业上年失业保险缴费总额的50%给予稳岗补贴,从失业保险基金中列支。2018年6月,人力资源和社会保障部、财政部联合发出《关于使用失业保险基金支持脱贫攻坚的通知》,这是人社领域贯彻落实中央精准扶贫决策部署的重要行动,是失业保险支持深度贫困地区脱贫攻坚的创新政策,也是失业保险助力打赢脱贫攻坚战的有效举措。

2019年以来人力资源和社会保障部等相关部门发布《关于失业保险支持企业稳定就业岗位的通知》《关于失业保险基金省级统筹的指导意见》《失业保险金申领发放办法》《关于公布失业保险金网上申领平台的通知》《关于进一步推进失业保险金"畅通领、安全办"的通知》《关于扩大失业保险保障范围的通知》等政策,以促进失业保险制度的完善。

3. 中国失业保险制度发展中存在的问题

1)失业保险缓和劳资矛盾的作用微弱

目前,我国政府为了维护劳工权利、缓和劳资矛盾,采取了一系列措施,而单位缴费率仅占0.5%的失业保险仅发挥了非常有限的作用。以上海市为例,2019年上海市五项职工社会保险费率总水平为44.5%,以养老保险为首的四项基本保险的单位缴费率高达33.5%,远高于仅占0.5%的失业保险。另外,中央政府设计了一揽子的社会保障计划来保障劳动者的权利,包括最低工资制度、城市居民最低生活保障制度、农村居民最低生活保障制度等。其中,社会救助已经成为保障个人及家庭基本生活的"最后一道安全网"。因此在缓和劳资关系、维护劳动者权利方面,其他制度及政策的实施对失业保险制度产生了明显的替代作用,导致失业保险能够发挥的作用已经非常有限,不符合时代发展的需求。

2)失业保险基金平滑经济波动的功能不明显

失业保险具有天然平滑经济波动、双向调节有效需求的经济功能:在经济衰退期,失业率攀升,通过增加失业金支出刺激需求;在经济繁荣期,情况则相反。反观我国的失业保险制度,保险金的收支情况却未能与经济发展形成良好的互动。2003—2008年,我国的城镇登记失业率攀升,均高于3.9%,但失业保险金支出却未相应增加,其占GDP的比例低于0.2%。尤其是金融危机发生的2008年和2009年,我国的城镇登记失业率达到巅峰值4.2%和4.3%,而失业保险支出占GDP的比例却是制度创建以来的历史最低水平,仅为0.08%和0.11%,基金却仍加速滚存,2008年比2007上涨了33.80%,完全不符合"在经济衰退期,失业增加,失业保险基金支出相应增加,从而拉动需求、增加就业机会和促进经济增长"的一般规律。另外,截至2018年底,失业保险金累计结余5817亿元,是当年基金支出规模(915亿元)的6.35倍,即使不缴纳保费,现存基金结余也能继续支付6年。

3)失业保险金受益率和替代率过低,无法提供基本生活保障

由于《工伤保险条例》对失业金领取条件的各种限制,我国真正能领取到失业金的失业人员数量很少,导致失业保险金受益率较低且呈不断下降趋势。此外,为预防"失业陷阱"问题的发生,我国失业保险制度待遇标准较低,既与缴纳费用标准脱钩,又没有根据物价水平有效建立相应的调整机制,实际的替代率水平也较低,且给付期限较短。

4. 中国失业保险制度改革的思路

1)提高失业保险金领取标准

鉴于失业保险金无法保障失业者的基本生活,学者们提出了逐步提高失业保险金领取标准的改革建议。但是,当政府试图寻求适当的失业保险金领取标准平衡点的时候,制度容易陷

在"进退维谷"的困境中,高福利国家在这方面有很多教训。过高的失业保险金水平会影响失业人员对职业搜寻的积极性,甚至引致失业率的攀升。过低的失业保险金水平又很难保证失业者本人及其家庭成员的基本生活需要,使失业保险制度丧失了最初和最重要的功能,仍陷在"进退维谷"的困境中。此外,仅是提高失业保险金领取标准不仅无法触及制度覆盖面狭窄的问题,也没有有效解决制度效率损失的问题,在理论和实践上均行不通。

2)建立"失业保险储蓄账户"

通过建立"失业保险储蓄账户"制度,将城镇灵活就业人员(含自雇者)建立纳入制度之内。然而,从理论上而言,"失业保险储蓄账户"不属于社会保险模式,不具备再分配的性质,无法分散社会风险。该制度存在基金运营和管理成本较高、对金融市场要求比较高等问题,必然要求政府增加公共财政投入,这既不符合现阶段我国经济发展和财政收入双双进入"新常态"阶段的现实和新时代发展的基本要求,也违背了"社保降费"的政策理念。

3)将失业保险金用于就业促进

目前,将失业保险金用于就业促进的政策导向已经成为国际上失业保险发展的主流,我国也顺应该发展趋势,积极发挥失业保险促进就业的作用。但是,我国的基本国情与实施就业保险制度的国家不同,预防失业和促进就业是中国政府的分内职责。党的二十大报告中明确提出"实施就业优先战略""就业是最基本的民生"。而且,从理论上分析,保险是一种风险分散机制,劳动者的一生有可能面临失业风险,而就业并不是一种风险,也无须建立一种保险制度去分散风险。因此,将失业保险金用于就业促进,未来建立就业保险制度,不仅违背了保险理论的基本逻辑,也不符合中国现实。

4)将失业保险纳入社会救助制度

鉴于中国失业保险在宏观上政治经济功能的微弱、微观上对失业者收入支持的不力,且陷入各种困境和矛盾,将失业保险的保障功能纳入社会救助体系是最优选择。将现有的失业保险制度纳入社会救助体系并不断完善,为因失业而陷入贫困的家庭提供生活保障。此改革的优势在于:第一,企业不再需要缴纳保费,响应了2019年政府工作报告中多次提及的"社保降费"要求,减少了企业用工成本,有利于促进就业;第二,中国家庭比西方家庭劳动参与率高、储蓄率高,成员之间保障意识较强,失业的自我缓冲能力较强,采用社会救助制度的"家计调查法",不仅不用考虑如何设计失业保险金领取标准,避免陷入"失业陷阱"和"贫困陷阱",而且能为失业人员及其家庭提供基本生活保障;第三,将游离于失业保险制度之外的高失业风险群体纳入社会救助制度,顺应了中国劳动力流动及就业方式多元化的发展趋向。

(四)工伤保险制度

1. 概述

工伤保险也称职业伤害保险,是指劳动者在生产劳动或其他工作过程中遭受意外伤害或因长期接触有毒有害物质或环境引起的职业病后,由国家或社会向其个人或其所供养的亲属提供必要的物质保障制度[①]。工伤保险是世界范围内实施最广泛、立法最早的社会保险制度。德国是世界上最早建立工伤保险制度的国家,其后,许多国家也都建立了工伤保险制度。据国际社会保障协会的数据资料,在全球建立社会保障制度的200个国家和地区中,建立工伤保险

---

① 尹成远,闫屹.保险学[M].北京:人民邮电出版社,2003:214.

制度的国家有 164 个。工伤保险实行的是"无责任补偿原则",即无论事故责任是否属于劳动者本人,受害者均应无条件地得到一定的经济补偿。另外,在工伤保险中,劳动者个人不缴纳保险费,工伤保险费由企业或雇主按照国家规定的费率缴纳,这是工伤保险与养老、医疗、失业等其他社会保险项目的不同之处。

目前世界上现行的工伤保险制度有三种类型:①工伤保险制度独立于其他社会保障制度,工伤保险经办机构对工伤保险管理和工伤保险基金均有自主权,如比利时、德国、意大利、日本和泰国等。②工伤保险虽然独立于其他社会保障制度,但是在行政管理方面是同一个机构,如奥地利、法国和菲律宾等。③工伤保险及其他意外伤害事故包括在整个社会保障制度之中,如阿尔及利亚、巴哈马、缅甸、哥伦比亚等。在经济全球化的今天,工伤保险制度与经济贸易有着更为密切的联系,不少国家将产品生产地是否建立了工伤保险制度作为能否进行贸易的先决条件。根据 1964 年国际劳工组织发布的《工伤事故和职业病津贴公约》,政府应当重视职业康复工作,提供充足的财政援助,以满足残疾人对职业康复的需要。职业康复作为现代工伤保险制度的重要目标之一,其目的是使因工伤残的劳动者尽可能地恢复重新就业的能力,这不仅有利于增强他们的生活适应能力,而且有利于扩大他们的就业机会。目前世界上大多数国家现行的工伤保险制度都是工伤预防、工伤补偿和职业康复三位一体的结合,这已成为工伤保险制度发展的必然趋势。

2. 中国工伤保险制度的发展阶段

1)1996—2003 年缓慢起步阶段

1996 年劳动部颁发 266 号文件《企业职工工伤保险试行办法》,于同年 10 月 1 日在全国试行,这是我国第一部关于工伤保险的专项立法,是第一次将工伤保险作为单独的保险制度统一组织实施,对沿用了多年的企业自我保障的工伤福利制度进行了社会化统筹的改革,从而对工伤保险制度具有体制创新和机制转换的重大意义。

经 2003 年 4 月 16 日国务院第 5 次常务会议讨论通过,《工伤保险条例》于 2003 年 4 月 27 日公布,并于 2004 年 1 月 1 日起开始正式实施。《工伤保险条例》的颁布既是现实的要求,亦是必然的选择。随着我国经济和社会的发展,《企业职工工伤保险试行办法》作为部门规范性文件所导致的法律效力低、强制性不足的弊端以及内容不完善等问题逐渐暴露出来,再加上我国所面临的第五次事故高发期的现实需求,迫切需要颁布一部与经济发展水平相适应并与国际接轨的工伤保险法律。

2)2004—2010 年快速发展阶段

《工伤保险条例》于 2004 年 1 月 1 日开始施行。该条例以行政法规的形式规范了工伤保险制度,成为完善工伤保险制度、进一步维护劳动者权益的重要举措,标志着与社会主义市场经济体制相适应的工伤保险制度的基本确立[①]。

为完善工伤认定程序,依法进行工伤认定,维护当事人的合法权益,根据《工伤保险条例》的有关规定,2003 年 9 月 8 日经劳动和社会保障部第 5 次会议通过,劳动和社会保障部于 2003 年 9 月颁布了《工伤认定办法》《非法用工单位伤亡人员一次性赔偿办法》《因公死亡职工供养亲属范围规定》,自 2004 年 1 月 1 日起施行。

为了维护农民工的工伤保险权益,改善农民工的就业环境,根据《工伤保险条例》规定,从

---

① 杨思斌.我国工伤保险制度的重大发展与理念创新[J].中国劳动关系学院学报,2011,25(4):77-81.

农民工的实际情况出发,2004 年劳动和社会保障部发出了《关于农民工参加工伤保险有关问题的通知》,要求各级劳动保障部门要统一思想、提高认识,高度重视农民工工伤保险权益维护工作。2006 年《关于解决农民工问题的若干意见》明确提出要优先解决农民工的工伤保险和大病医疗问题,依法将农民工纳入工伤保险范围。2007 年劳动和社会保障部发布了《关于印发加强工伤康复试点工作指导意见的通知》,工伤康复是工伤保险制度的重要组成部分,是科学发展观和构建社会主义和谐社会理念在社会保障领域的重要体现,建立健全工伤预防、工伤补偿和工伤康复相结合的工伤保险体系,是我国工伤保险制度发展的要求。

2008 年 3 月 11 日,《关于印发〈工伤康复诊疗规范(试行)〉和〈工伤康复服务项目(试行)〉的通知》发布。2010 年 10 月 28 日《中华人民共和国社会保险法》颁布,并于 2011 年 7 月起开始正式施行。该法在总结实践经验的基础上,对工伤保险单独成章,对其覆盖范围、资金来源、待遇项目和享受条件做了具体的规定。2010 年 12 月 20 日颁布的经过修订的《工伤保险条例》则是社会保险法的重要配套法规,对原工伤保险制度中存在的覆盖范围不够广、保障水平不够高、保障功能较为单一等不足进行了修订,这是我国工伤保险事业发展中的大事件,它的修订颁布实施,对完善我国的工伤保险制度,更好地维护广大职工的合法利益,促进社会主义和谐稳定发展具有重要的意义。

3)2011 年至今改革发展阶段

针对工伤保险实施过程中出现的新问题,《国务院关于修改〈工伤保险条例〉的决定》于 2011 年 1 月 1 日正式实施。该决定共增加和修改了 24 条相关内容,其修订和完善不仅增加了强制力度,还使工伤保险制度更符合社会发展的需求[①]。2011 年 1 月人力资源和社会保障部、财政部、国务院国资委、监察部印发《关于做好国有企业老工伤人员等纳入工伤保险统筹管理有关工作的通知》,要求彻底解决国有企业老工伤人员等工伤统筹问题。

2014 年 9 月《劳动能力鉴定职工工伤与职业病致残等级》(GB/T 16180—2014)颁布,同年人力资源和社会保障部、住房和城乡建设部、国家安全监督管理总局、全国总工会出台《关于进一步做好建筑业工伤保险工作的意见》,大力推进建筑业农民工参加工伤保险工作。2015 年 3 月人力资源和社会保障部办公厅印发《关于开展建筑业"同舟计划"——建筑业工伤保险专项扩面行动计划的通知》,要求用 3 年左右时间,全面推进建筑业从业人员参加工伤保险。同年 7 月人力资源和社会保障部、财政部印发《关于调整工伤保险费率政策的通知》,根据行业工伤风险将工伤保险行业基准费率划分为 8 档,要求根据用人单位工伤保险费使用、工伤发生率、职业病危害程度等因素,确定工伤保险费率并进行浮动。

2016 年 2 月人力资源和社会保障部、民政部、国家卫生计生委联合颁布《工伤保险辅助器具配置管理办法》(人力资源和社会保障部令第 27 号)。2017 年 6 月人力资源和社会保障部、财政部印发《关于工伤保险基金省级统筹的指导意见》;7 月人力资源和社会保障部印发《关于工伤保险待遇调整和确定机制的指导意见》,作为调整和确定工伤保险待遇水平的政策依据;8 月人力资源和社会保障部、财政部、卫生计生委、安全监管总局印发《工伤预防费使用管理暂行办法》,明确工伤预防费从工伤保险基金列支的标准以及适用范围。在实际工作中,人社部门不断提升工伤保险保障能力,通过不断扩大覆盖面、加强基金征缴,工伤保险基金收入稳步增长,基金规模不断扩大,保障能力日益增强。2017 年,人社部下发了《关于推进工伤保险基金

---

① 陈磊.工伤保险制度法律研究[D].武汉:华中师范大学,2011.

省级统筹的指导意见》,提出要在2020年底前全部实现省级统筹,这对增强保障能力和水平产生了重大的影响和极大的推动作用。

2020年,为应对新冠疫情影响,根据党中央、国务院部署,人社部会同相关部门出台了减免企业社保费政策。从2020年2月份到2020年底,养老、失业和工伤三项社会保险免、减、缓、降等政策合计减费1.54万亿元。阶段性减免社保费是一项临时性支持政策,2020年年底已经到期,三项社会保险费从2021年1月1日起已按规定恢复正常征收。同时,考虑到疫情风险仍然存在,部分企业压力可能较大,规定阶段性降低失业保险、工伤保险费率政策2021年4月底到期后,将再延长1年至2022年4月30日。

3. 中国工伤保险制度发展中存在的问题

1）工伤保险的社会统筹有待于进一步加强

目前,我国工伤保险的覆盖范围还比较狭窄,覆盖率较其他社会保险项目偏低,仅为50.1%。许多乡镇企业、三资企业、私营企业及其职工并没有被纳入工伤保险的社会化统筹范围中来。此外,我国工伤保险制度的统筹层次还比较低,多数地区实行工伤保险的地市级统筹,不利于工伤保险基金在各市之间调剂余缺,工伤保险基金的利用效率比较低,不利于资金的优化配置。

2）工伤评残制度有待于进一步完善

目前,我国制定的评残制度存在的问题比较多,主要表现在以下几个方面：①劳动能力鉴定不规范。我国各级劳动能力鉴定委员会对于伤残人员劳动能力的鉴定还很不严格、不规范,主观随意性比较大,不仅影响劳动能力鉴定的公正性、客观性,而且还影响了劳动能力鉴定委员会的声誉。②某些伤残程度分级不明确。我国于2006年公布的《劳动能力鉴定职工工伤与职业病致残等级》,对于伤残程度的分级比较粗糙、不细致,致使对某些工伤人员的伤残评级不合理,影响了伤残职工的生活。③难以具体操作和管理。我国工伤保险仅将伤残确定为10个等级,使有关鉴定操作缺乏具体的依据,造成工伤评残制度存在一系列问题,工伤评残鉴定标准有待进一步细化。

3）申请工伤认定困难

修订后的《工伤保险条例》规定,申请工伤认定需要提交工伤认定申请表、与用人单位存在劳动关系的证明材料和医疗诊断证明或职业病诊断证明书三项。申请材料不完整的,社会保险行政部门不予受理。但是,有些用人单位为了逃避法律责任,故意不同劳动者签订劳动合同或者收回一切可以证明劳动关系的证据,导致劳动者难以收集到与用人单位存在劳动关系的证据。为了证明工伤人员同用人单位存在劳动关系,劳动者又要申请劳动争议仲裁、劳动争议诉讼,等到被确定存在劳动关系后,再申请工伤认定,由此,增加了工伤人员申请工伤认定的难度,影响了工伤保险的信誉。

4）工伤赔偿和民事赔偿的协调问题有待于进一步规范

工伤赔偿和民事赔偿的协调问题一直是工伤保险立法和实践中争议较大的问题。1996年颁布的《企业职业工伤保险试行办法》规定,由交通事故引起的工伤,应当首先按照《道路交通事故处理办法》及有关规定处理,工伤保险待遇按照以下规定执行：交通事故肇事方已支付医疗费、丧葬费、护理费、误工工资的,用人单位或社会保险经办机构不再支付相应的待遇；交通事故已经赔偿的死亡补偿费、残疾生活补助费,用人单位或社会保险经办机构不再支付。2010年公布修订的《工伤保险条例》对此问题依然未做出明确的规定,这种回避让工伤人员和社会保险行政部门感到无所适从。

5) 工伤事故的预防制度有待进一步完善

工伤保险给付的目的是保障工伤职工获得必要的经济补偿,保障工伤职工及其家属的生活。但是,国家在实行工伤保险的同时,更应该加强对工伤事故预防的管理,使引发风险事故的风险因素能够得到及早的识别和纠正,这既可以防止风险事故对财产和人身造成重大损害,又可以降低工伤保险基金的支付。目前,我国进城务工和在乡镇企业就业的农民工总数已经超过2.5亿人,他们大多数分布在采掘、建筑和加工制造等行业。在乡镇企业中,83%的企业存在不同程度的职业危害,30%的工人接触有害物质,60%的企业没有为从业人员配齐必需的防护用品。在这种情况下,完善相关法律法规,加大监管的力度,建立工伤预防的制度化管理机制势在必行。

4. 中国工伤保险制度改革的思路

1) 工伤保险的覆盖范围进一步扩大

目前,《工伤保险条例》已经从立法上覆盖了所有用人单位,不仅覆盖合法用工单位,而且覆盖非法用工单位。保障人员也从正式职工扩大到所有与用人单位建立劳动关系的职工。从世界范围看,工伤保险制度的覆盖范围也呈现出逐步扩大的态势。例如,德国工伤保险制度自建立以来保障的范围也是逐步扩大的,不仅保障企业的所有雇员、农业产业的雇员、公职人员、学徒、家庭手工业者、大中小学生和幼儿园儿童等群体,而且还保障因上下班途中被狗咬伤的职工。今后,我国工伤保险制度也应顺应社会发展的要求,将保障范围逐步扩大到所有受雇劳动者。

2) 更科学地界定工伤认定的含义

修订后的《工伤保险条例》在工伤的认定上虽然有了突破性的进步,但是,在立法上仍然停留在逐一列举的方式上,基本排除了概括式的规定。这一立法方式的优点是明白清楚,易于掌握;缺陷是容易忽略对工伤含义本质的认识,且不能涵盖现实中出现的所有情况,导致立法落后于现实。借鉴其他国家在认定工伤方面的经验,认定工伤应该从工伤的本质含义出发,强调认定工伤的主要条件应该考虑职工是否是因为工作而受伤。例如,德国政府规定工伤事故认定的前提条件是:导致事故发生的行为与用人单位的工作有着内在的关系,至于时间或地点仅是次要的条件。因此,今后立法上应该采取概括式的方式加以确认,而保证所有由于工作而受到伤害的职工都能够获得应有的保障。

3) 简化工伤认定程序

针对工伤认定程序上存在的问题,有必要设计工伤认定的简易程序,让工伤人员尽快获得赔付。针对劳动合同签订等环节存在的困难,赋予工伤认定部门直接认定劳动关系的权力,以便于工伤人员治疗和康复。

4) 理顺工伤赔偿和民事赔偿的关系

从世界各国对于工伤赔偿与民事赔偿问题的规定看,有四种基本类型:①以工伤保险取代民事赔偿;②由职工选择工伤赔偿或民事赔偿;③既可以获得工伤保险的赔偿,又可以获得民事赔偿;④完善工伤事故预防制度。国家有关管理部门应当出台更细致的法律法规,要求用人单位制定有关规章、制度和措施,提高工伤事故预防的管理。政府有关管理部门应当加强监管,做到常检查、早发现、早治理,将可能发生的工伤事故消灭在萌芽状态。

(五)生育保险制度

1. 概述

生育保险是指女职工因怀孕、分娩而无法从事正常的生产劳动,中断经济来源时由国家和社会给予医疗保健服务和物质帮助的一种社会保险制度①。其最早也是在德国建立的,目前,已有105个国家实行这种社会保险制度。生育保险制度包括生育津贴、医疗护理、生育补贴和生育休假四个内容。生育保险与医疗保险、工伤保险等同属于劳动者健康保障范围,但不同的是生育保险的对象是已婚的女职工,范围有限。国外生育保险制度的指导思想是立足国情,依法保护妇女权益,全面提高妇女素质,促进妇女积极参与经济建设和社会发展,进一步提高妇女地位。国外生育保险制度具有覆盖范围的广泛性、立法的非独立性(生育保险与医疗保险合并立法)、待遇的项目较多且水平较高、法律法规体系较为完善等特点。国外生育保险制度在实施中坚持三个原则:生育保险发展目标与国家总体目标的协调统一,现实和未来、必要性和可行性的协调统一,宏观指导与可操作性、经济发展与待遇水平的协调统一。

2. 中国生育保险制度的发展阶段

我国早在1951年颁布的《中华人民共和国劳动保险条例》就对生育保障问题做出了规定,女职工生育费用由企业或资方负担,规定了相应的产假待遇。凡在城镇国有和集体企业、国家机关和事业单位工作的女职工才能享受到较为优厚的生育保障待遇,农村妇女生育没有保险保障。改革开放后,随着社会主义市场经济体制的逐步建立,由于非公有制经济组织不愿意承担生育保险的责任,它们还拒绝女性劳动者就业,或者限制女性结婚和生育,所以生育保险制度的改革势在必行,1994年劳动部颁布了《企业职工生育保险试行办法》,为我国新型生育保险制度的建立奠定了基础。为贯彻落实党的十七大报告提出的加快建立统筹城乡社会保障制度的要求,解决城镇居民生育保障问题,2009年9月人力资源和社会保障部决定开展城镇居民生育保障试点工作,2011年实施的《中华人民共和国社会保险法》对生育保险进行了法律规范。

2019年《国务院办公厅关于全面推进生育保险和职工基本医疗保险合并实施的意见》提出,全面推进生育保险和职工基本医疗保险合并实施,是保障职工社会保险待遇、增强基金共济能力、提升经办服务水平的重要举措。以习近平新时代中国特色社会主义思想为指导,全面贯彻党的十九大和十九届二中、三中全会精神,认真落实党中央、国务院决策部署,统筹推进"五位一体"总体布局,协调推进"四个全面"战略布局,坚持以人民为中心,牢固树立新发展理念,遵循保留险种、保障待遇、统一管理、降低成本的总体思路,推进两项保险合并实施,实现参保同步登记、基金合并运行、征缴管理一致、监督管理统一、经办服务一体化。通过整合两项保险基金及管理资源,强化基金共济能力,提升管理综合效能,降低管理运行成本,建立适应我国经济发展水平、优化保险管理资源、实现两项保险长期稳定可持续发展的制度体系和运行机制。《国务院办公厅关于全面推进生育保险和职工基本医疗保险合并实施的意见》提出了"保留险种、保障待遇、统一管理、降低成本"的总体思路,生育保险作为一项社会保险险种仍然保留。《国务院办公厅关于全面推进生育保险和职工基本医疗保险合并实施的意见》不是取消生育保险,"五险"不会变成"四险",只是从提升公共治理的效能、减轻单位和参保人员负担、提升基金共济能力、规范运行的角度,进行管理层面上的两项保险合并实施。按照《国务院办公厅

---

① 尹成远,闫屹.保险学[M].北京:人民邮电出版社,2003:217.

关于全面推进生育保险和职工基本医疗保险合并实施的意见》,两险合并实施实行"四统一、两确保"的政策措施。"四统一"是统一参保登记、统一基金征缴和管理、统一医疗服务管理、统一经办和信息服务。"两确保"是确保职工生育期间生育保险待遇不变,确保制度可持续。

(六)长期护理保险制度

1. 概述

长期护理保险是指对个体由于年老、疾病或伤残导致生活不能自理,需要在家中或疗养院治病医疗,由专人陪护所产生的费用进行支付的保险。长期护理保险属于健康保险范畴,标的物为个体的身体健康状况。通常护理期限较长,可能为半年、一年、几年甚至十几年,护理的意义在于尽可能长地维持个体的身体机能而不是以治愈为主要目的,长期护理保险可以作为对护理费用的经济补偿。长期护理险保障主要是支付老年人的日常照顾费用,或者由于疾病或伤残引起的日常照顾费用。长期护理保险与医疗险的区别在于,医疗险主要保障医疗治疗所需要的费用,而长期护理险主要用于保障一般生活照料所支付的费用,一般不包含医疗介入。

2. 中国长期护理保险制度的发展阶段

2016年6月,人力资源和社会保障部办公厅印发《人力资源社会保障部办公厅关于开展长期护理保险制度试点的指导意见》,提出开展长期护理保险制度试点工作的原则性要求,明确将河北省承德市、吉林省长春市、黑龙江省齐齐哈尔市等15个城市作为试点城市,这标志着国家层面推进全民护理保险制度建设与发展的启动。

截至2019年6月底,青岛等15个首批试点城市和吉林、山东两个重点联系省的参保人数达8854万人,42.6万人享受待遇。2020年5月,国家医疗保障局发布的《关于扩大长期护理保险制度试点的指导意见》(征求意见稿)提出扩大试点范围,拟在原来15个试点城市的基础上,按照每省1个试点城市的原则,将试点范围扩充为29个城市,试点期限两年。同年9月,经国务院同意,国家医疗保障局会同财政部印发《关于扩大长期护理保险制度试点的指导意见》,将长期护理保险试点城市增至49个。

3. 中国长期护理保险制度发展中存在的问题

1)老年长护保险没被纳入社会保障法

我国现有法律中并没有对老年长期护理保险有明确的规定,所以无法为老人提供强力保障。税收政策可为长期护理保险起到促进作用,但目前并无相关税收优惠。护理行业发展落后,护理机构的质量和护理人员的数量不能满足如今强大的需求。护理行业发展落后影响了长期护理保险的供给,造成供不应求的状况。从护理机构方面而言,国内护理机构通常都是养老机构,这种机构普遍缺乏专业人员的管理和运作,社会化程度较低,且设施老化、服务不到位。从护理人员方面而言,护理人员需要持有相关证件才能上岗,而我国长期护理保险发展相对缓慢,目前的服务人员专业程度普遍偏低,而实际情况是护理人员需求不断上升,具有专业技术的护理人员供不应求。因此,护理保险的供给与需求之间的平衡有待完善。

2)社保经验不足

社会保险涉及的问题有:养老保险只提供基本社会保障,医保缺乏长期护理保险的内容,没有涉及长期康复护理与老年人的重疾险等商业险种。商业保险已发展成形,长期护理保险虽然已推出,但是存在门槛高、保障低、保障人群有限、不能满足多样化的问题。由此可见,我国社会保险及商业保险有待进一步细化和全面化。

3）居民投保意识不强

（1）居民的收入水平不高。影响人们购买保险的最大因素便是收入水平，高额的保费使人们无法承担。在我国，许多地区的居民衣食住行都无法满足，保险更无从谈起。

（2）对保险公司缺乏信任，传统观念根深蒂固。许多保险公司拒赔的案例，使得人们对保险公司可以分散风险的能力信任程度降低，以至于减少了对保险的购买力。人们最不愿意提及的就是家破人亡，而保险公司承担的风险恰恰是人们最不愿发生的事情。保险承保的大多是小概率事件，很多人会心存侥幸将其忽视，花大笔的保费而不一定得到回报，所以很多人不愿意购买保险。

（3）对保险的认知度不高，缺乏理性思考。保险是一种长期性的投资，后期的收益是不可估量的。这对于热衷于即时效应的大多数人而言，投资保险显然不划算。然而一旦风险发生，保险便有一木支危楼的效果。老年人在年龄增加的同时身体机能也在下降，老年人需要同时承担急性疾病的医疗费用和慢性疾病的长期护理费用的背景下，长期护理保险能够减轻老年人需要支付相关费用的负担。由此看来购买长护险不仅能减少未来风险发生时要支付的费用，而且还能得到专业的护理保障。

4. 中国长期护理保险制度的改革思路

1）构建多层次的长护保险体系

财务模式决定了长期护理保险制度的规模和资金来源，它是长期护理保险制度能否长期运营的重要因素。国际经验表明，实施长护保险制度的国家为了促进财务模式的长期运营，都加入了其他筹资方式作为补充。中国可借鉴西方发展经验，构建多层次长期护理保险体系。对长期护理保险运营方式，即政府主办型、市场主导型以及由政府委托商业机构运作型进行比较①，可以发现，由政府主导交付专业机构运作的方式，可以最大限度地显现出各自的优势，降低规划成本，减轻公共财政负担，提高制度效率，满足居民长期护理保障需求。随着国力增强，我国应建立全民的长期护理保险，但从国情看，应设计以商业性为主、社会性为辅的发展模式。同时，社会强制养老保险亏损情况日益突出，商业保险作为社会保障保险体系的补充要抓住这个商机，研究开发更多新兴的老年护理保险。传统形式上的养老保险仅支付金钱，并不能满足老年人需要陪伴以及专业照顾的需求②。因而，保险公司可以把传统形式的养老保险与社区养老服务或家政公司相结合，研发出以具体的照顾护理为给付形式的互利性养老保险。除此之外，保险公司也可以开发出"以房养老"的保险产品，老年人不仅能得到专业的照护，也可以解决护理型保险保费较高的问题。

2）构建正式护理与非正式护理相结合的长期护理服务体系

构建正式护理与非正式护理结合的长期护理服务体系，是实现多元主体共同承担长期护理服务供给责任的有效方式。长期护理保险分为专业护理和非专业护理两种，专业护理由专业护理服务提供者或养老机构提供，非专业护理由老年人子女或亲属提供，非专业护理一定程度上可以减少对专业护理的需求，但不能完全取代专业护理。因此应当建立正式护理与非正式护理相结合的长期护理服务体系，使老年人不仅能得到专业的照护，也能得到家人的陪伴。①建立非正式护理支持政策，使其成为长期护理服务福利供给的职能主体。一是向非正式家

---

① 盛和泰. 我国长期护理保险体系建设的运营模式选择[J]. 保险研究, 2012(9): 46-47.
② 蒋虹. 我国长期护理保险的发展模式选择[J]. 保险天地, 2007(1): 61-62.

庭护理人提供不限制用途、不需要纳税的现金支持;二是为满足条件的家庭护理人缴纳养老保险金;三是颁布多项弹性工作的请假制度,方便服务。②支持市场与社会力量参与正式护理服务并同时发展居家护理。政府对正式服务者的资质、数量、服务价格、服务质量等方面实施规制,加强培养专业护理服务人员,健全相关保障制度,鼓励年轻人加入护理行业。老年人可以为护理人员提供住所,这样不仅能降低所需护理费,也能使老年人得到全天候的专业护理。③政府与商业保险公司合作降低保费成本。政府可以委托商业保险公司开发长期护理保险,由于长期护理保险的特殊性,需要政府资金和相关政策上的扶持。因而政府可以和商业保险公司构成合作关系,这样不仅能为国家解决老龄化严重的问题,也能为商业保险公司带来不可小觑的利益。④加大对长期护理保险的宣传力度。加强对长期护理保险的宣传,使人们改变对传统保险概念的偏见。保险公司可以添加真实的案例,提高民众对长期护理保险的认可度,使他们认识到长期护理保险不仅能使失能老人得到更专业的护理,也能减轻其子女养老的负担,为老年人提供更好、更专业的服务,使其安享晚年。

第二节 社会救助制度

一、概述

(一)概念

"社会救助"(social assistance)一词最早出现在1909年英国的"济贫法和济贫事业皇家委员会"的报告中,该报告建议废除以惩戒穷人为主要目的的1601年的《济贫法》,代之以合乎人道主义精神的社会救助。1935年,美国率先将社会救助纳入社会保障体制,并于《社会保障法》中正式公布。第二次世界大战后,"社会救助"在全世界普遍被接受。

对于社会救助的定义,不同学者有不同的解释,例如:社会救助是国家通过国民收入的再分配,对因自然灾害或其他经济、社会原因而无法维持最低生活水平的社会成员给予救助,以保障其最低生活水平的制度①;社会救助是指国家与社会面向由贫困人口与不幸者组成的社会脆弱群体提供款物接济和扶助的一种生活保障政策,它通常被视为政府的当然责任或义务,采取的也是非供款制与无偿救助的方式,目标是帮助社会脆弱群体摆脱生存危机,维护社会秩序的稳定②。综上所述,社会救助可以定义为:国家通过立法,对于因为自然和社会等不可抗拒因素造成生活困难,难以维持最低生活保障的社会成员,按照法定程序,以货币或者实物的形式对其进行救助,以维持其最基本的生活需求的社会保障制度。

现代社会救助有别于传统社会救济。传统社会救济是工业化社会以前的产物,它是国家救济、教会慈善救济、个人慈善救济的总称。传统社会救济的受助者对救济者怀着感恩戴德之心,处于被动状态;救济者则把救济视为自己对受助者的恩赐、施舍、怜悯,居高临下,处于主动状态;传统社会救济的标准往往以救济者的主观意向来决定救济的多少,其实施范围只是绝对贫困者中的少数人;传统社会救济是消极性、急救性的救济,其管理也是时有时无,没有专门的管理机构和法定的管理程序。

---

① 郭士征.社会保障学[M].上海:上海财经大学出版社,2004:229.
② 郑功成.社会保障学[M].北京:商务印书馆,2000:13.

现代社会救助是社会保障制度的重要内容,是社会保险制度的必要补充。国家有责任为社会弱势群体提供社会救助,个人有权享受社会救助,强烈的公民权利色彩构成现代社会救助的显著特征。现代社会救助不仅提供必要的现金和物质等直接救助,而且还采取相关措施帮助受助者摆脱贫困。此外,现代社会救助在适用范围、财政来源以及管理体制等方面,也都与传统社会救济存在根本不同。但是,两者之间也有一定联系,社会救助和社会救济有着历史的继承关系,现代社会救助是在传统社会救济的基础上发展起来的;传统社会救济中的一些做法如对受助者实施的收入调查规定等,也在现代社会救助制度中被沿用下来。

(二)特点

1. 义务和权利的非对等性

社会救助是现代国家和社会的一项义不容辞的职责,获取最低生活保障或社会救助是公民的一项基本权利。在现代社会中,人们不仅认识到导致贫困的主要原因是社会因素,而且也意识到拥有起码的生存条件是每个公民的权利。所以当社会成员陷入贫困时,国家和社会有责任和义务为他们提供援助,这种援助既不是带有怜悯性的恩赐,也不是需要先尽义务的补偿,而是法律所赋予的权利。所以在整个社会救助实施活动中,绝大多数项目不强调权利与义务的相对应,而是注重国家和社会对救助对象的责任和义务的特性。

2. 社会救助对象的选择性

社会救助的对象是由法律规范决定的,只有符合条件的社会成员才有资格享受社会救助。在我国,城市社会救助、农村社会救助、自然灾害社会救助分别有着各自特定的救助对象。每一种社会救助的对象都有其特定的内涵和特征,任何一种社会救助形式对救助对象的限制都极为严格。我国社会救助的对象大体包括:①"三无"人员,即无生活来源、无劳动能力、无法定赡养人或抚养人的居民;②有劳动能力,也有收入,但意外灾害降临,遭受沉重的财产甚至人身损失,一时生活陷入困境的人;③有收入来源,但生活水平低于或仅相当于国家法定最低标准的国民和家庭,包括工资收入过少,不能使每个家庭成员达到法定最低生活标准者;④有失业津贴的失业者,在享受津贴期满后仍未找到工作者;⑤有退休养老金的老人,但要供养配偶和未成年子女或是因为长期患病而支出沉重者,不少残疾人也属于这类救助对象。

3. 保障最低生活水平

社会救助是向救助对象提供最低生活保障和简单再生产的资金或物资,而非改善和提高福利,因而它处于当代社会保障体系的最低或最基本层次。相对于社会保险和社会福利而言,社会救助的待遇标准比较低。如果社会救助提供的资金或物资超过一般人的生活水平,很容易影响包括救助对象在内的社会成员的生产积极性,从而有悖于社会救助的初衷。所以,社会救助的标准应该依据最低生活标准线或贫困线来确定,在一定区域内应该有明确统一的最低生活标准线。现代社会救助标准的确定还应该考虑到使受助者有尊严地生活。此外,还应该考虑到如何帮助受助者摆脱贫困等因素。

4. 有期限性和无期限性相结合

社会保险制度建立在明确规定的缴费资格条件上,因此享受社会保险津贴具有强烈的期限性。社会救助制度则不同,它更多地承载着国家对贫困民众的政府责任,因此,享受社会救助一般没有明确的期限,而是以受助者是否已经摆脱贫困为标准,如果受助者通过接受社会救助已经摆脱贫困,则一般就会停止对其提供的救助;而对于永久性贫困群体,社会救助则对他们提供无期限性的长期救助,以保证他们的基本生活。

5. 社会救助基金主要来源于国家财政拨款

社会救助的资金主要来源于国家财政拨款和社会筹集。国家财政拨款是社会救助资金的主要来源,包括中央财政拨款和地方各级财政拨款,还包括向社会各界筹集的社会救助基金。在我国,社会筹集社会救助基金的形式主要有募捐、乡镇统筹、扶贫经济实体和社会福利企业利润分成、救灾扶贫互助基金会的储存等。此外,还可通过政策性贷款在资金上支持贫困地区的发展。作为社会救助享受者,个人没有承担社会救助基金的义务。

6. 法定性

社会救助对象必须履行一系列法定的程序,方能获得社会救助的待遇。我国社会救助程序是指在经过家庭经济状况调查的前提条件下,经过个人申请、社区证明、基层审核、上级批准的几个步骤。通过这一法定的程序,确认社会救助对象并保证其准确性,达到准确地将社会救助款或物资提供给真正最迫切的需要者,从而使有限的社会救助资源得到最好、最符合目标的利用。

二、中国社会救助制度

(一)城市社会救助制度

城市社会救助是指国家和社会为了帮助城市中由于各种原因而不能维持其最基本生活的居民而设立的一种社会救助。对贫困群体进行的救济早已有之,中世纪教会在提供救济方面发挥重要作用,社会组织与个人慈善所提供的救助具有重要影响,以济贫法为主要形式的政府性救济是早期社会救济的重要内容。可以说,在以社会保险制度为核心内容的现代社会保障制度出现以前,许多国家已经不同程度地建立起社会救助,这种社会救助主要以对城镇居民提供救济为主。社会保险制度的出现为大部分民众提供了重要的社会保障,但是,对于那些没有条件参加社会保险者以及社会保险津贴无法满足其基本生活需要者,社会保险制度无法对他们提供帮助,于是,在社会保险制度出现以后,针对上述人群实施现代社会救助制度也开始出现。最初,西欧许多国家通过改革后的济贫法制度作为社会救助的政策体系,到第二次世界大战后,各国逐步建立起体现基本公民权利的现代社会救助制度。

我国的城市社会救助最先开始是在计划经济体制下形成的。1965年,国务院发布《关于精简退职老职工生活困难救济问题的通知》,救助的对象主要是"三无"人员。20世纪90年代后,城市的社会救助发生了很大变化。从1993年开始,以上海为代表的一些城市陆续制定了城镇居民最低生活保障制度。在经历试点和推广阶段后,1997年国务院发布《关于在全国范围内建立城市居民最低生活保障制度的通知》,正式开始在全国范围内建立城镇居民最低生活保障制度。该通知规定:持有非农业户口的城市居民,凡共同生活的家庭成员人均收入低于当地城市居民最低生活保障标准的,均有从当地人民政府获得基本生活物质帮助的权利。享受最低生活保障的城市贫困人口主要有:一是"三无"人员;二是贫困的失业人员;三是贫困的在职职工、下岗人员和退休人员;四是由残疾、疾病或其他原因造成生活困难的居民。1999年《城市居民最低生活保障条例》颁布实施,到2000年全国全面普及城市最低生活保障制度,教育救助、住房救助、就业救助等救助制度有序推进,救助水平稳步提高,救助覆盖面不断扩大,实现了应保尽保的目标。

当前我国城市居民最低生活保障制度的发展面临着社会环境变化的挑战,为了提高城市低保制度的科学性和执行力,维护困难群众的基本生活权益,需要进一步完善城市低保对象认定制度,加强救助申请家庭经济核对机制,加快完善城市低保工作管理机制,完善城市低保监管及处罚机制,建立低保备案制度,对已经纳入城市低保范围的救助对象,定期跟踪保障对象家庭变化情况,同时完善城市低保与就业联动机制。

(二)农村社会救助制度

目前,大部分西方国家已经建立和实施统一的社会救助制度,由于经济和社会发展的特殊原因,包括中国在内的一些发展中国家尚未建立和实施城镇与农村统一的社会救助制度,而是实施城镇与农村分离的社会救助制度。我国社会救助包括以下八项制度:最低生活保障、特困人员供养、受灾人员救助、医疗救助、教育救助、住房救助、就业救助、临时救助。在此主要介绍农村五保制度和农村最低生活保障制度。

1. 农村五保制度

始于农业生产合作社时期的中国农村五保供养工作,经过几十年的不断发展和完善,逐渐成为一项独具中国特色的保障鳏寡孤独残疾人基本生活权益的制度。1956 年的《高级农业生产合作社示范章程》中规定:"农业生产合作社对缺乏劳动能力或完全丧失劳动能力,生活没有依靠的老、弱、孤、残疾社员在生产和生活上给予适当的安排和照顾,保证他们吃、穿和烧柴的供应,保证年幼的受到教育和年老的死后安葬。"1960 年又规定,农业生产合作社对无依无靠的鳏寡孤独者要做到"保吃、保穿、保烧(燃料)、保教(儿童和少年的教育)、保葬,使他们的生养死葬都有指靠"。1994 年,国务院颁布并实施《农村五保供养工作条例》,农村五保制度作为中国农村救助的主题走上了与时代相适应的规范化道路。

享受五保救助待遇应当由本人申请或经过村民小组提名,经村民委员会审核,报乡级政府批准,并发放由民政部门统一制定的《五保供养证书》。五保供养的实际标准不低于当地村民的一般生活水平,具体标准由乡村政府规定,其救助经费和救助实物从村提留或由乡统筹费中列支或从集体经营的收入、集体企业上交的利润中列支。五保供养的方式以分散供养为主,实行集中与分散供养相结合的方式,五保对象是否进入敬老院等社会福利设施中生活,由其自己决定,不得强迫。

2. 农村最低生活保障制度

农村最低生活保障制度是社会救助体系的一个重要组成部分,是国家为保障农村困难群众基本生活、缓解农村贫困问题的重要制度。农村最低生活保障制度自 2007 年全面推广,近年来,社会救助事业发展很快,初步构建了以最低生活保障、特困人员(农村五保供养对象和城市"三无"人员)供养、受灾人员救助以及医疗救助、教育救助、住房救助、就业救助和临时救助为主体,以社会力量参与为补充的社会救助制度体系,基本实现了救助范围覆盖城乡、操作程序明确规范、困难群众应保尽保、救助水平逐步提高的制度目标[①]。为解决农村低保工作中存在的核查内容不具体、核查方法不科学、操作流程不规范等问题,提升农村低保对象认定准确率,有效遏制骗保、错保、关系保、人情保等违规现象,2015 年 3 月,民政部、国家统计局联合印发《关于进一步加强农村最低生活保障申请家庭经济状况核查工作的意见》,对农村低保核查工

---

① 民政部. 2013 年我国城市低保救助 1096 万户[EB/OL]. (2014 - 02 - 28)[2021 - 06 - 28]. http://finance.sina.com.cn/china/20140228/105718366072.shtml.

作提出要求。因此,今后要健全农村低保申请家庭经济状况核查指标体系,完善核查认定方法,规范认定程序,做到核查办法科学、对象认定准确、管理运行高效,加强农村低保信息化建设,注重专业管理人员培养,规范审核调查执行过程,以确保农村低保制度健康可持续运行。

第三节 社会福利制度

一、概述

(一)概念与特点

1. 概念

社会福利制度是现代社会保障体系的有机组成部分。西方国家的社会福利有着宽泛的含义,属于"大福利论"所包含的范畴,是国家和社会为全体国民提高生活质量而实行的一种经济和社会保障制度。这一概念包括三个层次:一是社会福利制度是通过立法和政策向全体国民提供的福利保障,具有普遍性的原则;二是社会福利制度具有经济福利性特征,但其本身难以通过市场调节,而是依靠政府政策扶持和财政支撑;三是从保障水平来看,社会福利制度的目标是提高全体国民的生活质量,在社会保障体系中处于最高层次。

联合国有关机构给社会福利所下的定义为:"社会福利是社会服务与机构间的有组织联系,在于协助个人和团体,在契合其家庭和社区需求的原则下,获取生活、健康及人际关系各方面的满足,使其能充分发挥潜能并增进福祉。"第二次世界大战后,以英国为首的主要资本主义国家,开始进入"福利国家"时代。这里的"福利"是"大福利论",包括全部公共文化、教育、卫生设施和社会救济以及社会保障。我国学者郑功成认为:"社会福利其实是专指国家和社会通过社会化的福利设施和有关福利津贴,以满足社会成员的生活服务需要并促使其生活质量不断得到改善的一种社会政策。"[①]

综合以上观点,社会福利是指国家和社会为保障社会成员的基本生活,提高社会成员的物质文化生活水平而采取的措施和举办的保险事业的统称。

2. 特点

1)普遍性

社会福利属于国民收入再分配的范畴,是国家对财富分配的一种补充形式。社会福利的对象为全体国民,没有阶层、职业、年龄等方面限制,即任何人都有享有社会福利的权利。如英国在第二次世界大战后,对全体国民实行"从摇篮到坟墓"的门类齐全的社会保险和福利项目。相对其他社会保障项目,社会福利的对象是普遍广泛的。

2)服务性

社会福利的目的是改善社会成员的生活,提高国民素质,因此,社会福利一般通过设立各种福利设施为国民提供广泛的社会福利服务,如在涉及生、老、病、残、医等方面,国家和社会都为国民提供各种福利性服务,改善国民的生活水平。针对老年人、残疾人、儿童的福利,不但体现了国家、社会对国民的关心和照顾,也体现了物质保障和精神慰藉的结合,起到了稳定社会

---

① 郑功成.社会保障学[M].北京:商务印书馆,2000:20.

的作用。

3）多样性

社会福利制度以国家作为福利举办的主体，同时依靠社会力量，依靠社区、群众的互助，建立起包括国家投资的高层次福利，依靠集体力量举办的集体福利和社会服务体系。社会福利支付形式除了向国民发放津贴，还提供各种社会福利设施和相应的服务。

4）高层次性

社会福利对每个国民给予公平的福利待遇，不分贫富，均为同一标准。为国民提供的津贴、社会福利设施和服务是在国民个人收入之外的，目的是改善国民的生活质量，提高其自身素质，它的保障目标是高层次性的。

（二）内容

西方国家的社会福利制度在内容方面包括社会保险、社会救助和狭义的社会福利及服务体系，也涉及教育、住宅、卫生、环境以及社会服务等各个方面。但在具体福利项目上，主要集中于儿童和青少年福利、妇女福利、残疾人福利、医疗保健以及家庭福利，这是西方国家社会福利制度长期发展演变的结果。随着经济和社会的快速发展以及人们对生活质量要求的不断提高，西方社会福利制度必将进一步发展和完善。

我国社会福利制度由于经济与历史原因，其所包含的内容比较窄，属于社会保障制度中的一个子系统。目前，我国在对传统社会福利制度进行重大改革的基础上正在建立一套社会福利制度，其涵盖的内容包括老年人福利、残疾人福利、妇幼福利、青少年福利、住房福利和教育福利。

按照社会福利享受的对象，可以将我国社会福利划分为未成年人福利、老年人福利、残疾人福利、劳动者福利。未成年人福利是指未达到劳动年龄或学校毕业年龄的人员享有的福利，包括教育福利、健康福利和生活福利；老年人福利是指达到法定年龄的老年人或者长寿年龄的老人享有的福利，包括老人免费检查健康状况、敬老院和托老所服务、老人家庭服务等；残疾人福利包括提供医疗康复设施、就业生产训练和学校教育等福利项目；劳动者福利是指社会劳动者所享有的除去工资以外的津贴和福利服务等，包括住房补贴、冬季取暖补贴、交通费补贴等。

按照社会福利支付的方式，可以把我国社会福利划分为货币性福利、实物性福利、服务性福利和教育性福利。货币性福利包括生活困难补贴、取暖补贴、住房补贴等；实物性福利包括提供免费午餐、提供免费的文化娱乐设施等；服务性福利是支付老人家庭服务、卫生医疗福利、对失业工人进行免费咨询等；教育性福利包括支付义务教育费、残疾人教育费等。

按照社会福利提供者，可以将我国社会福利划分为国家福利、地方福利和行业福利。国家福利是指在全国范围内由国家向全体国民提供的社会福利；地方福利是以一定区域内社会成员为对象，中央或地方政府为其提供的社会福利项目；行业福利指在行业系统内，由本行业为该行业劳动者提供的福利项目。

二、中国社会福利制度

（一）发展历程

1. 社会福利的社区化与社会化（1978—1999 年）

1）社会福利社区化改革

在计划经济体制向社会主义市场经济体制转变的背景下，许多国有企业的"关、停、并、转"

使部分单位成员开始自谋职业,需要依托社区进行社会生活和管理。面对"单位人"向"社会人"转变后所产生的社会化的福利需求,1986年,民政部在沙洲(现为张家港)会议上提出了社区服务的构想。1987年9月,民政部全国城市社区服务工作座谈会进一步提出了社区服务的内容、性质和目标。社区服务开始在一些城市进行试点和探索,并逐步在全国推开。1993年11月,民政部等14部委联合下发了《关于加快社区服务业的意见》,将社区服务作为建立健全社会保障体系和社会化服务体系中的一个重要行业。之后,全国各地出台了一批地方性扶持保护政策,社区服务由此得到了制度上的保障,进入了快速发展时期。

2) 社会福利社会化改革

1978年9月,第七次全国民政会议提出,在有条件的地方可以吸收一些城市双职工家庭生活不能自理的残疾人员,费用自理。1979年11月,全国城市社会救济福利工作会议进一步明确,要突破以"三无"对象为收养范围的规定,积极创造条件,有计划地开展双职家庭残疾人员和退休孤老职工的自费收养业务。之后在全国范围内,许多社会福利事业单位开始突破原有的收养范围,有条件地向社会敞开。还有不少社会福利事业单位积极拓展院外服务功能,举办养老、育幼、助残、康复等多种活动。此外,社会福利改革的另一个方向是供给主体的社会化。1984年3月,民政部在福建漳州举办的经验交流会上明确提出了"社会福利社会办",鼓励社会各界力量创办社会福利事业,社会福利的供给模式开始从国家包办向国家、集体、个人合办转变。由此,我国的社会福利开始不断引入社会资源,朝向多元化供给的方向发展。

2. 21世纪以来多层次社会福利框架形成(2000年至今)

1) 老年人社会福利的发展

在福利服务方面,2001年民政部在全国启动了"社区养老服务星光计划",着力实施城乡社区老年人福利设施建设。社区居家养老模式逐渐兴起并在城市地区得到快速推广。2006年2月,全国老龄办等10部门下发《关于加快发展养老服务业意见的通知》,将发展社会养老服务机构、居家老人服务、老年护理等业务作为养老服务的工作重点。2013年9月,国务院出台《关于加快发展养老服务业的若干意见》,围绕健全养老服务体系,对促进养老服务业发展做出了总体部署。经过多年的建设与发展,目前我国已经初步构建起了以居家为基础、社区为依托、机构为补充、医养相结合的社会养老服务体系。

在福利津贴方面,宁夏回族自治区于2009年5月率先颁布了《关于建立80岁以上低收入老年人基本生活津贴制度的通知》,将具有宁夏户口、年龄在80岁以上农村老年人和城市无固定收入的老年人纳入高龄老人津贴的保障范围之内,成为第一个由省级政府出台的高龄老人津贴制度的省份。2009年6月,民政部在借鉴宁夏经验的基础上要求有条件的地区实施困难老人和高龄老人津贴。2013年,民政部进一步明确表示:将着力统一高龄老人津贴制度,全国80岁及以上的老年人皆可享受高龄老人津贴,明确提出建立以省为单位面向80岁及以上老年人的高龄老人津贴制度。2018年修订后的《中华人民共和国老年人权益保障法》中,明确国家鼓励地方建立80周岁以上低收入老年人高龄津贴制度。在此背景之下,全国各地根据中央政策陆续出台了高龄老人津贴制度,高龄老人津贴制度在全国范围内逐步建设起来。到2018年,各省均已建设高龄津贴制度,越来越多的高龄老年人享受到老年津贴这一福利制度。

2) 残疾人社会福利的发展

为促进残疾人事业的发展,2000年以来,中央陆续出台了《中共中央、国务院关于促进残疾人事业发展的意见》《关于加快推进残疾人社会保障体系和服务体系建设指导意见》等指导性文件,加强了残疾人福利的制度建设,残疾人福利水平逐步提高。

在残疾人就业方面,我国不仅在《中华人民共和国残疾人保障法》《中华人民共和国劳动法》中规定对残疾人的劳动就业实行特殊保护,而且在《社会福利企业招用残疾人职工暂行规定》《残疾人就业条例》中都对残疾人的劳动就业进行了特殊规定,要求各级政府对残疾人劳动就业进行统筹规划,为残疾人的劳动就业创造条件。在残疾人教育方面,特殊教育体系逐步形成。全国各省(市)举办了残疾儿童学前教育,开展了聋儿听力语言训练,设立了特殊教育职业培训或中等职业技术学校。在残疾人康复医疗方面,政府每年都拨付专项经费,用于残疾人的康复工作。康复医院、矫形医院、残疾人康复中心等医疗康复机构在全国纷纷建立,为残疾人的康复提供了保障。

为解决残疾人特殊生活困难和长期照护困难,2015年9月,国务院决定全面建设困难残疾人生活补贴和重度残疾人护理补贴制度。通过专项福利补贴的方式缓解残疾人因残疾产生的额外生活支出和长期照护支出的困难。

3)儿童社会福利的发展

2006年3月,民政部等14个部门联合印发了《关于加强孤儿救助工作的意见》,将儿童福利的保障对象扩展为所有失去父母的未成年人和事实上无人抚养的未成年人。2010年11月,国务院下发《关于加强孤儿保障工作的意见》,开始在全国范围内建立孤儿基本生活保障制度。国家第一次直接通过现金补贴的形式为福利机构内外的孤儿提供制度性保障,这标志着中国在儿童福利政策方面的新突破,推动了我国儿童福利制度从补缺型向适度普惠型转变。随后民政部、财政部发布《关于发放孤儿基本生活费的通知》,为所有孤儿发放基本生活津贴。2013年民政部选择深圳市、昆山市、海宁市、洛宁县四地进行普惠型儿童社会福利制度建设试点,为困境儿童建立了基本生活保障制度。2016年6月,国务院出台《关于加强困境儿童保障工作的意见》,该通知明确适度普惠型儿童福利制度的基本内涵为:本着"适度普惠、分层次、分类型、分标准、分区域"的理念,立足当地经济社会发展状况、儿童生存与发展需要和社会福利制度的发展,全面安排和设计儿童福利制度。该通知最引人注目的是将儿童群体分为孤儿、困境儿童、困境家庭儿童、普通儿童四个层次。

4)农村社会福利的发展

为改变长期以来农村社会福利发展滞后的局面,这一时期我国加快了农村社会福利体系的建设步伐。在老年人福利上,特别是2004年《关于进一步做好农村五保供养工作的通知》实施以来,农村五保供养实现了由农民集体内互助共济的集体福利事业向国家财政供养的现代社会福利事业的转变。同时,农村养老服务设施发展迅速,很多地方的敬老院逐步向一些依靠家庭进行生活照料有困难的老人以及一些社会普通老人开放。在教育福利上,为减轻农民教育支出负担,2005年起,国家对农村义务教育阶段贫困家庭学生实行"两免一补"计划。为提高农村学生的健康水平,2011年,农村义务教育学生营养改善计划启动,开始对民族地区、贫困地区的农村义务教育阶段学生提供营养膳食补助。

此外,农村社区服务也逐渐发展起来。2007年3月,民政部制定了《全国农村社区建设实验县(市、区)工作实施方案》,在全国开展了农村社区建设的实验。农村社区服务设施建设步伐明显加快,设施数量不断增加,覆盖面不断扩大;农村社区服务对象和内容得到拓展;社区服务方式和方法得到改进。

5）社会福利管理体制的优化

为了更好地实现社会福利事业的系统化管理，促进社会福利事业的全面发展，2018年12月，民政部新成立了养老服务司和儿童福利司。

养老服务司主要承担老年人福利工作，拟订老年人福利补贴制度和养老服务体系建设规划、政策、标准，协调推进农村留守老年人关爱服务工作，指导养老服务、老年人福利、特困人员救助供养机构管理工作。

儿童福利司主要负责拟订儿童福利、孤弃儿童保障、儿童收养、儿童救助保护政策、标准，健全农村留守儿童关爱服务体系和困境儿童保障制度，指导儿童福利、收养登记、救助保护机构管理工作，儿童福利司的设立是我国儿童福利发展的重要里程碑。

第四节　军人保障制度

一、概述

(一)概念与特点

1. 概念

军人保障(military security)，也称军人社会保障(military social security)，是指国家和社会依据一定的法律和规定，通过国民收入再分配，对军人及其家属的基本生活权利和物质利益给予保障的一项社会制度。军人保障通常包括军人保险、军人优抚、军人安置、军人社会福利、军人社会救助等内容。由于军人的特殊性，军人的社会保障有其独立的运作系统。其基本内涵是：第一，保障对象是军人及其家庭成员。军人，包括现役军人和退役军人两类人群。军人的家庭成员，包括现役军人家属、牺牲军人遗属、病故军人遗属等。第二，保障内容是为军人及其家庭成员提供基本生活保障。由于军人职业的特殊性和危险性，国家和社会组织为军人提供的社会保障待遇标准和水平，一般要高于普通社会保障待遇标准和水平，以确保军人及其家庭成员的生活水平不低于平均生活消费水平。第三，实施主体是国家和社会组织。职业的特殊性决定着军人社会保障的组织者和实施者必须是政府，全世界绝大多数国家都由政府为军人提供必要的社会保障。第四，实行以税收为主要筹资方式的再分配机制。军人社会保障资金主要来自税收，也有少量的资金来自军人及其家属缴纳的费用。军人社会保障更多的是一种国民收入的纵向再分配。第五，军人保障是一种特殊的制度安排。军人社会保障的对象、项目、水平和管理等都具有一定的特殊性，必须通过专门的军人社会保障立法加以规定，并与普通社会保障相区分。

2. 特点

1）责任主体的特定性

军队是执行国家政治军事任务的特殊武装集团，其劳动产品是国家安全与社会稳定，属于社会公共产品，具有高度的不可替代性。国家和社会作为社会公共产品的最终受益方，理应承担起对军人应尽的社会责任，军队作为军人单位，其本身无法也不应承担对其成员的社会保障任务。

2)保障对象的特殊性

军人既是社会成员的一部分,又是国家安全的捍卫者,承担着比普通社会成员更多的责任和更高的风险,也为国家与社会做出了更多的奉献与牺牲,理应得到社会的尊重和合理的补偿。由于军人工作性质的特殊性,军属作为社会成员的一部分,比其他的社会成员承担着更高的风险,因此,在军人社会保障制度的制定和实施过程中,不仅要充分保障军人的基本生活待遇,还应体现国家对其家庭成员的特殊关注和优待,以更好地保障军人的合法权益。

3)保障待遇的褒扬性

由于军人对国家和社会的特殊意义,各国政府都给予了军人较高的社会地位和优厚的经济待遇,与普通社会保障保相比,军人社会保障待遇具有褒扬性特点。军人社会保障的待遇水平与标准要普遍高于一般社会成员的社会保障水平与标准,这是由于被保障对象为国家所做出的牺牲与贡献比一般社会成员更大,承担的风险更高。国家和军队有关部门在安排社会保障支出时,向军人做适度倾斜,并在国家经济许可的范围内,适当提高军人社会保障各项目的给付标准,为军属提供精神与经济补偿,为军人及其家庭提供较为优厚的生活待遇,是对军人的一种褒扬,也是对军人为社会额外付出的一种补偿。

4)保障功效的激励性

完善的军人社会保障制度对提高军队的吸引力、凝聚力、战斗力具有很强的激励作用。解决好军人的社会保障问题,不仅有利于吸引优秀青年到军队,满足军队现代化建设的要求,也有利于解决军人的后顾之忧,使广大官兵安心建功立业,同时,还可以减轻军队的非军事工作压力,集中精力抓好军队建设和发展。

5)保障管理的相对独立性

军人社会保障对象和保障内容的特殊性决定了军人社会保障体系与管理的相对独立性。一方面,在体系设计上,军人社会保障不同于一般国民的社会保障,它涉及军队、地方和国家等多个方面,需要建立行政隶属关系,组织专门的业务部门和常设的机构来统一协调与管理。另一方面,军人社会保障是一项经常性的工作,军事职业的特殊性、保密性对军队社会保障部门的自主性和管理的相对独立性提出了更高的要求。

(二)内容

1. 军人保险

军人保险,也叫军人社会保险(military social insurance),是指国家或军队依法建立专项后备基金,用于对军人遇到职业特殊风险或因年老、伤残、疾病丧失工作能力,按规定给予一定经济补偿或赔偿的一种特殊的社会保险制度。军人社会保险大体上可分为现役军人保险和退役军人保险两类。现役军人保险是着眼于战争风险设置的军人人身保险,包括军人生存保险、军人死亡保险和军人人身意外伤害保险等。退役军人保险则与现役军人保险有连续性,有些项目的资金筹集在服役期间就开始了,有的则要归并到地方国民社会保险体系中。退役军人保险项目主要有养老保险、医疗保险、伤亡保险以及未就业军队配偶保险等。

军人退役养老保险是通过建立专项基金,用于保障现役军人按规定退出现役后养老的生活需要而给予经济保障的一种社会保障制度。这项保险在国外军人保险中比较常见。军人退役医疗保险是通过设立军人退役医疗保险基金,对军人退出现役后的医疗费用给予补助的保险制度。军人退出现役后,没有条件享受免费医疗或不能完全享受免费医疗的国家,需要设立此项保险制度。军人伤亡保险是通过设立伤亡保险基金,对死亡或者伤残的军人给予一定经济补偿或赔偿的保险制度。未就业军人配偶保险是专门为伴随军人到部队系统但是没有工作的配偶建立的一项社会保险制度。该项制度专门解决军人配偶随军未就业期间的基本生活保障和社会保险待遇问题,解除军人后顾之忧,激励军人安心服役,世界上许多国家均设有此项保险制度。

2. 军人优抚与安置

优抚与安置制度是为了保障军人及其家属的基本生活而建立的一种社会制度,是军人社会保障的主要内容。优抚又包括抚恤和优待。抚恤是指国家和社会对因公受伤、致残人员或殉职、病故人员的家属给予的精神上的慰藉和经济上的资助。优待是国家和社会按照立法规定和社会风俗对现役军人及家属提供经济和服务的优待性保障制度。优待手段既包括资金保障,也包括服务保障。资金保障通常是指向优抚对象提供的各种生活津贴;服务保障主要由社会各界提供,既有生活服务,又有生产服务,以保证为国家做出贡献的人员及其家属维持一定的生活水平。安置通常是指对复员退伍军人、军队离退休干部及其随军家属、无军籍退休退职职工在从军队回到地方后的生活和就业安排。

二、中国军人保障制度

(一)中国社会优抚制度

我国社会优抚制度的发展经历了确立、巩固与发展、破坏与维持、恢复与革新、完善与发展、优化与升级六个发展阶段。

1. 确立阶段(1950—1953年)

新中国成立伊始,国家颁布、制定了一些优待条例和政策,规定了优待实施的对象和内容,设置了优抚机构,从而建立起了最初的优待体系。国家逐渐建立起了以内务部为主体的优抚机构体系。1950年12月11日,内务部公布了《革命烈士家属革命军人家属优待暂行条例》和《革命残疾军人优待抚恤暂行条例》,这是新中国成立后成立的第一批优待条例。各部门还公布了一些战时行业的优待政策。中央和地方相继出台了一些减免优待对象医疗费用的政策,还制定了代耕政策。伤残抚恤是这一阶段整个优抚制度的核心内容,不仅关系到参加抗美援朝军人的抚恤,也关系到新中国成立之前革命者的优抚待遇。国家制定了一些抚恤政策法规,对基本的优抚内容做了规定,两次调整革命烈士的一次性抚恤标准。国家还制定和颁布了统一的褒扬英烈条例和专门的烈士褒扬办法,发动了全国范围的拥军优属运动。

2. 巩固与发展阶段(1954—1965年)

抗美援朝战争结束之后,根据优抚工作的需要,国家对优抚机构进行了调整,内务部将优抚司改为局,成立优抚局。内务部继续制定了一些针对烈军属、现役军人的医疗优待、补助等方面的优待政策。随着农业合作化运动的发展,代耕制度逐渐被优待劳动日所代替。抗美援朝时期对城市烈军属和残疾军人的就业优待,更多是由社会来负担,但后来国家逐渐担负起主要的组织和实施工作,开展就业培训,创造就业岗位。这一阶段优抚制度建设在原来的基础上,重点解决了这几方面的问题:提高伤残抚恤标准、开展追残工作、扩大牺牲死亡抚恤的范围等。进入社会主义全面建设期后,国家进一步补充了新的褒扬政策,内务部颁布了一系列革命烈士身份认定的政策和烈士纪念物管理的政策。

3. 破坏与维持阶段(1966—1976年)

"文革"的发生改变了整个优抚事业的局面,无论是制度建设还是具体工作落实,都受到了很大的阻碍,甚至有些方面出现了严重倒退:中央和地方的优抚机构被撤销,国家实施的优抚政策不能落实,很多优抚对象受到迫害,被当作"反革命"分子打倒,抚恤待遇停滞不前,转业退伍军人无法安置,等等。但一些中央及地方部门在排除各种干扰的情况下,仍然坚持了原来的一些优抚政策,在"向解放军学习"运动的号召下,一些拥军优属活动还是被很好地坚持了下来。

4. 恢复与革新阶段(1977—1995年)

"文革"结束不久,国家重新恢复和设置了优抚机构,1978年,第五届全国人大决定成立民政部,其中的优抚局专门负责具体的优抚工作。民政机构一经恢复工作就开始落实由于"文革"而无法实施的政策,比如对老红军待遇的落实、对烈军属优待政策的落实、对"文革"中一些被批斗或划错成分的烈军属平反政策的落实。从20世纪80年代开始,国家和地方陆续颁布了一些新的优待政策,1980年,民政部和公安部下发了《关于人民边防武装警察部队的干部、战士享受人民解放军同等优抚待遇的通知》,1984年,全国人民代表大会通过了《中华人民共和国兵役法》,对现役军人烈军属和伤残复员军人在乘车、通信及优待金等方面做了规定。这一时期与新中国成立之初相比,国家实施优待的对象和内容更为广泛。十一届三中全会之后,农村开始了以联产承包责任制为主要形式的土地改革,此后,实施优待金制度逐渐成为农村的主要社会优待方式。这一时期,国家社会还给予了优待对象其他的一些物质措施,比如给了军烈属更多的就业、住房等物质待遇,现役士兵可以享受平信免费、农村户口的保留责任田、承包土地优先等优待,伤残抚恤体系得到了恢复、发展、提高和完善。对烈士评定工作做出修订,将在改革开放时期因为维护社会稳定、参加抗洪抗震等突发事件而牺牲的军人,纳入了烈士评定范围。一些新的重要纪念日扫祭活动被推出,例如抗战胜利纪念日、红军长征纪念日等。1980年国务院通过颁布《革命烈士褒扬条例》设置专门的褒扬条款,改变了以前将褒扬和抚恤综合在一起的做法。1991年6月,国家成立了由国务院和中央军委共同领导的全国拥军优属拥政爱民工作领导小组。

5. 完善与发展阶段(1996—2012年)

随着市场经济的不断发展,国家对原来制定的一些优待法规进行修订,国务院于2004年、2007年两次修订了《军人抚恤优待条例》,第十一届全国人大常委会2011年修订《中华人民共和国义务兵役法》。国家还制定了一些综合性优待政策。定期定量补助的标准不断提高,开始对部分复员军人实施定期定量补助。随着互联网的发展,国家开始注重通过网络褒扬和缅怀烈士。2011年颁布的《烈士褒扬条例》更加注重物质褒扬,设立烈士褒扬金制度,统一烈士和因公牺牲的一次性抚恤标准。

6. 军人保障制度的优化与升级(2013年至今)

这一阶段,党中央把退役军人优抚安置工作摆在治国理政的战略位置。习近平总书记站在党和国家建设发展全局、实现中华民族伟大复兴中国梦的战略高度,深刻阐明社会优抚的重大意义、目标任务、方针原则和方法路径,社会优抚的组织领导得到极大加强。党的二十大报告指出:"加强军人军属荣誉激励和权益保障,做好退役军人服务保障工作。巩固发展军政军民团结。"全国退役军人优抚安置工作经验交流会的召开、全国退役军人事务厅(局)长会议的召开,解决了广大退役军人关心的一系列实际问题。2018年,退役军人事务部会同相关部门就退役军人党员组织关系转接管理、退役士兵安置、服役表现与安置相结合、退役军人就业创业、提高抚恤补助标准、悬挂光荣牌、退役军人信息采集等工作出台文件并组织实施。2020年11月11日,《中华人民共和国退役军人保障法》由十三届全国人大常委会通过,自2021年1月1日起施行。2021年6月10日,十三届全国人大常委会通过《中华人民共和国军人地位和权益保障法》,自2021年8月1日起施行。该法对军人地位、荣誉维护、待遇保障、抚恤优待的基本原则和基本制度,以及国家和社会的保障责任做出系统规范。

(二)中国军人保障制度的主要内容

1. 我国军人保险

按照我国2012年4月出台的《中华人民共和国军人保险法》的规定,我国军人保险包括军人伤亡保险、退役养老保险、退役医疗保险和随军未就业的军人配偶保险四种。

1)军人伤亡保险

按照《中华人民共和国军人保险法》的有关规定,我国军人伤亡保险所需资金由国家承担,个人不缴纳保险费。根据发生的伤亡原因不同,我国军人伤亡保险分为军人死亡保险金和军人残疾保险金两种。其中对于军人因战、因公死亡的,按照认定的死亡性质和相应的保险金标准,给付军人死亡保险金;军人因战、因公、因病致残的,按照评定的残疾等级和相应的保险金标准,给付军人残疾保险金。而军人死亡和残疾的性质认定、残疾等级评定和相应的保险金标准等,国家和军队有专门的规定。该法律还规定了军人伤亡保险的除外责任,如果军人因下列情形之一致死亡或者致残的,不能享受军人伤亡保险待遇:①故意犯罪的;②醉酒或者吸毒的;③自残或者自杀的;④法律、行政法规和军事法规规定的其他情形。

2)退役养老保险

按照《中华人民共和国军人保险法》的有关规定,军人退出现役参加社会基本养老保险的,国家给予退役养老保险补助。退役养老保险分为以下四种情况:一是军人入伍前已经参加社会基本养老保险的,由地方社会保险经办机构和军队后勤(联勤)机关财务部门办理基本养老保险关系转移接续手续;二是军人退出现役后参加职工基本养老保险的,由军队后勤(联勤)机关财务部门将军人退役养老保险关系和相应资金转入地方社会保险经办机构,地方社会保险经办机构办理相应的转移接续手续,军人服现役年限与入伍前和退出现役后参加职工基本养老保险的缴费年限合并计算;三是军人退出现役后参加新型农村社会养老保险或者城镇居民社会养老保险的,按照国家有关规定办理转移接续手续;四是军人退出现役到公务员岗位或者参照公务员法管理的工作人员岗位的,以及现役军官、文职干部退出现役自主择业的,其养老保险办法按照国家有关规定执行。

我国军人退役养老保险补助标准由中国人民解放军原总后勤部(现为中国共产党中央军事委员会后勤保障部)会同国务院有关部门,按照国家规定的基本养老保险缴费标准、军人工资水平等因素综合确定,通常要经国务院、中央军事委员会批准。

3)退役医疗保险

按照《中华人民共和国军人保险法》的有关规定,我国军人退役医疗保险有以下三种情况:一是军人入伍前已经参加社会基本医疗保险的,由地方社会保险经办机构和军队后勤(联勤)机关财务部门办理基本医疗保险关系转移接续手续;二是军人退出现役后参加职工基本医疗保险的,由军队后勤(联勤)机关财务部门将军人退役医疗保险关系和相应资金转入地方社会保险经办机构,地方社会保险经办机构办理相应的转移接续手续,军人服现役年限视同职工基本医疗保险缴费年限,与入伍前和退出现役后参加职工基本医疗保险的缴费年限合并计算;三是军人退出现役后参加新型农村合作医疗或者城镇居民基本医疗保险的,按照国家有关规定办理。

我国军人退役医疗保险要求军人缴纳医疗保险费,其中,对于军官、文职干部和士官缴纳军人退役医疗保险费的,国家按照个人缴纳的军人退役医疗保险费的同等数额给予补助。而义务兵和供给制学员不要求缴纳军人退役医疗保险费,其医疗保险基金是由国家按照规定的标准给予军人退役医疗保险进行补助。军人退役医疗保险个人缴费标准和国家补助标准,均由中国人民解放军原总后勤部会同国务院有关部门,按照国家规定的缴费比例、军人工资水平等因素综合确定。

4) 随军未就业军人配偶保险

按照《中华人民共和国军人保险法》的有关规定,我国随军未就业军人配偶保险主要包括随军未就业军人配偶养老保险和随军未就业军人配偶医疗保险。具体分为以下几种情况:一是随军未就业军人配偶随军前已经参加社会保险的,由地方社会保险经办机构和军队后勤(联勤)机关财务部门办理保险关系转移接续手续。二是随军未就业的军人配偶实现就业或者军人退出现役时,由军队后勤(联勤)机关财务部门将其养老保险、医疗保险关系和相应资金转入地方社会保险经办机构,地方社会保险经办机构办理相应的转移接续手续。军人配偶在随军未就业期间的养老保险、医疗保险缴费年限与其在地方参加职工基本养老保险、职工基本医疗保险的缴费年限合并计算。三是随军未就业军人配偶达到国家规定的退休年龄时,按照国家有关规定确定退休地,由军队后勤(联勤)机关财务部门将其养老保险关系和相应资金转入退休地社会保险经办机构,享受相应的基本养老保险待遇。

我国法律规定,国家对随军未就业的军人配偶参加社会保险,应当缴纳养老保险费和医疗保险费的,国家给予相应的补助。随军未就业的军人配偶保险个人缴费标准和国家补助标准,按照国家有关规定执行。国家要求地方人民政府和有关部门应当为随军未就业的军人配偶提供就业指导、培训等方面的服务。如果随军未就业的军人配偶无正当理由拒不接受当地人民政府就业安置,或者无正当理由拒不接受当地人民政府指定部门、机构介绍的适当工作、提供的就业培训的,国家将停止给予保险缴费补助。

2. 我国军人抚恤、优待与安置

在我国,抚恤、优待与安置工作是我国在长期的革命和建设实践中逐步形成和发展起来的传统保障工作,也是拥军优属、拥政爱民工作的重要组成部分。

1) 抚恤

国家对因公伤残人员、因公牺牲以及病故人员家属的抚恤待遇分为伤残抚恤和死亡抚恤两个方面。伤残抚恤是现役军人因战、因公或因病致残,根据丧失劳动能力的程度,由国家给予的物质保障。根据现役军人的伤残性质确定为因公致残、因战致残和因病致残三种。待遇补偿分为伤残抚恤金和伤残保健金两种,具体标准由民政部会同财政部制定。死亡抚恤是国家依法对死亡的现役军人的家属,提供保障其一定生活水平的资金的优抚保障项目。根据国务院和中央军委1988年颁布,2011年和2019年两次修订的《军人抚恤优待条例》规定,死亡抚恤的对象,一是革命烈士遗属,二是因公牺牲军人遗属,三是病故军人遗属。按规定,现役军人死亡,需要根据其死亡性质和死亡时的月工资标准发给其遗属一次性抚恤金。

此外,为了更好地解决病弱、年老的退役红军老战士及老复员军人的实际困难,国家对部分在乡退役老红军、失散老红军及在乡复员退役军人,给予定期定量的生活补助及医疗照顾。

2) 优待

优待是国家和社会按照立法规定和社会习俗,对现役军人及家属提供保证一定生活水平和生活质量的资金和服务的优抚保障项目。除此之外,军属在我国还享有其他方面的优待,如符合一定条件的军属在医疗、入学、入托、就业、住房、参军以及贷款和救助方面均享有相当的优待。

(1) 生活优待。生活优待主要对正在服兵役的义务兵及其初级士官家属等发放生活优待金、享受相应的福利待遇、免缴相关税费、享受免费邮寄服务等。其中发给家属的优待金,一般要求不低于当地居民平均生活水平。对于特别困难的服兵役家属,地方政府还会给予定期定量的补助,甚至帮助其家庭改善生活条件。

(2) 医疗优待。国家对于残疾军人、复员军人、带病回乡退伍军人以及烈士遗属、因公牺牲军人遗属、病故军人遗属等均给予相应的医疗费用优待、医疗服务照顾和康复优待。

(3) 交通优待。我国规定现役军人和残疾军人凭规定的有效证件,享受优先购票乘坐国内各种交通工具,如火车、汽车、轮船以及民航航班等;残疾人军人除此之外,还享受正常票价的一半的价格优惠。

(4) 其他优待。除了以上常规的优待内容外,我国现役军人、残疾军人还能凭有效证件免费参观各地公园、博物馆、名胜古迹等;义务兵和初级士官等退役后,报考公务员、高等学校和中等职业学校等具有优先录取的待遇;退伍军人烈士、因公牺牲军人、病故军人等,其子女、兄弟姐妹等在符合征兵条件的情况下享受优先批准待遇;残疾人军人、烈士、因公牺牲军人子女,在入学、入托及报考学校等方面享受优待;等等。总而言之,我国的军人优待内容非常广泛。

3) 安置

(1) 就业安置。根据我国军人相关管理办法,军人就业安置有以下三种方式:第一,农村居民(原农业)户口的退伍义务兵、复员士官和三级以上复员士官,按照从哪里来回哪里去的原则复员回原籍。其中伤、病、残、孤儿和遇有生产、生活等困难的退役军人,在安置上采取国家、集体和个人三结合的方针,由国家重点帮助无房、缺房的退伍军人建房,并发动社会力量,从资金、技术、信息等方面提供帮助。第二,城镇居民(原非农业)户口的退伍义务兵、服现役满一期或者二期规定年限的复员士官,由政府负责安排工作。第三,退伍义务兵、服现役满一期或者二期规定年限的复员士官,在部队获得大军区(含大军区)以上单位授予的荣誉称号及立二等功以上的(含二等功);因战、因公致残的五至八级残疾军人,由政府负责安排工作。具体的安置办法包括:第一,事业单位安置。政府负责安排工作的均可报名参加考试,遵循公开、公正、公平考试原则,按比例择优录取。第二,本人申请自谋职业。对于政府负责安排工作且本人自愿申请自谋职业的,国家发给自谋职业金、待安置期间生活补助费等。第三,企业安置。在等待安置期,国家发给待安置期间的生活补助费。

(2) 生活安置。生活安置特指离退休安置,是指现役军官离退休后,移交地方政府安置,由国家供养。安置工作的具体内容包括:第一,生活待遇保障;第二,规定安置去向;第三,住房保障;第四,子女安排;第五,在民政部设立专门的离退休干部管理、服务机构。

第五节 补充保障制度

一、企业年金

(一)概念

企业年金在国外一般称雇主年金,它是指由雇主单位发起,单位单方缴费或单位与职工双方缴费形成的养老计划[1]。企业年金起源于英、美等发达国家,是一些具有远见的企业家为本企业雇员设立的养老金。1875年,美国快递公司建立了第一个企业年金计划,第二个企业年金计划由巴尔的摩和俄亥俄铁路公司于1880年设立。在随后的半个世纪中,大约出现了400个退休金计划。这些早期退休金计划一般建立于铁路、银行和公用事业领域。企业年金经历企业自我管理时期、市场运营与政府介入管理时期、与社会保障协调发展时期三个发展阶段。早期企业年金计划是企业对员工的一种不规范的承诺,管理接近一般银行储蓄,属于DB(确定给付型)计划,并具有名义账户的特征[2]。

国外企业在决策是否建立企业年金计划时,首先要考虑来自企业内部员工方面的压力,而这种压力的大小又取决于本国基本养老保险计划的养老金给付水平。各国经验表明,一国的基本养老保障水平越低,企业职工要求雇主建立企业年金计划的呼声和压力就越大;同时,基本养老金支付水平同企业年金发展之间存在着明显的逆向关系,基本养老制度越是发达的国家,企业年金的发展却受到一定影响,企业年金的给付水平也相对较低。

1991年国务院颁布《关于企业职工养老保险制度改革的决定》,第一次提出"企业补充养老保险"的概念,并且明确了三支柱养老保障体系的改革内容与方向。2004年5月1日正式施行的《企业年金试行办法》中指出:"企业年金,是指企业及其职工在依法参加基本养老保险的基础上,自愿建立的补充养老保险制度。"

2015年国务院印发《机关事业单位职业年金办法》,明确指出职业年金是指机关事业单位及其工作人员在参加机关事业单位基本养老保险的基础上,建立的补充养老保险制度。职业年金所需费用由单位和工作人员个人共同承担。单位缴纳职业年金费用的比例为本单位工资总额的8%,个人缴费比例为本人缴费工资的4%,由单位代扣。单位和个人缴费基数与机关事业单位工作人员基本养老保险缴费基数一致,本办法自2014年10月1日起实施。建立事业单位职业年金,形成事业单位"基本养老保险+补充养老保险(职业年金)+个人储蓄养老保险"的多支柱型养老保险模式,有利于事业单位持续深入地改革包括养老保险在内的各项制度,有利于事业单位退休人员的收入稳定化和来源多元化。同时,事业单位设立职业年金也是其人力资源管理和人力资本投资的重要举措,有效的职业年金有利于保留和吸引事业单位高端技术和管理人才,进而有利于增强事业单位内部的凝聚力和外部的市场竞争力。

(二)分类

企业年金依据不同的标准可以划分为多种类型。

---

[1] 邓大松.社会保障概论[M].北京:高等教育出版社,2019:330.
[2] 杨燕绥.国外企业年金的历史沿革及经验[J].中国人力资源社会保障制度,2004(3):38-41.

(1)按照法律对企业的强制程度不同,企业年金可以分为自愿性年金和强制性年金两类。在自愿性年金计划中,法律规定了私人养老金计划的基本规则和政策,企业选择自愿参加,不过一旦决定参加就要严格遵守规定,按照政府制定的规则操作;具体的实施办法、待遇确定、基金运作管理模式由企业自主选择;雇员缴费与否也凭自愿,实行自愿性年金最为典型的国家是美国、英国等。强制性年金计划通过立法来强制企业建立年金计划,所有企业主必须为雇员投保;相关的待遇确定、基金运作模式、筹资办法等完全由国家法律和政策规定,实行强制性年金最为典型的国家是法国、澳大利亚等。

(2)按照养老金待遇计发标准来区分,企业年金可以分为缴费确定型计划和待遇确定型计划两大类型。缴费确定型计划以年金的个人账户为核心,由企业和职工按事先约定的比例定期缴费,等职工到退休年龄时,领取的年金养老金水平就由年金基金中的缴费积累规模和投资运作收益来确定。其主要特征是缴费水平由企业自身掌握,可以按照企业经营状况做适时的改变;(多数国家)给予企业与职工双方缴费时免税优惠,投资收益也给予税收减免优惠;员工个人承担所有投资运作风险,企业主不再承担超过规定缴费标准的其他义务。待遇确定型计划的主要特征是:为保证员工获得一定水平的年金养老金,需要运作保险精算手段确定相应的收入替代率;年金基金的积累情况要根据工资增长水平进行适时的调整,以保持相对应的关系;从年金基金积累到领取阶段的全部风险都由企业主承担,因此,该类计划需要再保险。

(三)功能

企业年金不仅是劳动者退休生活保障的重要补充形式,也是企业调动职工积极性、吸引高素质人才、稳定职工队伍、增强企业竞争力和凝聚力的重要手段。它的主要作用和功能分别是分配功能、激励功能、保障功能和资源配置功能。

1. 分配功能

企业年金既具有国民收入初次分配性质,也具有国民收入再分配性质。因此,企业年金形式的补充养老金计划又被视为对职工的一种延迟支付的工资收入分配。

2. 激励功能

企业年金计划根据企业的盈利和职工的绩效为职工年金个人账户供款,它能够促使企业吸引高素质人才,稳定职工队伍,保障职工利益,最大限度地调动职工的劳动积极性和创造力,提高职工为企业服务的自豪感和责任感,增强企业的凝聚力和市场竞争力进而获取最大经济效益,是一种积极而有效的手段。

3. 保障功能

建立企业年金可以在相当程度上提高职工退休后的养老金待遇水平,解决由于基本养老金替代率逐年下降而造成职工退休前后收入差距较大的问题,弥补基本养老金保障水平的不足,满足退休人员享受较高生活质量的客观需求,发挥其补充和保障的作用。

4. 资源配置功能

企业年金的资产一般会以基金方式进入金融资本市场,通过从分散的个体提供汇聚基金,实现跨越时间、空间和产业的经济资源转移。提供这种转移,个人可以在生命周期使资源分布最优化,同时,资源也可以被最优地配置到最有效率的用途上去。企业年金基金是许多国家长期资本的一个主要来源,基金的投资相对自由,能够产生更高的收益,优化资金的配置。

(四)国外企业年金的发展

1. 美国

美国是企业年金计划的发源地,国家有专门机构批准建立年金计划。政府一直通过立法手段来鼓励、调节、规范企业年金的发展。1978年,《美国国内税收法案》增加了第401条k款,对企业年金规定了新的税收优惠。在这一背景下,根据该条款建立了一种专门的退休养老计划——401(k)计划。其主要内容有企业员工自愿参与、自定款额。企业则在雇员供款的前提下按一定比例配套供款。法律规定雇主出资不得超过雇员工资的15%。个人与企业供款当年不纳税,投资收益也不纳税。员工59.5岁时允许提款,按提款当年税率纳税。提前取款除补缴所得税外另缴罚金。该计划一般由专业金融机构管理。

企业年金是美国"三支柱"养老金制度模式中的第三层养老计划。由企业为雇员提供养老保障,最初并不在美国法律规范之内,是企业出于留用优秀员工的目的而自发为员工提供的额外养老保障项目。其分为两种类型:一种是确定收益型,在该方案中雇主承诺对雇员支付一定的受益,并投资一定的资金支持该承诺;另一种是确定缴费型,这是雇主不对雇员受益进行承诺,但雇员在退休时可以得到通过这类基金投资所取得的收益。其做法如下:

(1)自愿性的企业年金计划。美国企业年金计划的建立采取完全自愿的方式,企业可自由选择各种类型的企业年金计划。政府的主要职责在于制定税收政策及其他法律政策,确保参与者的权益。

(2)覆盖范围广。美国现阶段的企业年金制度覆盖范围极广,不仅包括营利企业、非营利组织(教育、医疗机构等),还包括没有参与雇主资助的合格计划的小企业和自顾者等,缩小了不同企业雇员在养老保障上的差距。

(3)税惠待遇。401(k)计划一般呈现EET(企业年金税收优惠政策的形式之一)的税收优惠政策,即雇主和雇员的养老缴纳额在一定额度内是可以从他们的税前收入中扣除的,如雇主的缴费在工资的15%以内,可以享受税收优惠。在投资环节,全部缴费额通过投资所取得的收益在领取退休金前是免税的,只有在领取阶段,才征收个人所得税。这也是美国企业年金制度迅猛发展的重要原因之一。

(4)基金管理。401(k)计划是一种重要的DC(确定缴费型)计划。企业年金计划的基金管理模式有单一的雇主年金计划和多雇主企业年金计划。这样一来,企业将面临繁杂的管理工作。因此,企业通常会委托独立的受托经管人或者由独立于企业之外的基金托管委员会来负责年金计划的管理。

2. 澳大利亚

澳大利亚企业年金是积累性退休收入制度,分为自愿性和强制性两类。澳大利亚有六类超级年金管理实体:零售基金、行业基金、公司基金、公共部门基金、小型基金和自我管理基金,其中前四类为"大型基金"。小型基金和自我管理基金包括审慎监管局监管的小于五名成员的小型基金和税务办公室监管的小型自我管理基金。该国的企业年金制度是一个相当成功的实践范例。近些年,企业年金制度持续变革、不断发展,目前已在澳大利亚的养老保障体系中占有举足轻重的地位,其替代率基本上能持平第一支柱。澳大利亚年金制度构成如图6-2所示。

图 6-2　澳大利亚年金制度构成

澳大利亚企业年金的做法如下：

(1)强制性企业年金制度。从制度层面上看,澳大利亚实施的职业年金制度是一种强制实施的企业年金制度。《职业养老金保证费法案》(SGC)规定雇主必须为雇员缴纳养老金。对于那些没有按规定缴费的雇主,澳大利亚税务局将对其征收相应的职业养老金保证费。

(2)覆盖范围广。从覆盖范围来看,澳大利亚职业年金适用于大多数的雇员以及所有的雇主。除了年龄小于18岁或者年龄大于70岁的雇员、月收入不足450澳元的雇员、无法享有缴费带来税收优惠的自我经营者以外,其他所有雇主及雇员都必须加入强制性企业年金计划。早在2000年时,澳大利亚的企业年金就已覆盖92%的雇员,在全部劳动力中占比达到81%。

(3)资金来源。企业年金所筹资金从来源看,以雇主缴纳为主,雇员自愿缴纳的年金比例也在持续增长。

(4)基金投资范围广泛。从基金投资方面来看,澳大利亚的企业年金投资领域相当宽泛,除了规定内部投资不能超过5%、单个资产价值不允许超过资产总值的5%,基本不设其他限制条件。现阶段,澳大利亚的企业年金资产主要用于直接投资、投资公司、寿险公司,并且三者所占比例基本一致。

3. 日本

日本年金制度是长期发展并在第二次世界大战之后逐渐确立起来的养老制度。日本年金制度分为"公的年金"(即"公共年金")和"私的年金"两种。日本"公共年金"制度是指包括自营业者和无工作者在内,所有国民都加入国民年金制度,享受基础年金的"国民皆年金"的框架。"公共年金"包括国民年金、厚生年金和共济年金(平成27年十月起,共济年金一元化,归为厚生年金)。日本的企业年金分为四类,包括厚生年金、支付企业年金、确定集资年金、确定待遇年金。其中厚生年金以500人以上大企业为对象;支付企业年金多为一般的中小企业;确定集资年金模式缴费额是事先确定的,而职工获得的年金收入是不确定的;确定待遇年金模式缴费金额并不确定,但雇员退休时的待遇是确定的。日本年金制度如图6-3所示,其做法如下：

(1)自愿性企业年金制度。从制度属性层面来看,日本的企业年金制度具有自愿性。它也是企业依照各自的承受能力和需求而制定的制度,是企业自主决策的产物。

(2)资金的筹集与支付。政府通过《厚生年金法》规定,建立企业年金计划的企业必须保证年金基金独立于企业运营,企业年金基金的资金主要来源于雇主的缴费,个人只承担一部分缴

图 6-3 日本年金制度

费。雇员退休以后，国家依据"支付金额＝保险费＋利息"的公式对其进行养老金支付，也就是根据收支相等的原则进行养老金支付。

(3)税制优惠政策。日本的企业年金制度主要采用 EET 税制优惠模式，即雇员除了在领取环节需要缴纳个人所得税，在缴费阶段及投资收益阶段基本不需要缴纳个人所得税。

(五)中国企业年金的发展

我国企业年金制度发展经历了以下三个发展阶段。

1. 制度探索阶段(1991—2000 年)

1991 年国务院颁布《关于企业职工养老保险制度改革的决定》，首次提出"企业补充养老保险"的概念，并且明确了三支柱养老保障体系的改革内容与方向。1995 年施行的《中华人民共和国劳动法》通过法律形式，表明国家对用人单位建立补充养老保险的肯定态度，从而保护劳动者参保的合法权益。同年，对于待遇给付、基金构成、投资运作等细则，劳动部确定和规范了若干条政策意见，并且规定采用"个人账户"方式管理。1997 年，国务院再次明确，各级政府与部门要加大力度做好发展企业补充养老保险的相关工作。

2. 制度试点阶段(2001—2003 年)

企业年金作为一种法定模式，在《关于印发完善城镇社会保障体系试点方案的通知》中，明确了企业年金的基金积累制的模式定位，进一步规定了"市场化营运"的相关投资管理办法。辽宁省贯彻落实城镇社会保障体系试点实施方案的文件精神，率先开展试点工作，为第二支柱后续开展工作提供了重要经验。

3. 制度完善阶段(2004 年至今)

2004 年劳动和社会保障部出台了对于企业年金及其基金管理的两个试行办法，使得制度的发展更趋规范化、标准化。在施行内容上，前者对自愿建立、参加基本养老保险为建立前提、企业和职工共同缴费、采用个人账户等重要特征给出了详细的规定；后者对基金市场化运营的服务主体行为、监管等方面做出了系统规定。至此，我国企业补充养老保险的基本框架得以成型。同时，政策的实施伴随着配套的税收政策，包括对企业所得税实行5%的优惠比例、对个人所得税采取推迟一定期限缴纳的措施。2006年我国第一个企业年金计划在联想集团正式设立。2017年《企业年金办法》的颁布，标志着我国企业年金制度进入新的发展阶段。

企业年金是我国养老保险体系的重要补充制度，大力发展企业年金制度对提升企业凝聚力和提高退休人员保障水平具有重大的现实意义。企业年金制度的完善有助于维持一定的社会公平、保证共同富裕，有利于实现国家提倡"老有所养，老有所依"的政策目标[1]。

目前，我国的企业年金发展取得了一定的成效。2020年末全国有10.5万户企业建立企业年金，参加职工2718万人，企业年金积累基金22497亿元。启动了职业年金基金市场化投资运营，投资规模1.29万亿元，全年累计收益额1010.47亿元[2]。

二、住房保障制度

(一)概念

住房保障是指以政府为核心的公共部门依据法律政策的规定，以公共财政为依托，综合利用国家和社会的力量对公民特别是住房弱势群体进行扶持和救助，保障公民基本居住水平的社会安全制度，是一种在住房领域内实行的社会保障制度。广义概念的住房保障是指以政府为主体的保障全体居民居住权利的住房分配方式和制度安排。我国计划经济时期的福利分房，以及住房公积金制度可视为广义的住房保障。狭义概念的住房保障是指政府为通过市场配置方式买房或租房存在困难的居民家庭提供经济、金融、法律等方面的援助或支持，保障一部分有特殊困难或低收入的住房弱势群体应有的居住权利。我国现有的住房保障制度大多属于狭义的住房保障。

(二)特征

1. 保障对象的部分福利性

政府通过公共财政或者依赖公共政策提供住房保障，及时、有效地向有困难的社会成员提供一定范围内的帮助，以保障其基本住房权利。住房保障具有保障性和福利性特征，这是住房保障最本质的特性。

2. 保障政策的公平性

住房保障政策的公平性主要体现在保障范围的公平性。住房保障对享受对象有严格的资格条件，只有当社会成员符合一定条件的时候才能享受，因此，社会成员享受基本住房保障的权利和机会均等。住房保障政策的公平性还体现在保障机遇的公平性。住房保障政策具有法律规定性，每一个需要帮助的对象所获得的住房保障待遇应该执行统一的保障标准。住房保障的公平性，不仅体现在待遇的享受方面，也贯穿于各项住房保障政策的制定过程中。

3. 保障力度的适度性

住房保障仅为社会成员提供一定程度上的保障，主要体现在保障范围的适度性。住房保

---

[1] 牛海.我国企业年金发展动力研究[D].上海：复旦大学，2012.
[2] 2019年度人力资源和社会保障事业发展统计公报.

障并不是面向全体社会成员的普遍福利政策,只有少数群体才能享受到。住房保障还体现在保障标准的适度性。住房保障遵从低标准的原则,只能满足社会成员基本居住需要,超出基本保障要求之上的需求不能通过社会保障的形式予以解决,只能通过市场得到解决。保障力度的适度性特征体现了"公平优先、兼顾效率"的基本原则。

4. 保障资金的非营利性

住房保障的资金和一般社会保障一样,不以营利为目的,直接由国家或者地方财政开支,保证住房能以低廉的价格提供给被保障对象。财政资金和社会资本的非营利性特征是住房保障的重要基础。

5. 保障体系的层次性特征

由于住房投入大,租售价格高,与其他社会保障相比,需要根据保障对象的经济条件建立与之适应的具有一定层次的保障体系,收入越低的家庭保障力度越大,收入较高的家庭则逐步降低直至完全退出住房保障体系,这样可以避免因一刀切造成的有限公共资源分配不公和运行效率低下的问题。住房保障体系的层次性特征也是公共资源高效利用的必然要求。

6. 保障方式的协调性

住房保障方式的协调性主要体现在两个方面:第一,住房保障与房地产市场的外部协调,要根据房地产市场的发展阶段选择合理的保障方式,在市场发展初期供给不足时,宜以新建保障性住房为主,减少保障房需求引起的商品住房价格上涨,到市场发展的中后期,宜逐步转向以市场房源为主,避免出现因新建保障性住房造成的政府财政支出压力增大和运行效率低下问题;第二,各种住房保障方式的内部协调,要根据社会经济发展,统筹安排各项住房保障方式,合理地、动态地调整各种保障方式的比例,做到实物供给与现金补贴的有机结合、经济救助与金融支持的有机结合。住房保障方式的协调性特征是不同时期住房需求变化的体现。

(三)住房保障的方式

1. 公积金

公积金是指在职职工按比例缴存、所在单位等额补贴、归个人所有的长期住房储金。公积金相关政策是:对公积金免征个人所得税;职工在购买自住住房时可提取使用其个人账户内的公积金,还可申请公积金个人贷款,公积金贷款实行政策性优惠利率等。

2. 货币补贴

货币补贴是指国家停止住房实物分配后,为解决无房职工住房问题而实行的住房货币化分配政策。即给无房职工和住房未达标职工的未达标部分发放一定的住房补贴,由这些职工根据自己的经济情况自由选购合适的住房。老职工一次性发放,新职工随工资在二十年内发放完毕。

3. 经济适用房

经济适用房是政府针对低收入群体住房困难问题,通过行政划拨土地、减免相关税费等政策扶持方式,统一建设或者规定在房地产开发建设项目中按比例配套建设的面积为 $60\sim80\ m^2$ 的政策性商品住房。

4. 廉租住房

经济适用房毕竟还是让低收入家庭去"买"。对于连经济适用房也买不起的最低收入家庭,由政府实施廉租房保障政策。保障形式主要有两种:对已经租住住房的,由政府发给其一定数量的租金补贴;对无住房的,由政府建设并提供能够满足其基本居住需要的面积适当、租金较低的廉租房。

5. 两限房

两限房即限制价格、限定面积的普通商品房。两限房是国家专门为解决既买不起商品房,又不符合购买经济适用房条件的中收入者尤其是工薪族的住房问题而强制推行建设的中小套型、中低价位的普通商品房。

6. 公共租赁住房

公共租赁住房供应对象主要是城市中等偏下收入住房困难家庭。有条件的地区,可以将新就业职工和有稳定职业并在城市居住一定年限的外来务工人员纳入供应范围。公共租赁住房的供应范围和供应对象的收入线标准、住房困难条件,由市、县人民政府确定。已享受廉租住房实物配租和经济适用住房政策的家庭,不得承租公共租赁住房。2010年6月8日,住房和城乡建设部、国家发展和改革委员会、财政部、国土资源部、中国人民银行、国家税务总局、中国银行业监督管理委员会联合发文《关于加快发展公共租赁住房的指导意见》,对公共租赁住房做了相关规定。

(四)国外住房保障制度的发展

住房问题是世界各国普遍面临的难题。联合国人居署报告显示,2010年世界贫民窟人口达8.276亿人,约占全球城市人口的1/4。在发达国家,对住房保障制度的探索已有上百年历史。1919年,英国颁布了《住房和城镇规划法》,规定居民住房问题为公共事务,政府对此履行义务。1937年,美国第一部住房法案《瓦格纳住房法》出台,之后其住房制度经历了政府建设公共住房、政府补贴住房建设、实行房租补贴等发展阶段。

西方国家的住房保障制度经历一个从政府建造住房和提供实物住房模式,到逐步实行提供实物住房与提供住房补贴、住房贷款担保或补贴相结合模式的过程,从而有效解决了住房困难群体的住房问题。美国在住房保障方面最具特色的就是各项措施通过立法保障其落实与实施,"二战"后,美国先后通过了《住宅法》(1949年)、《城市重建法》(1954年)、《国民住宅法》(1961年)、《住房与城市发展法》(1968年)等,这些法律对住房保障中包括扩大房屋抵押贷款保险、提供较低租金公房、提供低息贷款建房、提供房租补贴和帮助低收入者家庭获得房屋所有权等方面做了明确规定,为住房供给与保障制度提供了重要的法律依据。

日本1951年颁布实施《公营住宅法》,该法秉持"以低廉房租向住房困难的低收入者提供住宅"的宗旨,自1951年制定实施以来,迄今已历经22次修订,它在缓解低收入家庭住房困难方面发挥着不可忽视的独特作用,而所谓"公营住宅",是由日本各级政府建造并管理的向低收入者出租的住宅。

世界上一些发达国家,首先在住房保障方面就形成了较为完善的法律体系,也会根据不断变化的经济社会环境不断调整修订法律内容,同时建立起比较严格、规范的住房法律实施体系。

国外住房保障制度有三种类型,具体为:①以廉租为主的类型。实行此制度的有德国、荷兰、韩国等国家。如德国形成了以公共福利住房和房租补贴为主的住房保障体系,公共福利住房由各级政府投资建造,为低收入的家庭和多子女、残疾、失业者和退休人员提供住房保障,同时政府对非廉租房的对象(中、低收入家庭)发放租房补贴。韩国构建了以廉租房、公租房为主,结合租金补贴、租房低息押金贷款、财税援助等多层次住房保障体系。②租售并举的类型。实行此制度的有美国、日本、俄罗斯等国家。如美国建成了多层次的由廉租房、补贴、减税、住宅金融支援的住房保障体系。日本为中、低收入者采取"公营住宅""公社住宅"和"公团住宅"的三位一体的住房保障模式。③以出售为主的类型。实行此制度的有新加坡、英国等国家。新加坡通过公积金制度的实施,由政府主建和出售公共组房为中、低收入的家庭提供住房保障。低收入家庭可租赁组房,中等收入家庭可购买组房[①]。

(五)中国住房保障制度的发展

1. 建立阶段(1950—1977年)

这一时期我国处于计划经济体制下,城镇住房的建设和供给带有明显的计划性和福利性,住房建设计划由国家统一下达,然后再由具体单位组织建设,向城镇职工提供低租金的住房,实行单一住房供给与福利分房制度,这在一定程度上改善了广大城镇职工的居住条件,对于维护社会稳定及推进国家经济建设发挥了重要作用。

2. 市场化改革的探索阶段(1978—1997年)

改革开放以来后,为解决当时住房严重短缺问题,国家开始积极推动以住房商品化、社会化为目标的制度改革,积极探索与建立新的住房供应体系,住房制度由以前的福利分房向市场化改革,住房由先前的国家计划统一提供转变为国家、集体、个人合理负担。我国在1994年《国务院关于深化城镇住房制度改革的决定》中首次明确提出了要建立以中低收入家庭为对象、具有社会保障性质的经济适用住房供应体系和以高收入家庭为对象的商品房供应体系。

3. 深化改革阶段(1998—2007年)

为了推进住房市场化的进程,1998年的《国务院关于进一步深化城镇住房制度改革加快住房建设的通知》中明确地提出了停止住房实物分配、实行住房分配货币化,其中指出,"最低收入家庭租赁由政府或单位提供廉租住房;中、低收入家庭购买经济适用住房;其他收入高的家庭购买、租赁市场价商品住房",探索建立"以经济适用住房为主的多层次城镇住房供应体系"。2003年的《国务院关于促进房地产市场持续健康发展的通知》中要求"逐步实现多数家庭购买或承租普通商品住房",体现出了住房保障供给导向上的改变;2007年的《国务院关于解决城市低收入家庭住房困难的若干意见》中则指出,"全国廉租住房制度保障范围要由城市最低收入住房困难家庭扩大到低收入住房困难家庭""经济适用住房供应对象为城市低收入住房困难家庭,并与廉租住房保障对象衔接"等,同年由建设部、国家发展改革委等部门印发《经济适用住房管理办法》,明确经济适用住房制度是解决城市低收入家庭住房困难政策体系的组成部分,经济适用住房供应对象要与廉租住房保障对象相衔接。

4. 房地产政策调控阶段(2008年至今)

为了解决高房价下低收入家庭的住房困难问题,国家从2008年开始国家大力推行保障性安居工程建设,各地区、各部门也制定了相应的保障房建设等支持政策,明确提出了针对"城市中等偏下收入住房困难家庭"的公共租赁住房类型。在国家"十二五"规划纲要中,首次明确提出了"保障性住房覆盖面达到20%"的目标,并以公租房和廉租房为主,将住房保障的供给对

---

① 杨翠迎.社会保障学[M].上海:复旦大学出版社,2015:1.

象覆盖到低收入和中等偏下收入住房家庭。2010年国家颁布《国务院办公厅关于促进房地产市场平稳健康发展的通知》《国务院关于坚决遏制部分城市房价过快上涨的通知》《住房保障档案管理办法》，以实现房地产市场的稳定。

2016年住房和城乡建设部、财政部出台《关于做好城镇住房保障家庭租赁补贴工作的指导意见》，确立以建立购房与租房并举、市场配置与政府保障相结合的住房制度为主要方向，进一步完善住房保障制度。城镇住房保障采取实物配租与租赁补贴相结合的方式，逐步转向以租赁补贴为主。据统计，2013—2016年，我国共建成城镇保障性安居工程住房、棚户区改造住房和公租房2485万套。住房保障成为公共服务的重要组成部分，政府也相应强化了在住房保障上的职责，保障对象不仅在收入阶层的限制上有所扩大，在户籍身份的限制上也明确放宽。2019年住房和城乡建设部、国家发展改革委、财政部、自然资源部出台《关于进一步规范发展公租房的意见》，明确要坚持实物保障与租赁补贴并举。人口流入多、公租房需求大的城市，要切实增加公租房实物供给，可通过配建、长期租赁等方式多渠道筹集房源。新就业无房职工和外来务工人员较为集中的开发区和产业园区，应增加集体宿舍形式的公租房供应。要合理确定租赁补贴标准，建立动态调整机制，并根据保障对象的收入水平实行分档补贴，支持保障对象租赁到适宜的住房。强调以政府为主提供基本住房保障，因地制宜加大公租房发展力度，不断增强困难群众对住房保障的获得感、幸福感和安全感。

近年来，我国住房保障制度工作取得了较好的成就，"十三五"时期，我国住房发展向"住有所居"目标大步迈进，加快建立多主体、多渠道保障、租购并举的住房制度，不断完善市场住房体系、住房保障体系，居民住房条件显著改善。截至2019年底，3800多万困难群众住进公租房，累计2200万困难群众领取了住房补贴，低保和低收入住房困难家庭基本实现应保尽保，中等收入偏下家庭住房条件有效改善。大力实施农村危房改造，着力补齐农村贫困人口住房安全短板，为打赢脱贫攻坚战奠定坚实的基础。但仍然存在不少问题亟待解决，住房保障制度体系的完善仍任重道远，党的十九大报告提出的"坚持房子是用来住的、不是用来炒的定位，加快建立多主体供给、多渠道保障、租购并举的住房制度，让全体人民住有所居"，对推动我国城镇住房供应体系改革具有很大的示范作用，也将成为未来长时期内我国住房政策的根本性指导思想以及住房供应体系完善优化的重要方向。

三、慈善事业

（一）概念

慈善事业是指民众在自愿的基础上对社会弱势群体的无偿救助行为。它通过合法的组织形式，根据特定的弱势群体需要，集聚并配置资源。它是社会保障体系和社会公益事业的重要组成部分，是通过慈善组织的专业化、制度化运作实现社会资源的第三次分配。在现代社会保障制度出现以前，慈善事业在向贫困群体提供救助方面发挥了重要的作用，慈善事业的发展与慈善传统的延续，成为现代社会事业与社会道德发展的重要内容。

慈善事业是一项建立在社会捐赠基础上的社会救济事业，是一种有组织的民间群众性互助活动。西方发达国家十分重视慈善事业，并形成了各自独具特色的实践模式。美国的慈善事业已经形成完整的产业链：政府通过立法和税收政策鼓励社会办慈善；专业的评估机构对各类慈善组织进行评估并公报；企业和个人向满意的慈善组织捐款；媒体、公民对慈善机构的善款使用情况享有知情权和监督义务。政府、企业和慈善机构、社会组织相互协调、彼此合作形成良性循环,共同满足社会需要,解决社会问题。

目前最有效的配置慈善资源的方式是通过社会化的慈善团体来实现的。现代慈善事业不能简单地等同于捐款,尽管捐款是常见的参与慈善事业的方式,诸如捐赠有价值的实物和提供义务服务都是参与现代慈善事业的重要方式。另外,现代慈善事业所涉及的领域广泛,不再局限于传统的救灾济贫领域,而是涉及文化、教育、环境保护等诸多公益领域。

中国是世界上最早倡行与发展慈善事业的国家,其慈善思想源远流长。"慈善"一词最早出现于北齐《魏书·崔光传》中,"光宽和慈善,不忤于物,进退沉浮,自得而已",主要指对人关怀而有同情心的美德。我国传统文化典籍《说文解字》解释"慈"为仁爱之意,"慈,爱也";"善"则多为"吉祥、美好、富于同情心"之意,故慈善是将对他人产生的关爱、怜悯之情,付诸实际帮扶、救助行动的行为。慈善是仁爱之心的具体体现,通过捐赠、帮扶、救济等手段来实现。慈善是指个人或群体通过某种途径自愿地向社会及受益人提供无偿的援助的活动,这些援助包括资金、实物及劳务等方面。

慈善事业是施善者通过捐款、捐资、提供志愿服务等手段,自愿地奉献爱心、扶困济弱的社会事业。慈善事业旨在通过慈善救助来解决脆弱社会成员的生存困境或特殊困难,从而发挥社会保障的功能作用。现代慈善事业具有六大本质规律,即以社会成员的善爱之心为道德基础、以社会捐献为经济基础、以民营机构为组织基础、以捐献者的意愿为实施基础和以社会成员的普遍参与为发展基础[①]。

"慈善"与"公益"是一对高度关联的概念,均具有利他性和非营利性,但二者之间仍然存在一定的区别:"慈善"是把给予和施舍作为价值基础,以缓解贫困作为政策目标,服务于贫困和弱势群体,重在给予,表达的是一种怜悯和同情,主要体现个体性、救助性和目的性特征[②]。"公益"是以博爱与关爱作为基础价值,以社会关爱作为政策目标,服务于弱势与劣势群体,重在参与,是人们的一种追求公共利益的活动,主要体现社会性、非商业性[③]。慈善行为过程的两个端点是捐助人和受益人。2016年出台的《中华人民共和国慈善法》明确规定,慈善活动是指自然人、法人和其他组织以捐赠财产或者提供服务等方式,自愿开展的扶贫救困、扶老救孤、助残、应对突发事件损害及促进社会事业发展等公益活动。

(二)国外慈善事业的发展

1. 美国

1)慈善资源丰富,慈善水平高

现代慈善事业始于美国,当前世界慈善事业最发达的国家是美国。仅在2013年,美国公共慈善组织的数目就达到1022865个,且公共慈善组织数量增加迅速,公共慈善组织数量比2003年上升了30.6%[④]。美国的慈善水平在全球一直名列前茅,慈善捐赠指数排名靠前,慈善事业发达。

美国是世界上慈善基金会数量最多、规模最大的国家,慈善基金会数量是其他国家无法比拟的。美国慈善基金会已经是美国慈善事业发展中的显著特点,是其一大特色。美国慈善基

---

① 郑功成.现代慈善事业及其在中国的发展[J].学海,2005(2):36-43.
② 刘琼莲.慈善共治视域下发展我国残疾人慈善服务研究[J].中国矿业大学学报(社会科学版),2018,20(4):46-60.
③ 刘继同.慈善、公益、保障、福利事业与国家职能角色的战略定位[J].南京社会科学,2010(1):90-96.
④ 李继真.美国慈善事业研究[D].济南:山东大学,2017.

金会的工作涉及很多领域,大多具有前瞻性,如科研、教育、扶贫及环保等。且基金会向社会也捐赠了不少资金,发挥着长远而又重要的作用,有力地推动了美国慈善事业的发展。

2)分而治之的税收政策

美国政府对慈善组织主要是通过税收来调控的。美国法律关于公共慈善组织和私人基金会的税收政策是分而治之的。前者的核心部分由免税部分、利益冲突人及超额利益交易三个部分构成,后者的核心部分由利益冲突人、自我交易、法定支出及高风险投资四个部分构成。两者共同的特点是,税法赋予的慈善地位可以确保慈善组织就其慈善收入而言,享受税收上的免除。对于捐款的个体而言,税法也对其税收优惠做出了规定,对于捐款的企业同样如此[1],美国立法者对那些利用税收优惠政策而避税的行为,规定了严格的惩处措施。

3)严格的监督机制

美国慈善事业的监督机制是美国慈善制度的重要组成部分。该机制由三部分构成:政府、国会和社会力量。美国慈善事业的监督机制确保了美国慈善事业的正常发展。美国政府对慈善事业的监管机制主要分为联邦、州和地方三个层级,其中联邦和州政府发挥着主要监督作用,主要针对慈善组织进行监管并提供相应信息、服务和其他支持。美国国会对慈善组织的监管除了立法工作之外,其下设的机构中也有专门部门负责对慈善组织进行监督,作用比较突出的是联邦财务委员会和联邦贸易委员会。除了正式国家机关对慈善组织进行法律和制度层面的监督外,第三方监督机构和新闻媒体也发挥着极为重要的作用,它们是美国慈善制度中监督制度不可缺少的组成部分。三方监督机制为美国慈善事业的顺利开展提供了强有力的保障。

4)以民间慈善组织为主导

在美国,慈善组织凸显其民间性、非政府性和非营利性,在发展中遵循了自主规划、自主决策、自主管理、自主经营的模式。美国慈善组织完全公开透明,捐款、会员会费、管理人员薪酬、慈善开支去向都有记录,任何人都可查阅。美国的"慈善导航"网,对全国5500家知名慈善组织进行信息发布和评估,并按照各个指标评选出各类"10个最"慈善机构,如"10个规模最大的慈善组织""10个一贯最优秀的慈善组织""10个管理人员报酬最低的慈善组织"等[2]。

5)慈善文化氛围浓厚,民众参与度高

一个国家慈善事业的发达程度与该国社会中浓厚的慈善文化氛围息息相关。美国慈善事业发展迅速,浓厚的慈善文化氛围使得民众的参与度也大大提高。据美国年度慈善捐赠报告,2018年美国的慈善捐赠总额是4277.1亿美元,其中个人捐赠占捐赠总额的68%,虽比2017年的占比70%有所下降,但依旧是捐赠的主力军;企业捐赠占捐赠总额的5%,基金会捐赠占捐赠总额的18%,较2017年有所上升;此外,遗产捐赠占捐赠总额的9%。

2. 英国

1)先进、完善、成熟的慈善法制

英国是世界上最早制定慈善法的国家。英国慈善法是相对独立的法律领域,既有多部成文的慈善法典(如《2006年慈善法》《2011年慈善法》),又有数不胜数的司法判例。英国慈善法制作为规制慈善组织的基本法律机制,在私法自治与公共利益维护之间维持平衡关系,既保障慈善组织的独立性,同时确保慈善组织所追求的慈善目的与公共利益的实现。其运行既体现

---

[1] 吴洪彪.国外慈善理论与实践对中国慈善事业的启示[J].中国民政,2012(7):30-31.
[2] 刘植荣.国外慈善事业的管理[J].中国中小企业,2011(11):76-77.

在英国慈善法的基本原则之中,也贯彻于相关慈善法制度规则之中①。因此,英国慈善事业有法可依是其蓬勃发展的一个重要因素。

2) 慈善事业独立于政府运作

英国的《慈善法》规定,慈善委员会是个独立的机构,政府部门或者议会成员不得以任何形式干扰或控制其职权的实施②。作为英国慈善事业最重要的一个非政府性质的公共部门,慈善委员会负责管理英国本土各种慈善机构,对慈善机构进行登记注册和监管,对全国各地的慈善机构进行管理和协调,提供各种咨询服务,它是英国最权威的慈善管理机构。

3) 以政府和民间合作为主

英国的慈善组织既不是政府行政部门的组成部分,也不是独立的纯粹民间组织,属于政府—民间合作互动的关系。从英国产生慈善组织伊始,英国政府就十分重视与慈善组织之间的关系,为了推动英国慈善事业向前发展,英国政府每年都要投入巨额的资金到慈善事业中去,以进一步促进慈善事业发展③。

4) 慈善商铺——英国慈善事业的主要筹款方式

慈善商铺遍及英国大街小巷,是普通群众最容易接触到的一种运营机构。这是一种不断发展壮大的捐助形式,也是当代西方国家尤其是英国慈善事业主要的运营模式及筹款方式。慈善商铺能够确保各种社会产品的循环利用,也保证了弱势群体的各种基本需求,是一个小规模但是高利用率的慈善机构④。

3. 新加坡

1) 建立公众参与监管的机制

新加坡政府于2007年建立了慈善理事会网及"慈善团体"入门网站,旨在为公益慈善组织提供一站式电子化服务,把与公益慈善相关的信息集中在一个数据库里,有助于提高处理申请的速度及提高公益慈善组织的透明度⑤。这两个门户网站同时是信息中心,便于公众行使知情权,了解捐赠情况以及反馈信息,不断提高慈善机构的公信力。

2) 以政府为主导

由于受到英国政治与社会制度的影响,独立后的新加坡政府呈现"强势而高效"的姿态,社会管理方面处处都有政府的影子。作为隶属于社会服务全国委员会的慈善组织,理所应当地处于强势政府的干预之下,其管理模式形成了独特的政府主导型。新加坡慈善组织的运作主体是国家社会服务委员会(NCSS)。该委员会的正式组织成员数量在不断增加,且拥有了一定的规模。

4. 日本

1) 慈善立法趋于整合化

从日本慈善性非营利组织立法的历史变迁来看,其经历了立法碎片化向立法整合化的演进过程,目前立法统合工作仍在进行中。从日本慈善性非营利组织立法的相关内容来看,1998

---

① 王名,李勇,黄浩明.英国非营利组织[M].北京:社会科学文献出版社,2009:76.
② 李德健.英国慈善法研究[D].济南:山东大学,2016.
③ 潘孟.英国慈善事业对我国慈善机构内部控制的启示[J].辽宁经济,2017(5):56-57.
④ 周彦旭.发达国家慈善事业发展模式及其启示[D].长沙:湖南师范大学,2013.
⑤ 刘智琳.新加坡慈善组织管理对中国慈善组织管理的启发[J].经济视角,2012(6):58-59.

年施行的《特定非营利活动促进法》详细规定了慈善组织、慈善活动及其税收优惠等问题,弥补了过去分散立法模式的不足,使日本慈善立法模式开始走向综合立法模式[①]。此外,日本的慈善立法明显地体现了培育和尊重非营利组织的立法理念。

2) 慈善负责人的"全透明"

慈善组织在日本一般被称为"公益法人"。为了取得社会信任,日本慈善组织不仅要财务公开,负责人往往也要"全透明"。作为慈善公益机构的负责人,生活必须要全部透明化,接受社会媒体的公开监督,促使慈善事业发展的顺利进行。

(三) 中国慈善事业的发展

我国慈善事业的历史源远流长,自古已有仁爱的慈善理念和乐善好施的慈善行为。新中国成立以来,我国慈善事业经历了以下四个阶段。

1) 传统慈善阶段(1949—1993年)

1949年新中国成立以来,受当时的政治条件、经济体制和社会基础等的影响,我国慈善事业发展较为缓慢,政府在社会救济和社会福利中发挥主要作用。自1978年改革开放以来,为了推动民间慈善事业的发展,我国分别于1988年颁布《基金会管理办法》、1989年颁布《社会团体登记管理条例》、1993年颁布《中华人民共和国红十字会法》,这些对我国慈善事业、慈善机构及其行为起到了直接规范的作用。

此阶段政府全面主导着慈善组织的运作,以官办基金会形式成立的慈善组织并不具备明确的法律地位,因而实际的社会活动能力不强,开展常规性的慈善活动较少。正值当时的经济发展水平较低,社会慈善氛围淡薄,公众的慈善意识不强,慈善的概念较为狭窄,慈善功能发挥仅限于赈灾救济,这一阶段的慈善事业发展速度缓慢。

2) 现代慈善阶段(1994—2007年)

1994年中华慈善总会成立后,我国开始摸索现代慈善事业的发展模式和路径。1998年以来出台了《社会团体登记条例》《民办非企业单位登记管理暂行条例》《中华人民共和国公益事业捐赠法》,鼓励社会力量参与慈善事业建设,为发挥慈善组织的作用、规范慈善组织的行为、保障慈善组织的权益提供制度支持。

进入21世纪以来,党和国家十分重视慈善事业的发展。2004年,党的十六届四中全会第一次把"慈善事业"作为建立健全我国社会保障体系的重要组成部分并写入了党的文件,紧接着民政部启动慈善法立法研究工作;2006年,中共十六届六中全会以文件形式明确提出要"逐步建立社会保险、社会救助、社会福利、慈善事业相衔接的覆盖城乡居民的社会保障体系",要"发展以老扶老、助残、救孤、济困为重点的社会福利,发展慈善事业,增强全社会慈善意识";2007年,党的十七大报告明确提出"要以社会保险、社会救助、社会福利为基础,以基本养老、基本医疗、最低生活保障制度为重点,以慈善事业、商业保险为补充,加快完善社会保障体系",再一次强调了慈善事业作为社会保障体系的组成部分。此阶段政府支持慈善事业发展的政策力度逐渐增强,在探索现代慈善事业的发展中开始搭建慈善法律制度框架,逐步完善慈善事业政策体系,为社会力量的参与奠定了法律政策基础;同时,民间社会组织、慈善界等社会力量也积极地投身于慈善事业的发展,不断实现慈善手段的创新突破。在各方的共同努力下,我国慈

---

① 谢琼. 国外慈善立法的规律、特点及启示[J]. 教学与研究,2014,48(12):23-31.

善事业的发展基本形成了政府主导、社会力量参与的"慈善新格局",慈善事业的发展焕然一新,同时加速推进慈善立法工作。

3) 全民慈善阶段(2008—2015年)

2008年是中国慈善事业的"公益元年",我国慈善事业发展进入了一个新的历史阶段。汶川地震后,民间慈善组织、志愿者及公民个人自发地到红十字会、团委等组织处进行注册登记,参与救灾活动,全国性的募捐、公益等慈善活动自发性、大面积、高频次地展开,我国慈善捐赠金额首次突破千亿元,并推动形成了基金会救灾网络,进一步提高了全社会的现代慈善意识和抗灾救灾的社会参与度,对慈善事业的发展起到了积极的推动作用。但在抗震救灾的过程中,由于慈善体制的局限性,部分慈善组织被限制募捐,发挥的救灾作用有限。同时,捐赠善款被政府集中与对口援建资金混合使用,捐赠善款具体流向不明、透明度不高。2010年玉树地震,政府持续统筹救灾捐赠善款,民间的捐款资金及救灾物资仍需汇缴政府统一管理、统一接收。2013年的雅安地震,政府统筹救灾捐赠善款这一规定有所松动,政府不再统筹社会募集资金,慈善组织有了更大的发展空间。慈善组织与政府关系经历了"慈善组织依附政府—政府集中统筹管理—政府和慈善组织合作"的变化。

2014年,全国人大内司委牵头起草慈善法工作,社会各界积极提供相关材料及观点参与开门立法工作;同年夏天,"冰桶挑战赛"通过互联网风靡欧美及中国,以其"创新性、娱乐性、互联网化"等特征刷新了中国以往公益慈善的形式,互联网式的轻公益、轻慈善为更多人的参与提供了可能。2014年11月,国务院制定新中国成立以来第一个关于慈善事业的纲领性文件《关于促进慈善事业健康发展的指导意见》,进一步规范了慈善事业的发展,加速了独立的慈善事业制度的建立,推动了我国慈善事业的健康发展,同时,也对我国慈善事业的发展指明了方向,提出了更高的要求,推动我国慈善事业的发展进入新阶段。

此阶段政府采取多种措施推动各地慈善事业的开展,社会各种模式的基金会相继成立运行,民间慈善组织和机构的数量与规模日益壮大,公民自发组织、参与到慈善捐赠、公益等慈善活动中,互联网为公益慈善提供了更多可能,"全民慈善"的社会现象进一步推动了慈善组织数量的增加和慈善服务的多元供给,形成了政府、社会与公民个人合力创造慈善与公益共同发展的格局。

4) 善经济阶段(2016年至今)

2016年我国第一部真正意义上关于慈善的法律《中华人民共和国慈善法》的颁布,开启了属于慈善事业的法治经济新时代,慈善从社会的边缘走向社会的中心,逐步承担起经济和社会建设的使命。在《中华人民共和国慈善法》的引领下,慈善事业相关配套法律法规密集出台实施,慈善组织成立数量明显增加,多项慈善活动陆续展开,慈善服务的供需对接平台逐步建立,公众的慈善服务需求得到更进一步的满足。

我国经济客观上进入了"善经济"阶段,"善经济"就是要让善成为经济发展的内在需求。一方面企业必须履行社会责任,另一方面以人为本的服务业已经成为中国经济新的增长点。同时,机遇与挑战并存的新时代,也为我国慈善事业的继续崛起带来了历史性的发展机遇,赋予了慈善组织新的历史使命和责任。面向国内,慈善事业及慈善组织肩负着完成精准扶贫的国家使命,在助推社会经济发展、维护社会和谐稳定、推动社会保障事业进一步发展、促进社会治理等方面发挥着越来越重要的作用;面向国外,慈善事业及慈善组织通过"一带一路"倡议与沿线国家达成合作意向,推动中国慈善组织走出去,走向全球慈善舞台,同时积极学习借鉴国外慈善理念及模式。另外,"互联网+"技术的兴起与成熟、社会组织逐渐与国际接轨、企业社会责任感逐步增强、公民参与社会意识觉醒等技术手段的成熟和社会现象的加强,都为慈善事业的进一步发展、慈善服务的创新提供了全新的条件与可能。

此阶段,慈善政策体系基本建成,政府与民间慈善组织等社会力量密切配合,多渠道的慈善捐赠途径、多元化的慈善方式、法治化的慈善事业、多层次的慈善需求,以及慈善科技、慈善经济等新型概念的提出,都使慈善事业的发展彰显着新时代的特色。

总之,我国当代慈善事业和西方发达国家相比,虽然起步晚、底子薄、基础弱,但近年来取得了长足的发展。党的十七大报告明确了慈善事业在社会保障体系中的补充作用,在实践中不断加大对慈善事业发展的指导扶持力度,慈善事业组织体系进一步发展,服务能力进一步提升,发展环境进一步改善,社会公众的慈善意识不断增强,中国特色慈善事业发展格局初步形成。

然而,我国慈善捐赠总量与人均捐赠数量仍相对较少,慈善法规政策与慈善事业发展要求仍不相适应,公益慈善组织自身能力与承担的社会责任仍不相适应,慈善事业专业人才与公益慈善组织发展需求仍不相适应。党的二十大报告中明确指出,"引导、支持有意愿有能力的企业、社会组织和个人积极参与公益慈善事业"。因此,需要进一步完善慈善事业法规政策体系,促进公益慈善组织发展,加强慈善事业人才和志愿者队伍建设,不断拓展慈善资源,完善慈善事业监管体系,加强慈善文化建设。

四、商业保险

(一)概念和特征

商业保险(commercial insurance)是指通过订立保险合同,以营利为目的的保险形式,它由专门的保险企业经营。商业保险经历了从萌芽的互助形式逐渐发展成为冒险借贷,又从冒险借贷发展成为海上保险合约,再发展到海上保险、火灾保险、人寿保险等,并逐渐发展成为现代保险。意大利是现代海上保险的发源地。

中国于1995年通过了《中华人民共和国保险法》,于2015年第三次修正了该法,对保险做如下定义:"投保人根据合同约定,向保险人支付保险费,保险人对于合同约定的可能发生的事故因其发生所造成的财产损失承担赔偿保险金责任,或者当被保险人死亡、伤残、疾病或者达到合同约定的年龄、期限等条件时承担给付保险金责任的商业保险行为。"

商业保险是社会保障体系的重要补充制度,具有以下特点:①商业保险的对象可以是人和物(包括有形的和无形的),具体标的有人的生命和身体、财产以及与财产有关的利益、责任、信用等。②商业保险的经营主体是商业保险公司。③商业保险的经营要以营利为目的,而且要获取最大限度的利润,以保障被保险人享受最大程度的经济保障。④商业保险是通过保险合同来反映他们之间的保险关系,商业保险中保险双方当事人通过保险合同约定他们之间的权利和义务。按照合同规定,当被保险人发生意外时,保险人就要按照合同规定履行自身的义务,向被保险人赔付或者给付赔偿;被保险人承担向保险人缴纳保险费的义务。双方具有条件性、附和性、个人性、双务性、补偿性。

自20世纪70年代以来,世界各国普遍对社会保障体系进行改革,重新调整了政府、市场、个人三者之间的权利和义务,目的是通过市场效率来弥补政府不足和失灵。由于国情不同,各国社会保障体系改革的方式方法存在一定差异,但发展的趋势基本一致:一是政府注重保证社会保障公平性,政府的社会保险财政给付责任减小,重点为所有公民提供基本的保障;二是政府通过政策引导,政府、市场和个人三者的保障责任逐渐趋于均衡,国家、企业、个人和家庭共同承担保障责任;三是注重发挥市场机制在社会保障领域中的作用,在当前流行的三支柱社会保障体系中,第二、三支柱大都以市场的方式运作,商业保险在其中发挥了重要的作用。

从商业保险在社会保险中的地位来看,国外的商业保险可以划分为以下三种模式:①商业保险主导型,比较典型的国家是智利。智利在 1980 年推行了社会保障改革,其养老保险制度的核心是由劳动者个人负责养老问题,其基本内容可概括为:政府实施立法和监控,民营机构具体操作,个人账户强制储蓄,政府承担最终风险。保险费既可由用人单位在发放工资时统一扣除并代为缴纳,亦可自己缴纳。用人单位和雇主无须为职工支付保险费。目前有 95% 的智利人拥有属于自己的"个人养老金账户"。通过这种方式,政府将对社会保障基金的管理责任转移给了金融公司,政府责任被限定在比较小的范围内,而个人就必须更多地承担管理私人账户的责任。②商业保险边缘型,比较典型的是英国和北欧国家。其最大特征是以国家财政为保障基础,覆盖所有的社会成员,商业保险在社会保障体系中处于边缘地位。如芬兰等北欧国家,经过多年的实践和发展,已经建立起一整套比较完善的社会保障体系,该体系覆盖范围广泛,包括教育资助、免费医疗、失业救济、老人照料、养老金支付、残疾人救助、单亲父母津贴、家庭和儿童保护等方方面面,十分细致周到,居民从"摇篮"到"坟墓"都会得到国家的关照,都由政府给予基本的保障。在这种方式下,社会保障成为政府对国民收入进行再分配的有力工具。该模式是带有浓厚的全民福利色彩、具有绝对公平特征的社会保障体系。③法定保险与商业保险混合型,比较典型的有美国、日本等国家。这个模式目前已成为世界各国改革的重要方向。例如日本,社会保险中的最大险种——养老保险主要分为三大类:第一种是公共养老保险,称为原生年金;第二种是私营企业劳动者参加的养老保险,保险费按收入的一定比例缴纳,政府补贴 20%;第三种是国民保险年金,所有未包括在上述两种保险计划内的人都参加这一保险,主要是个体劳动者、农民等。又如美国的医疗保障体系主要由政府举办的社会医疗保障计划、雇主举办的团体医疗保险计划及个人投保的商业医疗保险计划三个部分构成。

(二)商业保险的功能

1. 互助共济的功能

商业保险的发展有利于完善多支柱、多层次的社会保障体系,可以更好地满足人们多种多样的保障需求。现如今我国人口老龄化问题严重,"银发中国"的隐患越来越严重。随着人民生活水平的不断提高,人们对各项保障的要求也逐渐多样化,而商业保险的不断完善对此提供了客观条件。由于一些不可抗因素的存在,人类社会在发展的过程中,不可避免地要遭受一些无法预知或无法抗拒的灾难,面对这样一些情况,人们需要尽可能地通过事先预防的方式做到防患于未然,所以现代社会保险制度的第一个功能就在于充分发挥了互助共济的优势,不仅依赖政府,同时参加保险的个人之间、单位之间也有互助的行为。

2. 促进国民经济发展的功能

商业保险的发展有利于优化金融资源配置,完善社会主义市场经济体制。众所周知,保险是社会经济发展的产物,而社会经济的持续、健康发展也必然会促进保险业的发展与完善。在社会经济发展的过程中不可避免地要遇到通货膨胀、失业、疾病等情况,而且这些情况的发生也呈现出随机的特点,所以商业保险公司在运营的过程中必然要考虑如何使公司收到的投保人缴纳的保费保值、增值,达到连续、不间断地为被保险人进行经济补偿的目的。比较广泛使用的方法是通过投资运营保险资金以达到保险基金保值、增值的目的。

3. 维护社会安定团结的功能

商业保险有应对各种灾害事故风险的优势,可以保障人们生命财产安全。商业保险虽然是以营利为目的而举办的,但基于资金给付和保险赔偿所派生出来的其他功能同样使其具有促进社会安定团结的功能。商业保险的一些人身类险种通过对参加该险种并在生产生活中遭遇灾难和事故导致收入中断的人提供补偿,使其在一定时间内可以继续维持相对稳定的生活。对于一些参加了财产保险的企业来说,通过参保转嫁了自身可能遇到的风险,从而在遭遇意外事故时可以从保险公司获得补偿,以继续维持企业的持续经营。

(三)国外商业保险的发展

1. 美国

美国作为世界上保险业最发达的国家之一,是全世界保费规模最大、资产总额最大、市场主体最多、竞争最激烈的商业保险市场。其做法主要有以下几方面。

1)依托健全的市场机制

(1)对保险资本实施开放型扩张战略。美国保险业与英国、德国等保险发达国家建立了良好的合作关系,既促进了国内保险市场的扩展,也有利于对外扩张。同时实施优胜劣汰,促进保险行业兼并重组和资源优化。美国拥有健全完善的市场经济体系,保险市场开放度高,行业进入门槛较低,竞争激烈,保证了市场主体的经营效率。

(2)放松监管政策。以1999年《金融服务法》出台为标志,对保险公司的监管从保险条款、保险费率、资金运用的严格限制逐渐转为偿付能力监管。

2)通过税收优惠促进商业保险行业的发展

合理确定可扣除项目,保证保险业税收与银行业税收的公平。分设寿险公司和非寿险公司征税体系,分险种纳税,给予关系国计民生、高风险的特殊险种政策性扶持。对小型保险公司予以税收优惠,对投资性活动的收益予以税收减免,如财产保险公司,允许扣除免税利息、投资性支出、不动产支出、业务开支、已付利息、折旧、资本损失等。此外,美国还对投保人给予一些税收优惠。

3)完善的保险监管体系

保险监管体系包括商业保险监管法律、机构、信息披露、行业自律等制度。监管模式体现了保护被保险人利益、尊重市场竞争机制的特点:一是强调偿付能力。1871年成立的全美保险监督官协会(NAIC)建立了在初始时段预警的保险监管信息体系,提高了对保险机构相关财务数据的管理和监督质量。二是混业经营下分业监管。长期以来银行被严格禁止从事保险、证券等非银行金融业务,20世纪70年代后的金融监管制度改革以限制风险的监管方式取代限制竞争的监管方式,20世纪80年代后,商业银行业务范围逐渐渗透进商业保险市场,1999年,美国颁布了《金融服务现代化法》,废除了银行不得进入保险业的禁令,开启了金融业混业经营的监管方式。

在养老、医疗保险领域,商业保险具体体现为养老金第三支柱——商业健康保险。美国政府于1935年颁布了《社会保障法》,1973年通过了《健康维持组织法案》,强化了商业健康险在社会健康保障体系中的地位和作用。商业健康保险的经营主体呈多元化的倾向,其中不仅有专业的商业保险公司,也有非营利性组织。20世纪30年代,首个真正具有现代意义的商业健康保险计划——美国"蓝十字"和"蓝盾"计划出台:全国性的蓝十字协会承保范围主要为住院医疗服务;全美蓝盾计划协会开展医疗保险服务,承保范围主要为医生出诊费用保险和手术费用保险。美国是政府补缺型医疗保障的典型国家,以商业健康保险为主导,以税收优惠等措施引导大中型企业为其雇员及其家属购买商业健康保险作为企业的福利待遇。同时强调落实税收法定原则,商业健康保险税收激励之纳税主体、课税客体、税基、税率也都恪守最为正式、规范、透明的法律制定程序。

2. 日本

日本商业保险制度经历了从严格管制向自由规制转变的发展历程。"二战"后,日本建立了政府严密控制下的金融监管体制。20世纪70年代末,为发挥市场作用,日本政府逐步放宽经济上的监管尺度,并开始了商业保险自由化改革。2010年日本正式实施《保险业法》,结束了日本仅在《商法》中设置保险章节而无保险法的历史。其做法主要有以下几方面。

1)建立健全完善的监管体系

(1)打造一体化监管模式,即由政府设立全国统一的金融监管权力机关,通过行政权对整个金融行业进行监管。

(2)强化保险公司内部的自我规制,自我规制不仅依赖于企业的职业道德,更依赖于自主规制团体的能力、权限及自主规制团体成员的商业道德。

(3)建立与完善商业保险信息披露制度,避免由于信息不对称导致的保险公司所有者与债权人利益受损情况的发生。

(4)加强对偿付能力的监管,《保险业法》颁布后,日本公布了偿付能力新标准的同时,金融厅积极参与金融行政的国际化和国际性规定的制定,采用国际会计标准及偿付能力监管标准,使本国商业保险行业发展与世界保险业发展同步。

此外,日本政府还加强经济规制,针对险种与费率的波动性容易使得保险公司陷入困境的问题,日本政府通过适时调整利率方式来争取投保人的投保,以保障资产负债关系①。

2)推行介护保险制度

在养老、医疗保险领域,日本商业保险具体体现为养老金第三支柱——介护保险制度。日本介护保险制度的建立是以政府颁布的法律规定为基础的。日本《介护保险法》于1997年制定,2000年正式实施,以法律的形式强制规定年满40周岁的人必须缴纳介护保险费,国家和地方则给予一定的财政支持。日本的介护保险是集医疗、保健、养老以及福利为一体的社会保障制度的一种创新②。介护保险制度推动了介护服务的市场化与产业化。一方面,《介护保险法》当中规定,介护服务领域完全向私人部门开放,民间团体在自由的竞争市场当中依照契约向利用者提供介护服务③。另一方面,尊重老龄者自我选择是介护保险制度的原则,被保险者自己以签订合同的方式来选择、决定利用何种介护服务。在2007年不法申请给付资金事件出现后,日本政府对服务提供者的指导监督体系建设特别重视:一是订立评鉴标准,建构委外单位自我评鉴体系;二是通过广泛多样的人员评鉴的委外单位业务来降低监督成本;三是通过相

---

① 刘畅,杨光.日本商业保险制度改革评析及启示[J].经济纵横,2012(9):110-112.
② 李青.日本养老制度发展历程:从"国家福利"到"社会福利"[J].行政管理改革,2019(7):93-99.
③ 周绿林,张笑天,和田康纪.日本介护保险制度改革及借鉴[J].中国卫生经济,2013,32(12):112-116.

互牵制作用建构监督制度[1]。

(四)中国商业保险的发展

中国商业保险的发展总体可以概括为以下三个阶段。

1. 起步阶段(1980—1992年)

这一阶段保险业处于从国有垄断到多元竞争的恢复发展期,保险市场体系还很不健全。1984年,中央财经领导小组做出决定,由中国人民保险公司经营集体所有制职工养老保险。在国民经济迅速恢复的十多年里,中国商业保险在灾害救助、防灾防损方面发挥了巨大的作用,尤其是在农村经济发展中承担了重要的社会责任。1982—1988年,从一定程度上来说,中国保险业已经成为社会保障体系的一个有机组成部分,并发挥了一定的作用。

2. 探索阶段(1993—2002年)

十四届三中全会《关于建立社会主义市场经济体制若干问题的决定》确定了建立多层次社会保障体系的战略方针,并明确提出发展商业保险作为社会保障的补充。这标志着商业保险被正式纳入中国社会保障体系的整体建设进程之中。这一阶段,中国社会保障体系的多支柱框架初步确立,商业保险在社会保障体系中的作用日益显现。在这个阶段中,人们对保险业在社会保障体系中所处地位的认识也逐步澄清,越来越多的人开始通过商业保险获得养老和医疗等方面的保障,中国商业保险开始进入快速发展时期。

3. 发展阶段(2003年至今)

十六届三中全会《关于完善社会主义市场经济体制的决定》明确提出,"鼓励有条件的企业建立补充保险,积极发展商业养老、医疗保险",确立了商业保险业在构建中国社会保障体系中的重要地位。2007年党的十七大报告进一步指出,"加快建立覆盖城乡居民的社会保障体系,保障人民基本生活。社会保障是社会安定的重要保证。要以社会保险、社会救助、社会福利为基础,以基本养老、基本医疗、最低生活保障制度为重点,以慈善事业、商业保险为补充,加快完善社会保障体系",商业保险开始全面地参与中国社会保障体系的建设,发挥出越来越重要的作用[2]。党的二十大报告指出,"促进多层次医疗保障有序衔接,完善大病保险和医疗救助制度,落实异地就医结算,建立长期护理保险制度,积极发展商业医疗保险"。

改革开放以来,中国的保险业不断发展壮大,取得了一系列成果。初步形成了以国有保险公司为主体,中外保险公司并存,外资公司争相入市,多家保险公司竞争发展的新格局。根据银保监会数据显示,截至2020年12月,全国保险公司原保险保费收入4.53万亿,其中财产险为1.19万亿元,人身险为3.33万亿元,人身意外伤害险为1174亿元,健康险为8173亿元,保险金额为87099109亿元。

本章小结

社会保障体系构成因国情不同其内容也有差异,随着经济发展的变化和人口老龄化程度的加剧,世界各国逐步建立了多支柱的社会保障体系。中国的社会保障体系构成包括社会保险、社

---

[1] 王磊,林森,赵晔.日本介护保险制度改革及其启示[J].地方财政研究,2013(5):75-80.
[2] 王琬.中国商业保险的发展与社会保障制度建设[J].人口与经济,2010(6):54-58.

会优抚、社会救助、社会福利和补充保障,社会保险由养老保险、医疗保险、工伤保险、失业保险、生育保险、长期护理保险构成。补充保障包括企业年金、住房保障、商业保险和慈善事业。

加快健全多层次社会保障体系

习近平总书记指出:"社会保障是保障和改善民生、维护社会公平、增进人民福祉的基本制度保障,是促进经济社会发展、实现广大人民群众共享改革发展成果的重要制度安排,发挥着民生保障安全网、收入分配调节器、经济运行减震器的作用,是治国安邦的大问题。"党的二十大报告明确了未来五年我国发展的主要目标任务,其中包括"多层次社会保障体系更加健全",并对健全社会保障体系做出战略部署。这为我们在新征程上推动社会保障事业高质量发展指明了方向。

改革开放以来,我们党把社会保障作为改善人民生活的基础民生工程,稳步推进社会保障体系建设,取得了重大进展。新时代,我们党把社会保障体系建设摆在更加突出的位置,对我国社会保障体系建设做出顶层设计,在社会保障领域进行了一系列改革探索,改革的系统性、整体性、协同性进一步增强。我国建成了世界上规模最大的社会保障体系,为人民创造美好生活提供了重要保障,为打赢脱贫攻坚战提供了坚强支撑,为如期全面建成小康社会、实现第一个百年奋斗目标提供了有利条件。

当前,我们已经踏上全面建设社会主义现代化国家的新征程。推进中国式现代化是一项前无古人的开创性事业,必然会遇到各种可以预料和难以预料的风险挑战、艰难险阻甚至惊涛骇浪。健全多层次社会保障体系是推进中国式现代化的重要内容。社会保障体系是人民生活的安全网和社会运行的稳定器。只有健全多层次社会保障体系,才能为广大人民群众提供有效保障,充分激发亿万人民的积极性、主动性、创造性;才能为广大人民群众的生产、生活提供稳定预期,促进整个社会和谐有序运行,为推进中国式现代化创造良好的社会环境和条件。

社会保障包括基本保障和补充保障,其中基本保障由政府主导并负责管理,旨在保障人民群众的基本生存、基本发展、基本尊严;补充保障主要通过市场机制和社会力量实现,旨在满足人民群众多样化、个性化的保障需求。贯彻落实党的二十大精神,我们要顺应人民对高品质生活的期待,适应人的全面发展和全体人民共同富裕的进程,研判未来5年、15年乃至30年我国人口老龄化、人均预期寿命提高、受教育年限增加、劳动力结构变化等发展趋势,分析社会保障可能面临的新情况、新问题,加快健全覆盖全民、统筹城乡、公平统一、安全规范、可持续的多层次社会保障体系,不断推动幼有所育、学有所教、劳有所得、病有所医、老有所养、住有所居、弱有所扶取得新进展。

基本保障在整个社会保障体系中处于基础地位。当前,要通过深化改革进一步完善基本保障制度。一是根据人民群众的保障需求及其变化趋势,稳步建立长期护理保险制度,不断健全儿童福利制度,完善基本保障项目体系,织密社会保障安全网,为人民生活安康托底。二是优化基本保障项目设计,扩大生育保障惠及范围,加快实现职工基本养老保险和职工基本医疗保险法定人群全覆盖,积极推动灵活就业人员、新业态从业人员参加职工社会保险制度,建立健全分层分类的救助制度体系,逐步缩小不同群体之间的基本保障待遇差距,增强制度公平性、可持续性以及对经济社会发展和人口结构变化的适应性。同时要坚持实事求是,既尽力而为又量力而行,把提高社会保障水平建立在经济和财力可持续增长的基础之上,确保社会保障制度持续健康运行,实现社会保障与经济社会发展良性互动。

在完善基本保障制度的同时,还要准确把握人民群众多层次、多样化保障需求,发展补充保障。当前,我国人口发展呈现少子化、老龄化、家庭小型化等特征,人民群众对养老金、医疗服务、照护服务和意外伤害等方面的保障需求随之增加。为此,需要营造适宜的环境、条件和氛围,促进各类补充保障健康发展。一是正确引导并支持人民群众立足自身实际,在已有基本保障项目及其水平的基础上,制定适合自己的补充保障计划。二是通过完善规章制度,采用科学有效的监管手段,规范补充保障供给者的经营行为,为社会公众提供优质便捷的保障服务。三是支持相关机构提高补充保障产品和服务的供给能力,促进补充保障产品和服务与基本保障项目有机衔接。

(资料来源:何文炯,人民网)

思考:

如何理解多层次社会保障体系?健全我国多层次社会保障体系的措施有哪些?

复习思考题

1. 什么是社会保险?社会保险有哪些内容?
2. 中国基本养老保险的发展历程经历了哪些阶段?
3. 中国医疗保险制度改革有哪些问题?如何解决?
4. 什么是社会救济?社会救济有哪些特点?
5. 中国社会福利的制度变迁及阶段特点是什么?
6. 我国军人社会保障制度有什么特点?
7. 补充保障制度包括哪些内容?

推荐阅读书目

1. 邓大松,刘昌平.社会保障管理[M].北京:中国人民大学出版社,2011.
2. 张民省.社会保障管理学[M].北京:光明日报出版社,2010.
3. 杨燕绥.社会保障管理[M].北京:人民出版社,2015.
4. 李春根.社会保障理论与政策[M].上海:复旦大学出版社,2018.
5. 杨伟国,韩克庆.中国人力资源和社会保障发展研究[M].北京:中国人民大学出版社,2020.
6. 杨翠迎.社会保障学[M].上海:复旦大学出版社,2015.
7. 邓大松,刘昌平.中国企业年金制度研究[M].北京:人民出版社,2005.
8. 李超民.美国社会保障制度[M].上海:上海人民出版社,2009.
9. 郑功成.中华人民共和国社会保险法释义与适用指引:附军人保险法释义[M].北京:中国劳动社会保障出版社,2012.
10. 郑传锋.军人保险权益维护[M].北京:中国劳动社会保障出版社,2006.

第七章 社会保障水平

学习目标

掌握社会保障水平的概念
掌握影响社会保障水平的因素
掌握社会保障适度水平的特点
熟悉社会保障水平的测度指标

关键概念

社会保障水平　社会保障适度水平　社会保障水平测度指标

第一节　社会保障水平的概念和特点

一、概念

社会保障水平也称社会保障支出水平,是指一个国家或地区的社会成员享受的社会保障经济待遇的高低程度,它代表了国家为其社会成员所提供的保障程度。社会保障水平越高,国民生活的保障程度也就越高。社会保障水平是社会保障体系中的关键要素,直接反映着社会保障资金的供求关系,间接反映着社会保障体系的运行状况。社会保障水平不仅能够反映出社会保障支出的"量"和"质"问题,也能体现出社会保障能力的强度问题,是评估社会保障机制健康运行的重要指标。从"量"上来看,社会保障水平是指国家或地区的社会保障总支出数额,是国家或地区对社会保障投入力度的反映,具体表示指标为国家或地区社会保障支出总额与国家或地区生产总值的比值,依据比值的大小可以体现国家或地区对社会保障的重视程度。从"质"上来看,社会保障水平是指社会保障支出与经济发展水平以及各方面承受能力的适应度,体现了社会保障发展与国家或地区经济发展的协调性[①]。

随着社会经济的发展,世界各国社会保障支出水平呈现不断上升的趋势,在不同社会保障制度模式运行中,社会保障支出水平有差异。如以瑞典等为代表的北欧福利国家型的社会保障支出水平较高,给国家财政带来较大压力;以德国、美国为代表的公保自助型的社会保障支出水平相对比较稳定;以新加坡为代表的强制储蓄型的社会保障支出较低。我国社会保障支出水平处于相对稳定的发展状态,随着经济的加快发展,我国不断提高社会保障待遇水平,社

---

① 李梦琴.我国社会保障适度水平研究:基于经济发展差异视角[D].重庆:重庆理工大学,2019.

会保障水平摆脱了低水平的状态[①],受地区经济发展水平的影响,我国社会保障和经济发展耦合协调度具有显著的区域差异,其中东部地区协调度高于中西部地区,但东部和西部地区社会保障水平高于中部地区[②]。

结合社会保障制度发展情况,社会保障水平具有以下特点:①动态性。社会保障水平会随着经济发展和人口结构变化、制度成熟程度而变动。②刚性。社会保障是公共产品,具有一定的福利性,社会保障规模只能扩大不能缩小,保障水平只能提高不能降低,根据各国社会保障经验,社会保障水平降低会引起社会动荡。③适度性。社会保障水平的高低取决于经济发展水平,过高或过低的水平会对社会保障制度自身运行和经济发展产生不良的影响。确定适度的社会保障水平是关键。

二、社会保障水平的测量及其指标

反映社会保障水平高低需要具体指标来衡量。社会保障水平指标是指为了衡量、表现社会保障水平而选取的变量。目前有以下几类指标。

1. 宏观指标

宏观指标反映一国或地区社会保障发展的深度,通常用社会保障支出总额占 GDP 的比例来表示。该指标能够准确地反映一国或地区经济实力的总体状况,同时在做国际或地区比较时具有较强的可比性。用公式表示为

$$社会保障水平 = 社会保障支出总额 / 国内生产总值 \times 100\% \tag{7.1}$$

社会保障支出总额是指一定时期内一个国家或地区实际支出的各种社会保障费用总和。对社会保障支出的范围界定是明确的,纵观世界各国,社会保障支出范围主要包括面向低收入者、劳动者、全体社会成员的社会保障支出。各国对社会保障支出的范围界定有差异,如希腊、德国、英国只统计政府公共支出,智利、法国、丹麦、日本统计政府公共支出、私人支出两个方面,美国则将政府公共支出、私人支出、其他社会筹资全面进行统计。欧盟统计局将社会保障支出范围分为医疗卫生、养老保障、残疾人保障、抚恤事务、家庭与儿童、社会融入、失业治理、住房保障等八个方面。我国的社会保障支出包括社会救助、社会福利、社会保险和社会优抚四个方面。

随着世界各国经济的发展和人口老龄化的加剧,社会保障支出占 GDP 的比例不断提高,这已成为一个普遍的趋势。如美国社会保障支出占 GDP 的比值从 1980 年的 17.8% 提高至 2015 年的 29.5%;英国从 1980 年的 20.2% 提高至 2015 年的 28.9%;日本从 1980 年 10.4% 增加到 2010 年的 27.9%。虽然这些国家各年度的社会保障水平涨幅各异,在某些年度甚至出现下降的趋势,但整体社会保障水平呈现上升的趋势(见表 7-1)。

---

① 贾恒宇.社会保障水平国际比较研究[J].现代经济信息,2015(12):143.
② 李梦琴.我国社会保障适度水平研究:基于经济发展差异视角[D].重庆:重庆理工大学,2019.

表 7-1　1980—2015 年部分国家社会保障支出占国内生产总值的比例

国家	社会保障支出占国内生产总值的比例/%							
	1980年	1985年	1990年	1995年	2000年	2005年	2010年	2015年
英国	20.2	24.3	22.3	27.1	27.0	26.8	30.2	28.9
瑞典	29.7	30.9	31.8	35.0	31.5	32.0	32.0	33.2
美国	17.8	19.2	21.0	23.7	23.7	26.2	29.9	29.5
日本	10.4	11.2	11.4	14.2	18.8	24.0	27.9	
法国	21.4	26.5	27.1	30.5	30.1	33.2	35.2	36.2
德国	26.0	26.5	25.6	29.7	29.3	30.3	29.9	29.0
中国	13.0	13.7	13.6	12.7	12.8	13.7	15.8	20.3

2. 中观指标

由于财政社会保障支出不仅有益于一国的经济增长,而且对消除贫困和提高福利水平有着巨大作用,对提高人民的整体生活水平和稳定社会具有重要的意义。因此,各国十分重视财政支出中社会保障支出所占比例。社会保障水平用公式表述为

$$社会保障水平 = 社会保障财政支出 / 财政总支出 \times 100\% \tag{7.2}$$

此指标也称财政转移支付社会保障水平,是反映不同政府对社会保障投入状况的水平,也是用于说明社会保障在政府公共财政支出中的地位和水平的指标。公共性财政社会保障支出是指在公共财政体制下政府作为责任主体,用以满足全社会的社会保障需要的政府支出总和,包括财政性社会保障支出、社会保险支出和土地出让金收入中用于社会保障的支出三个方面。国际上福利国家的财政支出中社会保障支出的比例为 40% 以上,新型工业化国家和部分发展中国家的这一比例普遍在 20% 以上。由于我国社会保障制度起步晚、覆盖面窄,财政社会保障支出比例相对较低,如 1998 年我国财政社会保障支出额为 773.92 亿元,占财政支出比例为 7.17%,到 2009 年财政社会保障支出额为 6955.86 亿元,占财政支出比例提高到 12.55%。

3. 微观指标

微观指标是具体反映用人单位社会保障支出水平的指标。它是反映在劳动生产要素分配层次上的再分配项目及其程度的指标。此指标也称部门行业领域社会保障水平或称劳动工资社会保障水平,是表示用人单位社会保障支出水平的重要参数,用公式表示为

$$社会保障水平 = 社会保障支出额 / 工资总额 \times 100\% \tag{7.3}$$

除了上述测量社会保障水平的指标外,社会保障支出增长速度、人均社会保障支出额/人均 GDP、人均社会保障给付水平最低工资标准、最低生活保障水平也是社会保障水平的测量指标。

三、研究社会保障水平的意义

(一)探索总结社会保障制度发展与运行的自身规律

通过客观描述社会保障水平的高低,比较国际、地区间的社会保障水平,发现社会保障制

度发展与运行的自身规律。

(二)优化社会保障制度的结构合理化

通过增加设置不同的控制变量,可分类计算出一种社会保障制度内部行业、各地区甚至各群体之间的社会保障水平子指标,通过综合的分析比较,促使社会保障制度的结构合理化与内部优化。

(三)评估和调控社会保障运行状况

运用定性、定量分析相结合的方法,通过评价社会保障制度运行现状,结合经济发展水平,确定社会保障适度水平,确保社会保障与社会经济的协调发展。

(四)预测社会保障水平的未来发展趋势,避免出现社会保障的财务危机

社会保障适度水平与社会保障自身发展趋势、社会经济发展趋势相结合,可建立"社会保障警戒模型",构成社会保障预警系统的核心,用于预测社会保障水平的未来发展趋势,避免出现社会保障制度的财务危机,促使社会保障制度运行与社会、经济发展良性互动。

四、影响社会保障水平的因素

(一)经济发展水平

经济发展是社会保障制度的基础,经济的发展为社会保障制度的建立和发展提供了重要的物质基础。一国或地区所能提供的经济资源总量,作为社会保障支出的最终来源,其规模必然从根本上制约着社会保障水平的高低。经济与社会保障的相互关系是十分复杂的,经济因素决定社会保障制度与保障水平;而社会保障制度一旦产生,就具有自身发展的规律,其发展也会反过来影响经济,二者是相互影响的关系。因此,社会保障水平的高低,首先取决于经济的发展水平,而较高的社会保障水平会制约经济发展,社会保障水平的提高应与社会经济二者之间协调发展。

(二)政治、社会结构

政治因素对于社会保障制度的发展及社会保障水平会产生影响。西方国家多党竞争的政治制度,使得各党派为了争取选民的支持而承诺较高的社会保障水平,不可避免地导致了社会保障水平攀升的"登台阶"效应。社会结构对社会保障也产生影响,例如,我国的城乡二元的社会结构造成社会保障制度的分割和城乡社会保障水平的较大差异。

(三)制度年龄和人口结构

制度年龄是指社会保障制度建立的时间长度。社会保障制度建立的时间越长,社会保障水平越高;反之,社会保障水平越低。

社会保障水平与一国的人口结构有着密切的关系,老年人口抚养比对社会保障支出水平具有一定的影响作用,伴随着全球人口老龄化浪潮的来临,为了满足老年人的养老和医疗等需求,社会保障的水平将越来越高。

(四)历史、人文等特殊因素

社会保障水平的高低受到本国独特的历史、人文因素的影响。例如,在社会保障制度运行中,崇尚公平至上理念的国家(如欧洲福利国家),其政府的作用是无限的,社会保障水平较高;以效率优先为理念的国家,政府对社会保障发展履行有限责任,其社会保障水平相对不高。

第二节 社会保障适度水平

一、概念

社会保障水平的"度"是指保持社会保障水平质的、量的限度与幅度,也即社会保障支出水平在多大限度内既能保障公民的基本生活,又能激励公民积极劳动,推动社会经济健康、持续发展,超过了这个限度就会对公民的劳动积极性和社会经济持续健康发展产生不利影响的社会保障水平。社会保障水平必须同一个国家或地区经济社会发展水平(在一定程度上指GDP)保持一致,过高和过低的社会保障水平都会对经济的持续增长和社会秩序运行产生不利影响。

社会保障适度水平是社会保障制度健康运行的参考指标之一,如果社会保障实际水平处于社会保障适度水平区间范围,表明社会保障水平没有增加经济发展压力,两者处于相互适应状态,社会保障需求基本得到满足;如果未达到社会保障适度水平下限值,则意味着社会保障水平过低,社会保障需求还未得到全部满足,经济发展成果没有有效作用于社会保障发展,反之,若超出了社会保障适度水平上限值,表明社会保障水平过高,超出了经济发展承受能力,不利于两者的协调发展[①]。

适度的社会保障支出水平是促进经济社会持续健康发展的基本条件和必要前提。从社会保障发展的历史经验看,一个国家或地区在特定时期的社会保障支出水平既不是越高越好,也不是越低越好,而是要切合国家或地区的经济、政治、社会的发展水平,要满足民众的合理需要,并使得经济、政治、社会等方面的综合效益最大化。早期西方国家曾经由于社会保障支出占国内生产总值的比例不断上升,导致预算赤字大增,政府被迫巧立名目增加税收,致使国民不满、社会不稳定,同时由于社会福利增多,增加了生产成本,相应地减弱了产品的市场竞争能力,制约了经济的发展。如果社会保障支出水平过低或不公平,会导致消费需求不足或社会阶层对立,对经济社会健康发展同样带来严重的消极影响。同时,任何一个国家或地区的社会保障支出水平,其是否"适度"都是一个动态的过程,过去适度不等于现在适度,现在适度不等于将来也适度。

社会保障适度水平具有以下作用:①满足和保证社会成员的最低生活需求,从而改善人们的生存环境,并且随着适度水平的提高,不断提升生活水平和生活质量。②维护社会稳定。因为有适度水平的持续保证,社会比较和谐,社会矛盾趋向缓和。③为经济发展创造有利的外部环境。适度社会保障水平可调节社会需求,推动或抑制消费,避免高经济增长与高通货膨胀并存,推动经济发展;适度的社会保障水平能使企业的负担适度,提高企业的市场竞争力。适度的社会保障水平为补充保障提供了发展空间,对产业结构调整和促进就业具有显著作用,尤其是能促进第三产业的发展;可提高人们的生活质量,提高人的素质,促进社会进步。

二、社会保障适度水平的测度

对社会保障适度水平的测定标准是指社会保障费用支出要与国家经济发展水平以及各方

---

① 李梦琴.我国社会保障适度水平研究:基于经济发展差异视角[D].重庆:重庆理工大学,2019.

面的承受能力相适应。从质与量统一上看,社会保障水平并非越高越好,社会保障增长速度主要取决于国民收入水平及国民经济发展水平速度,超越国民经济发展水平的社会保障水平将会对国家财政支出带来较大压力。社会保障水平是一个相对概念,它是指经济发展相对于社会保障支出的多少,能反映一个社会总体的社会保障程度。按照穆怀中教授的社会保障水平理论模式,公式如下:

$$S = \frac{S_a}{G} = \frac{S_a}{W} \times \frac{W}{G} = Q \times H = 0.75 \times (Q_a + Z + J + M) \quad (7.4)$$

其中:S 表示社会保障水平;S_a 表示社会保障支出总额;G 表示国内生产总值;W 表示工资总收入;Q 表示社会保障总支出占工资总收入的比例;H 表示工资总收入占国内生产总值的比例,即劳动生产要素分配系数;Q_a 表示老年人口比例;Z 表示失业保障支出比例;J 表示生育保障支出比例;M 表示福利和优抚支出比例。

$$Q = O + E + J + Z + M \quad (7.5)$$

其中:O、E、J、Z、M 分别表示养老保险、医疗保险、工伤生育保险、失业保险、社会救济福利和优抚支出占工资总额比例。依据穆怀中对各国统计数据的分析和验证结果,以及《社会保障体制改革》中的计算结果,将养老保险支出和医疗保险支出占工资总额的比例近似等于当前老年人口占总人口比例,此式可化解为

$$Q = O_a + J + Z + M \quad (7.6)$$

其中:O_a 表示老年人口比例,即 65 岁及以上老年人占总人口比例。

式(7.6)的意义在于通过对社会保障负担系数和劳动生产要素系数的理论和数据分析,从微观层面对社会保障水平进行深入分析。根据国际经验数据和我国已有的社会保障政策,工伤、生育保障支出比例 J 取值范围为 $0.016\%\sim1.5\%$,失业保障支出比例 Z 取值范围为 $1\%\sim1.5\%$,社会救济、福利和优抚支出比例 M 取值范围为 $1\%\sim1.5\%$。

因此可以得出社会保障适度水平模型的上、下限公式为

$$S_{上} = 0.75 \times (O_a + J_{上} + Z_{上} + M_{上}) \quad (7.7)$$
$$S_{下} = 0.75 \times (O_a + J_{下} + Z_{下} + M_{下}) \quad (7.8)$$

式中:$S_{上}$、$J_{上}$、$Z_{上}$、$M_{上}$ 分别代表各指标的上限值,即 $J_{上}$ 为 1.5%,$Z_{上}$ 为 1.5%,$M_{上}$ 为 1.5%;$S_{下}$、$J_{下}$、$Z_{下}$、$M_{下}$ 分别代表各指标的下限值,即 $J_{下}$ 为 0.016%,$Z_{下}$ 为 1%,$M_{下}$ 为 1%。

整理可得

$$S_{上} = 0.75 \times (O_a + 4.5\%) \quad (7.9)$$
$$S_{下} = 0.75 \times (O_a + 2.016\%) \quad (7.10)$$

三、影响社会保障适度水平的因素

(一)制度外因素

1. 老年人口规模

从社会保障的人口需求角度来说,老年人是社会保障的主要需求群体。他们的养老需求、医疗需求、日常生活的照料需求以及情感慰藉方面的众多需求是客观存在的。伴随人口老龄化程度加深,他们对养老保障、医疗服务方面的需求日趋增长,将会导致对社会保障的需求量

急剧增加，国家财政用于养老、医疗方面的支出不断增加，致使社会保障水平不断提高。

2. 经济发展水平

经济发展水平是社会保障发展的前提，二者之间是互为促进和制约的关系。经济增长会促进社会保障水平的提高，当经济发展处于停滞状态时，社会保障水平依然会增长。社会保障水平与经济发展水平的不适应将会对社会保障制度带来消极影响。

3. 财政支出状况

社会保障是公共产品，是国家为了稳定社会和促进经济发展的重要社会制度。社会保障制度的建立和完善需要有强大的财政支持，财政用于社会保障项目的支出越多，社会保障水平越高。

(二)制度内因素

1. 社会保障项目

随着社会保障制度的发展，人们对社会保障项目的需求也在不断扩大。随着经济水平的发展，社会保障项目从最初的单一项目社会救济发展为社会保险、社会福利、社会优抚等，保障人群从贫困者到劳动者、残疾人、儿童、军人，再到全体社会成员，社会保障项目的不断增加、社会保障范围的不断扩大，致使社会保障的水平不断提高。

2. 社会保障"刚性"发展

社会保障作为公共产品，具有一定的福利性和刚性发展的特点，其刚性表现为社会保障水平只能提高不能降低，无论哪种社会保障制度模式，其社会保障支出呈现不断上升的趋势。

3. 社会保障缴费比例

社会保障缴费多少决定了社会保障水平的高低，企业和劳动者是社会保障费用的主要承担者，缴费比例越高，社会保障的水平越高，缴费者的负担也就越重。适度的社会保障缴费比例，有助于减轻缴费者的负担。

四、社会保障适度水平与不适度的内在机制分析

(一)社会保障适度水平的功能分析

在社会保障体系中，社会保障水平占有很重要的地位，因为社会保障制度基本职能的实现与否，关键要看社会保障水平是否"适度"。适度的社会保障水平，能够实现其功能目标，从而对国民经济的发展产生积极的作用。

(1)社会保障适度水平保障了大多数人的最低经济要求和社会需求，使社会保持相对稳定，为国民经济发展创造了有利的环境。

(2)社会保障适度水平有助于政府将社会保障制度作为调控经济活动的有力杠杆，适当调节社会需求，推迟或抑制消费，避免高经济增长与高通货膨胀并存，促进储蓄、投资和生产性资金的形成，有利于国民经济的发展与社会进步。第二次世界大战后西欧盛行的凯恩斯主义把推行社会福利制度当作调节经济的一个杠杆，并取得了一定成效。

(3)社会保障适度水平可以使社会实体在保障公民基本生活的基础上激励劳动者的劳动积极性，增大人力资本投资，提高劳动者的素质，从而有利于劳动生产力的提高。工业化国家社会保障制度的实行，扩大了教育投入，增强了医疗保健，对提高人的身体素质、文化素质进而提高人们的生活质量和文明程度起到了积极的推动作用。

(4)社会保障适度水平可以促进第三产业的发展。社会保障制度的普遍推行使得西欧国家的第三产业也相应地获得了长足的发展,如医疗、职业培训、老年保健等服务部门。反过来,第三产业的发展,吸收了大批第一、第二产业中的失业者,这不但有利于解决社会失业问题,而且还有利于产业结构的调整和社会经济协调发展。

(二)社会保障水平不适度的功能分析

社会保障水平的不适度主要包含两种情况:过低和超度。社会保障制度的建立不等于保障功能的实现,这一制度提供的保障必须维持在一定的水平上才能起到应有的作用,过低的社会保障水平和超度的社会保障水平都无法保障其功能的实现,相反还会产生一系列的问题。

(1)过低的社会保障水平无法发挥"安全网"的作用,无法保障劳动者的基本生活需求,影响劳动力的再生产,无法激活劳动者的积极性,从而也无法促进生产力的发展,实现社会经济稳定持续的发展。过低的社会保障水平不但是指社会保障为社会成员提供的保障收入过低,无法满足公民自己及其家庭基本生活需要。

(2)社会保障水平超度的消极作用。过低的社会保障水平无法发挥社会"安全网"的作用,社会保障水平超度虽然能够保障社会稳定,但是无法成为社会经济发展的"助推器"。超度的社会保障水平会给社会经济发展带来一系列问题,形成社会保障"危机"。具体表现为以下几方面:

①超度的社会保障水平最直接的影响就是政府财政赤字的增加。不断增长的社会保障支出,使得政府的财政预算无法承担,同时社会保障支出的刚性使得政府只能靠增发国债等方式来解决这个问题,这就使得政府的财政赤字不断增加。

②超度的社会保障水平会增加企业和个人税负。一方面,社会保障支出除了国家财政的投入之外,还有企业和个人缴纳的费用,高保险费势必抬高企业产品的成本,这反过来会导致企业国际竞争力的下降,必然会影响企业的利润和再投资,导致经济发展后劲不足。另一方面,社会保障水平过高,政府为筹措资金,尤其是实行国家福利型社会保障制度的国家,除了实行投保制外,还实行了高额累进税制,这种税制主要是针对中产阶级和高收入阶层,这使得一些人的收入缩水。

③超度社会保障水平引发"福利病",滋生劳动者的社会惰性。这在西方福利国家已经成为一个严重的社会问题。20世纪60年代到70年代,联邦德国的劳动者收入中来自工薪的份额从69.2%下降到61.1%,来自福利的份额由30.8%上升到38.9%。法国在这个时期的劳动者收入中,来自工薪的份额由62.0%下降到55.3%,来自福利的份额由37.95%上升到44.7%[①]。这样,劳动者的收入中相当大的一部分不是来自工资收入,而是来自社会福利收入,这使得劳动者无须工作,光靠社会福利就能生活下去,其结果是劳动者的积极性和主动性被严重削弱,劳动生产率难以大幅度提高,经济效益受到损害。

④超度的社会保障水平导致财政紧张,引发不利的政治后果。社会保障水平过高,使得政府财政紧张,执政者为了获得公众的支持,不惜扩大财政赤字来维持不断高涨的社会福利支出,由此引发财政危机,而政府却束手无策。这势必使得社会保障水平越来越高,成为社会经济发展不堪承受之累,同时财政危机不断恶化,最终引发政治危机。另一方面,伴随着社会保

---

① 穆怀中.社会保障国际比较[M].北京:中国劳动社会保障出版社,2002:130.

障水平的不断提高,保障项目的不断增加,社会保障机构不断膨胀,管理人员越来越多,由此导致机构办事效率变低,官僚化现象日益严重。而低效率、官僚化会引起公民与政府保障机构关系的紧张,滋生政治危机。

通过上述两方面的分析,说明社会保障水平在社会保障制度运行中的重要作用,过低的社会保障水平会危及社会稳定,而超度的社会保障水平同样会产生一系列的问题,社会保障水平不是越高越好。因此,如何确定社会保障水平维持在一个适度的范围内,使其成为我国社会经济快速发展的"安全阀"和"助推器"就成为一个关键问题。

第三节 中国社会保障水平

一、社会保障支出水平

目前我国社会保障制度基本包括两大部分:一是完全由国家财政支撑的项目,包括对社会弱势群体的救助、对军人及军烈属的优抚安置、对无依无靠的孤老残幼的救助及社会大众举办的社区服务,完全属于国民收入再分配范畴,充分体现了社会公平;二是由用人单位、职工个人缴费,国家给予适当补助的三方共同筹资的项目,包括养老保险、医疗保险、失业保险、工伤保险和生育保险等,目前我国有关社会保险法律规定,属于用人单位、职工个人和国家三方共同缴费的项目是养老保险、医疗保险和失业保险,生育保险和工伤保险主要由用人单位缴费、国家财政给予适当补助。其中,养老保险和医疗保险实行个人账户与社会统筹相结合,其他三项保险属于完全统筹的项目。

2016—2020年我国三项社会保险基金收支情况如图7-1所示。

图7-1 2016—2020年中国三项社会保险基金收支情况
(数据来源:2016—2020年度人力资源和社会保障事业发展统计公报)

根据《中国统计年鉴》,2007—2015年中国预算内社会保障与就业支出增长了2.49倍,社会保险基金支出增长了3.94倍,两者合计增长了3.35倍。在不同统计口径下社会保障支出额的绝对数一直都是不断增长的,公共财政对社会保障投入的增加,为构建与社会主义市场经济体制相适应的社会保障体系、促进社会和谐发展发挥了重要作用(见表7-2)。

表 7-2 社会保障支出水平情况　　　　　　　　　　单位：亿元

年份	社会保障与就业支出（小口径）	社会保险基金支出	社会保障总支出
2007	5447.16	7887.8	13334.96
2008	6804.29	9925.1	16729.39
2009	7606.68	12302.6	19909.28
2010	9130.62	15018.9	24149.52
2011	11109.40	18652.9	29762.3
2012	12585.52	23331.3	35916.82
2013	14490.54	27916.3	42406.84
2014	15968.90	33002.7	48971.6
2015	19018.69	38988.1	58006.79

资料来源：根据《中国统计年鉴》有关数据整理计算。

通过分析 2007—2015 年不同口径社会保障支出占 GDP 和财政支出的比例（见表 7-3），2007 年以来，不同口径下的社会保障支出水平均呈现出稳步上升的趋势，社会保障支出的增长速度超过了 GDP 和财政支出的增长速度。

表 7-3　2007—2015 年中国社会保障支出情况（%）

年份	社会保障支出占当年 GDP 的比例		社会保障支出占当年财政支出比例	
	小口径	大口径	小口径	大口径
2007	2.03	4.98	10.94	23.12
2008	2.15	5.28	10.87	23.07
2009	2.20	5.76	9.97	23.47
2010	2.23	5.91	10.16	23.02
2011	2.29	6.15	10.17	23.27
2012	2.36	6.72	9.99	24.06
2013	2.46	7.21	10.33	25.22
2014	2.48	7.69	10.53	26.52
2015	2.76	8.42	10.81	27.00

资料来源：根据《中国统计年鉴》有关数据整理计算。

依据《中国统计年鉴》等有关数据资料，同时，为了与国际社会保障水平比较，将中国现有社会保障水平分为三项：第一，不含住宅投资和价格补贴的保障水平，称"小口径统计分析"保障水平；第二，含住宅投资的保障水平，称"中口径统计分析"保障水平；第三，含住宅投资和价格补贴的保障水平，称"大口径统计分析"保障水平。统计分析结果表明，中国现有社会保障水平从总体上看，不含住宅投资和价格补贴在 5% 左右，加上住宅投资和价格补贴在 16% 左右，如表 7-4 所示。

表 7-4 1990—2015 年中国社会保障各项支出水平(%)

年份	社会保障各项支出水平							合计		
	H_1	H_2	H_3	H_4	H_5	H_6	H_7	H_8	H_9	H_{10}
1990	2.54	2.51	1.13	0.02	0.08	2.05	6.28	6.28	12.56	14.61
1995	2.60	1.43	0.07	0.01	0.05		10.62	4.16		14.78
2000	3.10	0.80	0.11	0.01	0.05	1.05	7.65	4.07	11.72	12.77
2005	3.04	1.74	0.08			0.55	8.43	4.86	13.29	13.84
2010	3.27	0.77	0.20	0.38			11.45	4.62	16.07	16.07
2015	3.75	1.24	0.11	0.30	0.14		13.92	5.54	19.46	19.46

资料来源：

(1)1990—2011 年的《中国统计年鉴》。

(2)1990—2011 年的《中国社会统计资料》。

(3)《2010 年全国公共财政支出决算表》。

(4)《2015 年全国公共财政支出决算表》，财政部网站。

(5)2016 年《中国统计年鉴》，国家统计局网站。

说明：(1) H_1 代表退休离休养老保险福利费；H_2 代表在职职工保险福利费，包括工伤保险、生育保险、医疗费等；H_3 代表优抚支出费；H_4 代表城乡贫困救济费；H_5 代表孤老残和养老福利院费用支出；H_6 代表价格补贴费；H_7 代表住宅投资。

(2) H_8 代表不含价格补贴和住宅投资的社会保障费用总额；H_9 代表含住宅投资在内的社会保障费用总额；H_{10} 代表含价格补贴和住宅投资在内的社会保障支出总额。

(3)表中数据为各项支出在 GDP 中所占比例。

中国社会保障水平的内部要素比较，采取分项和综合两种研究方式展开。分项研究包括对社会保障各项具体水平的发展情况分析，综合研究包括按大、中、小三种统计口径对社会保障总体水平的分析。

分项研究证明，职工养老保险类保障支出占总支出比例最大，在职职工保险福利支出比例次之，两者相加占整个保障支出"小口径"的 90％以上。这两项支出左右着中国社会保障水平的发展趋势。在各项保障支出中，唯有养老保险支出水平始终呈上升趋势，其他各项支出水平有波动但总趋势是下降的。进一步的相关和回归统计分析表明，与社会保障水平相关度最高的离退休保险福利支出水平相关系数为 0.9。回归方程计算结果表明：离退休保险福利支出水平每提高一个百分点，社会保障总水平就上升 1.115 个百分点。这说明，与西方发达国家一样，老年人口或离退休人数及其保险支出水平是制约社会保障水平的基本变量。

把各项保障支出加在一起，以"小口径"计算，中国社会保障总水平呈现小波动上升趋势；以"中口径"计算，中国社会保障总水平呈现大波动略向上发展趋势；以"大口径"计算，中国社会保障总水平呈现微小波动持平发展趋势。"小口径"的上升，主要由离退休人数不断增加所致，"中口径"和"大口径"的持平波动发展，主要由近年来逐渐削减价格补贴和住宅投资所致。这里的"大口径"下的保障支出总水平最具有研究价值，这不仅由于该种统计指标与世界社会保障水平统计指标易接轨，而且由于它所展示的数量化发展趋势说明了社会保障支出总水平保持一个相对稳定的比例系数,与国内生产总值增长相协调,具有可行性和现实性。

二、社会保障适度水平

根据上述 $S=0.75\times(Q_a+Z+J+M)$ 公式,把相关数值代入,可以得出中国社会保障水平及其适度性状况。

表 7-5 的数据显示,伴随我国老年人口比例的提高,社会保障适度水平的实际值在不断提高,同时适度区间范围也在增加,而适度状况从 2009 年开始逐步提高。

表 7-5 2009—2013 年中国社会保障适度水平

年份	老年人口比例/%	实际值	适度区间范围	适度状况
2009	14.51	5.05	11.96~15.32	-6.72
2010	15.01	7.61	12.06~15.58	-3.09
2011	14.57	7.52	11.99~15.40	-3.33
2012	14.82	8.08	12.01~15.46	-3.93
2013	14.97	8.26	12.27~15.56	-4.01

三、中国社会保障水平发展存在的问题

(一)社会保障水平低

由于中国社会保障制度起步较晚且不健全,整体的社会保障水平处于偏低状态。与世界上不同社会保障模式的代表性国家相比较,新加坡的社会保障水平最高,美、英两国次之,中国的社会保障水平偏低。2008—2012 年,中国社会保障水平一直稳定在 3%~4%,而新加坡的社会保障规模占到 GDP 的 25% 左右,美、英两国也在 10%~15%,世界各国平均水平保持在 9% 左右。中国的社会保障水平远远低于发达国家的社会保障水平。与我国发展水平相当、人均 GDP 相近的国家相比,我国社会保障支出水平也属于偏低行列。

(二)社会保障水平不平衡差距大

我国社会保障水平差距大体现在我国各地区间、城乡间、不同群体间的社会保障水平发展不平衡。我国的社会保障水平地区差异比经济发展的地区差异程度还要大,东部地区的社会保障水平总体高于中、西部地区,西部地区的社会保障水平低于中部地区。我国城乡间的社会保障水平差距十分显著,在社会保障支出分配比例上,城市远远高于农村。我国不同群体间的社会保障水平差距相当大。以养老保险为例,机关事业单位和企业职工、城乡居民基本养老保险制度在财政补贴、替代率和待遇水平方面均存在较大差异。

(三)社会保障支出增长率波动较大

虽然中国近几年的社会保障支出规模在不断增加,但其增长率却呈现出较大的波动性。社会保障支出在很大程度上受到政府临时出台的政策措施影响,主要视当期财政收支状况而定,中央财政预算拨款的时间和额度均不固定,由此造成有些年份的社会保障支出与常年相比有较大幅度的提高或者下降,建立稳定的财政长效机制是未来的重要任务。

(四)社会保障支出项目结构不合理

社会保障体系包括社会救助、社会福利、社会保险和社会优抚四部分,社会救助是社会保

障制度的最后一道防线。自20世纪90年代末以来,为了配合国有企业改革,从企业保险制度向社会保险制度转变中,预算内的社会保险支出占GDP的比例不断上升,而用于社会救助的支出只占预算内社会保障支出的一小部分,大部分用于社会保障补助支出和行政事业单位离退休费用支出,如此低的社会救助支出水平远远无法满足当前低收入人群的救助需要,进一步扩大了社会成员之间的收入差距。

四、发展思路

(一)优化社会保障支出结构

为确保社会保障体系各项目之间的均衡协调发展,加大中央财政对社会保障的投入力度,要优化社会保障支出内部结构,适当减少财政对社会保险基金的补助力度和降低行政事业单位离退休经费的支出比例,大幅提高社会救助和社会福利的支出比例。

(二)完善农村社会保障制度体系

社会保障支出的城乡不公平在一定程度上违背了社会保障再分配的制度初衷,因此在目前城镇社会保障制度建设已经较为完善的情况下,在保证城镇居民合理享有社会保障水平的基础上,国家需要加大完善农村社会保障制度体系建设的力度,继续加大对新型农村合作医疗制度和城乡居民养老保险制度的财政补贴力度;完善农村居民最低生活保障制度,着力提高农村各项社会救助和社会福利项目的覆盖面和保障水平;扩大城乡社会保障制度衔接与整合的试点工作,健全和落实农民工及其子女在养老、住房、教育、医疗卫生等方面的权益保障政策,不断缩小社会保障支出的城乡差距。

(三)推进社会保障城乡统筹一体化

我国的城市化发展进程加快,地区与城乡之间的人口流动程度加大,这些游离于城市之间的农村人口的社会保障难以得到保证。因此,通过推进社会保障立法,扩大社会保障覆盖范围,将灵活就业人员、平台经济从业人员等自由职业者纳入社会保障体系中,同时加大对农村社会保障的财政支持力度,建立全面的农村保险与救助制度来推进我国社会保障城乡统筹一体化,逐步提高我国社会保障水平,满足城乡居民日益增长的基本生活需要。

(四)加强社会保障基金统筹管理

社会保障基金的投资是实现社会保障基金保值增值的重要途径,也是面对通货膨胀风险的重要举措。根据我国当今区域的发展现状,地区与城乡之间发展差异大,实现社会保障基金省级统筹,可以考虑地区的不同发展现状,制定适宜本地区的基金筹集战略。加强对社会保障基金的投资管理,合理确定风险投资与无风险投资的比例,实现社会保障基金投资风险与收益的优化,逐步提高社会保障水平,确保社会保障体系的良性与持续发展。

(五)不断提升社会福利水平

经济发展水平与社会保障体系的完善是相辅相成的,根据中国社会经济发展现状,结合当前居民收入、不同地区人口结构以及物价变化等因素,针对性调整和优化社会保障体系,确保其能切实为社会大众提供与人们日常生活水平相匹配的福利,拓展社会保障体系的覆盖面,不断提升全民的生活质量。

(六)大力发展补充保障

补充保障是现代社会保障体系的重要组成部分,具有非强制的特点,在社会经济发展中发挥着基本保障制度查漏补缺的功能。建立健全我国多层次社会保障体系,即在强调法定项目适度水平后,必须重视多层次结构下的社会保障补充项目的发展,这是使我国中远期社会保障水平既适度又能不断提高水平的唯一可选之路。补充保障采用商业保险和个人储蓄的形式,通过建立企业年金或职业年金制度,不断提高劳动者的保障水平。

本章小结

社会保障水平是社会保障制度的关键环节,它具有刚性、适度性、动态性三大特点,又是质和量的统一。社会保障水平的高低受经济发展水平、人口规模等因素制约,可从不同指标来测度社会保障水平。社会保障适度水平是指保障社会成员基本生活,调动劳动者积极性,同时促进社会经济可持续发展。中国社会保障水平受制度、人口、经济等的条件制约,存在社会保障水平低和发展不平衡等问题,未来通过大力发展经济,发展补充保障制度,不断提高社会保障支出水平,建立健全与经济发展水平相适应的适度的社会保障水平,以实现社会保障制度的健康可持续发展。

复习思考题

1. 如何理解社会保障水平?
2. 影响社会保障水平的因素有哪些?
3. 社会保障适度水平的概念是什么?
4. 社会保障水平的测度指标有哪些?
5. 社会保障水平超度的后果是什么?

推荐阅读书目

1. 邓大松.社会保障学[M].北京:高等教育出版社,2019.
2. 郑功成.中国社会保障70年发展(1949—2019):回顾与发展[J].中国人民大学学报,2019,33(5):2-10.
3. 杨翠迎.社会保障学[M].上海:复旦大学出版社,2015.

第八章 社会保障管理

学习目标

掌握社会保障管理的概念和原则
掌握社会保障管理体制的概念和特征
掌握社会保障管理体制的类型
了解中国社会保障管理体制存在的问题、发展趋势及改革思路

关键概念

社会保障管理　社会保障管理体制　集中管理　分散管理　集散结合管理

第一节　社会保障管理概述

一、社会保障管理的概念

社会保障管理是指一定的机构和组织对社会保障事务进行计划、组织、指挥、协调、调节、控制、监督的活动和过程。

社会保障的计划是指从事社会保障活动以前，事先拟定的具体内容和行动步骤，这反映社会保障事业发展的方向和可能发展的规模。

社会保障管理的组织是指为实现社会保障活动的规划目标和方案，合理设置经办和管理机构，建立管理体制，制定规章制度，明确社会保障职能机构的分工和职责，将社会保障活动中的各要素、各部门、各环节、各方面从纵向和横向的联系上、在劳动的分工和协作上、在对外来关系上以及空间和时间的联系上合理地组织起来，使之形成一个有机整体，充分发挥社会保障人力、财力和物力应有的作用。

社会保障管理的指挥是指各级管理者或领导机构为保证社会保障活动连续地、均衡地、协调地进行和经营目标的实现，通过颁布文件和下达指令，使社会保障系统内部各类人员的行为服从管理者的统一意志，将规划和管理者的意图变成全体人员的统一行动，使全体人员在同一目标下相互协作、密切配合、尽职尽责、全力以赴地完成各自承担的任务。

社会保障管理的协调是带有综合性、整体性的一种职能。它以计划目标为核心，安排和部署所有活动，使各部门、各环节的活动相互衔接、相互协调和配合，保证社会保障活动有序、高效地进行。

社会保障管理的调节可分为纵向调节与横向调节、内部调节与外部调节。

社会保障管理的控制是指对社会保障规划的执行情况进行检查、考核、分析和处理。其目的在于通过对社会保障活动的测定，与计划目标和实现计划目标的原则相比较，发现偏差，找

出问题,查明原因,采取措施,及时加以纠正,使社会保障活动符合客观经济规律,符合国家有关的方针政策和法律法规。

社会保障管理的监督是指为保障社会保障制度有效完成和正常运作而建立的监督管理制度,包括社会保障监督机构和监控机制。建立和健全社会保障监控机制,在维护社会成员的社会保障权益,及时纠正社会保障管理与运行中出现的问题,保障社会保障可持续发展等方面具有重要意义。第一,社会成员的社会保障权益需要社会保障监督机制加以维护。第二,社会保障实施过程中出现的问题需要社会保障监督机制纠察。第三,社会保障实行中存在着许多不确定性,需要社会保障监督机制的观察和预警。

社会保障管理不同于生产管理,它是一种社会事务和社会政策的管理,致力于提供公共服务和公共产品。社会保障管理典型地表现为一种政府行为,是国家上层建筑的重要组成部分,是社会保障法制的延伸和强化,其基本任务就是保证现行社会保障法律、法规、政策得以贯彻落实。社会保障管理是随着社会保障制度的建立而诞生的,是现代社会管理专业化分工的一个必然产物。在市场经济条件下,社会保障管理是政府的一项基本社会管理职责。社会保障管理是通过制度、法律和行政三大途径来实现的。

二、社会保障管理的原则

(一)依法管理原则

社会保障管理具有强制性和法制化特征。参加社会保障体系、依法缴纳有关费用,是参保人的基本义务;享受社会保障有关待遇是参保人的基本权利。社会保障管理体制用法律形式保护受保人的利益。实行依法管理包括两个方面内容:一是依法设置管理机构和管理岗位;二是依法运行,有关法律、法规对相关机构及岗位的职责范围有具体规定,管理机构只能在职责范围内行使权力,不能越权行事。依法管理原则既约束了管理机构的行为,同时也确保了社会保障管理的权威性。

(二)集中管理与分类管理相结合原则

一方面,社会保障是政府的社会化事业,政府是社会保障制度的最终责任承担者,所以应当由政府机构对社会保障事务实行统一集中管理;另一方面,集中统一管理使社会保障的规划、方法和协调方面的权利相对集中,有利于统筹规划、整体协调,促进社会整体发展。

社会保障项目比较多,不同社会保障项目的属性、作用及操作方法差异很大,因此,有必要根据各类社会保障项目的具体特点,实行分类管理、分级管理、分项目管理。从各国社会保障管理的实践来看,各国都是在遵循集中管理和分类管理相结合原则的基础上,采用不同程度的集权管理模式。例如,养老、救助、福利等保障项目的基本部分,具有全社会的性质,可以由中央政府统一、集中管理。而工伤、失业、医疗等保障项目,地域性强,管理操作不复杂,可由地方政府分级、分层管理。

(三)效率原则

现代社会保障具有公共事务的基本特征,它关系到全体社会成员的切身利益,保护的是整个社会的福利和安全;同时,支撑社会保障制度运行的财政基础(包括政府财政拨款形成的基金、向企业和劳动者征缴社会保险费而形成的基金、各类慈善基金等)也是社会公共基金,它实质上属于全体社会成员共同所有。因此,社会保障制度的运行应当是公开透明的。社会保障管理体制的公开性包括面向社会成员公开社会保障机构及其职责,公开社会保障的各种政策、法规、经办程序、社会成员的社会保障权益和义务等相关信息,增强社会保障管理的透明度,确保社会成员在社会保障方面的知情权。坚持这一原则,有利于他们明晰自己的社会保障权益,有利于他们积极参与保障活动,也有利于化解社会保障运行过程中出现的纠纷和冲突。

社会公正是社会保障制度的基本目标,因此社会保障管理机构在社会保障运行中既要保证社会保障制度的有效运行,更要维护社会保障制度的公正性;它应当严格依法保护社会成员的社会保障权益,并在解决社会保障纠纷时,依法办事,不偏不倚,真正做到法律面前人人平等。

当然,社会保障管理除了要实现社会公正这一价值目标之外,更为直接的则是实现效率目标。社会保障的效率原则首先要求政事分开,即将社会保障的行政管理、业务经办、基金运营和监督几个环节分开,实现立法、执法和监督相分离,通过各环节之间相互协调、相互约束,提高管理效率。如美国的卫生与社会保障部对社会保障进行一般监督;其所属的社会保障总署具体管理老年、伤残和死亡保险。劳动部对失业保险进行一般监督,而就业培训总署失业保险服务局则管理全国的失业救济金。在新加坡的社会保险管理体制中,劳工部制定有关政策并进行一般监督,而劳工部下属的中央公积金局独立负责基金的管理。在实践中,明确管理机构的职责、保证政令畅通、降低管理成本,都是衡量管理效率的基本标志。一些国家(如智利)选择私营机构替代效率低下的官方管理机构来经营社会保障基金,取得了良好的效果。虽然这一效果的长期性还有待检验,但效率原则已成为各国社会保障管理的重要原则。

(四)专管机构和群管机构工作相结合的原则

社会保障工作不仅要有专门机构和专职人员管理,还要做大量的群众工作,因为社会保障工作具有广泛性,只有动员更多热心为群众服务、有一定工作能力的人员参加,并广泛动员社会力量,提倡敬老、爱幼、自己服务于自己,才能把管理工作落到实处。

(五)与社会经济整体协调一致原则

社会保障管理虽然是一个独立运行的系统,但它仍是社会经济大系统中的一个组成部分,与其他社会经济活动有着不可分割的联系,从而在运行中要与其他子系统保持协调一致。例如,社会保障基金管理系统与国家财政系统之间的联系,即使社会保障基金被列在财政系统之外,它仍受财政的扶持。反过来,良好的基金管理与运作,使基金既能实现长期的保值增值,又能减轻财政负担,这二者之间有着相互制约、相互促进的关系。社会保障管理往往会对经济系统中其他经济活动产生影响。

以上几项原则相互联系、共同制约。只有充分贯彻上述原则,克服部门林立、机构臃肿、人浮于事、职责不清的等官僚主义弊端,才能保证社会保障管理机构高效、科学地运转。

第二节 社会保障管理体制概述

社会保障管理体制有广义、狭义之分。广义的社会保障管理体制是指国家为管理社会保障事务而建立的管理机构、管理内容、管理方式等方面的构架、安排的总称。它涉及社会保障立法、社会保障具体的规章制度、机构设置及其职能权限、社会保障基金的监督、社会保障业务经办等社会保障体系的方方面面。狭义的社会保障管理体制是指社会保障管理机构的设置及其职能权限的划分[①]。

---

① 宋士云,吕磊.中国社会保障管理体制变迁研究(1949—2010)[J].贵州财经学院学报,2012(2):65-72.

一、社会保障管理机构

社会保障管理机构是国家和社会为保证社会保障法令、制度、政策的贯彻实施,维持社会保障制度正常运行而设立的权力和事务机构。

按照行政层次或者行政权限,社会保障管理机构分为高层管理机构、中层管理机构和基层管理机构三个层次(见图 8-1)。高层管理机构即中央级管理机构,属于领导和决策层次,负责制定社会保障法律、法规和政策;制定国家层面的社会保障事业发展规划;指导、统筹和协调社会保障事务;组织和实施社会保障法律法规;对社会保障事务实施全面监督。中层管理机构即省级地方管理机构,属于辅助和传递层次,负责贯彻社会保障法律法规;实施中央政府社会保障管理机构的决策;制定地方性实施细则和补充规定;反馈社会保障法律法规在实施过程中发现的问题和有益的经验;推动辖区内的社会保障业务执行,处理有关申诉等。基层管理机构即地(市)、市(县)级及以下地方社会保障管理机构,属于社会保障事务执行和经办层次,它按照国家的法律法规和上级领导机关的指示,负责社会保障日常工作的管理和经办,具体包括提供社会保障事务的信息、咨询和服务,经办社会保障具体业务等。

图 8-1 中国社会保障管理机构层级设置

按照管理职责、管理性质和业务范围,可以把社会保障管理机构分为行政主管机构、业务经办机构、基金营运机构和监督机构四个类别。行政主管机构即各级政府机构中管理社会保障事务的相关政府部门,主要职责是社会保障的立法、监督检查、贯彻实施等。业务经办机构即从事社会保障具体业务办理的机构,主要职责是对社会保障参加者的资格审定、登记,社会保障基金的收缴,社会保障基金的日常财务和个人账户管理,社会保障待遇的计算、发放,以及对参保人提供各项社会化服务。基金营运机构是具有企业法人地位的金融机构,其主要职责是进行社会保障基金的投资、营运,实现基金的保值增值。监督机构的主要职责是对社会保障的政策法律执行情况、基金筹集、基金管理营运、待遇给付、服务质量等环节、社会保障机构等进行监督。

二、社会保障管理体制的内容

社会保障管理体制的内容包括社会保障行政管理、社会保障基金管理和对社会保障对象的管理。

(一)社会保障行政管理

社会保障主体上是一种政府行为,因此政府系统内的行政管理必然是社会保障管理活动的重要内容。社会保障行政管理包括:①拟订社会保障发展规划和计划,统筹协调社会保障政策,统筹处理地区和人群之间的利益矛盾。②制定社会保障法律、法规和政策。确定社会保障的实施范围和对象、享受保障的基本条件、社会保障资金来源、基金管理和投资办法、待遇支付标准和对象、社会保障中有关方面(国家、单位和个人)的责任、权利、义务及违法责任等。在立法过程中,一般的做法是中央政府制定社会保障的基本法,地方政府则制定子法、实施细则和各种条例。③设置社会保障管理机构,确定人员配置,组织和实施各项社会保障法律法规,并负责监督、检查实施的情况和效果。④受理社会保障方面的申诉、调解和仲裁。⑤建立和完善社会保障信息化、社会化服务体系。⑥培养、考核、任免社会保障管理干部。

(二)社会保障基金管理

社会保障基金管理包括基金筹集、基金支付、管理运营等内容。①社会保障基金的筹集一般是由国家拨款,单位和个人按一定比例缴纳社会保障费用,还包括社会捐赠和发行彩票等。②社会保障基金的支付即给付参保人各项社会保障待遇。如养老金、失业金、医疗费用报销、各种救济金和困难补助等。③社会保障基金的管理运营包括社会保障基金的日常财务和个人账户管理以及资金的投资运营,以实现基金的保值增值。由于基金来源的缘故,社会保障基金是由国家、单位、个人共同负担的,三者理应有相应的管理权。但从基金管理的专业化和效率出发,社会保障基金管理一般由专门的基金管理机构负责。

(三)社会保障对象的管理

这主要是对社会保障享受对象提供必要的服务。具体来说,在职的社会保障对象,主要是由其所在单位提供有关的服务,对他们的管理也主要是由其所在单位负责。而对于特殊的社会保障对象,如退休者、鳏寡孤独者、失业者、生活困难者、伤残者等,则需要由专门机构提供特殊的服务。社会保障对象管理不但包括提供物质保障,还包括提供日常生活和健康方面的服务,提供参与社会活动和就业方面的机会和可能,以及提供精神和心理慰藉等。随着社会保障管理社会化趋势的发展,这项复杂烦琐的管理工作越来越多地依赖于社会力量,尤其是依靠工会、各种社团、慈善协会、家庭等社会力量来完成各项管理工作。

三、社会保障管理体制的特征

由于各国的政治、经济制度不同,文化背景各异,各国建立社会保障管理体制的时间有先有后,因而各国社会保障管理体制往往是各有侧重、各具特色。但整体而言,社会保障管理体制具有以下几个特征。

1. 政治性

一国的政治体制决定社会保障管理体制。例如,德国自治体制下的政府劳工社团混合管理,瑞典民主体制下的社会管理,等等。

2. 社会性

社会保障管理体制涉及社会的方方面面。如医疗保障管理体制与医疗服务机构和药品管理体制等有密切关系;养老服务、儿童福利等服务可以由社会组织提供。因此,现代社会保障管理体制必须建立在政府部门和社会力量协调发展的基础之上。

3. 经济性

社会保障管理体制涉及资金筹集、基金投资运营、待遇发放等方面,特别是基金投资运营涉及多个政府部门和金融市场等主体,与国家经济发展等密切相关。

4. 规范性

社会保障的性质要求社会保障管理体制规范有序,内容包括决策程序化、权责明晰化、业务流程化、措施具体化、行为标准化、控制过程化、考核定量化、奖惩有据化等。

5. 层次性

社会保障管理体制要和统筹层次及一国的行政层次结构相适应。社会保障管理体制的层次性对管理实践提出的要求是:①要求管理工作必须建立合理、适度的管理层次和幅度;②在管理体制中,每一个层次都应有各自的功能,而且责、权、利分明,逐级指导、指挥,逐级负责。

6. 服务性

社会保障管理体制的核心问题是通过体制设置,保护参保人的合法权益,为参保人服务。这就要求经办机构的工作人员等与参保人居于平等地位,为参保人做好相应的服务工作。

7. 系统性

社会保障管理体制安排是一项综合性、系统性的社会管理工程,要用系统工程的思想和方法,为社会保障管理选择最优模式、提供最佳实施方案,打造高效率、低成本的管理体制。

四、建立社会保障管理体制的基本原则

(一)社会化管理原则

现代社会保障是一种高度社会化的再分配形式。它不是任何个人意志的产物,而是生产社会化的客观要求,作为社会化分配形式的社会保障必然要求社会保障基金要在全社会范围内进行统筹使用,实行集中统一的社会化管理。

这种社会化管理就是由中央政府的社会保障职能部门统一制定社会保障的基本制度,并由各级政府的社会保障主管和专管机构,统一管理社会保障对象和社会保障基金。实行社会化管理的原因是:①现代社会保障是面向全体社会成员的,广泛涉及社会各集团、各阶层的经济利益。只有国家直接出面进行管理,通过政府的收入分配政策,调节各方面的利益关系,才能实现社会公平目标。②国家社会保障政策的制定,受到诸如国民经济和社会发展计划目标、财政经济状况、经济管理体制以及劳工、工资制度等诸多因素的制约,必须通盘筹划,才能保证社会保障政策综合体现各方要求。③现代社会保障的核心是社会保险,它所遵循的"大数原则",要求在尽可能大的范围内统一筹集和调剂保险基金,如果统筹和调剂的范围越大就越能分散风险损失,从而社会承受风险的能力也就越强。④生产专业化程度的提高,市场竞争的加剧,导致企业经济活动趋向单一化,要求社会保障工作从企业管理中分离出来,由社会承担,使企业集中精力于生产经营,提高市场竞争力。建立起由政府统一组织、统一管理的社会化管理体制,就成为世界各国社会保障发展的必然趋势。

(二)统一管理原则

统一管理原则就是将社会保障体系中的社会保险、社会福利、社会救助、社会优抚四个子系统,实行相对集中而又统一的管理,防止出现"多头管理、各自为政"的局面。同时根据社会保障体系的总体要求,使政策制定、资金运营和监督管理三位一体。

由政府的职能机构对社会保障实行统一管理,是由社会保障作为社会化分配形式的性质决定的,是社会保障管理发展的必然趋势,只有实行集中统一管理,才能从全局上正确处理社会保障与国民经济、社会发展的各种关系,确保社会保障制度有效地运行,发挥其"安全网"和"减震器"作用。只有实行集中统一管理,才能有利于统筹包括城乡居民、企业职工和公务人员在内的全体社会成员的社会保障事务,促进劳动力的合理流动,为建立统一的劳动力市场创造条件。

(三)法制化管理原则

法制化管理原则是指社会保障的管理工作必须受到法律法规的约束和调适,以法律为依据,以法规规范管理行为,并且以法规作为处理各种关系的准绳。在立法上,强调中央立法与地方立法相结合,社会保障总体立法和分项立法并举。在执法上,强调在相互依托、彼此促进的法制网络下,认真按照法律程序和法律要求办事,对违法违规的行为决不姑息,依法处置。

(四)属地化管理原则

属地化原则是指在国家法律、法规的统一规范下,同一地区的社会保障事务由该地区管理机构统一管理。社会保障各项事务直接面向社会成员,它通常是由一定区域内设置的管理部门和业务机构组织实施的,以实现区域范围内的共济和互济互助。当然,遵循属地化原则,并非要排除系统直属管理。对于那些可以由地方政府负责的社会保障事务实行属地化管理,而对于那些只能由中央政府负责的社会保障事务,则应实行系统直属管理。

(五)科学化管理原则

科学化管理原则是指社会保障管理部门的职责和权限,必须科学划分、层次分明,特别是对以下四个方面应采取分开管理:①执资分开,即管理部门不直接介入资金运作。②执政分开,即管理部门只执行政策而不制定政策。③执法分开,即管理部门不能以政代法,要分清执法和立法的界限。④执监分开,即管理部门要接受独立的监督检查机构的监督和社会的监督,而不仅仅是自我监督。

五、社会保障管理体制的类型

社会保障管理体制的形成主要取决于国家的政治经济条件、国家的基本制度和历史文化传统等一系列因素。它对国家基本制度的依赖性很强,例如实行集权制国家与实行分权制国家,其社会保障管理体制就不可能是一样的。因此,社会保障管理体制不存在一成不变的典型模式。

(一)管理权力结构分类

根据管理权力结构,社会保障管理体制可以分为集中管理、分散管理以及集分结合管理三种类型。

1. 集中管理

集中管理是指社会保障的管理权限较多地集中于中央政府的一种制度安排。它是在建立统一的社会保障管理机构的基础上,把各个社会保障项目全部统一在一个管理体系中,集中对社会保障各项目基金的筹集、待遇给付以及运营监管等实施统一的管理。在实施集中管理体制的国家里,一般从中央到地方都设立专门的社会保障行政管理机构和业务机构,配备专职的工作人员。

1) 集中管理的特点

集中管理的特点是:①中央集中统一社会保障决策权。②集中统一社会保障预算权,即编制和执行全国范围内的社会保障预算。③政府间的社会保障联系是直接的双重联系,即地方各级社会保障管理机构不仅要在横向上对同级政府负责,还要在纵向上服从中央政府的指令。④地方社会保障收支规模与基本结构要由中央政府决定。

2) 集中管理的优点

集中管理的优点是:①有利于进行统一的社会保障管理规划与实施,有利于统一监督与日常管理,避免由于多头管理带来的诸多矛盾与冲突。②有利于社会保障基金的集中管理。③有利于社会保障各项目和环节之间的协调。④有利于降低管理成本,提高管理效率。

3) 集中管理的缺点

集中管理的缺点是:①这种管理往往以国家行政管理为主,受行政干预较多。②中央与地方之间信息传递层次多,影响决策者做出正确的决策,也可能滋生官僚主义和腐败。

实行集中管理型社会保障体制的代表性国家有新加坡和英国。新加坡的中央公积金制度最初仅仅提供职工退休后的基本生活需求保障,以后逐步发展为提供养老、住房、医疗、教育等综合性的保障制度。新加坡中央公积金局是管理公积金的法定机构,依据公积金法令而成立,独立于政府财政,上级管理部门为劳工部。英国在内阁设有社会保障部,负责全国性的社会保障项目的管理工作,使得社会保障事业有一个机构进行统一管理。

2. 分散管理

分散管理是指社会保障的管理权限较多地集中于地方政府的一种制度安排。在这种管理体制下,不同的社会保障项目由不同的政府主管部门负责管理,各自建立起一套执行机构、资金运营机构和监督机构,并且各机构间相互独立,资金不能相互融通。

1) 分散管理的特点

分散管理的特点是:①各级政府及社会保障部门事权独立。②各级政府社会保障部门预算独立。③政府间的社会保障联系是间接的关系,政府只对社会保障进行监督,并根据各类保险项目的财务状况进行必要的平衡,但社会保障事务则委托给社会保障经办机构进行管理。

2) 分散管理的优点

分散管理的优点在于:①管理机构拥有较大的自主权,可以根据发展需要灵活地制订详细的规划与计划。②可以在规定的权限范围内自主决策和行使职能以及调整社会保障项目。

3) 分散管理的缺点

分散管理的缺点在于:①管理机构重复,人员冗余,工作重复,管理成本居高不下。②各部门的利益难以协调,难以对社会保障进行统筹规划。③容易导致权力的滥用。

实行分散管理型社会保障管理体制的代表性国家是德国。德国社会保险机构的设置,以行业组织管理与地区管理相结合,社会保险机构由劳资双方共同参与,自治管理。除个别特殊行业外,养老保险机构是按地区设置的。法定医疗保险机构既有地区性的,也有行业性的。养老、医疗、工伤保险机构作为独立的法人,实行自治管理,不隶属于政府机构,政府不对社会保险进行直接管理,只是设立专门的机构在必要时进行财政平衡。

3. 集散结合管理

集散结合管理就是将相关性较强的社会保障项目集中起来,实行统一管理,而将特殊性较强的项目单列出来,由专门的部门进行分散管理。这种管理方式最普遍的形式就是把养老保险、医疗保险和遗属补助等集中起来管理,而把失业保险、工伤保险交与劳动部门进行管理。

集散结合管理兼具上面两种方式的优点,在一定程度上避免了两者的缺点,其优势在于:①既可体现社会保障社会化、规模化的发展要求,又可兼顾个别项目的特殊要求。②有利于降低管理成本,提高管理效率。

实行集散管理型社会保障管理体制的代表性国家是美国和日本。美国的失业保险由劳动部门管理,老年和遗属保险、残疾保险、住院保险则由联邦政府卫生与人类服务部门下的社会保险署实行统一管理,并在全国各地设置了1400多个社会保障办事机构。日本的养老保险和医疗保险由厚生省负责,失业保险由劳动省负责,各个政府部门对社会保险实行分别管理、相互独立的原则。

(二)政府介入程度分类

根据政府在社会保障事务中的介入程度以及责任大小,可以将社会保障管理方式划分为三种类型:政府直接管理、半官方自治管理和商业保险管理。

1. 政府直接管理

这种类型的特征是:政府设立专门的管理机构统一集中管理全国社会保障事务。具体又可分为两类:① 政府内设立一个专门的部或者委员会,下设分支机构,纵向统一管理全国的社会保障工作。如在英国,社会保障部是全国社会保障的最高行政主管部门,各地(相当于省一级行政区)设立社会保障局,县市设立社会保障处,统筹负责全国的社会保障事务。此外,中国、加拿大、波兰、马来西亚、缅甸等国家,也都属于这种类型。② 由政府的几个部门进行多头管理。如在日本,中央政府设立厚生省管理全国养老、遗属、残疾、医疗等保障项目。劳动省管理失业、工伤等保障项目。此外,美国、澳大利亚等国家,也都属于这种管理类型。

政府直接管理类型更能体现政府的意图,有助于体现社会的公正性,有利于保障受保人的利益和维护社会稳定。其缺点是管理效率和服务质量可能不尽如人意。

2. 半官方自治管理

这种类型的特征是:由政府成立一个统一的协调机构,负责协调(而非统一管理)全国社会保障事务,并指定一个或若干个中央政府部门实施统一监督,而具体的管理工作则由半官方、半独立的行业或地区社会保障管理机构(可以被认为是一种公共事业部门)来实施。一般由雇主、雇员和政府三方代表(或雇主、雇员两方代表)组成社会保障(险)基金会(协会、董事会、理事会),在政府部门的监督下,在法律范围内实行自治,自主管理。这些基金会一般和政府有契约关系,并按时给政府提交工作报告,接受政府的监督检查。如在法国,卫生和社会保障部负责社会保障的监督颁布法律,全国养老基金会、全国疾病保险基金会、全国就业组织理事会、全国家庭补贴基金会及其各自的各级地区性分支机构,分别负责管理全国的养老保险、疾病保险、就业补贴和家庭补贴等保障项目。此外,德国、意大利、瑞士、瑞典、土耳其等国家,也都属于这种管理类型。半官方自治管理类型能克服政府直接管理方式中的一些弊端。其缺点是本身要求的条件比较苛刻(如要求国家的法制要健全,监督机构要公正、权威,办事机构要得力、守法),而且在体现政府意图和保证公平方面很难让人满意。

3. 商业保险管理

这种类型的特征是:在政府社会保障主管部门的监督下,实施强制储蓄保险,采用"以收定支"的基金制积累方式。就是按照固定缴费率征缴保险基金,然后将基金投入资本市场,通过基金的投资营运,实现基金的保值增值。基金的管理、投资和营运,一般由独立的具有半官方性质的基金会(或称董事会、理事会)负责。如在新加坡,在中央政府劳工部的监督下,实行社会保障中央公积金制度,保障项目包括养老、残疾和死亡保险、医疗保险以及住房和教育计划等。管理和组织实施工作由半官方性质的中央公积金局负责。又如在智利,1980年后,国家将旧的社会保险制度改革为完全个人缴费的、以个人账户为中心的、强制个人储蓄的新的具有很浓商业保险色彩的社会保障制度,具体由国家劳动和社会保障部监督下的四个分支机构(社会保障总署、"公共养老金"管理公司、"私人养老金"管理公司、基金投资风险管理委员会)管理和组织实施。此外,印度尼西亚、斯里兰卡等国家,也都属于这种类型。

在商业保险管理类型中,政府的责任最少,管理比较简便,效率也可能比较高。其缺点是要求国家高度法制化,资本市场健全。而且,由于参保人的待遇保障完全依赖于基金在市场中的运营情况,因而参保人需要承担巨大的市场风险。

第三节 社会保障信息化管理

一、社会保障信息化管理概述

(一)概念

社会保障信息化管理是指以计算机、通信网络为主体的信息技术在社会保障管理领域中的应用。其目的是为了更好地提高社会保障管理机构的工作效率。社会保障信息化为整个社会保障体系提供技术支撑。它涉及社会保障体系的各个层面,贯穿于社会保障工作的各个环节。在这种运行机制中,各种社会保障信息可以在纵向和横向之间通过互联网进行快速传送,把过去单一的信息传送方式发展为全方位、多形式的传送模式,使得上、下层管理机构在社会保障信息获得的数量、时差上的差异被大大缩小。

(二)作用

1. 提升社会保障管理工作运行机制

从世界各国的经验来看,社会保障管理的信息化始终与转变社会保障管理机构运行机制密切相关,实现信息化的过程也就是社会保障管理机构运行机制转变的过程。传统社会保障管理机构的运行机制是自上而下地统一划分管理层次和管理幅度,形成一个金字塔型管理结构,高层管理机构掌握着大量的信息,而下层管理机构仅仅知道有限的信息。现代社会保障管理通过现代计算机技术可以将大量的信息进行纵横集成和立体组装,打破传统社会保障管理机构的信息运行模式,建立起一种新型的信息传送模式,更加快捷地全方位、多层次、多种形式地向外传送,能够使得社会保障各级管理层、具体业务操作层、参保单位甚至普通民众都能在最短的时间内获知相关的法规、政策、实施办法以及相关业务信息,进而可以改进和提升现代社会保障管理手段和管理机构的运行机制,提高社会保障管理水平。

2. 提高社会保障管理工作效率和质量

社会保障管理的信息化可以在一定程度上打破地区之间、上下级之间、部门之间的限制,促使社会保障管理机构及其职能重新整合,从而使社会保障管理机构的运作程序和办事流程更趋于简单明了和畅通,可以提高社会保障管理机构的工作效率。同时,社会保障管理机构的重要职能之一是为广大居民服务。社会保障管理的信息化通过网上服务手段,不仅减少了参保单位和参保人员的交通时间和费用成本,也避免了许多纠纷和矛盾,提高了服务质量和效率。

3. 降低社会保障管理成本

社会保障体系是一个庞大的系统工程,其管理的信息包括就业、参保、社会保险项目基础数据及待遇支付情况等。如果将这些信息分开管理,势必加大管理成本,对各种保障待遇的享受和保障基金的管理带来不利影响。而社会保障管理的信息化可以使社会保障管理机构的设置由繁到简,使机构的工作人员数量由多到少,使管理运作的中间环节大大压缩,从而节约社会保障管理的人力、物力和财力。

4. 增强社会保障信息透明度

实现信息化管理之后,对于需要公开的信息,工作人员可以随时调阅查询,避免了少数人掌握政策、解释政策和了解情况的弊端,促进了相互之间的监督。另外,参加社会保险的人员也可以通过计算机网络进行查询,方便了解各项社会保障政策信息及个人账户管理情况,使得社会保障经办机构能够随时接受社会公众的监督。

二、我国社会保障信息化管理的发展历程

随着社会保障的不断发展和信息技术的广泛应用,社会保障信息化管理的内涵和外延也在逐步扩充。我国社会保障信息化管理的发展经历了以下几个阶段。

(一)建立阶段

20世纪70年代中期至80年代中期,是社会保障信息化管理的建立阶段。其主要特征是利用计算机手段,使社会保障管理机构的工作方式由过去的人工作业转变为计算机作业,实现办公自动化。在这个阶段,政府建立了社会保障方面的各种数据库,作为领导决策的依据。此阶段偏重于各种社会保障文件的制作、转送和保存。

(二)形成阶段

20世纪80年代中期至90年代中期,是社会保障信息化管理的形成阶段,致力于实现公共管理信息化。其主要特征是利用计算机手段,对领导所需要的各种社会保障信息进行选择、保存、处理和查询,更好地为社会保障管理人员的决策提供各种有效信息。在这个阶段,更加偏重于社会保障管理机构的数据处理能力和决策能力。

(三)成熟阶段

20世纪90年代中期至今是社会保障信息化管理的成熟阶段,发展目标是实现电子政务化。其主要特征是利用互联网,处理各种关于社会保障方面的公共事务。其服务对象不仅是社会保障管理人员,而且还包括其他行政部门、企业、事业部门的管理人员及一般的公民。电子政务化的主要功能包括社会保障管理机构通过自己的网站公布社会保障法规等各种信息,向社会保障的有关部门及其人员提供各种形式的服务,并征求他们的各种意见。在这个阶段,

社会保障管理机构已经完全利用电子方式处理社会保障事务。

三、我国社会保障信息化管理的现状

(一)金保工程

金保工程是利用先进的信息技术,以中央、省、市三级网络为依托,涵盖县、乡等基层机构,支持劳动和社会保障、医疗保障业务经办、公共服务、基金监管和宏观决策等核心应用,覆盖全国的统一的劳动和社会保障电子政务工程。覆盖全国的金保工程已在2012年底顺利通过了各方面的质量验收,全面完成了一期的建设任务。当前金保工程参与管理的社会保障信息主要涉及五大社会保险及其业务相关信息以及人力资源方面的就业、失业信息,努力为社会保障相关公共服务业务经办、基金监督管理甚至中央的宏观决策提供信息数据和网络支持,并已初步显示出了社会保障信息系统建设的整体效应。

根据统计数据,2009年中央、各省及地级市的社会保障部门已着手建设数据中心,并取得了不同程度的进展,全国31个省区市的社会保障部门均为其与中央部级数据库的连接做出了努力,在一定程度上实现了社会保障"中央-省"的信息系统网络互联。在"省市"网络的建设中,2009年有89%的地级城市与所在省的数据中心进行了连接,约89%的社会保障和就业相关的服务机构、业务经办机构通过城域网提高了办公信息化水平;同时,2009年通过城域网连接了一定数量的社区、乡镇以及定点医疗机构等。2010年,中央与省级数据库的网络连接已在全国31个省区市全部实现;地级城市与所在省份的数据库连接已由2009年的89%提高到90%;同时,社会保险经办机构、就业服务机构等通过城域网连接已由2009年的89%提高到约93%。2011年底,金保工程的建设对"中央-省"两级的数据库连接全面实现联通的状态下做了进一步的完善,基于地级市与省级数据库互联的快速发展,有28个省份打通了"中央-省-市"网络信息通道;同时社区、乡镇以及定点医疗机构接入城域网的数量和速度都大幅提高。2012年底,数据显示金保工程建设中,31个省区市建成了"中央-省-市"网络通道;在全国31个省区市大约2600个县覆盖了农村和城镇居民的各类保险业务系统,比例已达到94%;2012年金保工程在解决社会保险关系异地转移的问题上也有了一定的成果,在养老保险关系转移系统建设中已有29个省份的256个地级市加入了系统的建设,在医疗保险的关系转移系统建设中也有12个省份的44个地级市接入了关系转移系统;同时,全国31个省区市中的307个地级市开通了12333电话咨询业务,为社会保障部门信息化公共服务能力的提高打下了坚实基础。

(二)社会保障卡

我国推行的社会保障卡由参保人持有,采用全国统一标准,以居民身份证号作为唯一识别号码,社会保障卡通过居民身份证号的识别进行社会保障相关业务的办理,进而实现对社会保障相关信息的查询、更新等功能。当前推广的全国统一的社会保障卡通过与银行进行信息资源的共享,开通了金融功能,各类社会保险业务中的费用缴纳、待遇发放、账目信息查询等都逐步能在对应的银行账户中进行办理。

社会保障卡的作用十分广泛。持卡人不仅可以凭卡就医进行医疗保险个人账户实时结算,还可以办理养老保险事务;办理求职登记和失业登记手续;申领失业保险金;申请参加就业培训;申请劳动能力鉴定和申领享受工伤保险待遇;在网上办理有关劳动和社会保障事务等。

截至2018年6月底,全国社会保障卡持卡人数达到11.5亿人。从2019年下半年开始,人社部明确将社会保障卡作为全国专业技术人员资格考试报名和进入考场的有效身份证件。有条件的地区可结合当地电子社会保障卡应用,为报考人员提供更加高效便捷的服务。2020年1月1日起,在内地(大陆)就业、居住和就读的港澳台居民也拥有社保卡,与内地(大陆)居民一样,依法参加社会保险和享受社会保险待遇的合法权益。截至2021年末,全国社会保障卡持卡人数为13.5亿人,覆盖95.7%人口。

(三)公民信息资源库

我国"十二五"规划中对基础信息资源包括人口信息、金融信息、企业法人信息等,甚至包括地理环境信息资源都非常重视,强调要不断完善各类基础信息资源的管理,对各类信息资源进行统筹整合,并实现各类信息系统之间的信息共享,提高信息资源的开发和利用效率,并在"十二五"规划中提出要建设全国范围内的公民信息资源库。

根据最初的规划和设计,公民信息资源库将涉及人口信息的公安部全国人口信息数据库、涉及金融信息的中国人民银行个人信用信息数据库以及全国社会保障信息数据库作为信息资源的主要组成部分,并对税务信息、公民个人的教育信息、电信网络信息以及交通部门的相关数据进行整合和管理,参考社会保障卡建设中以公民或其居民身份证号为识别标准统计各类信息,建立覆盖全民的、统一的信息数据库,并通过一定的制度实现数据库中的信息资源在各级、各部门间的共享和使用。

我国的公民信息资源库目前还在进行前期的调研,国家还没有对牵头部门、信息系统的整合等进行具体的规划和安排。就公民信息资源库的三大主干信息系统的建设来看,仍然需要进一步发展和完善。公安部门的人口信息系统,在信息的采集上更强调公民义务的履行,当公民的工作地点、家庭成员、常住地点等信息发生变化时,公安部门要求公民主动到相关部门进行信息的变更,这种信息更新机制依赖于公民的主动性和积极性,致使公安部门掌握的公民信息在准确性和时效性上存在不足。社会保障部门的信息系统目前虽然有了很大程度的发展,但受制于基础政策的影响,参保人员的社会保障信息并不完整,同时,未加入社会保险的人员信息目前仍是空白区,需要社会保障部门对这类人群的相关信息进行关注,以便为社会保障扩大覆盖人群提供有效数据支持。社会保障卡的推广为公民信息资源的使用提供了非常好的渠道,同时也证明了建设公民信息资源库的实用价值和可行性,在社会保障卡快速扩充应用功能和覆盖范围的同时,公民信息资源库也应尽快制定出建设规划,可以与社会保障部门数据库的建设进行整合,避免数据信息的重复采集。

(四)社保部门与其他部门信息共享建设

中国人民银行建设的企业、个人信用信息系统通过与社会保障信息系统进行信息的共享,记录了企业养老保险费用缴纳数据、个人养老保险费用的缴纳数据和养老金领取数据以及个人养老保险关系转移接续数据等,并在评价企业、个人信用时进行了数据分析和应用。中国人民银行与社会保障部门进行信息共享的建设工作,于2006年开始选取试点城市进行信息共享建设工作,首批试点城市包括北京市、天津市两个直辖市,以及西安市、石家庄市、大连市、成都市、广州市等9个城市。这两大部门的信息共享建设以企业、个人的征信系统为工作重心,将企业、个人的参保信息进行数据分析,作为信用评价的指标,通过信用测算决定了企业、个人在金融业务中获得银行贷款资格的取得,对企业、个人按时、按标准缴纳社会保险费用起到了非常积极的促进作用,保证了社会保障基金的来源;同时,通过银行账户进行费用的缴纳和待遇的发放,对社会保障基金的监管也有非常明显的作用。各级社会保障部门积极与银行、民政部门、公安部门、统计部门等部门进行横向的信息共享,将公民信息更新、住房公积金和公交卡的管理工作,甚至居民水电费、通信费用的管理工作等,通过社会保障卡进行身份识别和管理,努力实现一卡多用。我国各个省份在2012年纷纷出台政策,结合各省自身社会保障事业发展现状以及工作目标,在国家"大社保"的规划指导下进行社会保障部门与银行部门信息共享的建设,对社会保障基金进行科学化、精细化的监督和管理。

社会保障部门在推广社会保障卡时,将居民身份证号作为社会保障卡的唯一识别号码,由各省公安部门为其提供居民身份证登记信息、户籍信息等,省去了社会保障卡相关信息的重复采集和录入;同时,社会保障卡的推广和应用,推动了公安部门对流动务工人员,特别是农民工、城市外来务工人员的信息管理,公安部门通过金保工程中参保人员劳动关系、就业情况、公民社会保险关系等信息获取所需的最新的、动态的信息,通过对这些信息进行分析,反映公民某段时间内的生活轨迹和动态。

社会保障部门除了同上述两大部门进行信息共享的建设外,根据"大社保"的信息需求,在省级部门间正在努力进行信息共享系统的建设,实现各部门对社会保障覆盖范围内公民的社会保险信息、社会救助信息、家庭信息、公积金信息、个人财产信息等的统筹管理和合理共享。

四、我国社会保障信息化管理面临的问题

金保工程的建设让我国社会保险的信息化水平得到了快速提高,社会保险信息管理越来越成熟。但是,社会保障事业的迅速发展也给当前的社会保险信息系统提出了更高的要求,流动人口在异地进行业务办理时需要实现地区间的社会保险信息共享;城乡社会保障制度的接轨、社会保障基金的监管也需要信息共享的支持;而社会保障信息共享建设在社会保障卡得到广泛应用时显得更为重要,因此,社会保障信息共享的建设将成为我国当前社会保障事业发展的助推器。

(一)数据标准亟待统一

金保工程促进了社会保障信息化建设的快速发展,在一定程度上体现了对纵向部门间社会保障信息体系建设的指导意义。一般来看,社会保障上下级部门间进行信息数据交换还是相对通畅的,但是,社会保障各部门要想与其他的相关部门进行横向数据交换还是相对困难的,这也大大影响了公民社会保障信息的准确性和完整性。而无论是纵向的上下级间还是横向的不同部门间要想实现数据信息的畅通,都需要进行数据标准的统一,这样才能实现社会保障信息共享。

在社会保障信息化建设的前期,由于缺乏统一的规划管理和技术标准,全国各省自行建设社会保障信息化的基础设施,甚至同一省份内的不同城市在社会保障信息化的硬件与软件上也存在着不小的差别。

统一的标准是社会保障信息网络能顺利联通的保障,是社会保障信息系统可持续发展的关键因素。在社会保障信息化建设的过程中,国家虽然强调要尽量统一数据标准,但是基于前期各部门间的"各自为政"现象,统一数据标准除了要解决技术上的问题之外,还需要克服部门间的利益博弈等难题,因此,需要国家给予更多的支持。社会保障信息共享离不开信息数据的交换,而社会保障众多信息系统的数据接口缺乏统一的、标准化的定义,这就使得社会保障内

部的各个信息系统之间无法顺利地进行数据交换,出现了孤岛现象。而如何为信息孤岛架起桥梁,对社会保障内部的各个信息系统进行有效的敕合,实现社会保障信息数据的共享,已成为国家和每个省份社会保障信息化建设的关键问题。

(二)公共服务终端建设不足

从服务终端来看,社会保障部门提供了政府的门户网站、12333人力资源和社会保障公益服务热线等。目前各市、县的人力资源与社会保障部门都已完成了政府门户网站的初步建设,也都能在门户网站的首页上找到社会保障信息查询的功能板块或相关链接。但是,经过实际的操作与应用,发现各省市的社会保障公共服务终端的建设大部分不够成熟,主要有以下几个突出的问题。

1. 相关网站的建设不能适应社会保障的快速发展

社会保障卡的快速普及,给社会保障事业带来新的发展机遇,同时,社会保障卡的信息功能也对社会保障事业的发展提出了新要求,一些省份的相关网站建设没能满足这些新要求。另外,网站首页上也没有明显的与社会保障卡信息查询相关的链接。因此,社会保障网站的建设不能跟上社会保障事业的发展步伐,不能很快地根据社会保障新兴事物的出现而进行相应的调整和改变,特别是市、县级的政府网站,仅仅是满足了视觉上的美感,缺乏实用性的设计。实现社会保障信息共享的一个目的就是为公民提供快捷的、高质量的业务服务,随着信息网络的发展,公民利用互联网办理社会保障各项业务的需求越来越明显,政府网站建设若跟不上社会保障事业的发展,必然会成为实现社会保障信息共享的一大障碍。

2. 各省份及各市的社会保障信息查询平台的建设进度不一致

在12333社保查询网上进行调查,结果发现:第一,四个直辖市的社会保障信息查询平台均已建成,能帮助公众便利地查询所需信息,并且,其养老保险和医疗保险信息查询均采用社会保障卡号或身份证号为查询依据。此外,绝大部分省份均已开通省级养老保险查询系统和省级医疗保险查询系统。第二,省内各市的社会保障信息查询建设进度也不一致。受制于实际国情,不同省份的社会保障事业发展程度不一致,要想实现全国社会保障信息共享,其必经之路就是首先要实现省级社会保障信息共享。各市的社会保障信息化建设存在明显的差距,为省级社会保障信息共享造成了一定的困难。第三,12333人力资源和社会保障公益服务热线在具体服务中仍有不足。12333人力资源和社会保障公益服务热线提供政策咨询、账户查询、就业信息查询、人工服务等业务。但是,一方面,账户信息库中仅录入了在岗职工每月的养老保险和医疗保险的个体数据,缺少其他险种的个人信息;另一方面,其普及程度不够,特别是农村人口对12333公益服务热线的认知率还很低,甚至城市人口在遇到相关问题时,拨打12333电话进行咨询、查询等业务的主动性也并不高。

(三)缺乏信息共享激励机制

从社会保障信息共享建设的顶层设计层面看,金保工程一期更侧重于通过建设"中央-省-市"三级网络系统,解决社会保障内部纵向上下级之间的信息共享问题,而对社会保障不同部门间横向的信息共享给予了较少的支持。而通观国家所有的金字工程,在设计和建设其信息系统时是以部委为单位的信息纵向垂直管理为主线,以满足上下级对信息的需要为建设目标,所以信息共享和业务协同管理在上下级之间较为成熟。但是,在信息系统的建设中缺少预留接口的设计,不仅无法实现横向部门间信息的共享,也影响了部门间的业务协同能力,大大影响了基层公共服务的效率。

从信息资源的采集和信息库的建设上看,由于一些部门信息共享意识不够强、信息资源的管理和利用不合理使得信息库和信息系统的建设止步于满足本部门的管理和业务需要。根据国家信息共享建设的相关政策分析,信息资源库的建设往往由某一业务部门负责或由其牵头与其他相关部门共同建设,因此,对信息库和信息系统的需求分析以及信息资源的数据采集、数据处理甚至信息系统的功能设计等方面更加侧重关注本部门的需求和偏好,而轻视甚至忽视其他相关部门的需求,在信息共享建设中出现接口设计、功能设计等的不足、不合理现象,其信息库和信息系统则呈现出一定的封闭性,无法实现信息共享的整合效应和规模效应。

1. 缺少利益激励

首先,部分政府公职人员对建设"服务型"政府认识不足,仍将自己当成"管理者"或"掌舵者",将本部门的信息资源进行垄断,并以此谋取"特殊利益",将信息资源看成本部门或个人寻租的资本。当信息资源实现共享时,将首先影响具有这种思想认识的人的"切身利益",这会成为社会保障信息共享建设中一个不可忽视的阻碍因素。其次,在社会保障信息共享建设中,没有对参与部门的资金投入进行有效的补偿,也没有相应的制度对部门资金投入的补偿进行规范。参与社会保障信息共享建设的部门,一般都有提供部门信息数据的任务,因此,在信息数据的采集、整理以及信息编码、接口设计等环节都需要进行资金的投入;同时,当信息共享系统建成之后,部门对相关信息渠道进行的维护和信息安全监管也需要部门拨出一定资金予以支持。而我国当前的社会保障信息共享建设往往没有专项的资金投入,受到政府公职人员传统"政绩观"的影响,降低了其参与社会保障信息共享建设的积极性。最后,缺少对原有信息系统改进的利益支持。国家大力倡导金字工程促使我国电子政务迅速发展,各类部门均有自己的办公系统、信息库等硬、软件设施,金保工程中涉及的五大保险和就业信息均有自己的信息系统。我国的社会保障信息化建设目前大体处在第三阶段并努力向第四阶段发展,也就是要实现社会保障信息资源在不同的信息系统中进行共享,实现资源整合效益。这就需要不同部门对原有系统进行调整和修改以适应不同部门信息共享的需求,还要在相关部门进行数据、系统标准的规范,不同部门可能面临不同的工作任务量。同时,大量信息资源的开放以及系统接口的增多也带来了安全风险。

2. 缺少精神激励

一方面,不同部门间交流不足,缺少信任,信息资源的交换与公开可能将部门内部的一些问题暴露出来,给参与社会保障信息共享的部门带来精神上的压力。信息的共享使得部门内部的信息资源在部门外部进行使用,同时也会受到信息使用部门的监督,一旦信息出现一些问题,例如基础信息错误、信息缺乏时效性、业务信息错误等,将会给该部门带来不好的影响,信息共享将这些错误由部门内部放大到参与信息共享相关部门群体,使部门对信息资源的控制变弱,而信息错误的影响也将被放大。这就需要社会保障信息共享建设中对参与部门进行精神上的激励。另一方面,受到传统"本位主义"思想、地域优势思想的影响,不同部门在信息共享过程中,往往会出现信息化水平较好的部门不愿配合信息化水平相对较差的部门进行信息资源的共享,经济发展较好的地域不愿配合经济发展相对较差的地域进行信息共享建设的情况,不同部门之间缺乏协作、帮扶精神,这也需要国家制定相关政策鼓励不同信息化水平的部门、地域进行信息共享建设。

(四)缺乏信息共享约束机制

1. 法律体系建设不够完善

我国在信息安全方面的法制建设已经初显规模,有了一定数量的法律法规,如人大常委会通过的《全国人民代表大会常务委员会关于维护互联网安全的决定》、国务院发布的《中华人民共和国计算机信息系统安全保护条例》、国家密码管理局颁布并修订的《电子服务认证密码管理办法》以及公安部联合四部委颁发的《信息安全等级保护管理办法》等,还有近年工业和信息化部颁布的《通信网络安全防护管理办法》等,为社会保障信息共享的建设提供了基本的法律保障。同时,人力资源和社会保障部颁布的一些规定、政策也为社会保障信息共享提供了一定的规范,如《中华人民共和国社会保障卡管理办法》《社会保险个人权益记录管理办法》等。这些法律、法规的立法层次大都停留在行政法规层次,与其他领域的法律体系相比,在立法理念、立法技术等方面还有不小差距。

2. 部门信息开放缺乏制度规范

我国电子政务建设要求政府部门的信息具有公开性,而社会保障信息关系着国家和公民的切身利益,更要注重信息资源的安全性。社会保障信息共享侧重强调与社会保障相关的各个部门间的信息共享建设,以此为公民提供更为便捷的服务。因此,社会保障信息资源在不同部门间实现交换和共享时,如何把握好信息资源的开放程度以及开放方式,影响着部门间信息共享的质量和效果。

目前,由于我国社会保障信息共享的建设正处于起步阶段和摸索阶段,对部门间信息数据交换行为进行规范的法律、法规非常少,于2013年7月1日开始实施的《企业年金基金数据交换规范》,对社会保障部门和企业年金管理机构两方参与基金运作过程中的数据交换行为进行了规范,主要对数据交换的内容进行了规范,为信息共享过程中信息的开放程度提供了依据;同时,对两方的数据参数、系统接口、专业术语名称等进行了统一。我国社会保障信息共享的建设,涵盖了众多部门,如政府部门中的公安部门、民政部门、财政部门、社会保障部门等,还有其他如银行部门、企业、社会公益机构等;众多部门参与信息资源的共建共享,更要协调好部门间的利益,做好各个部门信息资源的开放和保护。

五、我国社会保障信息化管理的发展思路

(一)把握好新发展阶段的新要求

党的十八大以来,我国的社保信息化建设进入高速发展快车道,为建成覆盖全民的社会保障体系提供了坚实支撑。社会保障信息化管理的发展要进一步把握好新发展阶段的新要求、明确新目标。

1. 要把握深化社会保障改革的要求

当前阶段,社保制度基本建成,但统筹层次不高、区域不平衡问题仍未根本解决,实施企业职工基本养老保险全国统筹,成为破题之举。为全力保障全国统筹制度实施,人社部从2020年年初即启动信息化建设研究,最终确定"大管控"建设模式,即"全国标准统一、数据实时同步、部省两级联动、风险有效管控"的总体思路。截至2022年3月底,部级信息系统正式上线运行,9个省区市和新疆生产建设兵团先后完成业务系统接入,初步实现了数据全国集中管理

和业务统一风险管控。所有省份完成基金财务系统部省接入,全国基金"一本账"基本形成。

2. 要把握加快发展多层次、多支柱养老保险体系的要求

当前,我国第一支柱基本养老保险已成为全球最大的养老保障计划,第二支柱企业(职业)年金初步建立并不断完善,第三支柱制度亟待发展。2022年4月,《国务院办公厅关于推动个人养老金发展的意见》出台,为保障制度顺利实施,人社部按照以"账户制"为核心的制度设计,组织推进信息平台建设工作。通过与符合条件的商业银行、金融行业平台对接,归集制度运行相关信息,为参加人提供安全高效的服务,为各参与机构实施监管提供数据支撑。

3. 要把握系统集成、协同高效的要求

随着就业形式趋于多样化,扩大社保制度覆盖范围、纳入新业态人群成为当务之急。新就业形态就业人员职业伤害保障试点工作启动,是维护新业态人员基本权益的发力点。为减轻试点平台企业和省份的对接压力,人社部主动适应平台企业特点,按"总对总"思路,组织建立全国集中的信息平台,与试点平台企业和省份进行系统对接,为试点实施夯实技术根基。

4. 把握社会保障精细化管理的要求

随着经济社会发展,人民群众对社保服务的需求呈现出多样化、个性化的特点。社保公共服务经历了从无到有、由少及多的发展过程,并需要进一步适应群众在城乡、地区间流动和身份变化的需求,持续优化服务、补齐短板,积极推进以社保卡为载体建立居民服务"一卡通",依托全国统一的社保公共服务平台,提供全国统一、地区联动、简化规范、方便快捷的社保公共服务。

(二)抓住大数据时代的机遇

1. 降低存储成本

从社保信息化发展趋势来看,无论政策还是技术上,建设省一级集中式平台都被提到了重要日程上。省级的社保参保人数可达几千万甚至上亿,这么庞大的数据中心在以前是不可想象的。数据量倍增,按照传统的模式是扩充存储、增加服务器,这与目前各大互联网巨头提倡的去IOE(所谓去IOE,是对去IBM、Oracle、EMC的简称,其中IBM代表硬件以及整体解决方案服务商,Oracle代表数据库,EMC代表数据存储)趋势不符,也导致存储成本不断增加。

大数据和云计算技术的成熟应用,为省级社保信息的集中管理提供了可能,运用云存储技术,形成逻辑上的数据中心,既能减少成本,又能保证数据逻辑上的集中存储。按照"1+X"的模式建立云数据中心:在省级有一个大的数据中心,同时保留若干个城市的二级数据中心,在应用层面将多个数据中心做成一体。另外,将来的社保数据必须在横向上能够与其他政府数据互相流动,比如与工商、税务、公安等部门或者其他行业的应用结合,基于城市级或者区域级的云平台将更适合这种模式。

2. 提升宏观决策和基金监管能力

宏观决策是金保工程四大功能之一,随着系统建设日趋完善和数据的不断积累,其作用越来越显得重要。目前的宏观决策支持软件是对社会保险业务的各个方面进行主题分析和数据挖掘的计算机应用系统,有助于发现社会保险业务数据隐含的信息和价值,起到事前决策、事中控制、事后反馈的作用,为人力资源社会保障部门政策制定提供决策参考。

运用大数据技术寻找数据背后的潜在规律是对社保信息的全新应用领域。2014年春节期间,百度公司推出了"百度迁徙",利用大数据技术,对其拥有的LBS(基于地理位置的服务)

大数据进行计算分析,并采用创新的可视化呈现方式,在业界首次实现了全程、动态、即时、直观地展现中国春节前后人口大迁徙的轨迹与特征。这种全新的大数据应用模式可以借鉴到社保应用,通过全市、全省乃至全国的社保数据,对养老保险、医疗保险、工伤保险、失业保险和生育保险等海量数据进行分析,对社会保险的发展趋势和状况进行定量和定性分析,并做出相应的预测。

3. 增强信息共享水平

随着金保工程实施,社保信息化正从分散建设向统一集中建设迈进,客观上需要"五险"合一,而且需要全国联网共享,异地就业、异地就医、异地领取养老金的需求非常强烈。目前金保工程在数据中心建设、联网工程建设、统一软件应用等方面取得了较大的进展,呈现了较好的发展态势,各地对信息系统统一建设的认识程度和实施力度有明显提高,系统建设的应用效果已开始显现。信息系统的建设和应用,对于优化管理服务模式,提升劳动保障管理能力和服务水平起到了积极的促进作用。这种统一趋势对社保信息化提出了更高的要求,"统一建设"将成为未来一个时期内社保信息化建设的根本基调。

云计算、大数据等技术的成熟应用,为社保信息化的统一平台提供可能。充分利用云计算、大数据等最新的信息技术,对原有的平台进行改造和迁移,以适应未来发展的需要。以人社部技术平台框架为基础,坚持"一个(云计算)中心、两个规范体系",围绕人力资源和社会保障的全部业务规划全面的解决方案。

(三)积极应对大数据带来的挑战

1. 维护架构模式的稳定

金保工程技术架构的中间层和应用层不变,将数据存储和备份模式、应用服务器迁移到云平台,改变底层的存储和服务模式,无须重新设计生产软件就可以实现架构的变化。此外,在新开发的系统尤其是决策支持系统,需充分利用大数据技术。大数据技术中核心是数据存储模式不再是传统的结构化存储,NoSQL(非关系型数据库)等技术与传统结构化存储有较大区别,因此短时间内可能存在 NoSQL 和结构化存储两种模式并存的存储架构。

2. 重视数据价值,挖掘社保数据

各部门必须加强数据价值观念,注重基础社保数据的积累和分类工作,对于重要数据进行仔细分析,进而指导工作实践。在明确社保数据的重要价值并积累了足够的基础数据的前提下,引进先进的数据挖掘和数据分析技术,提升相关部门的专业性数据分析能力,深度挖掘数据价值,并加以充分吸收利用。

3. 重视数据安全

采用云计算架构的大数据,数据存储和操作都是以服务形式提供,因此,要对存在云端的数据采取以下措施保障数据安全:一是采取数据加密的方法,通过 SSL(安全套接器)加密,实现数据集的节点和应用程序之间的传输加密;二是分离密钥和加密数据,把密钥与加密的数据分开,同时定义数据产生、存储、备份、恢复等密钥管理生命周期;三是使用过滤器,一旦发现数据离开了用户的网络,就是自动阻止数据的再次传输;四是采取数据备份,采用容灾备份、敏感信息集中管控等手段,实现端对端的数据保护。

4. 重视人才队伍建设

坚持多渠道培养与高起点引进并举,壮大人力资源和社会保障系统信息化队伍。建立健

全信息技术培训长效机制,强化对信息技术人员、管理人员的培训,提高信息化建设队伍的整体素质,培养既懂技术又熟悉业务的复合型人才。探索建立适合于信息化队伍的激励机制,为信息化人才充分发挥作用创造良好的环境。加强对全系统业务人员,特别是基层业务人员的信息化培训,提高信息系统应用能力。加强与技术服务商的合作和规范管理,进一步调动和发挥社会力量在人力资源和社会保障信息化建设中的作用。

第四节 社会保障经办管理

一、社会保障经办管理概述

(一)概念

社会保障经办,即社会保险经办,又称社会保险管理服务,是指由法定主体依照法律授权,筹集管理社会保险基金,办理社会保险事务,提供社会保险服务的所有公共管理和服务活动的总称。社会保险管理服务的法定主体是社会保险经办机构,是服务型政府的重要组成部分,是贯彻落实和执行中央、国务院各项社会保险规章制度和政策要求,管理社会保险基金,为广大参保单位和个人提供社会保险公共产品和服务的重要部门。

(二)内容

《中华人民共和国社会保险法》第九章对社会保险经办内容做出了具体的规定说明,其中第74条明确规定社会保险经办的内容是:"通过业务经办、统计、调查获取社会保险工作所需的数据;及时为用人单位建立档案,完整、准确地记录参加社会保险的人员、缴费等社会保险数据,妥善保管登记、申报的原始凭证和支付结算的会计凭证;及时、完整、准确地记录参加社会保险的个人缴费情况和用人单位为其缴费情况,以及其享受的社会保险待遇情况等个人权益,定期将个人权益记录单免费寄送本人;用人单位和个人可以免费向社会保险经办机构查询、核对其缴费和享受社会保险待遇记录,要求社会保险经办机构提供社会保险咨询等相关服务。"

社会保险经办管理内容可解释归纳为负责办理社会保险登记,负责社会保险费核定及确定用人单位缴纳工伤保险费率,负责建立和管理用人单位社会保险相关参保档案以及保存缴纳社保费数据、申报业务和核算凭证等,负责审核拨付各项社会保险申领待遇,负责提供个人社会保险参保权益查询及政策咨询服务,负责定期向社会公开公示区域参加社会保险情况以及社会保险基金收支、结余和收益情况等,负责定期向社会保险监督机构汇报社会保险基金收支管理和投资运营情况,负责与医疗机构及药品经营单位签订服务协议以规范日常医疗管理服务行为,负责受理社会保险有关投诉和举报事项。

对于社会保险经办管理,实质上是对社会保险经办内容的统筹管理与协调服务,也是社会保险经办管理服务。社会保险经办管理主体包括社会保险经办机构和社会保险经办人员(即为参保人提供社会保险经办服务的社保人),其经办管理对象除了参保人以外,也包括参保企业、一些应保未保的参保对象。在社会保险经办管理中,与经办管理主体协同的政府部门包括税务部门、民政部门、卫健部门、定点医疗机构、村社区等。社会保险经办管理内容在管辖权属上也有着一定的区别。市级以上经办服务机构有着社会保险优惠政策制定的权属,对基层经办部门更有着社会保险政策业务指引、政策执行督导、政策宣传解释的经办管理责任。

而基层经办部门没有赋予制定政策的权属,其主要经办管理集中在执行层面,也即是对社会保险基金管理中心日常经办业务的一种管理与服务工作。如东莞市的社会保险经办管理,不仅限于新单位参保登记、非本市户籍在莞就读子女参加医疗保险、单位资料变更、单位社保注销、增减员工、工资申报、缴费基数调整、工伤认定申报、保险关系转出转入、个人参保基本信息修改、养老保险补缴、退休申请与审核办理、参保人员缴费明细查询及打印、单位人员名册查询、社保卡申领、退休档案审核、失业待遇申领、工伤劳动能力鉴定、生育待遇报销、生育津贴申领等186种不同类型的"前台窗口"经办服务业务,还涵盖了退休人员社会化管理服务、工伤保险异地核查、社会保险政策宣传普及活动、签约家庭医生、日常社保执法检查工作、社会保险基金监督内部控制检查工作、定点医药机构监督巡查、打击欺诈骗保案件查处等社保"后台管理"经办服务。因此,加强对社会保险经办管理范畴的经办管理、有效监管才能更好地避免和预防社会保险经办管理中存在的骗保隐患风险。

二、社会保障经办管理模式

由于政治、经济、文化、历史背景和民族传统等的不同,各国社会保障经办管理体制和社会保障经办机构的设置存在很大差异。按照政府介入及其集权程度分类,社会保障经办管理模式大体有以下四种。

(一)政府集中管理模式

政府集中管理模式是指把社会保险项目、社会救助项目、社会福利和其他社会保障项目全部统一在一个管理体系内,建立统一的社会保障管理机构,集中对社会保障各项目基金筹集、基金营运、待遇给付及监督等实施集中管理的方式。在实行统一管理模式的国家里,一般从中央到地方都设立专门的社会保障行政管理机构和业务机构,配置专职的工作人员。

政府集中管理模式具有以下几个特征:①社会保障决策权统一集中在中央;②社会保障预算权统一;③政府间的社会保障联系是一种直接的双重联系,即地方各级政府不仅要在横向上对同级政府负责,还要在纵向上服从中央政府的指令,同时地方社会保障收支规模与基本结构要由中央政府决定。

政府集中管理模式有明显的优点,主要体现在:①有利于社会保障的统一规划、统一实施、统一监督,避免政出多门和多头管理所产生的诸多利益冲突,使社会保障功能更有效地发挥;②有利于社会保障各项目之间、社会保障运行机制各环节之间的协调和社会保障基金的集中管理,并在一定范围内调剂使用,形成规模效益,真正发挥社会保障的互济功能;③有利于社会保障管理和企业机构精兵简政,降低管理成本,控制管理费用;④对社会保障业务和基金的集中管理,有利于增强透明度,便于加强社会监督。

政府集中管理模式也有其局限性,主要体现在:①在某些情况下,社会保障项目的专业化管理要求与政府业务主管部门往往难以协调,进而影响实施效果;②以国家行政管理为主,受行政干预较多。

日本、俄罗斯、意大利、希腊、捷克、泰国、印度等单部门管理的国家均实行政府集中管理模式。

(二)政府分散管理模式

分散管理模式是指不同的社会保障项目由不同的政府部门管理,各自建立一套社会保障执行机构、资金营运机构及监督机构,各社会保障项目之间相互独立,资金不能相互融通使用。

政府分散管理模式具有以下特征:①各级政府及社会保障部门事权独立;②各级政府社会保障部门社会保障预算独立;③政府间的社会保障联系是间接的,政府将社会保障事务委托给社会保障经办机构管理,只对社会保障进行监督,并根据各类保险项目的财务状况进行必要的平衡。

政府分散管理模式具有明显的优点,主要体现在:①各管理机构具有较大的自主性,能根据自己所管理社会保障项目特点制定详细、周全的管理法规,较灵活地适应社会保障发展的需要;②管理的独立性强,能根据客观实际,及时调整保障项目和内容,较灵活地适应社会生活的需要。

政府分散管理模式的局限性在于:①管理机构多,管理成本高;②因机构庞杂和相互独立导致工作的反复,给被保险人和保险机构管理增添许多难题。

德国社会保障制度实行以政府直接管理为主、以自治性的协会管理为补充的管理体制,是一种典型的政府分散管理模式。

(三)自治性分散管理模式

自治性分散管理模式是指由政府指定若干中央政府部门负责监督,由自治性的各种全国性协会在法律规定的范围内管理各项保险业务。在这种模式下,中央政府虽然制定有关社会保障事业的政策和方针,但都仅仅是指导性的,各地可以根据本地的实际情况制定具体的政策、法规等,地方享有较多的自治权,并在社会保障事务方面具有决策和决定的权力。

自治性分散管理模式的优点在于可以照顾到各地的具体实际情况,采取的措施比较有针对性和可行性,往往也比较有效。

自治性分散管理模式的缺点在于全国没有统一的社会保障制度,在各地公民之间会产生社会保障待遇支付等方面的不公平,而且也容易阻碍劳动力在全国范围内的正常流动。

从一定意义上来说,自治性分散管理模式是政府管理模式的一种,因为各国均存在一定程度上的政府管理,单纯意义上的社会保障自治管理的国家是不存在的。以法国为例,法国现代社会保障制度是以行业为单位、以保险为原则,实行各行业保险计划相对独立的分散管理模式。法国的社会保障制度分为普遍制度、农业保险制度、特殊保险制度和非工资收入者保险制度四大类。其管理模式除了普遍制度实行的是合伙制以外,其余三种均实行的是互助制,法国的这四种保险制度由上千个具有私人性质的基金会支撑着,它们按各自的性质,分别隶属于几十个全国性的基金会,这些基金会按其业务性质分别隶属于2~3个政府部门的领导。

(四)集散结合管理模式

集散结合管理模式是指将社会保障共性较强的项目集中起来,实行统一管理,而将特殊性较强的项目单列,由统一的社会部门分散管理。根据社会保障项目的不同,把集中统一管理和分散自主管理有机地结合起来。

集散结合管理模式的优势是既能体现社会保障社会化、一体化的要求,又能兼顾个别项目的特殊要求,有利于调动各方面的积极性,提高工作效率,降低管理成本,更好地促进社会经济发展。

集散结合管理模式兼具政府集中管理模式和政府分散管理模式的优点。当然,这种模式的顺利实施需要较为有利的内部条件和外部环境。目前,美国和日本等国采用这种管理模式。

三、我国社会保障经办管理的历史沿革

我国社会保险制度始于20世纪50年代初期,随着社会保险制度的不断创新,提供社会保

险基本公共服务的经办机构,其体制从多部门的分散管理逐步走向归口统一管理。

(一)工会管理阶段(1949—1966年)

这一阶段是我国社会保险经办机构形成的雏形阶段,也是计划经济体制下的工会管理阶段。全国社会保险工作主要是由工会组负责管理,保险基金也由工会在全国范围内统筹调剂,社会保险制度覆盖人群仅仅针对劳动者,因此称为劳动保险。

1951年,国务院颁布《中华人民共和国劳动保险条例》,并明确规定:"中华全国总工会是全国劳动保险事业的最高领导机构,主要负责劳动保险事业的统筹管理;最高监督机关为劳动部,负责检查劳动保险业务的执行情况;劳动保险的具体经办由各工会基层委员会及其下设机构负责,主要实施保险金的缴纳、支付、监督费用开支等各项具体业务。"这也标志着我国社会保险经办机构雏形的出现。另外,劳动保险金的统筹由中华全国总工会承担,中国人民银行代收、保管。1954年6月15日,政府为了精简机构,政务院批准将企业劳动保险事务移交工会统一管理,这在一定程度上弱化了劳动保险的监督职能,基本上形成了由基层工会具体经办、中华全国总工会进行统一管理的社会化管理体制。

这一阶段,社会保险的保障范围主要是针对城镇企业和机关事业单位的职工,并建立起了养老、医疗、失业、工伤、疗养、困难补助等多项福利待遇的职工劳动保险。机关、事业单位职工养老保险由财政、人事部负责管理;而城镇企业职工养老保险由中华全国总工会管理。对于医疗保险业务,又按照对象的不同分为公费医疗和劳保医疗。公费医疗主要针对机关事业单位职工,由政府卫生部门管理;劳保医疗针对企业职工,由企业行政自行负责。对于经费来源,前者来自政府预算拨款,后者来自企业职工福利金。

新中国成立后,职工是国家的主人,企业和国家应该为职工负责,劳动保险费用由企业或行政方承担,个人不缴纳费用。到1966年4月,我国对企业职工的医疗保险进行了整顿,改变了之前医疗费用责任不清的问题,并明确规定了在哪些具体情况下,医疗费用是由本人承担或由企业负担。

(二)多部门管理阶段(1978—1997年)

这一阶段形成了多部门管理的基本格局,是企业保险向社会保险的过渡时期。随着1991年国家相关决定的公布,对经办社会保险事务的机构性质和职责进行规定,这标志我国现代意义上的社会保险经办机构逐步建立。

在多部门管理阶段,我国社会保险工作主要由劳动部、人事部、民政部、卫生部和财政部共同管理,分别承担各项社会保险业务。例如:劳动部主要负责管理城镇企业职工养老保险工作;人事部、民政部分别负责国家机关、事业单位和农村(含乡镇企业)的养老保险制度改革。卫生部仍负责医疗方面。至此,劳动部和地方各级劳动部门作为社会保险行政主管部门的管理体制正式建立,主要管理与规划全国企业社会保险和职工福利工作,拟定企业职工的社会保险制度,并组织实施。1986年,劳动部门设立专门的社保经办机构,负责社会保险基金的征收、管理和支付工作。

1987年,国务院批准了铁路、煤炭、水利、电力、交通、邮电、金融、建筑、金属、石油、天然气等11个行业可以单独管理本行业职工的养老保险。这一时期,劳动人事部作为主管部门,11个行业和中国保险公司、劳动服务公司等企业作为辅助管理部门,形成了"多龙治水""多头刮泥"的社会保险管理体制。

1987年我国建立退休费用统筹管理委员会,这是第一个独立于企业之外的社会管理服务机构。该机构设在劳动人事部门,为以后建立以劳动人事部为主体的经办管理体制奠定了基础。这一时期,全国各地的劳动部门相继成立了社会保险经办机构,一般命名为"××省(市)社会劳动保险公司",这就标志着我国开始初步建立社会保险经办机构,但国务院并未对其名称做出统一规定,从而导致了全国甚至全省经办机构名称的不统一。1991年,国家颁布相关决定,将社会保险经办机构定性为非营利性事业单位,主要负责经办具体业务,进行基金管理。1994年,劳动部下设社会保险事业管理局,其主要负责对各地经办管理工作进行业务指导。

社会保险经办机构的建立要求建立起相应的经费保障体制。1987年,财政部规定:各地区的社会保险经办机构,均按事业单位预算管理,所需管理费用由同级财政核定,分别从"两项基金"中提取列支,坚持专款专用。

(三)多口下大部委管理阶段(1998年至今)

进入21世纪,我国社会保险服务体系的发展迈入了新时期。社会保险经办机构由完全依托企事业单位管理逐步向社会化管理转变,由注重管理职能向服务职能转变。1998年,我国组建劳动和社会保障部,实现了全国劳动和社会保险事务的统一管理,结束了社会保险"五龙治水"的多头管理局面。

2008年3月,随着大部制改革的启动,我国的社会保险管理体制在基本格局维持不变的前提下,进行了调整和完善,将原劳动和社会保障部同原人事部合并为人力资源和社会保障部。2011年,《中华人民共和国社会保险法》明确规定,国务院和县级以上地方人民政府社会保险行政部门分别负责全国社会保险和本行政区域的社会保险管理工作,而其他有关部门在各自的职责范围内负责有关社会保险工作。这种管理体制具有明显的属地化色彩,但这也是中国社会保险管理体制的目标模式;并且将各级卫生行政部门及其下属的农村合作医疗机构管理的新型农村合作医疗保险归并到人力资源和社会保障系统,由各级人社部及其下属的社会保险经办机构统一管理。

但对于社会保险的经办模式,各地不一,有的采取属地管理,有的采取垂直管理,目前,我国绝大多数地区实行属地管理,并以地、县级统筹为主。1998年,我国相关文件提出应实行省级垂直管理的经办体制,社会保险基金和社保经办业务管理工作交由经办机构独立承担。2000年,我国成立中央级的社保经办机构——社会保险事业管理中心,其隶属于劳动和社会保障部。社会保险事业管理中心的设立标志着我国基本形成了中央、省、市、县四级社保经办机构的整体架构。而经办机构的人员经费、基本运行费用和管理费用都由同级财政提供并给予保障。

四、我国社会保障业务经办管理的现状

(一)管理模式

1. 分散化的属地管理模式

这是目前我国各地区主要采用的方式,其主要特征为:省、市、县三级行政区划分别设立经办的管理、执行和监督机构,下级经办机构仅仅接受上级的业务指导,但并不直接归属上级管理。由省级部门进行业务管理和基金管理,同级政府管理经办人员和经费,社会保险资金调度使用及管理权限归属地方。在经办的险种方面,各个险种分别设立不同的办事机构和服务平

台,自成体系,封闭运行,名称和属性不一。因此,形成了在社会保障部门的主管下,社会保险按照险种分别设立经办机构,独立运行、自成体系、互不干涉的经办模式,表现为条块为主、权力分散的扁平化组织结构。

在社会保险事业发展初期,该模式对于提高参保者的积极性和认知度具有重要作用。但随着社会保险服务体系的完善,该模式的弊端也逐步暴露。由于经办机构名称不相同、业务范围不明确,容易造成参保者的认知混淆,导致办事找不到地点或跑错地点。按照这一模式,根据各个险种分别设立自己的经办机构,不仅增加了经办机构的内部管理成本与服务成本,而且还降低了服务效率,直接影响了公众满意度;在分散化的属地管理模式下,下级经办机构不需对上级负责,这就极易导致地方主义,不利于提高社会保险统筹层次。

2. "五险合一"的属地管理模式

该模式的主要特征表现为:在经办险种上对各项社会保险进行合并,其管理权限仍遵循属地化的管理模式,分级设立经办机构,下级经办机构受到上级的业务指导,其人员、经费等管理权限由同级政府给予保障。即:横向上,各险种集中管理;纵向上,实行分散化的行政管理。例如宁夏回族自治区推行"五险合一"的社会保险经办体制,通过整合全区各级社会保险事业管理局和医疗保险事业管理中心,成立新的社会保险事业管理局,并统一经办本级养老、医疗、工伤、生育、失业五项社会保险业务。调整整合后的市、县社会保险事业管理局,其行政级别分别为正处级、正科级机构。宁夏回族自治区经办机构主要负责全区社会保险登记,社会保险费申报审核,社会保险基金的支付(失业保险除外)、管理、运营,社会保险关系建立、记录、转移、接续、终止及档案管理,并对全区社会保险业务进行指导、规范和考核。

3. "五险合一"的垂直管理模式

该模式的特征主要表现在两方面:一是在管理权限上,经办机构的设立、变更、编制、人员与经费等不再由同级政府负责,下级经办机构不仅要接受上级的业务指导,同时也要受到上级的直接领导,属于上级经办机构的派出机构。以省级统筹地区实行的垂直管理为例,经办机构的人事权和财政权均由省级机构实行自上而下的垂直管理,但这一行政管理容易减少经办机构与地方政府机关的沟通联系,导致系统内"灵活"、系统外"封闭"。二是在经办险种方面,五险统一经办,精简办理流程,整合经办资源,通过一票征缴、统一基数、统一征缴、统一申报、统一支付以及分别建账等操作方式实现对各项社会保险政策和数据的集中管理。例如,洛阳市以建立大社保体制为目标,撤销市、各区县企事业单位五个险种的经办机构,成立洛阳市社会保险事业管理局以及各县(市、区)社会保险中心,通过将经办资源重新分配调整,形成"五险合一"集中统一经办的管理模式。同时规定各县(市、区)社会保险中心是洛阳市社会保险事业管理局的派出机构,实行自上而下的垂直管理。该模式成为"洛阳模式",其核心是"五险合一"的垂直管理。

实行"五险合一"的垂直管理模式,改变了过去各经办机构独立设置信息系统,导致信息资源不共享、经办服务效率偏低的状况。实现了机构设置、人事管理、人员工资、业务流程、信息系统的统一管理,提升了经办服务效率和水平,进一步顺应了建设服务型政府的基本要求。

4. 混合管理模式

混合管理模式是指将垂直管理与属地管理相结合而形成的一种模式,主要形式是在同一行政区域内,部分地区实行垂直管理,部分地区实行属地管理。以武汉市为例,在武汉市的13

个辖区中,其中江汉、汉阳、武昌等7个中心城区实行垂直管理,经办机构是市局的派出机构,人员属于市社保局,经费由市财政负担。还有6个郊区县则实行属地管理,经办机构由所在地政府进行管理,是政府的下属机构,人员与市社保局没有关系,经费由同级政府负担,仅仅接受市社保局的业务指导。

(二)我国社会保障业务经办管理机构现状

随着我国社会保险经办服务的不断完善,在经办机构的设立方面,逐步形成了覆盖各个层级、各个地区的完整组织体系。我国在设立经办机构初期,相关法律法规就未对其名称、规格进行统一设置,不仅成立时间不统一,而且之后的改革进度也不均衡。

1. 社会保障经办机构设置

我国社会保险经办体制经过多次改革,不断优化机构设置,明确职责划分,其目的是为了更好地发挥公共服务职能。经办机构作为提供公共服务的主要载体,建立科学、合理的经办机构是发挥公共服务职能、建设服务型政府的基础性工作。自社会保险经办机构设立以来,机构数量整体呈上升趋势,这表明政府开始加大对公共服务的投入,重视服务职能的发挥。目前,在数量趋于稳定的情况下,经办机构在职能定位、机构规格以及业务经办等方面全国各地不一。

目前,我国社会保险经办机构整体上分为四个层次:国家级、省级(自治区、直辖市)、市级(州)和县级。国家层面统称为人社部社会保险事业管理中心,但地方各级各类经办机构,不仅在单位名称、内设部门名称和数量方面完全不同,而且与中央机构及各省份之间、本省所辖地(市)、县之间也存在较大差异。以省级经办机构为例,有的在名称上以职工养老保险为主设立经办机构,称为"局"或"中心",具体称谓又各不相同。有的省份单独设立医疗保险经办机构和工伤保险经办机构,也有的将五险或者其中的两者整合在一起设立经办机构,每个省的称谓都不相同。另外,有些省份单独设立城镇居民养老保险、农村养老保险经办机构或者机关事业单位养老保险经办机构。

2. 社会保障经办机构人员

社会保险经办机构队伍建设是发挥服务型政府公共服务职能的关键。随着社会保险事业的发展,特别是城乡居民社会养老保险和医疗保险的全面推动,参保人员对社会保险公共服务的需求量不断增加,服务项目也进一步细化,业务量成倍增加,社保经办人员负荷比居高不下,经办人员不足的矛盾依然十分突出。这就必然影响经办机构的服务效率,不利于提高公共服务水平和服务型政府的建设。

自2000年以来,全国社会保险经办机构在编人数不断增加,呈上升趋势。尽管全国经办人员历年都有增加,但与社会保险业务量相比,增幅远远低于业务量的增长。而关于社会保险经办机构人员结构方面的变化主要体现在经办机构内部岗位、职级结构、学历结构和年龄结构。在岗位设置方面,经办业务人员与管理、技术和其他人员相比,所占比例最大并逐年增加;在职级结构方面,其他人员所占比例远远大于处级和科级;在学历方面,经办人员的学历主要以大学本科为主;从年龄结构来看,35岁左右的人员较多。随着经办业务量的增加、服务业务的下沉,通过分析人员结构方面的信息,加大对经办人力资源的投入变得越来越重要。

3. 社会保障经办机构经费来源

《中华人民共和国社会保险法》中明确规定"县级以上人民政府对社会保险事业给予必要的经费支持",同时又规定"统筹地区社会保险经办机构的人员经费、基本运行费用和管理费用由同级财政予以支持"。但是,在建设社会保险经办体系之初,各级政府的财政预算并没有包含社会保险经办机构所需经费,各级财政也没有为改革企业职工社会保险制度拨付资金,《国务院关于企业职工养老保险制度改革的决定》明确规定:"社会保险管理机构可以从养老保险基金中提取一定的管理服务费。"所以各地的经办机构经费都是从社会保险费中进行提取的。1998年,财政部发布的《企业职工基本养老保险基金实行收支两条线管理暂行规定》中指出:"社保经办机构所需经费由财政部门在预算中安排。"但由于现实的各种原因,财政部安排的资金很难满足经办机构运行中对资金的需要。所以,我国社保经办机构的经费来源形成了三种模式:全额财政拨款、差额财政拨款和自收自支。直到2013年,全国社保经办机构的人员经费、运行经费和管理经费才实现了全额拨款,这标志着我国建立了全面的经办机构经费保障机制。

4. 社会保障基层公共服务平台

建设社会保险基层公共服务平台是开展城乡居民基本养老、基本医疗保险服务不可或缺的组织保障和技术支持,是实现社会保险公共服务向基层延伸的重要途径,是深化服务型政府的关键步骤,是落实民生政策的重要载体。加强基层服务平台工作人员队伍建设,提高社会保险公共服务水平,构建基层平台,完善社会保险服务体系,为广大参保对象提供便捷、优质、高效的服务,是建设服务型政府的基本要求。

我国基层公共服务平台建设从2010年开始进行试点,主要针对县级、街道(乡镇、社区(村)进行公共服务平台建设。2012年,《国家基本公共服务体系"十二五"规划》中明确提出,将基层社会保险公共服务平台建设作为基本保障工程之一,要在总结试点工作的基础上,继续推进基层就业和社会保障服务设施建设。2014年,国家继续支持中、西部地区开展基层服务设施建设,2010年到2015年,共支持1394个县和5282个乡镇开展试点项目建设。试点项目的实施,有效地改善了中、西部地区基层社会保险服务水平,提高了基层公共服务能力和办事效率。目前,大部分地区基层服务平台建设取得了明显成效,社会保险基层服务网络建设逐步完善,但在一些欠发达地区,基层服务平台仍处于起步阶段,建设标准仅仅符合最低标准的要求,存在社区(村)公共服务平台发展不平衡、没有统一规划、人员配备不足、平台发挥作用不够等方面的困难。

(三)我国社会保障经办管理存在的问题

1. 机构设置不科学

长期以来,全国各地普遍实行属地化的管理模式,即经办机构的人员、经费等方面的管理权限均属于县级以上同级政府,正是由于管理主体的不同,导致了各地经办机构的设置呈现多样化,主要表现在设置方式不同,名称、规格、隶属关系和机构性质也不同。社会保险经办机构的设置各地不一,按险种、按区域乃至按人群分别设置的现象比比皆是。由于机构设置不科学,不仅导致各个险种分散经办,而且也出现职责交叉重叠和信息不流通、不共享等问题。

在经办机构的规格方面,虽然全国各地经办机构都属于人力资源和社会保障部直属的事业单位,但各地政府赋予本级经办机构的名称、规格并不相同。目前,全国多数地区的县级经办机构规格不明确。

在单位性质上,有的属于全额拨款事业单位,有的地区还未确定是否要参公管理,要等待国家事业单位改革的最终明确。经办机构性质和隶属关系不统一将直接影响经办机构职能的界定、运行机制和归属,还涉及参保人员的切身利益。而经办机构体制的不规范和不统一,将直接制约经办服务体系的长远建设。

经办机构职责划分不科学还与管理体制有关,特别是在行政管理和业务管理权责的划分上。在实施属地化管理的地区,上级经办机构与下级经办机构之间不是自上而下的垂直管理关系,容易造成事权与责任不匹配。而上级仅仅对下级进行业务指导,并不对下级行使财权、人事权等行政性权利。因此,上级经办机构对下级发出的约束性指令效力较差,主要表现在统一业务规程、统一基金管理制度和统一进行标准化、信息化建设等方面,甚至不少统一业务规程、标准因缺乏内在动力而流于形式。尽管"六统一"标准的职工基本养老保险省级统筹已在全国实施,但实际的执行情况却各地相差较大,有的地区在险种经办方面,各个级别的经办机构仍采取各自分散经办、各行其是的做法。

2. 经办体制呈现分散化

当前,我国社会保险经办基本沿用"基于职能"的业务组织方式,即养老、医疗、失业、工伤和生育保险处于相对封闭的管理模式,使得经办效率较低,难以适应当前社会保险制度的快速发展,这在一定程度上降低了服务对象对经办机构的满意度,很明显已难以适应深化服务型政府的发展。

(1)分散经办导致各部门政策不一,缺乏协调性。由于各项社会保险政策是由政府社会保险行政管理部门制定的,这就致使政策的制定和相关细节上会受到其他部门的制约,而各个部门往往因为利益而相互推诿、争执。

(2)分散经办会形成管理机构重叠,效率低下。在分散经办的管理体制下,各个险种在社会保险制度下都建立了相互独立的经办模式和运行机制,并且拥有属于自己的社会保险基金和发放方式,单独设立了信息管理系统,配备相应的人员和设施。这一设置会导致多部门经办的局面,各个部门分别设立信息系统,不仅不能够实现信息的共享,而且也造成了社会保险管理资源的浪费和管理成本的提高。另外,由于各个险种的经办机构过多,涉及的相关环节也会增加,这在一定程度上降低了社会保险资金的使用效能。

(3)分散经办会导致社保基金管理不规范,风险增加。因为各地社保经办模式和统筹层次的不同,对基金的管理权也不相同。有的地区实行社保基金的省级统筹,有的是市县级统筹,由于基金管理部门的分散,导致了基金的使用不集中,更不能进行有效的投资组合,增大了市场风险。

3. 人员队伍建设落后

经办机构队伍建设是实现公共服务目标的重要保障。随着各项社会保险制度的相继建立和覆盖人员的逐步扩大,社会保险业务急速扩展,工作量大幅增加,不仅对经办队伍的人数提出了标准,而且对人员素质与管理服务能力也提出了越来越高的要求。但社会保险经办队伍的现状表明,经办工作人员的增长速度远远低于社会保险制度的发展,全国经办实有人员相对应的参保人次人均负荷比(即1个经办人员对应服务的参保人次)不断攀升,特别是基层经办工作人员长期处于超负荷工作状态,这必然影响新型政府公共服务目标的实现。

经办机构人员配备不足主要体现在人员编制的增加幅度远远小于经办业务量的增长,业务量增长之后不增编或增编不足的现象非常普遍,这不仅会影响经办能力的提升,而且会影响我国"精细化管理"政策的落实,进而制约经办服务质量的提升,影响基层经办队伍的稳定。有些地区由于经办机构人员配备不足，要想落实风险防控，进行待遇稽核、监督检查等提升经办能力的工作，必然会有一定的困难。因此，这些机构只能开展一些日常性工作。各级经办机构人员的专业结构也不尽合理，主要缺乏信息技术、审计等方面的专业技术人员，尤其是市、县基层经办机构对这类专业人才的需求更为迫切。有的经办机构为了满足公众的服务需求，开始在专业技术岗位之外设置编外人员，但这些工作人员因没有事业单位编制，导致其流动性强、难以对其进行稳定培养等问题。在某些市、县经办机构中，非专业对口人员却担任机构的专业技术岗，这既偏离了岗位对人员任职资格的要求，也不能满足工作的实际需要。

4. 经办财政缺口较大

全国社会保险经办机构经费保障虽然有所增加，但与实际支出相比，并非互相匹配。经费保障不足既与各地经济发展不平衡相关，也与不同经办模式下财政保障机制和统筹层次的高低相关。目前，社会保险财政缺口已影响到公共服务职能的发挥。对于经济欠发达地区的政府而言，特别是基层政府，其财力有限是导致社会保险经费投入不足的原因之一，但这并不是各地社保经费不足的主要原因。因为在经济发展水平较低的地区，人均经费投入并不低，在经济发展水平较高的地区，反而人均经费投入较低。这主要是由于缺乏具体落实的政策规定，导致财政保障机制不健全，增加了地方政府财政保障的随意性。现行财政供款结构的不合理，不仅掩盖了社会统筹与个人账户相结合制度下管理服务的特点和需要，也没有体现社会保险由职工向城乡居民转变给经费支出带来的变化。同时，完全属地化的财政责任制度与提高各个险种统筹层次也不相适应，造成事权和财政不匹配，出现了部分有支付责任的基层政府财力不足，而有事权责任的政府却无支付责任的不合理现象，从而导致保障不力、苦乐不均。

较低的经费保障水平不仅会直接影响经办服务质量的提高，甚至在某些基层经办机构影响到了日常业务开展，也会影响经办队伍的稳定。一些地区未按规定开展对社会保险缴费和待遇领取情况的稽核，甚至基金遗漏问题都未能有效遏制，从而危及基金运行的完整与安全；许多地区因经费不足或者没有稳定的资金来源，暂停了一些经办管理服务，不愿意承担或无能力承担经办服务工作。有的基层公共服务平台聘用的社会保障工作人员工资待遇普遍较低，有的甚至低于当地的基本工资，这对专兼职人员的稳定性影响较大。由于技术人员流动性较大，社会保障部门需要对基层公共服务平台的专业人才进行频繁的培训。

经费保障不足最重要的影响是导致了基础设施建设不能满足参保人员的服务需求。尽管近几年在国家政策和专项资金的支持下，一些地区社会保险基础服务设施欠账较多的问题已有较大的缓解，但从全国来看，不论是服务大厅、基层公共服务平台的建设，还是在硬件、软件方面的建设都与实际需求有较大的差距，这制约着社会保险管理服务体系作用的发挥，甚至影响到社会服务向基层的延伸。

(四)我国社会保障经办管理面临的新挑战

1. 公共服务群体持续扩大

党的十八大报告提出了"全覆盖、保基本、多层次、可持续"的社会保险发展方针。为了实现社会保险全覆盖的发展目标，要不断扩大各个险种的覆盖面。随着农民工、个体工商户和灵活就业人员积极参保，社会保险将继续扩大覆盖面。但近年来，由于人口老龄化趋势越来越严峻，老龄化程度进一步加深，这对社会保险特别是养老和医疗保险产生了深刻的影响。随着社会保险覆盖面的扩展，对社会保险公共服务的需求在日益增加，如果不改变现有的经办体制，增强经办能力,提高服务水平,就会导致政府对社会保险公共服务的供给不足,必然影响自身建设以及公众满意度。

2. 公众对公共服务的需求不断提升

党的十九大开启了新时代社会保险发展的新征程,形成了以人民为中心的发展取向,这决定了社会保险经办体制不仅是提供基本生活保障的组织架构,更是满足城乡居民对经办服务需求的制度安排。

2002年,党的十六大报告提出:"要建立健全与经济发展水平相适应的社会保障体系,特别是要完善城镇职工基本养老保险和医疗保险制度,在有条件的地区可以积极探索农村基本养老、医疗保险制度。"2007年,党的十七大报告对社会保险事业的发展又提出了新的要求:"建立健全覆盖城乡居民的社会保障体系,形成人人享有基本生活保障和基本医疗卫生服务。"2012年,党的十八大报告进一步突出了社会保险基本公共服务建设的重要性,基于全面建设小康社会的视角,对建设经办服务体系提出了更高的要求,不仅要实现全民覆盖,而且还要基本实现公共服务的均等化,推进城乡社会保险服务的统筹发展,始终坚持全覆盖、保基本、多层次、可持续的基本方针。当前,我国已进入新的历史时期,在社会保险服务体系基本建立的基础上又提出了新的发展目标,要实现覆盖全民、城乡统筹、权责清晰、保障适度、可持续的奋斗目标,努力满足公众对社会保险的差异化需求。这表明了未来经办机构的发展将面临巨大的压力,深化服务型政府和增强公共服务职能的重要任务把公共服务提到了前所未有的高度,人民群众对此有了更高的期盼,作为政府基本公共服务的社会保险服务,更是人们期望汇聚的焦点。在全民参保的情况下,参保对象呈现多样化趋势,即服务需求更加多样化,也更加分散化,更具有流动性。因此,随着社会的发展,国家和公民对社会保险经办服务的要求也在不断提升,只有不断地自我完善,才能顺应时代的发展。

五、我国社会保障经办管理的发展思路

社会保险经办机构作为服务型政府的一部分,切实发挥公共服务职能,提供优质、高效的社会保险服务是经办体制发展中应该坚持的基本原则。

(一)经办业务趋于信息化管理

建设统一的信息化平台是保证社会保险经办由分散走向集中的前提条件,是高效履行公共服务职能的重要手段,更是提升经办能力与服务的主要载体,因此,需要充分发挥信息化建设在经办服务效率和服务水平方面的重要作用。随着信息化的高速发展,信息技术已经渗透到社会保险经办工作的各个方面、各个环节,参保单位和人员信息的收集整理、各种账户及缴费记录、人员调动、社保关系的转移、资金流动等各项经办工作均需要以统一的信息化平台为载体,实现对信息的快捷、高效管理。为了实现"记录一生、保障一生、服务一生"的发展目标,社会保险基本公共服务机制的运行应建立自上而下的信息平台,建立全国性的数据库和网络服务平台,加强对服务对象数据信息的采集、跟踪,全面实现经办业务处理信息化和信息网络的互联互通。并逐步向基层延伸,通过自下而上地归集信息以及自上而下地交换信息,从而形成基层与省、市、自治区社会保险管理服务机构的业务联网。同时,加大对基层经办机构信息化建设的支持力度。

目前,社会保险信息系统的建立要以网络为依托,实现内部的信息共享,实现包括业务经办、公共服务、信息查询、统计分析、监测预警、政策评价等在内的多层次的宏观决策管理信息系统。

(二)职能型组织向流程型组织转变

优化业务流程是建立统一公共服务平台的基础和前提条件,合理的业务流程设计顺应了建设服务型政府的时代要求,因此,运用服务型政府的相关理念对社会保险业务流程进行重构,以公民服务为核心,以提供优质的公共服务为目标。将服务对象即参保者的实际需求作为重构业务流程的导向,从而实现政府职能的切实转变。而建立统一的社会保险公共服务平台的核心要义和特征是依托"互联网+",实现社会保险行政部门和经办机构由职能型组织转变为流程型组织。即将计算机、互联网以及大数据等技术应用于社会保险领域,重新整合各类经办资源,实现真正意义上的流程再造,构建一个高度统一、信息化、扁平化的经办业务流程。同时,应关注组织体系中横向与纵向、内部与外部的关联。过去在"基于职能"的组织架构下,服务对象需要经过多个部门、窗口和岗位来办理一项业务。若按照"基于流程"的理念,根据服务效率至上的原则,依据业务本身的流程,对服务对象的请求进行相应满足。这种方式逐步将社保经办机构虚拟化,拓展网上业务办理,强调单一交互界面。同时,对经办业务的受理、交互以及服务结果反馈的渠道呈现多元化趋势,从而实现精确服务、主动服务,以达到立体化、全方位、广覆盖的效果。

(三)人员编制由静态向动态调整

随着我国社会保险参保人数的逐年增加、集中经办模式的不断发展、经办机构的业务量日益增加,多个地区的经办岗位出现了工作人员超负荷工作的情况。人员队伍建设作为建设服务型政府的基础工程,现阶段却面临着严峻困境,主要表现为:一是经办机构人员编制的短缺,机构运行经费紧张;二是社会保险覆盖人群的大幅增长,导致了经办机构工作人员负荷比例大,已严重制约经办能力的提升和政府公共服务职能的发挥。因此,部分地区的经办机构已经开始积极探索能够预测人力资源的可行办法,依据工作人员与业务量的大小,在经办机构内部建立科学、动态的人员调整机制,以适应不断增长的工作量,保证社保经办机构的持续运行。

本章小结

社会保障管理体制是有效实施社会保障的关键。本章介绍社会保障管理体制的相关概念、特征和社会保障管理体制的内容,分析了建立社会保障管理体制的基本原则、社会保障管理责任的划分及类型。社会保障经办管理是社会保障领域中十分重要的一项内容。社会保障经办管理包括社会保障立法、社会保障规章制度、社会保障机构的设置及其职能权限的划分、社会保障基金的管理监督和社会保障业务经办等。

创新管理与服务 开辟社保经办新路径
——人社部社保中心推动社保经办数字化转型的探索与实践

一、背景情况

养老保险待遇资格认证是养老金发放机构为了确保养老金准确发放而对待遇领取人资格的一种确认,其目的是防止当事人亡故后养老金被其亲属或他人冒领,有效维护社保基金安全,这也是国际上的通行做法。

……

我国社会保险覆盖范围在政府的强力推动下迅速扩大，社保机构服务的参保人也越来越多，截至2018年年底，全国养老保险参保人员达到9.43亿人，其中领取待遇人员为2.76亿人。在基本实现养老金社会化发放的同时，服务人群规模的扩大给社保经办带来严重的挑战：一方面要确保养老金的按时足额发放；另一方面又要防止亡故人员家属骗取、冒领养老金，以保证基金的安全。为此，各地过去主要采取了要求老年人在规定时间、到指定地点进行资格认证的工作方式，并在相当一段时期，有效保证了基金安全，推动了社会保险管理服务的社会化。随着社保经办信息化水平的不断提高，特别是互联网和大数据时代的快速到来，许多地区已经开始探索改变集中认证的方式，但是仍有一些地方没有随着形势的发展对认证方式进行创新，还在采取现场集中认证的做法，给一些老年人带来了不便。

2018年4月，湖北省红安县发生了一起九旬老人被抬上三楼进行养老保险待遇领取资格认证的事件。这一事件被媒体报道后，引起了党中央、国务院领导同志的重视，并做出专门批示。

这一事件看似是偶然的、孤立的，但其实偶然中含有必然性。当前，在我们身边，已经悄然发生了"三个变"，那就是：时代背景变了，"互联网+"和大数据时代迅速到来，新技术、新模式在公共服务领域快速普及和应用，服务手段要变；中央要求变了，特别是"放管服改革""互联网+政务服务""减证便民服务"等一系列新要求，服务理念要变；群众诉求变了，从过去的"有没有""够不够"变为现在的"舒心不舒心""体面不体面"，服务方式要变。因此，社保经办管理服务必须适应时代要求的变化，及时进行改革创新，必须不断满足人民群众对方便快捷社保服务的新期盼，必须把以人民为中心的发展思想贯穿在工作的全过程。这一事件的发生，引起了社保全系统的深刻思考，社保经办管理服务如何走出一条既能防范和化解基金风险，维护社保基金安全，又能通过简除烦苛，完善流程，"减"出老百姓幸福感的道路，成为摆在社保系统广大干部职工面前的一项紧迫而又艰巨的时代课题。

人力资源和社会保障部以取消集中认证为切口，全面审视工作现状，提出了以社保大数据分析应用为"体"，以精确管理和精细化服务为"两翼"的社保经办数字化转型新模式，社保经办管理服务以"一体两翼"的数字化转型为引擎，开启了社保经办管理服务路径转换的探索与实践。

二、主要做法

人社部从人民群众反映最强烈的集中认证问题入手，从提高思想认识、开展问题排查、抓好整改落实、推动行风建设长效机制等方面采取行动，利用互联网、大数据手段对现行的经办管理服务工作进行改革创新，进一步改进认证手段，优化认证流程，打通认证服务"最后一公里"。

（一）简除烦苛，全面取消领取社会保险待遇资格集中认证

2018年5月31日，人社部办公厅发出通知，决定全面取消领取社会保险待遇资格集中认证，加快构建以信息比对为主，退休人员社会化服务与远程认证服务相结合的认证服务模式，实行"寓认证于无形"。7月5日，人社部召开专题新闻发布会，向全社会宣布全面取消领取社会保险待遇资格集中认证，并请社会各界对各地取消集中认证情况进行监督。

取消集中认证，认证模式创新提上日程。社保经办机构拥有全民参保、异地就医、联网监测等数据，可以按月开展数据比对，有条件的地方甚至可以实时比对，因此，实行"寓认证于无形"的条件是完全成熟的。人社部要求各地通过数据比对，在无形中验证参保人的生存状态，

不再让所有参保群众专门跑一趟。近年来一些地方正在探索与公安、民政、卫生健康、交通、旅游等部门开展业务协作,实现与人口管理、殡葬、就医、乘坐飞机高铁等实名验证场景的信息共享,提升共享的实时性。通过加强大数据分析和应用,核实参保人员领取社会保险待遇资格。如果一个老人,在一段时期内乘坐过高铁、乘坐过飞机,或者参加过有关部门组织的体检,在药店买过药,完全可以据此确认参保人的生活状态。

对于无法通过数据比对核实的,人社部要求采取远程认证的方式解决。利用手机应用软件,一分钟就能完成认证。对于那些居住在异地,尤其是居住在境外的退休人员来说非常实用。最后剩下还没有认证的就是极少部分了,这部分群众往往是高龄、多病的困难群体,人社部门将会结合社会化服务,进行上门走访慰问,在完成认证的同时,送去党和政府的关怀。

(二)举一反三,大力开展行风建设专项行动

2018年7月,人社部印发进一步加强系统行风建设的工作方案,提出"正行风、树新风,打造群众满意的人社服务"的总体要求,抽调各单位骨干力量,成立工作专班,以思想为引领,以信息化为支撑,抓住清权、减权、晒权、制权四个环节,明确了今后三年分阶段目标任务和工作举措。2018年,重点提高认识,梳理清单,清理证明,转变作风。2019年,重点推进办理事项标准化、信息化,实现"一站式"办理和"一窗通办",培树一批先进典型。2020年年底,全面实现了"马上办、网上办、就近办、一次办",形成体制机制,显著提高群众满意度。以简政放权放出活力和动力,以创新监管管出公平和正义,以优化服务服出便捷和品质。

社保中心紧紧围绕人社系统行风建设总体要求,在"加减"两字上做文章。一方面做好"减法",按照能整合的坚决整合、能简化的坚决简化、能减掉的坚决减掉的原则,对证明事项和流程进行精简,梳理出对外办理事项目录清单,并向社会公开。另一方面,在监管和服务上做"加法",要求全国社保经办系统从以往忙于事前审批中跳出来,建立健全事中事后监管体系,加大对骗保、冒领等行为的打击力度,前门方便群众,后门要断后,发挥震慑效果。

提出"三个不用"便民举措。社保中心利用门户网站向社会公开承诺"异地业务不用跑、重复表格不用填、无谓证明材料不用交",积极推进各个社保经办服务"只进一扇门""最多跑一次"。以老百姓办好"一件事"为标准,换位思考,优化再造流程。推广容缺办理等方式,真正减环节、减材料、减时限、减费用、治痛点、疏堵点。同时推动集成服务、"一窗通办",推广预约服务、延时服务、上门服务等,规范标准流程,提高能力素质,切实增强群众获得感,把基层窗口打造成群众满意的服务之家。

精简不必要的证明材料。2018年,人社部全面清理家底,制定全系统行政和公共服务事项清单,共40个主项、178个子项,精简证明材料84件次,办事时限总体压缩30%以上。在全国社保经办系统开展的"解民忧、转作风"专项行动,针对梳理出的20个堵点问题,可以取消的19类35项办事材料,在全系统深入开展问题大排查,建立整改台账,明确整改措施、整改责任人和整改时限,一件件整改、一件件销号,并根据地方工作进度有针对性地开展督促指导工作,确保各地专项行动落到实处。截至2018年,解决20个堵点问题、精简19类35项办事材料的完成率均超过50%,已按要求完成年度目标,目前正在努力朝着群众办事"异地业务不用跑""重复表格不用填""无谓证明材料不用交"的目标不断迈进。

建章立制,实现改革成果法治化。解决问题,必须治标又治本。社保经办系统在常规动作之外,主动"强身健体",着力加强法治建设和制度建设,加快制定《社会保险经办管理服务条例》等一系列法规、规章和规程,全面排查社保经办各环节的规范性文件,对于法无据的制度、规范进行清理,对《城乡居民养老保险经办规程》等规程中不符合时代要求的内容,组织人员进行修订。加紧制定印发《领取社会保险待遇资格认证经办规程》,明确领取待遇资格确认的适用范围和基本原则、信息比对和认证信息核实的具体流程,改进优化相关业务环节。将清理证明材料、提升管理服务质量的要求法定化,全面加强基金风险防控,为行风建设提供法治保障。

(三)路径转换,创新社保经办管理服务模式

要彻底实现社保经办管理服务模式的路径转换,离不开信息化和数字化的支撑。一方面,社保经办系统依托大数据、云计算等技术,加快构建全流程一体化的信息化服务平台,把群众最关心的事项端到网上办理,拓展网上办事的广度和深度,深度开发各类便民应用,更加注重人机交互、用户体验,提高服务的智能化;另一方面,加快推动数据共享共用,打破信息孤岛、数据烟囱,推动人社系统内部跨层级、跨地区、跨业务的互联互通,实现"一次采集、一库管理、多方使用、即调即用"。同时,通过信息资源共享,业务无缝对接,让数据多跑路、群众少跑腿。

加强部门间的业务协同和数据共享,打破"信息孤岛"和"数据壁垒"。这是社保数字化转型的前提和基础,针对目前存在的区域间、部门间信息共享程度低、业务协同难的问题,社保中心加强与其他部门间的信息共享,推动各级社保经办机构把更多的精力从事前审核把关逐步转移到加强事中、事后监管上来。然而,让数据多跑路,做起来却远没有想象的那么简单。从2018年6月开始,人社部与公安、外交、移民、铁路、民航、银联等单位商谈数据共享问题,各部门都给予了大力支持。这是一项开创性的工作,有大量的细节需要沟通。例如,数据接口如何规范、统一,数据安全怎么保证,比对的频率是多少,提供哪些字段,等等,这些都要考虑到。由于"互联网+"和大数据应用都还属于新生事物,在推动数据共享的时候,也遇到过不少困难。比如,目前国家对政务信息共享有相应的制度性安排,但对政府获取企业信息没有明确法律、法规规定,一些企业负责人对此顾虑比较多。社保经办机构工作人员推心置腹地与企业负责人交谈,讲清楚这一做法能够为群众带来的便利,同时也设身处地为对方着想,了解对方的需求点,争取双方能够在合作中获得共赢。截至2019年5月,社保中心已经比对下发了两批共八千多万人次的数据,部门间也逐步由一个个的数据孤岛,化作一张巨大的数据之网,在无形中为方便群众办事提供强有力的数据支撑。

大力推行告知承诺制,利用信用管理手段完善堵塞风险隐患。按照国务院统一安排,人社部被列为全国第一批"告知承诺制"试点单位,这也是社保经办数字化转型的主攻方向。在办理有关事项时,以书面(含电子文本)形式将法律、法规中规定的证明义务和证明内容一次性告知申请人,申请人书面承诺已经符合告知的条件、标准、要求,愿意承担不实承诺的法律责任,行政机关不再索要有关证明而依据书面承诺办理相关事项。人社部已将部分社保经办业务证明事项纳入告知承诺制试点范围,社保中心在打通数据应用的基础上,以试点为基础在全系统广泛推行。这一制度的推行会减少大量不必要的证明材料,但要求加强事中、事后的监管。人社部门还将通过全国一体化在线政务服务平台、全国信用信息共享平台、政府部门内部核查和部门间行政协助等方式对申请人的承诺内容予以核实,把这一便民举措切实落到实处。

2018年,人社部社保中心牵头,与国家发展和改革委员会等28个部门共同出台社会保险领域联合惩戒合作备忘录,社会保险领域严重失信"黑名单"制度也在加紧制定,已向社会公开征求意见,并在2019年内出台。同时,社保中心还建立了社会保险领域守信联合激励和失信联合惩戒措施清单,研究起草了《关于进一步加强社会保险信用管理工作的通知》,积极做好社保严重失信黑名单认定和管理工作,建立以信用承诺和信用公示为核心的新型管理方式,把更多的精力从事前审核把关逐步转向加强事中事后监管上来,确保各项联合惩戒措施落实到位,以服务模式创新构建行风建设长效机制。

加强社保数据分析应用,推动社保稽核风控工作深入开展。实践证明,在风险防控方面,传统方式很难发现问题,但通过大数据分析应用,通过数据横纵比对对疑点数据逐个核实,更容易发现欺诈冒领的蛛丝马迹。为深入推动利用数据比对,查找风险漏洞,社保中心在社保经办全系统推进风险防控措施"进规程、进系统",制订了养老保险待遇领取人员信息核实工作方案,全面部署各地开展疑点数据核实,提升监管实效。将全国联网数据中领取养老金人员信息与国家人口库数据进行全面比对,按照风险等级高低分批次将720万疑点数据进行查询、比对,系统下发各地核实反馈,提升经办风险防控精细化水平。通过数据的分析应用,发现问题、形成震慑,为推行信用管理和告知承诺制提供兜底保障,确保基金的安全。

社保经办数字化转型正在探索中前行。当前,各地社保经办能力、经办水平发展还不平衡,一些地区和部门基层公共服务建设还相对滞后,数据互联互通和共享程度还不高,社保经办系统的干部职工对社保经办数字化转型的重要性、紧迫性认识还不够,这些都是制约社保经办数字化转型的因素,也是当前社保经办数字化转型起步阶段的必然现象。社保经办管理服务的数字化转型,需要全系统持续发力、久久为功,也需要全系统齐心协力、同频共振,这必将引领未来社保经办管理服务工作的路径转换,并为未来社保经办工作打开一条广阔通道,展现出美好的前景。

(资料来源:共产党员网)

思考:

1. 对于人社部门采取"寓认证于无形"的认证方式,通过社保经办数字化转型改进服务,你有什么好的意见建议?

2. 从这一案例中,你获得了哪些启发和思考?

复习思考题

1. 社会保障经办管理机构的分类和相互关系有哪些?
2. 我国社会保险经办机构的层级设置有哪些?
3. 我国社会保险业务管理有哪六个基本环节?
4. 简述我国社会保障信息化建设现状。
5. 简述社会保障管理体制的类型和特征。
6. 中国社会保障管理体制存在哪些问题?应如何完善?

推荐阅读书目

1. 邓大松,刘昌平.社会保障管理[M].北京:中国人民大学出版社,2011.
2. 胡晓义.社会保险经办管理[M].北京:中国劳动社会保障出版社,2011.
3. 孟昭喜.社会保险经办管理内部控制[M].北京:中国劳动社会保障出版社,2011.
4. 尹蔚民.人力资源和社会保障事业发展统计与信息化建设[M].北京:中国劳动社会保障出版社,2012.
5. 杨翠迎.社会保障学[M].上海:复旦大学出版社,2015.

第九章 社会保障法

学习目标

掌握社会保障法的概念与立法原则

熟悉国外社会保障法的发展历史、重要事件与关键性政策文件

掌握我国社会保障法的发展历程

了解社会保障法的发展趋势

关键概念

社会保障法 发展历程 发展趋势

第一节 社会保障法的概念和原则

一、概念

社会保障法作为社会保障制度运行的客观依据和行为准则,是实现社会保障制度良性运行的保证,是保障社会成员的基本生活需要,是不断提高其生活水平、解决特殊社会群体生活困难的重要支撑。

广义的社会保障法,是指所有调整社会保障关系的规范性法律文件[1],即包括以基本法律形式出现的国家立法机关制定的社会保障法、其他法律法规中有关社会保障的规范、具有法律效力的国家行政机关颁布的关于社会保障事项的地方性法规和规章[2]。

狭义的社会保障法,仅指形式上冠以与社会保障内容相关的规范性法律文件,如《中华人民共和国妇女权益保护法》《中华人民共和国老年人权益保障法》《中华人民共和国残疾人保障法》《国民救助法》。

社会保障法属于社会法的范畴,社会保障法的调整对象是特定的社会关系,即社会保障关系。社会保障关系是国家、各类单位和社会成员在社会保障活动中所发生的各种社会经济关系。社会保障关系可以从不同角度进行分类:在直接关系层面,从内容角度,社会保障关系可以分为社会保险关系、社会救济关系、社会福利关系、社会优抚关系;从主体角度,社会保障关系囊括了国家与社会成员之间的关系(中央、地方各级政府与全体社会成员之间的关系,通过法律明确政府在社会保障中的职责、社会成员享受社会保障的待遇)、社会保障机构与政府之

---

[1] 郑尚元.社会保障法[M].北京:高等教育出版社,2019.
[2] 黎建飞.社会保障法[M].北京:中国人民大学出版社,2019.

间的关系(社会保障机构作为具体社会保障项目的管理、实施组织方与政府之间的关系,通过法律明确社会保障机构的性质、地位、权利、义务)、社会保障机构与社会成员之间的关系(社会保障的组织管理者与参加者、享受者之间的关系,通过法律明确社会保障机构对社会成员的职责、社会成员参加社会保障的权利与义务)、社会保障机构之间的关系(各个社会保障管理部门的分工、协调、配合、监督)、社会保障机构与用人单位之间的关系(社会保障组织管理者与社会保障参加义务人之间的关系,通过法律明确用人单位缴纳社会保障费的义务)、用人单位与劳动者之间的关系(用人单位在社会保障中对劳动者应负的责任、劳动者应有的社会保障权益,通过法律明确用人单位对劳动者应当履行的保障责任、劳动者在用人单位应享受的社会保障待遇)。在间接关系层面,在社会保障基金管理与运营中,涉及社会保障机构与投资市场不同主体之间的关系。社会保障法主要具有以下特点。

(一)广泛的社会性

社会性是社会保障法的主要特征,保障公民的生存和发展是社会保障法的主要任务。

1. 目的的社会性

社会保障法的设立初衷是为了实现社会利益最大化、保障社会全体成员的生活质量,因此社会保障法的目标在于通过构建社会保障制度,对社会财富进行再分配,调动社会力量保障公民的基本生活需求,维护社会稳定,促进社会发展。

2. 享受权利主体的普遍性

社会保障法是扶弱济贫、互助共济之法。社会保障权利应由全体社会成员享有,且随着经济的不断发展,可以享受社会保障的成员数量、公民可以接受到的社会保障项目会不断增多,这既是对中华传统美德"老吾老以及人之老,幼吾幼以及人之幼""故人不独亲其亲,不独子其子,使老有所终,壮有所用,幼有所长,鳏寡孤独废疾者皆有所养"的继承与发扬,更是适应现代社会经济发展,以众人之力量帮助因各种变故面临生活困难的群体,实现公民之间互助和谐的重要抓手。

3. 社会保障责任和义务的社会化

一个国家的社会保障制度,涉及多种保障关系、多类利益纠葛,社会保障制度要想获得长久的生命力,势必需要让整个社会积极参与进来。社会保障法采取国家、用人单位、社会成员多方共担的原则,将社会保障的责任和义务充分分散到整个社会的不同主体上,从而最大化地保障制度的良性运行。

(二)严格的法定性

社会保障法作为社会法的一种,具备显著的强制性特征,是国家为了保障公民的基本生活需要而强制规定的一系列准则。从社会保障项目的确立、社会保障资金的筹集缴纳、社会保障的享受人群范围、社会保障金的发放给付方面,社会保障法都做出了明确的法律规定,对涉及的各种保障关系进行调整和规范,任何单位和个人不能任意更改,从而实现社会保障制度符合社会民众利益并不断完善和发展的目标。

(三)实体法与程序法的统一性

由于社会保障法调整的社会关系较为复杂,社会保障法既具备实体性法律规范(明确具体的权利、义务的实体性规定),也有程序性法律规范(维持社会保障各项程序正常运转的程序性规定)。

(四)特定的立法技术性

社会保障的运行须以"大数法则""平均数法则"等数理计算为基础,需经常使用余命、费率相关统计技术,辅助进行社会统筹范围的确定、保险费率的修正,使得社会保障法在立法上要求较高的技术性。

二、原则

原则是法律模式的重要构成要素,社会保障法的原则不仅要体现社会保障法的根本宗旨,也要包括高于社会保障法的具体规则,并且由此衍生出的各类规则、概念均不得与其相抵触。

(一)社会保障法原则的重要性

1. 社会保障法的原则是社会保障立法活动的指示灯

社会保障法的基本原则是整个社会保障法律体系得以构建的基础,各项立法均有其理念、精神与政策,这些理念、精神与政策经过总结归纳便成为立法原则。社会保障法的基本原则首先是由国家实行社会保障的目的与宗旨决定的,然后综合考虑社会群体利益及国家经济发展的状况来确定,在社会保障立法过程中,立法机关必须事先总结制定社会保障法的基本原则,再将这些原则适用于每项社会保障立法的过程之中。只有这样,方可使社会保障的法律体系在正确的原则指导下,实现社会公共利益的最大化。

2. 社会保障法的原则是社会保障执法活动的调节器

在社会保障相关问题的执法过程中,如果没有社会保障法基本原则的指导,执法就会陷入无法可依、无规可循的窘境,出现条文模糊、语言不明、立法落后于社会经济发展的状况。只有依赖社会保障法的原则,明确执法内容,明晰法律文件字面含义和基本推断,才能提高执法效力、完善执法效果。

3. 社会保障法的原则是社会保障司法活动的补充剂

社会保障司法活动是社会保障制度运行和实现的重要环节。在社会保障司法过程中,司法机关主要依据立法机关所制定的社会保障法来解决社会保障领域出现的各类问题。如果遇到了新问题而难以在社会保障法中找到明确的法律依据,或是有相类似法律规定但却没有足够的适用依据时,司法机关应尽快做出解释,使相关问题得以尽快解决。而在制定司法解释时,司法机关不能随意扩大或缩小原法律规范的含义,而应以社会保障的基本原则为指导,按社会保障制度的价值追求对相关的社会保障法律规范加以补充和修正,从而使社会保障法律保持一定的弹性,与社会、经济生活的发展相适应。

(二)社会保障法原则的功能

社会保障法的基本原则是社会保障法立法精神的体现,体现了社会保障法所追求的基本精神和价值主线,集中反映了国家在社会保障制度建设上的基本立场,在整个社会保障法的体系中处于提纲挈领的地位,有助于探讨具体的社会保障法律规范的立法原意。社会保障法原则主要有三大功能。

1. 立法准则

社会保障法的基本原则具有高度抽象性和统领性,既具有目标与价值的特定性、内容的根本性,也具有效力的贯彻始终性,对社会保障制度立法具有普遍性的指导意义。在社会保障制度立法过程中,遵循和贯彻相关基本原则有利于将不同种类、不同法律效力的规范性法律文件统一协调起来,以保证社会保障制度立法体系的系统性、协调性和完整性。具体地,社会保障法原则能够将社会保障的基本立法理念、立法价值和立法精神贯彻到整个社会保障制度立法过程,并最终体现为具体的法律规则和法律概念,以形成具有和其他部门法律特征明显区别的法律制度体系。

2. 法律适用准则

法律从诞生之初就决定了其在社会发展前的天然滞后性,因此立法解释、司法解释、行政解释与学理解释对于补充性规范相当必要。如何将法律更科学、准确地运用在日常执法和司法活动中,有效规范社会行为、协调立法关系,社会保障法原则将扮演重要角色——社会保障法原则在实现社会保障制度立法体系的建构目标、维系社会保障立法体系价值取向协调一致性上发挥着不可忽视的作用。

3. 社会成员的行为准则

法律具有预测、指引、评价、教育和强制的作用,可以通过对人行为的直接调整来作用于社会关系;法律首先对社会成员的行为提出"假定条件、行为模式和法律后果"这一模式化的制度要求,通过对社会成员行为进行积极或消极的评价,实现对社会关系的调整,进而有效控制社会秩序。作为社会保障法的基本原则,其对全社会所有成员,包括立法者、执法者、司法者、学者以及其他社会成员,都具有积极的指引和启示意义,能够正确引导全体社会成员形成合法、合理的行为模式。

(三)社会保障法原则的内容

1. 底线正义与社会安全原则

底线正义是维持社会最基本的效率、最初级的合作与最基础的稳定性的一种正义观;社会安全与底线正义之间是相辅相成的关系,无论哪一种社会形态都必须在道义上遵循这一底线正义观,否则这个社会必定难以长期维系。1944年《费城宣言》将"扩大社会保障措施,以便使所有需要此种保护的人得到基本收入,并提供完备的医疗"作为十项目标之一,1944年《国际劳工组织建议书》以及《国际劳工组织第102、128、130号公约》同样强调了应当充分满足社会成员的最低生活收入与卫生标准,1981年11月17日德皇威廉一世发布《黄金诏书》,宣称:社会保险是一种消除革命的投资,这是因为一个期待养老金的人最守本分,也是最容易被统治的。

社会保障法是保障公民生存权的法律体系。而生存权作为维护人的生存所必不可少的基本人权,虽然早在资产阶级民主革命时期便有了"天赋人权""人人生而平等自由"的主张,但生存权作为一种权利要得到真正的保障,必须通过社会保障法这一法律形式进行确定,将其列为公民的一项法定权利。由于经济调整、社会改革、自然灾害等各种原因,一个社会中总会有一部分群体因为物质匮乏而面临生活危机;而社会保障法的宗旨就是,当社会成员出现生活困难时,国家和社会有责任对其展开物质帮助,以满足公民的基本生活需要为最终目标。例如:社会救济的给付资金是按各个地区人口的最低生活标准发放的,从而满足社会成员生存的基本需要;社会保险法和社会优抚法是以公民抵御生活风险的基本需要来制定给付资金标准的,其给付内容主要包括满足公民的基本生活需求。当然基于不同的社会物质条件的限制,各个国家可以依据国情对社会保障制度采取适当的调整,但为本国所有公民提供基本生活物质保障是每一个国家社会保障制度的基本红线。

一个较为完善的社会保障制度必须惠及所有社会成员,只保障部分成员的社会保障制度是不全面、不合理的,这种制度的实施是不可能达到社会保障的根本目的的。因此,底线正义与社会安全原则理应成为社会保障立法须遵循的首要原则。

2. 普遍性和差异性相结合原则

普遍性和差异性相结合原则是由英国威廉·贝弗里奇在《社会保险及相关服务》中首先提出来的一项基本原则,它要求国家在建构社会保障制度时,不应将对象、范围仅仅局限在贫困阶层,应当在使全体社会成员均能够享受到相应社会保障与福利的同时,将所有社会成员分类,采取不同的社会保障措施。《世界人权宣言》第22条规定:"每个人作为社会的一员,有权享受社会保障,并有权享受其个人尊严和人格的自由发展所必需的经济、社会和文化方面各种权利,这是通过国家努力和国际合作并依照各国的组织和资源情况来实现的。"《经济、社会及文化权利国际公约》第9条规定:"本公约缔约各国承认人人有权享受社会保障,包括社会保险。"我国宪法第14条第4款规定:"国家建立健全同经济发展水平相适应的社会保障制度。"我国宪法第45条进一步规定:"中华人民共和国公民在年老、疾病或者丧失劳动能力的情况下,有从国家和社会获得物质帮助的权利。国家发展为公民享受这些权利所需要的社会保险、社会救济和医疗卫生事业。国家和社会保障残疾军人的生活,抚恤烈士家属,优待军人家属。国家和社会帮助安排盲、聋、哑和其他有残疾的公民的劳动、生活和教育。"普遍性原则符合人类对社会公平、公正的追求与向往,体现了人类社会的终极目标。

然而,由于人们对社会保障的需求在客观上存在差异,且不同国家、不同地区的经济发展水平的不均衡也影响了其福利制度水平的高低,故而有必要在采取普遍性原则的基础上根据社会成员不同的需求坚持差异性原则,即坚持普遍性原则,并不排斥对特殊地区、特殊群体在具体保障标准上实行特别对待。目前,我国的社会经济发展仍然较为不平衡,东、中、西部社会经济发展水平差距大,城乡二元结构突出,建立全国统一的社会保障标准的条件显然尚不成熟,因此需要在坚持普遍的前提下对特殊情况进行特殊照顾。

普遍性与差异性相结合的原则是对社会发展不均衡和社会成员需求差异性这一客观现实的充分尊重,符合唯物辩证法对立统一这一根本规律的内在要求,也是社会保障法必须依照的一项重要原则。

3. 公平与效率协调发展原则

公平与效率是社会保障制度的基本价值,科学、合理地协调好二者之间的关系是社会保障立法的基本原则之一。从社会保障的起源和发展过程来看,社会保障的直接目的就是减少社会冲突,帮助解决社会成员眼前的生存困难和潜在的后顾之忧,增强社会成员对社会的认同感和凝聚力,维护社会秩序的稳定性。但要想实现这一目标,必须通过对国民收入进行"垂直性再分配"和"水平性再分配"这两种再分配的方式来达到,这也就意味着社会保障水平的高低与经济发展水平的高低呈现高度的正相关关系。

作为社会保障制度的法律表现,社会保障法的制定应当充分贯彻公平原则,从发展历程来看,无论是社会保障观念的起源,还是社会保障法的创立史,都体现了人类追求公平的努力,社会保障法是最直接体现社会公平价值的法律规范,是符合有关国际公约、我国宪法精神对公平含义界定的。这里提到的"公平"包含两层含义:一是从社会保障权利享受的角度来说,社会保障法应贯彻人人平等的理念,即任何社会成员只要达到接受社会保障的条件,就有权利享受国家和社会提供的物质帮助;二是从社会保障待遇确定的角度来说,社会保障法应力求遵循平等原则,不能因为社会成员的地位、身份、性别、种族、信仰等方面的不同而差别对待。社会公平始终是社会保障法所追求的价值,这是社会保障法本身的要求。

在社会保障法贯彻公平原则的同时,还需兼顾效率,因为公平是以效率和发展所带来的物质基础为前提的。社会保障的效率性体现在社会保障的经济调节作用和对社会成员的激励作用上。公平与效率协调发展决定了社会保障水平必须与生产力发展水平相适应,必须与一国或地区的政治、经济、文化、历史、社会等情况相适应;否则,一旦社会保障所追求的公平忽视了效率的一般规律而损害到社会发展的根本,那么公平也不过就是海市蜃楼。假设社会保障提供的服务项目过多、标准过高,就极易导致效率的丧失,促使部分社会成员滋长懒惰心理和不劳而获的思想,从而导致社会生产力水平的全面下降和社会财富总量的减少,滋生全新的、更大程度上的不公平。

因此,社会保障法应始终坚守公平与效率相结合的原则,在公平与效率动态平衡的过程中,兼顾双方。社会保障法必须对国家、单位、个人这三大社会保障主体进行责任和义务的合理划分和组合,实行社会保障费用由三方共同负担的制度,充分强调社会成员权利与义务对等:国家负担社会救济、社会优抚等兜底保障,公平对待全体社会成员,只要符合法定条件,人人均可享受;个人和单位缴费部分,既要考虑到公平,又要兼顾缴费者的个人利益,以调动其参与社会保障的积极性,但同时也应考虑劳动者贡献的大小,让对社会贡献大的劳动者享受较高的养老保险待遇,以激励所有社会成员勤奋工作,提高劳动生产率和经济效益。

4. 社会化与多元化原则

社会化原则与多元化原则既有交叉也有不同。社会化原则是指社会保障制度立法覆盖范围、主体参与和制度目标的社会化,而多元化原则主要强调社会保障制度目标实现方式、方法的多元化。社会保障制度作为一张强制性、普遍性的社会安全网,是现代化社会大生产的产物,是以社会全体成员为对象的制度建构,针对以老、弱、病、残、幼为代表的社会弱者群体的生存与生活保障的制度探索与实践也从未停歇。在前工业化社会,由于家庭承载了生产、教育、保障等多项功能,对这类群体的照护几乎都是靠家庭这一单位角色完成的。但随着工业化、城镇化、现代化的不断加深,家庭功能被大大弱化,前工业化呈现的小范围家庭风险逐渐过渡为工业化与现代化时期的普遍性社会化风险,国家与政府为了整个社会的有序发展,不得不参与并积极建构包括社会保险、社会福利、社会救助和社会优抚等多元化内容的社会保障制度体系。但是要让国家将照顾所有老、弱、病、残、幼这类弱势群体的义务一肩挑显然不现实,也不合理,西方福利国家、发达国家过去的高福利政策最终导致的"福利病"就是前车之鉴。

政府与市场之间的关系协调绝不是非此即彼的单项选择关系,而应该是在相互博弈的基础上寻求一种全新的利益均衡。它具体包括两方面的内涵和要求:一是社会保障基金来源的双重性,既要依靠国家、政府的财政拨款,也要依靠社会各界的出资,如企业、社会组织、社会机构、个人通过缴纳社会保险金向社会保障制度出资。二是社会保障的日常管理与监督事务应该由国家和社会共同承担,政府作为社会的管理者,应对社会保障制度的实施进行总体规划,社会保障制度作为一项涉及主体多、关系杂、内容丰富的制度,单靠政府的行政资源是很难使社会保障制度运行良好的,必须依靠广大社会成员的共同实施,才能使社会保障制度真正成为一项利国利民的制度。譬如:在社会保障基金的筹集和给付上,由于人力、物力资源有限,政府需要委托相关的社会保障实施机构来协助办理;在社会保障基金的筹集、运营和给付的监督中,也需要有广大民众基金参与,使得社会保障资金得到良好的管理和使用。

从社会保障制度立法角度来说,社会化与多元化的交叠意味着需要合理分配政府、社会、个人等多维主体的权利、义务关系,通过立法将社会保障制度的各类义务进行明晰,建立起科学、完善的社会保障制度体系,并最终实现社会和谐运行、社会福祉水准不断提升的总体目标。

5. 互助共济与社会连带原则

在现代社会中,全体社会成员都承受着诸如失业、伤残、疾病、老龄等多方面的风险,并会因这些风险的发生而丧失工作能力,进而失去作为生活来源的收入。这种伴随着人类社会工业化进程而出现的伤残、职业病、失业、破产以及人口老龄化等风险,对社会成员的生活甚至生存均会构成威胁,而这些风险的产生在很大程度上也是各种社会因素导致的。例如:由于工业生产机械化程度的提高,工伤事故发生的概率随之增加;由于电器设备的使用,工人在生产中伤亡的可能性增大;在技术条件进步的情况下,由于人工需求的减少、人工智能对传统劳动力的替代导致失业率上升。对于社会风险,完全靠个人来承担其后果是不可能的,由政府大包大揽也是不现实的,这就要求全体社会成员互相帮助,通过社会互助共济的方式实现对社会所有成员的庇护。其中,实现互助共济所依赖的法律精神便是社会连带思想,社会连带思想起源于欧洲,始终具备较高的精神价值。社会是由不同社会成员集合而成的,社会成员因不同的背景、天赋、教育程度、偶发事件等因素使得他们的生活千差万别,有的人生活安逸富庶,有的人生活窘迫,甚至难以为继,而这些个人无法克服的生活障碍,必须通过社会整体共同消化。就不同的社会保障项目而言,有些保障的人群范围相对较小,如鳏、寡、孤、独;有些群体则范围较大,如社会成员年老与疾病的风险。不论何种情形,均须依赖社会连带主义精神,通过凝聚社会力量克服困难。

体现在社会保障法中,就必须实行由社会成员有条件地共同承担风险的原则,即通过强制性的立法建立社会共同责任机制,使社会风险在一定条件下由全体社会成员共同承担——通过对部分社会成员的特别保护,来实现对全体社会成员的共同保障,从而维护正常的社会秩序,促进社会的发展和进步。社会保障的立法应对所有社会成员同等对待,把他们都纳入社会保障法的调整范围之中,将互助共济作为重要原则进行遵守。

6. 社会保障水平与经济发展相适应原则

社会保障制度的建立和发展,要与社会发展阶段和经济发展水平相适应。世界各国的社会保障制度都不是凭空建立起来的,社会保障立法所确定的社会保障对象、社会保障项目、社会保障待遇水平,无一不受到本国社会经济发展阶段与经济发展水平的制约与影响。如果社会保障滞后于经济的发展,就容易造成社会的不稳定,进而给经济发展造成消极影响;相反,如果社会保障水平超前于经济的发展,则必然造成国家无力承受并最终损害经济发展的后果。

西方工业化国家的历史经验证明,社会保障水平并非越高越好,在早期的设计中,由于忽略了这二者之间的关系,社会保障水平严重超过了经济的增长速度,甚至超过了自身 GDP 的增长水平,最终导致"福利病"的大肆蔓延。为了改变经济发展与社会保障不相适应的状况,各主要资本主义国家在 20 世纪 80 年代纷纷对自身的社会保障法律进行修正,适度降低社会保障的水准,使社会保障的发展与经济的发展互相协调、互相促进。因而,社会保障的发展水平既应充分保障公民的基本生活,又需促进国民经济的健康发展;既要保证社会稳定,又要能激励社会成员积极劳动,提高社会成员的素质,促进社会进步。在进行有关社会保障的立法时,一定要从我国经济发展的实际情况出发,充分考虑国家、社会以及公民个人可能负担的财力、物力水平。

社会保障法的基本原则是社会保障法本质的反映,何种性质的法律就应该由该种性质的法律原则来统领,何种性质的法律原则就应该反映出该种性质的法律体系。同时,社会保障法的基本原则是各项社会保障立法的指导原则,由于社会保障法体系较为复杂和庞大,每个社会保障项目的立法如果没有统一的指导原则,便很难使社会保障法形成一个统一协调的体系,社会保障的目的就难以实现。社会保障法的基本原则具有贯穿于社会保障法律体系始终的效力。社会保障的基本原则是各项社会保障法律的制定标准,社会保障法中的各个法律规范都是以社会保障的基本原则为指导而制定的,因而其效力理应贯穿于各个社会保障法律的制定和实施的全过程,当各社会保障法律之间的规定产生冲突时,应该根据社会保障法的基本原则来做出判断。

第二节　社会保障法的产生与发展

一、发展阶段

(一)社会保障法的萌芽

社会保障是源于人类的公平正义理念的一种思想,其产生可以追溯到人类文明早期。早在西周时期,我国就出现了一种为救荒、济贫而产生的重要政策措施"仓储制度";公元前2000多年的《汉拉比法典》曾规定"要保护寡妇、孤儿,严禁以强凌弱";古希腊和古罗马在战争或气候造成危机时,国家也会对普通公民进行粮食或面包的配给。

社会保障真正作为一项制度是从17世纪的英国开始的。随着工商业的兴起,资本主义圈地运动和自由竞争使得封建社会的人身依附关系开始瓦解,成千上万的农民脱离土地,失去了基本的生活来源,许多人成了城镇游民或乞丐,产生了大量的失业和贫困问题。16世纪末期,英国社会处于严重的社会动荡时期,靠传统的教会和慈善院的救济已经不能满足广大失业者和贫困者的需求。为了缓和社会矛盾,为资本主义经济的发展铺平道路,当时的伊丽莎白女王于1601年颁布了《济贫法》,该法通过征收济贫税来对无力谋生的贫民发放救济。《济贫法》规定在全国普遍设立收容贫民的济贫院,对贫民一方面强迫劳动,另一方面实行慈善救济,即以强迫为主,兼顾救济,主要目的是通过强迫劳动,解决贫民流浪问题。《济贫法》规定的救济对象有三种:①有劳动能力的贫民;②无劳动能力的贫民;③无依无靠的孤儿。《济贫法》规定的救济措施包括:①建立地方行政和征税机构;②为有能力劳动的人提供劳动场所;③资助老人、盲人等丧失劳动能力的人,为他们建立收容场所;④组织穷人和儿童学艺,建立贫民习艺所;⑤提倡父母子女的社会责任;⑥从比较富裕的地区征税补贴贫困地区。萌芽时期的社会保障具有显著的慈善性质,该法的颁布标志社会保障从分散走向统一,从临时性走向制度化,从随意性走向法律化,这种由政府提供就业保障和财政补贴的做法,开创了社会保障国家化、社会化的先河。

由于《济贫法》颁布实施后,政府所拨救助款大多流入了封建主和商人的腰包,遭到广大人民群众的反对。另外,由于《济贫法》的局限性随着社会的发展逐步显现出来,1832年,国王威廉四世组织"济贫行政与实施委员会",开始改革济贫行政管理机构;1834年,国会通过《济贫法修正案》(新《济贫法》),废止由各教区掌握的济贫行政管理权,合并邻近若干教区,成立"济贫协会",扩大地方济贫的基层管理单位,将地方贫民习艺所列为地方单位的行政管理中心,成立中央济贫法实施委员会,实行中央督导制,将济贫的执行权力集于中央,从而改进了济贫管理监督机制,将济贫权由分散改为集中,避免了地方济贫管理中的腐败现象。

英国《济贫法》的颁布与实施,对稳定当时的社会和促进资本主义经济的发展起到了重要的作用,该法也因此为后起的资本主义国家所效仿,尤其是欧洲资本主义国家。除了英国以外,瑞典也在1763年制定了《济贫法》,由政府征收济贫税,承担救济贫民责任,此后经过多次修订,至1871年把救济的主要对象限定为老年人。尽管《济贫法》在内容上有明显的局限性——以"慈善与矫治"的原则使该法兼有强迫劳动和福利救济的性质,强调对不劳动者的惩罚而忽略对需求者的帮助,但它毕竟是人类历史上第一次以专门的法律形式对社会保障事项做了规定。该法把贫民和孤儿作为法定的救济对象,对老人、盲人等丧失劳动能力的人提供资助,从比较富裕的地区征税补贴贫困地区的规定,也为社会保障法的内容提供了范例。

(二)社会保障法的产生

英国及之后的一些国家所制定的济贫法,虽然规定了政府有对贫民进行社会保障的责任,而且也确立了国家的济贫政策,但是这些济贫法并不是现代意义上的社会保障法,其本身也具有诸多局限性,例如在适应对象上过于狭窄、适用原则上存在偏见、救济手段上过于单一。

现代意义上的社会保障法出现在19世纪末的德国。19世纪中叶,德国开始了工业革命进程,很快就取得了突飞猛进的发展,与此同时,工人阶级的力量也在不断壮大,与资本家之间形成了抗衡局面。19世纪下半叶,德国国内经济萧条,劳动人民生活贫困,社会主义思潮在工人中广泛传播,工人运动不断兴起,无产阶级力量迅速壮大,劳工问题成为当时社会亟须解决的重大问题。19世纪末,德国社会完全处于新旧资产阶级势力交替的动荡时期,新成立的德意志帝国面临着如何发展资本主义的压力,一方面,处于统治地位、代表新资产阶级利益的普鲁士集团受到来自社会民主党的革命运动的威胁;另一方面,社会矛盾突出,工人运动广泛兴起,严重阻碍着资本主义经济的发展。为了缓和社会矛盾,巩固自身的统治,面对如火如荼的工人运动以及蓬勃兴起的社会主义运动,德国政府时刻关注对社会改良政策的积极实施,时任普鲁士帝国首相的俾斯麦,采取了"胡萝卜加大棒"的做法。一方面,德国于1878年制定《社会党镇压法》,尽力压制社会民主党的革命运动。另一方面,德国通过制定社会政策和社会立法来保护劳动者,缓解劳资之间的矛盾。1881年,俾斯麦所倡导的社会保险法案在国会获得了通过,德国先后于1883年颁布了《疾病保险法》,于1884年颁布了《工伤保险法》,于1889年颁布了《养老和伤残保险法》,这三部立法的颁布与实施,在很大程度上改善了工人和广大底层人民的生活生产环境,使社会矛盾得到调和与缓解,确立了社会保险法的基本思想和原则,开创了社会保险立法之先河。不过,由于当时这三部法律仅仅涉及了德国就业人口的1/5,而且在具体实施过程中也存在着交叉与冲突,所以不久以后,德国政府决定对这三部法律进行整合。1911年,上述三部法律又被确定为德意志帝国统一的法律文本,另增《孤儿寡妇保险法》,合并成为《社会保险法典》。随后,德国于1923年又颁布了《矿工保险法》,于1927年制定了《职业介绍和失业保险法》。德国通过立法,实行包括社会保险、孤寡救济、劳资合作以及工厂监督在内的一系列社会政策措施,"自上而下"地实行各项经济和社会改革,完成了当时世界上最为完备的工人社会保障计划,标志着世界范围内的社会保障立法从社会救济进入了社会保险的阶段,全面步入国家立法阶段。

由于这种以社会保险为主体内容的社会保障制度与工业化的进程相吻合,德国的社会保险法为欧洲各国树立了榜样,为西欧多数国家所仿效。这些国家也先后制定与实施了全面的社会保障法律。1890 年至 1911 年短短几十年的历史进程中,就有近 40 个国家先后制定了与社会保障相关的法律,其中:丹麦、奥地利、英国等 16 个国家在此期间实行了养老保险;美国、加拿大、法国、波兰等 37 个国家实施了工伤保险制度;法国、挪威、英国、丹麦等 9 个国家采取了失业保险政策;比利时、瑞士、英国等 9 个国家进行了疾病生育保险立法。而世界范围内大规模社会保障法制化,也彻底标志着社会保障法作为一项新兴的独立法律制度已经形成。

(三) 社会保障法的发展

美国是自由经济国家的代表,在经济政策方面,保守主义反对以平等和福利为目的的收入再分配,极力维护个人自由和市场自由,坚信只要遵循传统的价值观,以家庭自我保障为基础,将私营机构帮助、个人自愿捐款的慈善事业作为补充,通过市场经济的调节,社会成员就可以得到最有效的发展。

真正使美国发生转变,推行社会保障制度的契机是 1929—1933 年的经济危机。1929—1933 年资本主义世界发生了严重的经济危机,1929 年 10 月 24 日在历史上被称为"黑色的星期四"。这一波及范围广、影响程度深、后果严重的经济危机使得美国经济陷入了前所未有的困境,失业和贫困人口急剧增加,社会治安问题日益严峻,经济甚至一度走到了崩溃边缘。为改变这种状况,罗斯福总统从 1933 年起推出"新政",充分强调国家对社会经济生活的干预。国家不仅把经济干预和调节的范围扩大到再生产领域,且扩展到了国民收入再分配领域,实行社会保障制度就是国家干预国民收入再分配的一种形式。新政中关于社会保障的政策主要包括:①将社会保障视为大机器生产的客观需要,它是取代已不适应形势的家庭保障的新社会政策;②建立以普遍福利为核心的社会保障制度,以消除人们对生活中未知灾祸的恐惧;③家庭安全、生活保障、社会保险是社会保障道路第一站的三大任务;④实行强制性多层次养老社会保险,开始由联邦政府承担养老金开支的一半,最终则由自给的保险年金所取代;⑤社会保险必须促进自我保障意识的建立,即保险资金取之于民、用之于民。1935 年 8 月 14 日美国总统罗斯福签发了《社会保障法》,该法的主要内容囊括:①联邦政府设立社会保障署,负责全联邦社会保障计划的实施;②实行全联邦统一的养老保险制度,由雇主和雇员缴纳养老保险税,建立养老保险基金;③由联邦政府和州政府共同实施失业保险计划,对雇佣 8 人以上的雇主征收失业保险税;④在联邦政府资助下,由州政府实施老人和儿童福利、社会救助和公共卫生措施。

美国 1935 年的《社会保障法》在社会保障立法史上具有重要的历史意义,它是世界上第一部对社会保障进行全面系统规范的法律。社会保障的普遍性和社会性原则得以明确,并成为各国之后进行社会保障立法的普遍原则。依照美国的成功经验,西方国家纷纷对原有的社会保障立法进行补充和修订。

(四) 社会保障法的成熟

20 世纪初,资本主义世界正处于由自由资本主义向垄断资本主义转变的时期。但是,社会基本矛盾的进一步加剧和经济危机带来的萧条景象严重影响着资本主义的发展。第二次世界大战后,资本主义世界各国在经济上有了不同程度的发展。产业结构发生大变革,由此引发了产业工人比例下降、工人白领化、雇员专业化等一系列社会结构性变化。重工业和其他一些劳动力密集型产业的衰落,使得大批工人失业或被迫改换工作。为了解决日益严重的经济和社会问题,资产阶级的经济学家们站在调和社会矛盾的角度对传统自由资本主义经济的改良理论进行了大量的探索,如凡勃伦和康芒斯的制度经济学、庇古的福利经济学、凯恩斯的有效需求不足理论学说都对传统经济的变革提出了独到的看法,为"福利国家"的诞生奠定了坚实的理论基础。

社会保障法达到成熟的主要标志是以英国为首的"福利国家"制度的构建。1942年11月,时任英国社会保险及有关服务部联合委员会主席的贝弗里奇,着眼于重建战后和平,使英国人民永获安全感的长远计划,提出了名为《社会保险及有关服务》的报告,即《贝弗里奇报告》。该报告以消灭贫困、疾病、肮脏、无知和懒散五大社会病害为目标,制订了一个以社会保险为核心的全方位的社会保障计划。具体的观点包括:①社会保障应遵循强制性、普遍性原则;②社会保障的管理应该统一;③国家有责任防止贫困和不幸,社会福利是一种社会责任;④实现充分就业;⑤每个国民都有权从社会获得救济,使自己的生活水平达到国民最低生活标准。1945年英国工党上台后,开始实施《贝弗里奇报告》,于1944年发布了"社会保险白皮书",并随后进行了一系列社会保障立法,主要有:1945年的《家庭补助法》,1946年的《国民保险法》《工业伤害保险法》和《国民健康服务法》,1948年的《国民救济法》。这5部法律同时于1948年7月5日生效,英国从此形成了涵盖失业、伤残、疾病、养老、死亡、家庭津贴等内容的"从摇篮到坟墓"的福利国家型的社会保障体系,社会保障法律体系趋于成熟,开创了"福利国家"的先河。

英国实施的福利国家立法为西欧许多国家的社会保障立法提供了模式,包括丹麦、芬兰、瑞典在内的许多国家也都效仿了英国的模式来建立社会保障制度。"福利国家"的浪潮不仅对各国国内的社会保障制度产生了影响,同时也对国际社会的社会保障立法产生了极大的推动作用。1952年,国际劳工组织制定了《社会保障最低标准公约》,对退休待遇、疾病津贴、医疗护理、失业救济、工伤补偿、残疾津贴、子女补助、死亡补助和定期支付应遵守的最低标准做出了明确规定,要求成员国予以遵守。该公约在国际社会产生了重要的影响,被誉为"社会保障的国际宪章"。社会保障法的完善还体现在这一时期立法的内容上,即立法使社会保障普遍地向全民化、普及化方向发展。与俾斯麦时期的社会保障法相比,联邦德国"二战"后的社会保险立法在内容上更接近全民化,以健康保险为例,全国90%的人口都能享受国家健康保险,而其余10%的人口则享有私人保险。法国的社会保障也由个别救济向全民保险形式转化,法国立法机构在1945年至1947年连续通过有关社会保障的立法,在全国设立了保险银行及其分支机构,并且逐步建立起低收入劳动者保险、中等以上收入劳动者保险、全国性的疾病和养老保险,直至形成了囊括了个体劳动者和农业劳动者的全民社会保障网。

与此同时,苏联、东欧国家以及中国和亚洲其他社会主义国家的"国家保险"制度纷纷建立,成为社会保障制度的一种新型模式。在苏联,于沙俄时期建立了工伤和疾病保险制度,苏联建立后,建起了新型的社会保险制度。随后,东欧社会主义国家及中国和亚洲其他社会主义国家,也仿照苏联模式建构了本国的社会保险体系。

(五)社会保障法的改革与调整

至20世纪中叶,社会保障的思想和理念在全球范围内得到了普遍的认同,至20世纪50年代中后期,几乎所有的发达国家都初步完成了社会保障立法工作,建立起了包括养老、疾病、失业、工伤、家庭津贴、贫困救济等项目的社会保障制度。20世纪50年代至70年代,世界经济迎来了高速发展的黄金时期,欧美各国的经济以前所未有的速度向前推进,为各国社会保障制度的全面实施提供了坚实的物质基础。与此同时,欧美国家用于社会保障的费用持续增长,社会保障费用在国内生产总值中所占比例从20世纪60年代的20%上升到70年代的30%左右,社会保障制度迎来了绝对的鼎盛时期。

随着1973年中东石油危机的爆发,西方国家出现了严重的经济危机,发达资本主义国家的经济发展纷纷进入滞胀阶段,社会保障支出占国内生产总值的比例不断提高,在政府总支出中所占比例也大幅度上升,庞大的社会保障开支成为财政上的沉重包袱,导致财政赤字、社会成员缴纳的社会保险费与所得税猛增,也影响了国内投资和产品的竞争能力,使失业与通货膨胀加剧,由此也引发了"福利国家危机""福利困境"这类围绕社会保障的危机,各国社会保障制度相继进入调整与改革阶段。为了解决不断增长的社会保障开支所带来的巨大财政赤字,各国纷纷采取各种措施来缓解政府的压力:美国于1987年7月通过了社会保障制度改革方案;日本于1982年制定了《老人保健法》,实行老人医疗收费制度,于1984年修改《残疾人福利法》,从康复所的入所者中收取费用,修改《健康保险法》,规定医疗费由本人负担10%,于1985年修改《国民养老金法》,调整基本养老金制度,1987年制定《社会福利及护理福利法》,1989年修改《生活保障法》;法国、德国、荷兰、加拿大、比利时等国也先后在社会保障立法中提高了保险费率。

从总体上看,这些国家社会保障法的改革与调整主要立足"开源节流",即增加社会保障费的收入,减少社会保障金的支出。改革和调整的具体措施包括以下方面:

①提高或取消缴纳社会保险费的上限。即不论社会成员的工资数额大小,全部都必须缴纳社会保险费,从而增加社会保障的收入。

②提高社会保险费率。由于社会保险费是以社会成员所得工资的一定比例缴纳的,提高比例便可增加社会保障的收入。

③征收社会保障所得税。过去的社会保障所得一般不纳税,在改革调整后,一些国家对这些所得征收税费,如规定退休金、疾病保险金、残疾补贴、失业救济金的领取,都要交一定的所得税。

④修改社会保障金的调整办法。以前为免受通货膨胀、生活费上升的影响,社会保障金会随物价、工资或生活费指数进行调整,而为了限制保障金的增长,一些国家采取了措施,无论长期性或短期性津贴,均只与物价挂钩,或者限制社会保障金的增长。

⑤减少社会保障金。这主要包括减少或取消对病人、孕妇、残疾者、失业者的附加补助,降低退休金标准,减少失业救济金和住房、教育补贴。

二、发展趋势

虽然社会保障法律制度经历了多次重大改革和调整,但无疑都是为了完善社会保障制度,而不是削弱或终结这项制度。社会保障制度在社会发展变革中出现的问题,并不是这一制度本身的问题,而是社会经济发展到一定阶段,由特定的经济、社会、文化、历史、国际背景共同作用的。各国的社会保障制度仍在不断地进行调整,以适应本国目前及未来的经济和社会发展的需要。

(一)完善针对弱势群体的社会保障法制建设

在过去几十年的实践中,诸多国家的福利社会保障制度弊端逐渐凸显,政府在践行社会保障时过于强调对弱势群体的救助,没有"授之以渔",忽略了引导和帮助弱势群体自立自强的重要性。这种看似强调"公平"的法制构建,其实是有失偏颇的,极易加重福利财政性的支出负担,导致政府财政不堪重负,出现经济增长率降低、福利支出大幅增加的恶性循环;被救助群体很容易出现"福利病",滋生民众对工作的负面消极心态,阻碍社会阶层流动,尤其增加了中下阶层向上层流动的难度,间接作用于国家的经济发展、竞争力,影响了社会的整体稳定。

针对弱势群体的社会福利法制构建,政府应从单一的财政承担向调动多方面积极因素发展,始终坚持"促进就业与加强保障并举",提高社会保障效率,分散政府过重的负担。同时,提高对弱势群体的动态识别能力,加强对残疾人和儿童等弱势群体的保护,建立起系统、完善的法治保障环境,提高整体管理与服务水平。

(二)追求兼顾公平与效率的社会保障法制构架

在连续遭遇20世纪70年代"石油危机"、21世纪初"次贷危机"等多个大型经济危机后,各个资本主义发达国家都还没有完全地找回节奏,经济发展速度长期趋缓,经济增长乏力,严重缺乏经济活力与创新动力,劳动力市场表现持续疲软,失业问题严重且有持续存在的趋势。在这样的发展状况下,社会保障架构中的多主体权责被广泛讨论,各个主体如何积极参与社会保障过程,共同构建起既保障公平又促进社会不断发展进步的社会保障法制体系,是未来的发展方向。

兼顾公平与效率的法制架构,需要重点强调各个主体的权利与义务划分,其整体的目标取向主要是为了提高市场经济的效率,减轻企业负担,为经济发展培养、储备良好的人才素质。一方面,强调劳动者风险保障、社会资源的优化配置与效率提高,充分发挥市场在资源分配中的决定性地位,通过市场中的多主体共同保障劳动者权益;另一方面,通过实体公平来保障公民基本权利的制度性实现,缓和市场竞争带来的诸多矛盾,充分发挥以政府为中心的多主体作用,维护社会秩序的稳定与和谐。

(三)建立动态调整的社会保障法制体系

运行良好的社会保障法需要与国家的经济、政治发展始终保持同频共振,要基于国家的具体情况进行调整。目前,世界局势波谲云诡,各国政治、经济、社会状况始终处于动态变化过程中,大型突发性事件不断侵扰着各国原先、固有的治理逻辑;而社会保障法的酝酿、试行、出台、完善恰恰需要一个较长的周期,如何能够动态适应国家发展形势是社会保障法制体系必须解决的问题。

诸如大地震、核泄漏、新冠疫情等多类重大突发事件,引发了一系列的次生社会灾害,极大地冲击了原先固有的社会保障体系,使得原有的社会保障架构无法对公共卫生事件、公共安全事件、公共社会事件做出快速、有效的反应,社会保障法需要找到实现法制稳定性、确定性与相对灵活的调整性、应变性的平衡点,确保国家能在正常运转中具备应对突发事件对公民在社会保障各方面的冲击。同时,随着信息化、人工智能的不断发展,出现了诸多就业新业态,部分公民处于社会保障法断层、空白的尴尬境地。为了更好地明晰这些不同于传统概念的形态,降低制度变迁过程中潜在的转变成本,社会保障法需要建立动态调整机制,及时通过发布从属文件、通知、条例对新事物进行具备法律效应的解释,形成与过去接轨、为未来服务的长效性法制体系,降低公民因为社会发展而遭受的制度变迁风险,安全地度过转型关键期、改革期、调整期,确保社会的良性运转。

第三节 中国社会保障法

一、发展阶段

我国古代社会藩镇割据严重,灾祸发生率高,民众抗御自然灾害能力低,故而救灾救荒成为各个朝代掌权者的重要事务。概括来说,救荒一般可以分为"消极救荒论"和"积极救荒论"。所谓"消极救荒论",是指灾荒来临之际的实际应对策略,一般包括赈济、调粟、养恤、除害;所谓"积极救荒论",是指预防灾荒发生的一系列政策和具体措施,一般囊括重农、仓储、水利、林垦等,严格来说,"积极救荒论"已经脱离了纯属的救荒范畴,属于生产范畴。而赈济作为典型的救济方法,受制于封建社会的时代背景,赈济或是归于皇恩,或是归于民间慈善,并没有法律上的权利、义务关系。因而,对于灾民来说,若遇严重灾荒,哪怕是卖儿卖女、易子而食,也无法向官府主张"权利",只能接受所谓的"天命""因果"。

纵观我国古代提倡的思想及历朝历代所采取的措施,已出现了社会保障思想、保障民生的理念,并能够通过统治阶级实施的"仁政"措施实现维稳目标。但与现代社会保障法制、现代社会政治与法制建构比较而言,我国古代社会的各种救灾举措皆不属于社会保障的范畴。我国的社会保障法制构建与其他法律门类一样,从理念到制度皆为"西法东渐"的产物。

(一)萌芽阶段:1919—1948年

19世纪上半叶,欧洲各类社会主义流派百花齐放,其中,法国空想社会主义、德国讲坛社会主义都是典型代表。讲坛社会主义注重社会改革,主张国家干预经济生活,认为法律至高无上,支持社会改良,推崇所谓的"国家社会主义"。而与此同时,马克思、恩格斯所倡导的科学社会主义及对应思潮下的国际工人运动开展得如火如荼,尤其是1848年《共产党宣言》的发表,更是极大地推动了欧洲工业社会的社会变革浪潮。以德国为代表,19世纪80年代的社会立法,是德国社会变革的重大成果之一,为德国经济社会发展奠定了坚实的法律基础。随着中国逐渐走出"闭关锁国"的封闭局面、欧洲社会法流派的不断兴起,社会改良与社会立法思想漂洋过海,与孙中山先生所创建的"三民主义"之民生主义耦合,开始影响东方社会。20世纪30年代,中国法学界开始探索社会法,胡长清、黄佑昌、陆季蕃、吴传颐等学者皆有相关文献著述传世至今[①],他们所探讨的社会法,就包含了"社会保障法"的内涵,不过当时法学界所展示出的社会改良与社会法构建理念仅仅停留在理念层面。20世纪上半叶的中国饱受战祸摧残,社会法的法制建构系这一与工业化、现代化(甚至后工业化、后现代化)紧密相连的上层建筑,完全无法适应一个小农经济的社会发展背景。但是,毋庸置疑,20世纪30年代法学学人的学术贡献值得肯定,他们引进的"社会法"概念,对日后社会保障制度的诞生奠定了相应的理论铺垫。

虽在民国初期即已出现了对社会保险的倡议,但我国社会保障制度的建立仍然相对迟缓,大多停留在针对某一特定领域的尝试。1922年,由中国劳动组合书记部拟订的《劳动法案大纲》中明确提出了实行社会保险的各项具体要求。1930年,全国苏维埃区域代表大会上通过的《劳动保护法》中规定了社会保险、劳动保障与抚恤的内容。1931年12月,《中华苏维埃共

---

① 蔡晓荣.民国时期社会法理论溯源[J].清华法学,2018,12(3):58-75.

和国劳动法》通过,该法在第 10 章中对社会保险做出了专章的规定。1940 年,陕甘宁边区政府制定了《陕甘宁边区劳动保护条例》,规定了对女职工的保障和对因工死亡人员的抚恤办法等。1940 年,晋察冀边区政府制定了《边区政府工伤人员伤亡抚恤条例》,规定机关工作人员发生疾病伤亡时,应发放生活费。1941 年,晋冀鲁豫地区政府颁布了《晋冀鲁豫边区劳工保护暂行条例》,并于 1942 年 11 月、1943 年 9 月做了两次修改和补充。1943 年,社会部为安定盐工生活,在川北各监区设置盐工保险社,并制定了川北区各盐场保险暂行办法。1945 年 11 月,晋察冀边区制定了《关于改定中小学教职员待遇标准的决定》。1947 年《中华民国宪法》第 155 条规定"国家为谋社会福利,应实施社会保险制度。人民之老弱残疾,无力生活,及受非常灾害者,国家应予以适当之扶助与救济",第 156 条概括规定"国家为奠定民族生存发展之基础,应保护母性,并实施妇女儿童福利政策",第 157 条规定"国家为增进民族健康,应普遍推行卫生保健事业及公医制度"。1948 年上半年,东北行政委员会批准了哈尔滨市政府草拟的《战时劳动法》,对劳动者福利做了详细的规定。1948 年 8 月,在全国趋近统一时,于哈尔滨召开的全国第六次劳动大会通过了《关于中国职工当前任务的决定》,提出了有关社会保障的立法建议。1948 年 12 月,东北行政委员会颁布了《东北公管企业战时暂行劳动保险条例》。

在战火纷飞的民国时期,实现民生主义和建构社会保障法制的道路举步维艰。但不可否认,在中国共产党的领导下的革命根据地和解放区的社会保障立法,内容和项目已经相当广泛,几乎包括了现代意义上的社会保障法的大部分内容。尽管这些社会保障措施只在革命根据地和解放区实施,并未推及全国,但基本可以认定为中国社会保障制度的萌芽已现,为新中国成立后的社会保障制度奠定了基础并积累了宝贵经验。

(二)创立阶段:1949—1956 年

从中华人民共和国成立到 1956 年,是我国社会保障法的初创时期。

我国颁布了一系列法律,初步确立了社会保障的基本制度。1950 年 5 月,政务院颁发了《关于救济失业工人的指示》,据此,劳动部公布了《救济失业工人暂行办法》。1951 年 2 月,政务院颁布的《中华人民共和国劳动保险条例》为职工的生活保障提供了法律依据,标志着我国除失业保险外,包括养老、工伤、疾病、生育、遗属等职工社会保险制度已初步建立,该法规定企业负有对职工进行劳动保险的义务,劳动者不需缴纳保险金,同时,劳动保险的事项均由工会办理,在政府的积极配合下,各项劳动保险事业有序推进。除生产劳动领域,国家机关、事业单位的社会保险制度也均通过法规的形式逐步确立。譬如:1950 年内务部颁布《革命烈士家属革命军人家属优待暂行条例》《革命残疾军人优待抚恤暂行条例》《革命军人牺牲、病故褒恤暂行条例》《革命工作人员伤亡褒恤暂行条例》《民兵民工伤亡抚恤暂行条例》,政务院 1952 年颁布《各级人民政府工作人员在患病期间待遇暂行办法》《关于全国各级人民政府、党派、团体及所属事业单位的国家工作人员实行公费医疗预防的指示》,1954 年颁布《关于女工作人员生育假期的规定》,1955 年发布《国家机关工作人员退休处理暂行办法》《国家机关工作人员退职暂行规定》等规范性文件,这些都是关于职工的社会保障的规定。这些规范性文件标志着新中国社会社会保障法的创立,共同构成了新中国初期社会保障的基本制度。

(三)调整阶段:1957—1965 年

从 1957 年到 1965 年,是我国社会保障法的调整时期。在第一个五年计划完成的基础上,1958 年第二个五年计划开始,为了适应新形势,对一些不适应经济建设的社会保险制度进行了必要的调整。1958年,《国务院关于工人、职员退休处理的暂行规定》《国务院关于企业、事业单位和国家机关中普通工和勤杂工的工资待遇的暂行规定》《国务院关于国营、公私合营、合作社营、个体经营的企业和事业单位的学徒的学习期限和生活补贴的暂行规定》《国务院关于工人、职员回家探亲的假期和工资待遇的暂行规定》等四项重要规定颁布。这些规定充分总结了过去的实践经验,统筹兼顾,关注了工人阶级内部关系及工农关系,既考虑到了职工的眼前利益,又照顾了其长远利益;既赋予了个人利益,也协调了国家利益。在内容上,这一时期的法律规范统一了企业与国家机关的退休、退职制度,对公费医疗和劳保医疗做出了适当调整,制定了职业病范围和职业病患者的待遇,制定、批准职工病伤生育假期办法,调整了学徒的社会保险待遇。同时,国家还在社会保险、社会福利、社会救济和优抚工作各个方面陆续颁布了大量的法规、规定。1962年,《国务院关于精简职工安置办法的若干规定》颁布,规定了对精简职工的安置办法,在此期间,国家在城市兴建社会福利院、养老院、残疾人习艺所、精神病院等,在农村建立农村合作医疗制度、集体"五保户"制度等。

这一时期社会保障法的调整使我国社会保障制度在实施范围、保障水平和享受资格等各方面都取得了切实成效。该阶段社会保障的主要特点是"低工资、多就业、高补贴、高福利",实行"国家包企业、企业包职工"的统包政策,对职工的生、老、病、死、残承担无限责任,由国家最终兜底。

(四)停滞阶段:1966—1976年

1966年到1976年是我国劳动保障法的停滞时期。受"文化大革命"的冲击,先前已建立的社会保障法制受到了严重破坏,各项保障立法无法发展,陷于停滞状态。"文化大革命"期间,各个管理机构被撤销,当时负责职工社会保险事务的工会被停止活动,负责社会保障行政管理的劳动部、民政部、卫生部、人事部门长期处于瘫痪状态,社会保障工作陷入无人管理的尴尬境地。新中国成立以来建立的各种社会保障法律法规和制度纷纷被废止,社会保障工作无章可循、无法可依。1969年,财政部颁发的《关于国营企业财务工作中几项制度的改革意见》规定:"国营企业一律停止提取劳动保险金,企业的退休职工、长期病号工资和其他劳保开支,在营业外列支。"自此,企业职工社会保险费用统筹制度被迫放弃,企业自我保障成为主流,社会保险的统筹调剂、互助共济无从体现,致使我国社会保障事业停滞、倒退严重。"文化大革命"时期,我国法制建设全面崩盘,社会保障法同样陷入停滞状态,先前形成的良性社会保障制度建构几乎被全盘推翻,社会保障实际运行失效显著。

(五)改革与发展阶段:1977年至今

自20世纪70年代末起,我国开始了市场经济体制改革,我国社会政治经济发展进入了一个新局面。与此同时,社会保障法也迎来了全面的改革和重构。改革开放四十多年来,我国社会保障法律制度经历了三个发展阶段。

1. 改革起步阶段:1978—1992年

1978年以来,随着我国市场经济体制改革的全面推进,我国社会保障制度也开始了新一轮的改革探索。1983年年底,国家开始在一些省市实施医疗制度改革试点,1984年,开始实施退休基金社会统筹的试点。1986年,国务院颁布《国营企业实行劳动合同制暂行规定》,规定对劳动合同制工人的退休养老基金实行社会统筹,正式拉开了社会保险改革的序幕。1986年,国务院还颁布了《国营企业职工待业保险暂行规定》,在我国首次建立起失业保险制度。

1991年,《国务院关于企业职工养老保险制度改革的决定》发布,提出了建立多层次养老保险的目标,基本养老保险实行社会统筹,先由市、县级统筹,再逐步过渡到省级统筹。1993年,国务院发布《国有企业职工待业保险规定》,将失业保险范围进一步扩大。与此同时,在农村社会保障制度方面,着重开展了中央政府主导下的大规模扶贫运动。

这一阶段,我国社会保障制度设计的目标主要是为当时国有企业改革配套,为国有企业与国有企业职工服务,缓解农村贫困现象,因而,社会保障立法也主要围绕这一目标展开。

2. 重构阶段:1993—2003年

1992年,党的十四大报告提出了建立社会主义市场经济体制的目标。1993年,党的十四届三中全会通过了《关于建立社会主义市场经济体制若干问题的决定》,明确将社会保障制度确立为市场经济正常运行维系机制的五大支柱之一。为适应这样的经济发展背景,我国出台了一系列社会保障领域的法律、法规和规章。

1994年,全国人大常委会通过了《中华人民共和国劳动法》,专章规定了"社会保险和福利",规定企业职工的社会保险项目应当包括养老保险、医疗保险、工伤保险、失业保险、生育保险和死亡遗属津贴等。在养老保险制度层面,1995年,《国务院关于深化企业职工养老保险制度改革的通知》发布,确立了社会统筹和个人账户相结合的养老保险制度改革方案。1997年,《国务院关于建立统一的企业职工基本养老保险制度的决定》发布,规定到20世纪末,要基本建立起适应社会主义市场经济体制要求,适用于城镇各类企业职工和个体劳动者的,资金来源多渠道、保障方式多层次、社会统筹与个人账户相结合、权利与义务相对应、管理服务社会化的养老保险体系。在医疗保险制度层面,1994年,经国务院批准,国家体改委、财政部、劳动部、卫生部印发了《关于职工医疗制度改革的试点意见》,明确提出职工医疗保障制度的改革目标是建立社会统筹医疗基金和个人账户相结合的制度,并使医疗保险制度逐步覆盖城镇所有劳动者。1996年,国务院批转了《关于职工医疗保障制度改革扩大试点的意见》,在全国范围内进行了医疗保险制度改革的试点。1998年,《国务院关于建立城镇职工基本医疗保险制度的决定》发布,规定城镇所有用人单位,包括企业、机关、事业单位、社会团体、民办非企业单位及其职工,都要参加基本医疗保险。在工伤保险制度层面,1996年,劳动部发布了《企业职工工伤保险试行办法》,2003年,国务院正式颁布《工伤保险条例》,规定各类企业及有员工的个体工商户都应当参加工伤保险,工伤保险费由用人单位缴纳,职工个人不用缴纳。在失业保险制度层面,1993年,国务院发布《失业保险条例》,将失业保险的范围逐步扩大。在生育保险制度层面,1994年,劳动部发布《企业职工生育保险试行办法》,规定在企业实行职工生育保险制度。在社会救助层面,国家开始更多地关注社会弱势群体,为了解决社会低收入人群的基本生活问题,1999年,国务院颁发了《城市居民最低生活保障条例》,建立起最低生活保障制度。在社会保险费征缴设计层面,1999年,国务院发布《社会保险费征缴暂行条例》,对社会保险费的征缴做了明确规定。

这一阶段的社会保障立法,主要围绕市场经济制度的确立而展开,秉承"效率优先、兼顾公平"的总原则,出台了一系列行政法规,基本建立起了养老、医疗、失业、工伤、生育保险相对完整的社会保险制度,在社会救助层面做出了一定的探索。

3. 全面深化阶段:2004年至今

2004年,党的十六届四中全会提出了构建社会主义和谐社会的目标,社会保障荣升为国家的基本社会政策。2005年,《国务院关于完善企业职工基本养老保险制度的决定》颁布,进一步扩大了养老保险的覆盖范围,改革了养老金计发办法。2006年,《国务院关于解决农民工问题的若干意见》提出要积极、稳妥地解决农民工的社会保障问题。2007年,《国务院关于在全国建立农村最低生活保障制度的通知》颁布,规定在全国农村建立低保制度。2007年,《国务院关于开展城镇居民基本医疗保险试点的指导意见》颁布,决定将基本医疗保险逐步覆盖全体城镇非从业居民。

步入新时期,我国社会保障制度的目标是要建立城乡统筹的社会保障制度,着力解决我国长期存在的、城乡二元结构导致的农村社会保障制度薄弱问题,进一步确立社会保障价值公平的思想导向,加强政府对社会保障的责任。2010年10月28日,全国人大常委会通过了《中华人民共和国社会保险法》,是最高国家立法机关首次就社会保障制度进行立法,明确了我国社会保险制度的基本原则、目标、基本的制度框架,建立起了覆盖城乡全体居民的社会保险制度。

2011年以来,我国社会保障立法的新发展包括:全国人大常委会通过了《中华人民共和国军人保险法》《中华人民共和国慈善法(草案)》,修改了《中华人民共和国兵役法》《中华人民共和国老年人权益保障法》;国务院制定了《烈士褒扬条例》《退役士兵安置条例》《无障碍环境建设条例》《社会救助暂行办法》,修改了《军人抚恤优待条例》,发布了《国务院关于开展城镇居民社会养老保险试点的指导意见》《国务院关于建立统一的城乡居民基本养老保险制度的意见》《国务院关于机关事业单位工作人员养老保险制度改革的决定》《国务院办公厅关于印发机关事业单位职业年金办法的通知》《国务院关于印发基本养老保险基金投资管理办法的通知》《国务院关于整合城乡居民基本医疗保险制度的意见》;人力资源和社会保障部先后发布了《社会保险个人权益记录管理办法》《社会保险基金先行支付暂行办法》《实施〈中华人民共和国社会保险法〉若干规定》《在中国境内就业的外国人参加社会保险暂行办法》《城乡养老保险制度衔接暂行办法》《人力资源社会保障部 财政部关于调整失业保险费率有关问题的通知》《人力资源社会保障部 财政部关于调整工伤保险费率政策的通知》《关于适当降低生育保险费率的通知》等;最高人民法院发布了《关于审理工伤保险行政案件若干问题的规定》,进一步完善了包括社会保险、社会救助、社会福利、社会优抚的社会保障法律体系。

虽然自改革开放以来,我国的社会保障立法从社会保障的运行机制、模式类型、项目构成、待遇水平、管理社会化等方面进行了深层次的改革与创新,颁布了大量社会保障法律法规,取得了显著的成就。但是,从总体来说,我国社会保障立法相对于发达国家还是比较落后的,且我国在社会保障实践工作中还存在着诸如过于依赖行政手段、实施效率欠缺、保险金管理缺乏监督等问题。

二、发展趋势

我国社会保障的诸多改革往往是政策先行,以政策作为主要的治理手段。由于政策治理模式的稳定性、可预期性与强制性缺乏,一些地区存在的地方本位、部门本位等弊病逐步凸显。随着依法治国的推进,法治理念、权利意识、公平正义的价值观念等逐步深入人心,我国社会保障的法治化水平还有待进一步提高,面临着支架性法律亟须构建、法律制度需要进一步完善、权利救济机制需要健全等方面的挑战。

在新时代全面推进依法治国和全面建设社会保障体系的背景下,中国的社会保障法治建设必须树立新的理念,与社会保障制度改革和顶层设计相衔接,统筹协调推进;同时通过强化社会保障法律的实施机制来让各项社会保障制度得以充分落地,必要时发挥司法的作用来保障公民的社会保障权利。

(一)树立社会保障法治建设的新理念

"法治"不仅是"规则之治",而且是"良法善治",彰显法律的目的价值,蕴含人权保障、公平正义、正当程序等核心要素。社会保障法治建设是当代"法治中国"建设的重要方面,是推进国家治理体系和治理能力现代化的重要领域,需遵循依宪立法、法律至上、依法行政、严格执法和公正司法等基本原则和理念。全面推进社会保障法治建设需要进一步强化社会保障法的公平价值和目标,确立底线公平,注重创造起点公平,维护过程公平,保证结果公平。全面推进社会保障法治建设还需要强化责任意识,确保社会保障制度的可持续发展。社会保障法治建设中的责任共担机制包括政府、企业、社会、个人之间的合理的责任分担,以及中央和地方政府的合理的责任分担。一方面,需要达成共识,确立责任分担机制并通过立法把责任变成相关主体的法定义务;另一方面,需要通过法律和制度激励社会力量和社会主体参与社会保障制度建设,构建多层次的社会保障体系。

(二)健全和完善社会保障法律体系

社会保障法治建设要求实现所有保障事务全面纳入法律规范轨道,新保障项目的设立及对原有社会保障制度的修订,均由立法机关通过立法、修法或释法的方式来确立。目前中国社会保障立法采用"多法并行"的模式,即分别制定《中华人民共和国社会保险法》《中华人民共和国慈善法》《中华人民共和国社会救助法》等来完成社会保障法律体系的构建。健全社会保障法律体系,当务之急是完善社会救助、社会福利的制度建设,解决相关领域的基本法律缺位问题,补齐社会保障法律体系的"短板"。同时,应适时启动《中华人民共和国社会保险法》的修订工作,增强可操作性与执行力,让其成为总领社会保险关系的基本法律,规范与其他法律(比如《中华人民共和国劳动法》《中华人民共和国老年人权益保障法》《中华人民共和国未成年人保护法》等)的协调关系,共同促进国家法律体系的和谐发展。

(三)强化社会保障法律的实施机制

行政部门是否依法履行职责、提供服务或进行监管,直接影响了社会保障法律法规的实施效果。《中华人民共和国社会保险法》《中华人民共和国慈善法》《中华人民共和国社会救助法》等法律法规的颁布实施为社会保障行政部门依法行政提供了法律依据。社会保障各行政部门应以国家的法律法规为依据,坚持合法行政、合理行政、程序正当、高效便民、诚实守信、权责统一的原则,全面履行社会保障法律法规赋予的职责。在社会保障行政执法过程中,重点突出行政机关及相关主体的保障和服务理念,强化执法的绩效评价机制,建立问责制,形成有效激励和约束机制;同时,强调法律的平等原则,制度面前没有特权,制度约束没有例外,坚持实体合法与程序合法的有机统一。

(四)发挥司法在社会保障法治建设中的应有作用

司法是社会正义的最后防线,对社会保障相关法律法规的实施和社会保障权利救济方面具备重要作用。司法的意义在于通过裁判来保证公民社会保障权利的享有,赋予各种社会保障制度以强制效力,并能够通过其活动的反馈继而完善社会保障制度。只有发挥司法机关对社会保障纠纷的最终裁判和对违法犯罪行为的惩戒作用,才能维护社会保障法律制度的权威,守住社会保障法治的底线。

目前,在社会保障相关法律法规的实施中,司法机关的功能和作用并没有得到应有发挥。例如,社会保险纠纷立案受理概率不高,"劳动、行政二元分离"的纠纷解决机制严重影响法律的实施效果,劳动者的社会保险权益受到损害得不到法律的及时救济;在社会救助、慈善事业等领域,司法在纠纷解决中的"定分止争"功能以及对违法犯罪的惩戒功能也并没有得到充分发挥。我国有必要根据社会保障纠纷的特点和规律,在社保纠纷案件多发地区法院系统内试行社会保障法庭,独立审理社会保障案件。同时,社会保障争议处理程序应尽可能简易、便捷、高效,不断完善法律援助和司法救助制度,从而保障公民社会保障权利的实现。

本章小结

社会保障法是社会保障制度正常运行的重要保证。与国际社会保障法发展历史相比,我国的社会保障法起步较晚,发展较慢,虽然取得了一定成果,但是仍存在诸多问题,在新时代全面推进依法治国和全面建设社会保障体系的背景下,社会保障法治建设必须树立新的理念,与社会保障制度改革和顶层设计相衔接,统筹协调推进;同时通过强化社会保障法律的实施机制来让各项社会保障制度得以充分落地,必要时发挥司法的作用来保障公民的社会保障权利。

案例分析

刑满释放人员失业保险金的领取问题[①]

王某原是一家企业的工人,因过失伤害被判了1年有期徒刑,工厂解除了与他的劳动合同。出狱后王某一直没有工作,生活困难。入狱前,王某曾在用人单位缴纳了多年的失业保险金,他要求领取失业保险金被拒。于是,他提起了相关的诉求。

就社会保险权利而言,王某工作期间缴纳了失业保险金,履行了相关的社会保险义务,就应当享有相应的权利。人力资源和社会保障部于2000年9月7日发布的《关于对刑满释放或者解除劳动教养人员能否享受失业保险待遇问题的复函》,明确规定:在职人员因被判刑收监执行或者被劳动教养,而被用人单位解除劳动合同的,可以在其刑满、假释、劳动教养期满或解除劳动教养后,申请领取失业保险金。失业保险金自办理失业登记之日起算起。失业人员在领取失业保险金期间被判刑收监执行或者被劳动教养而停止领取失业保险金的,可以在其刑满、假释、劳动教养期满或解除劳动教养后恢复领取失业保险金。失业人员在领取失业保险金期间,按照规定同时享受其他失业保险待遇。

故而,王某可以根据《中华人民共和国社会保险法》第46条的规定领取失业保险金,即失业人员失业前用人单位和本人累计缴费满1年不足5年的,领取失业保险金的期限最长为12个月;累计缴费满5年不足10年的,领取失业保险金的期限最长为18个月;累计缴费10年以上的,领取失业保险金的期限最长为24个月。重新就业后,再次失业的,缴费时间重新计算,领取失业保险金的期限与前次失业应当领取而尚未领取的失业保险金的期限合并计算,最长不超过24个月。

思考:

结合所学知识,结合案例,刑满释放人员可以领取失业保险金吗?

---

① 黎建飞.劳动法与社会保障法教程[M].北京:中国人民大学出版社,2012.

复习思考题

1. 社会保障法的立法原则包括哪些?
2. 国际社会保障法的发展历程中有哪些重要节点?
3. 我国现行的广义社会保障法有哪些?
4. 针对热点问题,社会保障立法需要注意哪些问题?

 推荐阅读书目

1. 郑尚元.社会保障法[M].北京:高等教育出版社,2019.
2. 黎建飞.社会保障法[M].6版.北京:中国人民大学出版社,2019.
3. 林嘉.劳动法和社会保障法[M].4版.北京:中国人民大学出版社,2016..
4. 李炳安.劳动和社会保障法[M].7版.厦门:厦门大学出版社,2017.

第十章　国外社会保障制度

学习目标

掌握英国、德国、美国和日本社会保障制度的主要内容
熟悉英国、德国、美国和日本社会保障体系的不同之处与特点
了解英国、德国、美国和日本社会保障制度的形成和发展

关键概念

福利国家 NHS 体系　长期护理保险　自助保险　年金保险

第一节　英国社会保障制度

一、英国社会保障制度起源及发展历程

（一）中世纪的社会救济

英国的社会保障制度有着深远的历史渊源，它最初是由中世纪零星的、小规模的基督教教义所倡导的慈善救济发展起来的。宗教改革后，英国大规模解散修道院，1536 年解散了 373 个修道院，1538—1540 年解散了 186 个修道院[①]，到 16 世纪中叶，英国大约有 644 座修道院、110 座教会举办的养育院、2374 个教会举办的施物所被撤销，而在这些场所接受救济的贫民约有 8.8 万人[②]。可见，中世纪英国教会在提供社会救济方面发挥了重要作用。

行会组织曾经是英国十分重要的经济和社会组织，其所提供的各种救济在英国的社会救济中同样有着不可忽视的作用。中世纪英国行会大都对贫困会员提供救济。一些行会设立专门的储备金，针对老年贫困会员，因疾病或意外而陷入贫困、难以维持生计的群体实施周期性救济，直到他们摆脱贫困为止。行会章程对行会的社会救济职能做出了明确规定。诸如每一个病重会员都将得到两名以上会员为期两天的照顾和看护，行会对后者提供报酬；任何陷入贫困的会员都可以根据其需要的紧急程度，分别从本行会的货物、款项及其他收益中获得生活所需的救济[③]等。

中世纪英国的社会救济事业已经有了一定的发展，特别是教会的慈善救济事业与行会的社会救济行为。但是，中世纪英国的社会救济事业还没有形成系统的制度，各种社会救济措施

[①] 勃里格斯.英国社会史[M].北京：中国人民大学出版社，1991：139.
[②] 彭迪先.世界经济史纲[M].上海：上海三联书店，1949：104.
[③] 金志霖.英国行会史[M].上海：上海社会科学院出版社，1996：62-64.

的发展水平还十分有限,所提供社会救济的作用和效果也不明显。

(二)贫困救济法时期

1348—1349 年,蔓延欧洲的"黑死病"断送了欧洲三分之一的人口,英国的劳动力锐减,大量成年劳动力四处流浪,成为影响英国社会发展的重要问题。1388 年,理查二世制定了《济贫法案》,允许救济那些确实不能自食其力者,该法令标志着政府开始关注那些需要救济和失业的群体。15—16 世纪英国大规模开展圈地运动,进一步导致失去土地的无业流民增加,使得原本严重的流民问题愈发严重。为此,考虑到国家长期稳定,英国政府不得不颁布一系列法令,采取措施保障弱势群体的生活权益,以维持社会秩序。1536 年,英国颁布《亨利济贫法》,法令规定,地方官员有义务分发教会收集的志愿捐赠物资,用来救济穷人、残疾人、病人和老年人,法令允许地方政府用公共基金为身体健全、能够从事工作的人们提供工作,该法令标志着英国政府开始为解决社会贫困问题承担一定的职责。到 16 世纪后期,英国政府已经认识到,贫穷不仅是一种个人问题,更是一种社会现象,政府应该采取有效的措施,帮助那些无以为生的人们。在伊丽莎白执政时期,政府将与济贫相关的零散法律条款加以收集整理,于 1601 年颁布了世界历史上著名的《济贫法》①。该法规定父母有义务抚养子女,晚辈有责任赡养他们贫穷的长辈。政府有责任对没有工作能力的贫困者提供帮助,保障穷人的最低生活水平。政府有义务帮助贫穷的孩子去做学徒,并给身体健全者提供工作。《济贫法》将原来分散化、应急性的济贫事务转化为政府的一项基本职能,国家机器开始被有意识地用来解决工业社会中的剩余人口及社会贫困问题,它标志着英国社会保障制度进入了全新的阶段,是世界上第一部表明政府承担公民福利责任的正式法律②,因此旧《济贫法》时期的英国被称为"微型福利国家"③。19 世纪,工业革命在推动英国社会经济发展的同时,也导致了社会问题尤其是贫困问题和失业问题的出现,1834 年政府颁布《济贫法修正案》(俗称"新《济贫法》"),政府开始试图切实地解决穷人问题,以此来缓解严重的社会压力。

各种传统社会救济措施曾经在英国历史上发挥了重要作用,但是,当英国社会经济发展到一定阶段,面对工业化所带来的各种社会问题时,传统社会救济措施显得无能为力。英国需要建立一种与工业社会发展相适应的新的社会政策体系和社会保障制度④,将济贫政策纳入规范化、法制化的"福利国家"的建设之中。

(三)福利国家的初步建立

19 世纪末 20 世纪初,随着英国经济社会的发展,国民平均寿命明显延长,英国老年人口迅速增加,老年问题开始不断显现。伴随经济出现明显的周期性,加之英国产业结构开始变化以及第二次科学技术革命的影响,英国的失业问题也逐渐严重化,为应对不断严峻的养老与失业问题,英国政府开始探索建立广泛社会保障的制度。英国最早有关养老保险制度的立法始于 1908 年《老年养老金法》,这一法案被认为给社会政策树立了新的原则标准⑤。该法规定了

---

① 在历史研究中,一般将 1601 年实施的《济贫法》称为"旧《济贫法》"或《伊丽莎白济贫法》,以区别于 1834 年颁布的《济贫法》(又被称为"新《济贫法》)。
② 怀特科,费德里科. 当今世界的社会福利[M]. 解俊杰,译. 北京:法律出版社,2003:151.
③ MARSHALL J D. The old poor law: 1795 - 1834 [M]. London:Macmillan, 1968:25 - 45.
④ 丁建定,杨凤娟. 英国社会保障制度的发展[M]. 北京:中国劳动社会保障出版社,2004:12.
⑤ BRUCE, MAURICE. The coming of the welfare state[M]. 4th ed. London: Batsford, 1972:178.

英国国家养老金制度的普遍性和免费性原则,任何人只要符合该法所规定的条件,就可以领取国家养老金,支付国家养老金所需的一切费用均来自议会批准的拨款。1909年,英国通过了《劳工介绍所法》,规定在全国各地设置劳工介绍所,帮助失业人员就业。1911年,通过《国家保险法》,正式实施强制性的就业保险制度,该法基于贡献向失业者提供疾病与失业保险,被认为是世界上最早实现失业保险的法律。

第二次世界大战的爆发使得英国面临的经济与社会困难越来越明显,失业、贫困与养老问题一直困扰着英国政府,社会保障制度改革的呼声越来越高。由此,1942年,《贝弗利奇报告》发表,该报告是社会保障制度发展与演变过程中的一份著名文件,对英国社会保障制度的发展产生了重要影响。报告设计了一整套"从摇篮到坟墓"的社会福利制度,提出国家将为每个公民提供多种社会保险待遇,还要提供全方位的医疗和康复服务,并根据本人经济状况提供国民救助。随后,英国政府开始投入行动,1945年通过《国民保险法》、1946年通过《国民保健法》、1948年颁布《国家救助法》等,逐渐实现社会保障制度管理的统一化,建成了享誉世界的福利国家。

二、英国社会保障制度的体系

英国社会保障制度是以国民保险制度为基本内容、以津贴补助为补充、以社会福利为特殊保障的全方位的、普遍的社会保障制度。社会保险是整个社会保障体系的核心内容,经过长期曲折的发展历程,英国形成了一个完整的、内容十分广泛的社会保险体系。

(一)国民保险

1. 养老保险

在1975年以前,英国只有国家基本养老金计划这个单一支柱,进入21世纪,英国政府于2002年实施国家第二养老金计划,于2006年实施最低养老金保障制度,经过多轮改革和调整,英国养老保障体系逐步形成了政府养老金计划、职业养老金计划以及个人养老金计划等多层次、多支柱的养老金制度体系。

1)政府养老金计划

政府养老金计划包括国家基本养老金计划(BSP)、第二养老金计划(S2P)和最低养老金保障制度(MIG),所有缴纳国民保险税且没有参加职业养老金或个人养老金计划的雇员都将自动加入第二养老金计划,这种基本养老金主要是为那些最需要帮助的低收入者,例如老年人、残疾人、妇女、非全日制雇员、临时工等人提供养老金,以保障他们生活的实际需要[①]。政府养老金的共同特点是由政府提供,并由政府承担兜底责任。其资金来源于两部分:一是由雇员、雇主共同缴纳的国民保险税;二是通过一般税收收入安排的财政补贴,以对符合家计调查的残疾人、低收入者等特殊人群免除税费。

2)职业养老金计划

职业养老金由企业和公共部门的雇主自愿提供,由职业年金计划和个人年金账户构成,通常采用待遇确定型、缴费确定型和二者混合型三种模式。由于第一支柱的基本养老金替代率

---

① OLIVIA, STEPHEN. Pension design and structure new lessons from behavioral finance[M]. Oxford: University of Oxford Press, 2014.

较低,大部分人退休后的主要收入来源于第二支柱的职业养老金。自 2012 年起,根据规定,所有年收入超过一定标准(每年都有所调整,2016—2017 年度为 10000 英镑)、年龄在 22 岁到法定养老金领取年龄之间、未参加任何职业养老金计划的雇员都将"自动加入"职业养老金计划。2016 年"自动加入"职业养老金计划的雇员超过 621 万,覆盖率提高到 28.4%[①]。参加职业养老金的人数占全部人口的 45% 左右,已经成为英国养老金体系中最重要的组成部分。

3) 个人养老金计划

个人养老金计划采用个人自愿参加的缴费确定型模式。英国相关法律规定,没有为雇员提供职业年金计划的雇主必须与一家或多家保险公司达成协议,使其雇员能够参加这样的计划。雇员可以在确定的保险公司和投资种类中自愿选择参加,雇主将为选择参加这些计划的雇员代扣应缴费用并向保险公司缴纳。同时,个人也可不经雇主直接参加保险公司提供的缴费确定型养老金计划及寿险计划。

2. 失业保险

英国失业保险法的基础是 1992 年的社会保障法,其最突出的特点是实行强制性失业保险,除自我雇佣者、缴纳减额保险费的已婚妇女和遗孀外,所有周收入在 58 英镑及以上的雇员都必须参加失业保险制度,其费用由雇主、雇员和政府三方共担,与其他社会保险费一同混合缴纳,不再分项单独缴纳。

英国失业保险制度规定了领取缴费型失业保险金和家计调查型失业保险金两种类型。其中,缴费型失业保险金就是强制保险,具有社会保险的特征,强调缴费义务和就业时间等因素;家计调查型失业保险金即失业救济补贴,带有社会救济的特征,其保障水平取决于失业者的年龄、家庭收入水平和家庭结构等因素。当失业者不具备领取国民失业保险津贴的资格,或者已经不再具有继续领取国民失业保险津贴的资格时,经过家庭财产状况调查,可以领取失业救济补贴。

领取失业保险金的条件是:年龄在 18 周岁以上的失业者或每周工作高于 16 小时的人;最近两个纳税年度中的 1 年足额缴纳社会保险费且缴费收入基数不低于应税周收入低限的 25 倍,或者最近两个纳税年度中每年的社会保险缴费的收入基数不低于应税周收入低限的 50 倍;在职业介绍所登记失业,并且每两周到介绍所填一次表;具有劳动能力并愿意从事全职工作;失业的原因不是由于自愿离职、渎职、拒绝合适的工作安排、错过工作机会和培训机会或者介入劳动争议。失业保险金的保障标准是:年龄在 25 周岁以上的失业者,每周 49.15 英镑;18—21 岁的失业者,每周 38.9 英镑;18 岁以下的失业者,每周 29.6 英镑。最长支付时间为 6 个月。1946 年《国民健康保险法案》规定将失业保险基金统一交由国民保险部进行管理和支付,并成立了地方性的国民保险咨询委员会,由其专门负责具体工作。目前,英国社会保障部的缴费机构负责失业保险缴费和失业档案的管理,待遇支付机构和就业服务机构则通过地方就业中心或待遇支付办公室具体负责失业保险金的支付[②]。

3. 工伤保险

英国是比较早建立工伤保险制度的西方国家,其工伤保险制度覆盖范围为除了自雇者以

---

① 张笑丽.英国"第二支柱"职业养老金改革及其效果分析:以《2008 年养老金法案》为例[J].社会保障研究,2016(6):76-86.

② 仇雨临.社会保障国际比较[M].北京:中国人民大学出版社,2019:163.

外的所有就业者。英国工伤保险制度的费用不同于其他国家(雇主单方承担),而是纳入国民保险体系中,实际上由雇主、雇员和国家三方分担。保险津贴分为暂时伤残补助、永久伤残抚恤金、医疗补助以及遗属补助。申请人领取补助在28周之内,则领取等同于疾病津贴的暂时伤残补助;超过28周,则领取永久伤残抚恤金。永久伤残又分为全部永久伤残和部分永久伤残。伤残程度在100%者为全部永久伤残,每周津贴标准为不超过95.30英镑,支付时间从事故发生后第15周或疾病发生时间开始。部分永久伤残是指伤残程度在14%~90%的伤残,其津贴标准为19.05~85.77英镑不等。因伤残转业而造成收入减少者,每周可领取不超过38.12英镑的津贴[①]。遗属包括受供养的遗孀、鳏夫和子女及其符合条件的遗属,如父母或其他供养亲属。其待遇标准视遗属情况而定,发给一定数额的抚恤金。

(二)国民保健

英国实行国民保健制度(national health service,NHS),为全体国民免费提供医疗和健康保障,所有在英国有居住权的人都享有免费使用该系统服务的权利。该制度可以追溯到《贝弗里奇报告》,1944年英国政府正式提出NHS方案,1946年颁布《国民健康服务法案》,规定全国医院实行国有化,所有公民都享有免费医疗和健康服务,并可享受除了普通医疗之外的住院护理、公共卫生设施及预防等。NHS体系是英国社会福利制度的重要组成部分之一,英国《泰晤士报》在1999年曾做过一项调查,46%的人认为20世纪影响英国人生活的最大业绩是NHS体系[②],可见NHS对英国人的影响之深。

英国NHS体系主要分为两级结构,即初级医疗服务和二级医疗服务。初级医疗服务是NHS体系的第一道防线,是以社区为主的基础医疗网,通常由全科医生及护士负责日常的卫生保健,在全科医生的指导下合理使用卫生资源。当患者需要接受转诊治疗时,必须持有全科医生的转诊证明才能转到上一级医院,即接受二级医院服务。二级医院服务主要由NHS体系的医院负责提供,由各科的专科医师负责并接手由全科医生转介的患者,或处理一些重大意外事故及治疗急诊者,提供如专科服务、手术服务等。此外,还有一些教学医院等承担跨区域和更高层次的诊疗[③]。英国每个公民都要向一个全科医生登记并接受其所有的初级医疗服务,任何需要全面检查或者专科治疗的患者都被转诊给一个顾问医师或者专科医生,或者直接入院治疗[④]。

英国NHS体系的主要特点是政府通过税收筹措医疗卫生经费,按区域人口并结合其他因素给公立医疗机构直接拨款,公立医疗机构的经费95%来自政府拨款。英国NHS体系主要通过税收筹资,也通过国家健康保险费和使用者付费筹资。卫生资金和当前预算是按照从国家到地区,再到地方的顺序进行配置[⑤]。在政府的直接领导下,由英国卫生部和财政部承担基金的管理职能,向初级保健信托机构分配资金及部分政府预算。

NHS体系提供的服务比较全面,包括:预防性服务(筛查、免疫疫苗等计划);门诊和住院患者的医院服务;医师服务;住院患者和门诊患者的药物服务;临床必需的牙科服务;眼科服务;精神病服务(学习障碍、缓解疼痛服务);长期护理服务;康复服务(中风后的物理治疗和基

---

① 丁建定,杨凤娟.英国社会保障制度的发展[M].北京:中国劳动社会保障出版社,2004:194.
② MORTRIMORE R. Why politics needs marketing[J]. International Journal of Nonprofit and Voluntary Sector Marketing,2003(8):107.
③ 刘亚莉.英国基本医疗卫生法律制度概述及对我国的启示[J].医药论坛杂志,2013(7):67-69.
④ 仇雨临.社会保障国际比较[M].北京:中国人民大学出版社,2019:163.
⑤ 富兰德,古德曼,斯坦诺.卫生经济学[M].6版.王健,等译.北京:中国人民大学出版社,2011:509.

于社区护理的家庭出诊);等等。随着国民需求的日益增长,NHS 体系支出不断增加,财政负担压力日益严重,英国政府开始对一些项目进行收费,诸如处方收费、牙医收费等[1]。但是,经资格审查后的受益者及其成年家属,16 岁以下子女或 19 岁以下的学生、孕妇及哺乳期妇女,不必支付处方费,达到州养老金年龄的人群也可以免除处方费[2]。未成年人、学生、孕妇、囚犯和低收入者都不需要支付牙科的费用,符合 NHS 低收入计划的国民还可以获得看病的交通补助。

(三)津贴补助

英国发放的各种津贴补助名目繁多,不考虑受益人是否缴纳过国民保险,也不看受益人的收入水平和经济状况如何,主要决定于受益人是否符合各项津贴救助项目所规定的条件。按照受益对象不同,津贴补助主要有以下几种类别。

1. 老人

1) 保证补贴

这是一项针对 60 岁以上老人的收入扶持计划,保证补贴的发放对象是经过收入调查且收入和资产都很低的 60 岁以上人群,该补贴免征个人所得税。

2) 储蓄补贴

英国鼓励储蓄行为,使那些有一定储蓄的老人受到更好的政策待遇,适用对象为 65 岁及以上的养老金领取者,储蓄补贴免征个人所得税。

此外,英国还为老人提供圣诞节特别津贴、冬季取暖津贴、免费电视收看授权、免费公交车服务等。

2. 儿童

儿童福利金针对年龄在 16 岁以下的儿童,对于第一胎子女或独生子女,每周给予一定津贴;对于非首胎子女,每人每周给予一定津贴。缴纳了保险费的父母离婚后,如父亲死亡,抚育孩子的母亲每周可领取固定儿童特别津贴。负责抚育孤儿或失去照管儿童的监护人每周可领取监护津贴。

此外,2014 年英国颁布《儿童和家庭教育法案》,针对 0—25 岁经过审核通过的特殊儿童和青年[3],为其提供综合性、连续性、动态化、个别化的教育、医疗和社会保障方面的支持与服务,尽可能帮助每一位有特殊教育需要的儿童和青年实现最佳发展,促进更好的生活[4]。

3. 孕妇

孕妇和新生儿母亲可以享受法定产假津贴或者生育津贴,当婴儿出生前后,母亲可以申请领取法定产假工资;孕妇在怀孕满 26 周后就可以申请生育津贴。

此外,孕妇健康补助金是政府给予孕妇的一次性补助,规定所有怀孕 25 周的孕妇都能得到一定金额的营养补助金,不需要经过家计调查,也不需要提供国民保险税缴费记录,本项补助金免征个人所得税。

---

[1] 郑春荣.英国社会保障制度[M].上海:上海人民出版社,2012:183.
[2] 富兰德,古德曼,斯坦诺.卫生经济学[M].6 版.王健,等译.北京:中国人民大学出版社,2011:509.
[3] CASTRO S, GRANDE C, PALIKARA O. Evaluating the quality of outcomes defined for children with education health and care plans in England: a local picture with global implications[J]. Research in Developmental Disabilities,2019(86):41-52.
[4] KO B. Education health and care plans: a new scheme for special educational needs and disability provisions in England from 2014[J]. Paediatrics and Child Health,2015(10):443-449.

4. 患病与残疾人士

因患病不能工作者每周可领疾病津贴,共领28周;患病28周后仍不能工作者,可领病残抚恤金;对于未到退休年龄而患病逾5年者除原抚恤金外,按年龄发给金额不等的病残津贴;对因伤残生活需要照料者,每周发放护理津贴;对于行动不便者,每周发给交通津贴;因工作中的意外事故或某些规定的疾病而受伤或残疾者可领取伤残津贴,最多发给26周;如果造成残疾,则在26周的伤残津贴期满之后,按伤残者的残疾程度,每周发给一定量的残疾津贴。

5. 丧亲人士

丧亲补助金是一次性的补助金,发放给在最近12个月内失去配偶的寡妇或鳏夫。申请人可以在领取鳏寡父母津贴或丧亲津贴的同时,领取丧亲补助金。

6. 低收入者

工作税收抵免制度旨在为成年低收入工作者提供援助,最低工资本身不能够解决贫困问题,必须辅之以所谓的在职津贴和其他社会保护措施。收入补助金是针对无业的低收入群体而发放的一种津贴。社会基金是旨在为少数申请遇到的例外情况和紧急情况提供帮助,并帮助那些在管理资金和预算方面有困难的人①。

7. 因战抚恤人士

对于在战争中死伤的士兵,英国出台了军人保障计划,该计划把受伤士兵按受伤程度分为15个等级,规定相应的赔偿标准。牺牲军人家庭的保证收入抚恤金是军人保障计划的一部分,保证收入抚恤金的给付额取决于牺牲军人去世时的年龄和薪水。

(四)社会福利

英国的个人社会福利包括政府有关部门和社会志愿者组织针对具有特殊困难的居民所提供的各种福利设施和各类服务,包括教育福利、住房福利以及一些其他福利。

1. 教育福利

英国的教育事业一直是比较发达的,"二战"后经过几十年的发展,英国新建学校猛增,大部分学生(初等教育和中等教育)是教育基金资助的免费生。免费生除了免缴学费外,书本和其他学习用具也都免费。教育当局向聋哑、智障儿童等特殊学校的学生和其他公立学校7岁以下的学生供应免费牛奶。公立学校还普遍设有食堂,向学生供应廉价午餐。有些学校还提供交通工具,免费接送居住较远的学生。

2. 住房福利

在英国,政府有责任向无家可归者以及低收入家庭或个人提供公共住房,公共住房在英国又称为社会住房,由地方政府和非营利机构的住房协会拥有和管理,主要针对贫困线之下的社会群体。住房津贴制度是一项带有收入调查的福利制度,旨在帮助租住公寓者支付房租。低收入家庭的房屋贷款利息可以通过领取收入补助金、求职者津贴、就业及援助津贴以及养老金补贴等来支付。

---

① FAST R. Social security law[M]. London: Palgrave Macrnillan, 1999; HARRIS, NEVILLE. Social security law in context[M]. Oxford: University of oxford Press, 2000.

3. 其他福利

针对失去工作和劳动能力的人建造适合他们居住的特殊住房,安装供他们使用的电话或电视机,安排他们学习工艺品的制作和其他职业技能,向他们提供特种教育,组织供他们活动的专门俱乐部,帮助他们外出旅游等;对精神病患者在其本人家庭内实行登记治疗,建立精神残疾者训练中心,处理由精神病患者引起的各种社会问题,帮助一些精神病患者入院治疗;政府部门和社会志愿组织为老年人提供包括送餐上门、日夜间服务、老年人俱乐部和娱乐室等服务或场地。

三、英国社会保障的特点

(一)强调保障的全面性

英国社会保障制度是一个全方位、高福利的发展模式,已形成保险、津贴和福利三大类,三类分工明确。社会保险与社会成员的就业联在一起,其受益与其缴费完成情况挂钩,体现了权利与义务的对应关系;社会津贴是政府对于特殊人群的优待;社会福利彰显了人权保障的具体内容,体现了社会的精神文明。

(二)强调保障的普遍性

英国国民保险待遇是与收入脱钩的,无论受保人缴费多少,都同样享受定额待遇,在受保人之间存在着明显的收入分配。国民保险提供的受赡养人待遇,则将受保人之间的再分配延续到他们的家庭,由于国民保险几乎覆盖了全部劳动者,通过受供养人待遇又延伸到几乎全体公民,因此,尽管它在形式上是社会保险,实质上确是一种普遍主义社会保障。

(三)强调管理的统一性

英国社会保障的管理由政府统一负责,政府通过国民收入再分配形式,组织实施各项社会保障措施。内阁下设的卫生及社会保障部统管医疗保险、健康服务和社会保险金的缴纳与发放。各地方政府设社会服务部,负责社会福利工作。补助给付委员会负责补助给付金的发放。

第二节 德国社会保障制度

一、德国社会保障制度起源及发展历程

(一)早期救济形式

德国的社会保障思想源远流长。早在 15 世纪,德国就产生了互助性质的保险组织。这种组织最早出现在采矿业中,普遍存在着各种各样的共济会,并且制订出一种保险计划,规定矿工和雇主双方均需交款,以保证计划的实施[①]。行会组织是手工业者的自治组织,根据行会章程的规定,会费和罚款中需有一部分用以救济鳏寡孤独者,为其提供基本的经济保障。面对社会问题,宗教组织也积极采取措施对处境艰难的工人实施帮助,包括为丧失劳动能力的工人设

---

① 克拉潘.1815—1914 年法国和德国的经济发展[M].傅梦弼,译.北京:商务印书馆,1965:374.

立慈善机构、积极组织和支持基督教工会成立互助的工人生产合作社等①。1877年,天主教中央党进一步提出一个具体的社会改革方案,内容包括工人星期天休息、鼓励成立劳资协会、颁布工厂立法、童工女工立法规章以及成立工人参加的仲裁法庭等②。可见,这种自发、自觉的工人自助组织、行会中的传统保障形式以及教会的救助活动为德国社会保障制度的产生和建立提供了丰富的实践经验和思想基础。

(二)社会保障制度的建立

伴随着西欧工业化国家经济危机的加深,工人为争取社会保障而进行的斗争日益高涨。俾斯麦主张由国家通过立法进行自上而下的改革,1881年,德皇威廉一世在"黄金诏书"中颁布《社会保障法》,提出工人因患病、事故、伤残和年老而出现经济困难时应得到保障,他们有权得到救济。随后德国在1883年、1884年和1889年制定了《疾病保险法》《工伤事故保险法》《老年和残障社会保险法》,开辟了社会保险之先河,德国成为世界上第一个建立了广泛社会保险的国家。1911年的《保险法》把伤残保险的覆盖面从过去的工资收入者和低薪职员扩大到所有工薪人员。1924年的《职员保险法》把职工的退休金计划与工资收入者的退休金计划分开。1927年通过的《失业保险法》作为社会保险的一个组成部分正式开始实行。自此,一个由社会保险、社会救济和社会服务构成的社会保障网正式建立,德国进入"福利国家"行列。

(三)发展变革时期

"二战"以后,为恢复和重建联邦德国的社会保险制度,"社会市场经济"模式被正式提出,其基本内涵是把市场经济的自由原则和社会的平等原则结合起来,提出"为每一个公民提供基本的生活保障是国家的重要任务,而超过这种基本保障的内容则应发挥个人创造性"原则。这一理念被广泛接受,成为社会各界的一致共识③。一系列社会保险法规极大地推动了德国社会保障制度恢复与重建的步伐,在提高社会保障津贴标准方面,德国于1951年通过了《养老金提高法和生活费用补贴法》,1952年通过了《疾病保险津贴提高法》,1953年通过了《疾病保险津贴提高法》和《基本补贴提高法》。在有关特殊群体的社会保障法律方面,德国于1950年通过了《战俘返家人员法》和《联邦养老金法》,1953年通过了《严重残疾人员法》,这些法律对战争伤残人员的养老金做出了规定。1952年通过的战争负担公平化法,不仅对因战争造成的财产损失提供赔偿,而且对养老金损失提供赔偿。德国还通过一系列法令逐步建立起比较完善的社会救助制度。在家庭补贴方面,1954年德国实施《家庭补贴法》,给被雇佣者提供从第三个孩子开始的家庭补贴。1964年德国对家庭补贴制度进行调整,联邦政府开始承担家庭补贴的费用,并在联邦劳工局建立家庭补贴机构。在老年人社会救助方面,德国于1957年实施《老年农场主救助法》,规定当农场被转给继承人或出租时,老年农场主将获得老年补贴而不需缴纳任何费用。至20世纪80年代,德国已经成为欧洲乃至世界上公民享受福利标准较高和范围较广的国家。

二、德国社会保障制度的体系

德国社会保障体系的基本组成部分是社会保险和社会照顾。社会保险是整个社会保障体

---

① 姚玲珍.德国社会保障制度[M].上海:上海人民出版社,2011:25.
② 平森.德国近现代史:它的历史和文化[M].北京:商务印书馆,1987:255.
③ 戴卫东.德国 LTIC 及其改革[J].卫生软科学,2007(21):29-31.

系的核心内容,经过长期曲折的发展历程,德国作为福利国家形成了一个完整的、内容十分广泛的社会保险体系,包括养老保险、医疗保险、失业保险、工伤保险以及护理保险。社会照顾主要包括母亲保护和儿童补贴、住房补贴、社会救济等内容。

(一)社会保险

1. 养老保险

1889年,德国颁布《残疾和老年保险法》,标志着养老保险制度的建立。养老保险是德国社会保障制度最基本的内容,是对所有具有保险义务者的有强制性特征的社会保险。德国养老保险制度主要由法定义务养老保险、企业补充养老保险和私人养老保险三部分构成。

1)法定义务养老保险

法定义务养老保险参与人包括所有的雇员、在残疾人工厂工作的残障人士、部分自由职业者、处于特殊时期的人员、自愿服兵役者、育儿初期的父母一方等[1],缴费由雇主和雇员对半承担,养老保险费的多少和当年的养老保险费率以及雇员的收入有关。2015年,养老金费率是雇员税前收入的18.7%,也就是说,雇员和雇主每个月都必须支付相当于该雇员税前收入的9.35%费用,用以完成法定养老保险缴费义务。养老金的领取数额是根据投保者领取养老金时的当年平均工资、缴纳养老金的时间等因素计算的。德国目前推行一种缓进、分步式的延迟退休年龄的方案,从2012年开始逐步将退休年龄从65岁提升至67岁[2]。

2)企业补充养老保险

企业补充养老保险不是法定的,是根据企业主与其雇员按自愿原则签订的协议规定执行的,部分企业在法定义务保险制度之外,还对本企业内的雇员实施企业养老金制度,将其作为一种福利待遇吸引职工。在本企业内工作时间的长短,是决定领取企业养老金多少的重要条件。实施企业养老保险的企业,其职工在退休后可享受双份养老保险金。

3)私人养老保险

该类保险完全由个人自愿参加。该保险收费高、待遇好,投保者大都是医生、律师和零售商等高收入者。德国的养老保险采用现收现付制,义务保险是现收现付模式不可或缺的前提条件,德国把养老保险的这种现收现付筹资模式称作"代际合同"[3]。全国实行统一的收费比例,费率由各保险公司测算拟订,再提交由财政部和劳工部专家组成的联合委员会审定后执行。

2. 医疗保险

德国医疗保险建立于1854年,在德国社会保险中历史最长。1883年,德国政府颁布了《疾病保险法》,这是世界上第一部社会保险法律,标志着现代社会保险制度的诞生。20世纪60年代,德国政府先后颁布了《疾病保险所联合新条例》《保险所医生权利新条例》《养老金领取者疾病保险新条例》,构成了当今德国医疗保险制度的主要内容[4]。德国的医疗保险由法定医疗保险和私人医疗保险两大系统构成。

---

[1] Deutsche Rentenversicherung Bund. Unsere sozialversicherung: wissenswertes speziell fürjunge leute[M]. Berlin: Gmbh &Co. ,2016.

[2] 杨伟国,袁可.二战后德国养老保险制度改革及启示[J].北京航空航天大学学报(社会科学版),2020(6):40-46.

[3] 温海红.社会保障学[M].北京:对外经济贸易大学出版社,2016:267.

[4] 赵立新.德国日本社会保障法研究[M].北京:知识产权出版社,2008:121.

1)法定医疗保险

法定医疗保险作为医疗保险体系的主要组成部分,由国家相关法律规定,具有强制性,为德国绝大部分国民提供全面的、基本的医疗保险服务。必须参加医疗保险的人是:所有工人,不论其收入多少;所有收入在一定限度以下的职员;所有学生、实习生、失业者、残疾人、养老金领取者、自谋职业者等。目前,义务医疗保险的覆盖面已达到全国人口的90%以上①。

2)私人医疗保险

这是法定医疗保险的必要补充,凡是收入超过法定医疗保险规定上限,或者需要享受法定医疗保险项目以外的其他补充医保服务的国民,在符合一定条件的情况下均可以参加私人医疗保险②。这类人群主要为可以选择退出法定医疗保险的高收入者。其特点是缴纳保险费用昂贵,享受的医疗服务质量也高。

保险费用是德国医疗保险体系最主要的资金来源,缴费与收入挂钩,参保人员的银行存款、个人财产以及其他收入来源,是保险费用征收的唯一依据,又被叫作"有缴费义务的收入"。保险机构不能按照除收入外的其他标准,如参保人的年龄、性别、健康状况、职业等因素对参保人进行风险选择。为了体现保费征收的公平性和福利性,并非所有的雇员都执行统一的保费征收费率,而是在一定程度上向低收入者提供优惠。在法定医疗保险费用的筹集中,德国政府并不承担任何责任,政府财政主要用于对公立医疗机构的固定资产的投入。对于低收入人群,其医疗费用由具有解决不同保险组织的参保人员因为年龄、性别和健康状况不同而造成的基金风险差异功能的各类医疗保险疾病基金会承担③。参加法定医疗保险的雇员和其雇主都需缴费,雇员承担54%,雇主承担46%,最高月缴费不超过630欧元④,所有资金统一进入风险调剂池,考虑年龄、性别以及患有慢性或严重疾病的人群特点,进行资金分配。参加私人保险的人需要缴纳一个与风险相关的保费,保费根据一生的风险进行评估。法律强制要求私人保险设置年龄储备金,以备参保人年老时使用,且当参保人取消保单或者变更保险公司时,其年龄储蓄金可以进行转移。

3. 失业保险

德国失业保险首次立法于1927年的《职业介绍和失业保险法》,现行立法为1969年的《失业保险法》。失业保险是不考虑雇主和雇员意愿的强制性保险,所有的工人和职员都必须参加。德国失业保险的给付项目主要包括失业保险金、失业救济金、短工补贴、倒闭企业的职工津贴、就业培训费、冬季补贴和恶劣天气补贴以及拖欠工资补贴等其他补助金。

1)失业保险金

失业保险是一项强制性义务保险,要求所有职工都参加。失业保险金的基金来源于三个方面:一是受保人个人依据年收入的一定比率扣缴的部分;二是雇主依据受保人缴纳的额度而缴纳的部分;三是政府在失业保险基金存在收支不平衡时,提供的贷款或者补贴⑤。失业保险金的给付一般要求受保人同时满足以下四个条件:在收到雇主解雇通知后的3个月内,要到当地就业办

---

① 吕学静.各国社会保障制度[M].北京:经济管理出版社,2001:73.
② 姚玲珍.德国社会保障制度[M].上海:上海人民出版社,2011:137.
③ 张晓,黄明安.医疗保险国际比较[M].北京:科学出版社,2015:51.
④ 仇雨临.社会保障国际比较[M].北京:中国人民大学出版社,2019:125.
⑤ 姚玲珍.德国社会保障制度[M].上海:上海人民出版社,2011:264.

公室亲自登记;参加法定失业保险,并且在申请的最近2年保险费累计12个月,季节性行业的雇员要求申请失业的最近2年失业保险费累计6个月;申请者处于失业状态;有意愿、有能力,并积极配合寻找工作,接受职业介绍所的工作推荐和就业办公室安排的职业培训。失业保险金的支付额度依据失业者失业前每月税后工资的高低和是否有孩子来确定,申请人是独身,领取每月税后收入的60%的保险金;申请人最少有一个18岁以下的孩子,领取每月税后收入的60%的保险金。

2）失业救济金

失业救济金制度是失业保险金制度的重要补充,法律规定,所有15—64岁,有工作意愿和能力,但无法用收入和资产维系自己和家人基本生活的个人及其家属都有资格得到失业救济和配套的社会救助服务,只要是"有理由"的失业,都可以根据经济困难的程度,申请得到失业救济金。领取失业救济金的申请者只要满足以下任一条件即可:无权享受失业保险;失业者没有维持生活的足够经济来源;在过去就业年份内至少有1年的身份是雇员;在过去1年内至少享受过1天的失业保险或类似保险金;在过去1年至少从事150天的就业活动;过去是公务员、法官、军人、义务兵或警察;在过去1年内受伤或因病致残[①]。

失业救济金与失业保险金的本质区别在于,前者的数额主要根据申请人实际家庭收入状况及需要的帮助来确定补助的额度。失业救济金的数额一般足以支付个人食品、日常生活、住宿、取暖、水电、交通等生活开支,地方政府会利用地方税收为失业救济者提供救济金。

3）其他补助金

短期津贴指的是在经济萧条期,一些公司因为生意清淡缩短雇员的工作时间,甚至裁减人员降低损失,当地就业办公室会通过支付短期津贴来弥补公司的用工成本,降低可能发生的失业率。季节性停工的短期津贴主要针对一些特殊的行业,如建筑施工业、园艺业、庭园设计业,为了降低雇主保留雇员职位的用工成本,当地就业办公室会在每年12月1日到第二年3月31日,给从事这些职业的雇员发放季节性停工的短期津贴。破产补助是当雇主破产时,雇员没有收到所有应得的收入,雇员可以在自己劳动合同结束的最后3个月内,向就业办公室申请破产补助。此外,政府还提供职业咨询和就业指导,帮助即将就业的青少年或者求职人员,更好地选择适合的职业,提高就业率,降低失业率。

4. 工伤保险

1884年,德国颁布世界上第一部工伤保险法——《工伤事故保险法》。德国工伤保险实施分类强制参保,所有工作者均有保障,以实现任何人的健康不因工作受损的目标。德国的工伤保险包括三大类型,即适用于农业部门的工伤保险、适用于工商业部门的工伤保险以及适用于公共部门的工伤保险。此外,德国政府认为国家和社会有义务为公立教育机构的儿童、青少年以及从事志愿者服务的人员提供工伤保障,所以这类人群被纳入公共部门的工伤保险覆盖范围,成为德国社会保险体系重要的组成部分。德国工伤保险待遇主要包括三个方面的内容。

1）医疗待遇

医疗待遇包括全部医疗服务、职业和社会康复、辅助器具以及家务支持等。一旦发生工伤事故或职业病,工伤事故保险联合会不仅及时给受害者经济补偿,而且紧密协助医院医生的工作,介入个人的治疗和康复。只要有助于受害者恢复健康和恢复工作能力,行业联合会都支持

---

① 杨斌,丁建定.国外就业保障的发展及对中国的启示:以美国、英国和德国为例[J].理论月刊,2016(5):177-181.

并全额承担必要的医疗费用和康复训练支出。行业联合会认为,康复措施的重要目的就是让受害者重新回到自己的岗位,重新自立。

2)现金待遇

现金待遇包括暂时性现金待遇和永久性伤残待遇。事故造成受害者受伤、停止工作,最初6周由雇主发给受害者全部工资;6周之后工资停发,由工伤保险联合会发给伤残者事故之前个人净收入的80%,直至身体康复或领取养老金时止。领取暂时性伤残补助金的最长期限为78周①。假如受害者由于工伤或职业病导致完全丧失劳动能力,工伤保险联合会将无限期发给受害人之前个人净收入的67%,直至领取养老金时止。如果部分丧失劳动能力超过20%,工伤保险联合会将依据能力丧失的程度,以永久性伤残补助金全额为基数,发放部分补助金。如果丧失劳动能力超过50%、没有工作、没有其他保险金时,在应得伤残补助金的基础上,工伤保险联合会将补充10%的特殊补贴,最长的领取期限为2年②。

3)工亡待遇

若事故受害者死亡,其婚配遗属的抚恤金相当于死者生前月收入的67%,可以连续领取3个月。如果婚配遗属的年龄超过45岁,或者残疾,或者需要照顾至少一个孩子,则可以领取死者生前月收入的40%,连续领取24个月。如果遗孤年龄不超过18岁(在校学生或接受培训的遗孤,年龄不超过27岁),则可以得到死者生前收入的20%;如果没有双亲,则可以得到死者生前收入的30%,外加最高不超过40%的补助金,领取时间到遗孤18岁时止。如果死者有一位父亲或母亲、一位祖父母,他们可以得到死者生前年收入的20%;如果父母亲和祖父母都在,则可以共同得到死者生前年收入的30%。如果遗属没有资格领取遗属抚恤金,或者因为受害者的劳动能力丧失超过50%,那么遗属可以一次性获得受害者事故前年收入40%的补助金。所有遗属抚恤金的总额不能超过死者生前年收入的80%③。

德国工伤保险制度坚持雇主缴费原则,其中,工商业和农业工伤事故保险基金的资金来源于三个方面:雇主缴纳的工伤保险费,这是最主要的部分;事故第三方支付的赔偿费;行业事故保险联合会收缴的滞纳金、罚金以及固定资产的经营收益。公共部门工伤事故保险基金的资金以及来源于联邦政府、地方政府以及其他公共部门的税收收入或财政收入。工伤事故保险金是雇主强制性的义务,由法定受保人自动享受。即使雇主漏缴或者少缴保险金,也不会影响雇员的法定权益。一旦发生赔偿,行业保险联合会都会先支付,然后向雇主进行追索。保险费用收缴额度的确定原则是"以支定收",征缴采取延后一年推迟收取的模式,将上一年实际发生的费用在所有成员企业间分摊,不考虑经营利润,只分摊成本。德国工伤保险金费率的差异来源于风险系数的不同,由三方面因素决定④:不同行业的执业风险;行业内不同企业的风险控制能力;同一风险等级不同企业的补充风险系数。

5. 护理保险

德国于1994年颁布了《长期护理保险法》,护理保险成为德国继养老保险、医疗保险、工伤意外保险、失业保险四大险种之后的第五大支柱险种。德国法律规定了"护理保险遵从医疗保

---

① 仇雨临.社会保障国际比较[M].北京:中国人民大学出版社,2019:179.
② 姚玲珍.德国社会保障制度[M].上海:上海人民出版社,2011:299.
③ 同①.
④ 葛蔓.德国工伤保险的特点及成功之处(下)[J].现代职业安全,2002(2):58-60.

险"的原则,不论参保人参加的是法定医疗保险还是私人医疗保险,都必须参加护理保险。被保险人并不是只要申请就能够获得制度支付,而是需要经过严格的护理等级的评估才能够享受相应的待遇,根据德国 2017 年的改革,将护理等级划分为五个等级,65 岁以上的老年人是最主要的护理保险待遇给付群体。德国的长期护理根据护理需求状况、被护理者的意愿以及可及性,主要分为家庭护理和住院护理两种。

1) 家庭护理

家庭护理可细分为家庭自配人员护理、护理机构上门服务或者两者兼而有之三种,其护理服务是由家人、朋友或健康护理专业人员等提供的。家庭自配人员护理既可以由家庭成员承担,也可以请外人来护理。被护理人员每月可以从护理保险机构处获得一定的货币给付,用以补偿护理人员。护理保险机构一般并不直接向被护理人或其家属提供资金,而是由被护理人员先找好一家护理机构上门服务,然后护理机构与保险机构直接结算。此外,被护理人也可选择混合护理形式,即将上述两种护理方式相结合的混合方式。

2) 住院护理

住院护理又可分为半住院护理和完全住院护理两种。住院护理是指在护理保险的专门机构即护理院接受正规的护理服务,其护理服务由专业护理人员提供。接受完全住院护理的个人必须首先通过专门医疗机构的审核,才能采取这种护理方式。当被护理人的情况还未完全达到住院护理的标准,而又无法得到足够的家庭护理时,就可选择半住院护理的方式。被护理人一天中的某个时段在某个护理机构接受护理,按在院接受护理的时段分,可分为白天和夜间护理两种护理形式。护理过程中产生的医药费用等由保险机构承担,而照料被护理人的花费则由自己承担。

每个参加法定医疗保险的人在其法定医疗保险机构参加护理保险,而购买私人医疗保险的人也必须参加一项私人护理保险。德国长期护理保险采用雇员和雇主 1∶1 的方式筹资,在长期护理服务递送的总费用中,个人亦承担了较高的自付比例:长期护理保险的筹资占全部长期护理服务筹资的比例不到 60%,7%~8% 的费用来自社会救助制度,超过 30% 的费用来自个人自付,自付比例最低的为 29.4%,最高的则达 41.1%,其中约 70% 的个人自付部分用于支付护理院护理的支出,约 30% 用于家庭照护的支出[①]。法定护理保险通过雇主、雇员缴纳保险费并遵循现收现付原则,德国就业办公室会为领取失业救济金和最低生活保障金的人群缴纳长期护理保险费。私人护理保险机构采用的是预付基金制度。法律规定提供护理保险的保险公司有义务对任何参加私人医疗保险的人承保,而不得以风险较高或风险异常为由拒绝。

长期护理保险区别于传统的医疗护理保险之处,主要在于它以其辅助方式维持社会成员正常生活,而不是治疗性的服务和照顾。它是保障被保险人住进康复中心等护理机构或家庭护理而发生的费用的津贴型险种。医疗护理的重点是为治愈患者的疾病而采取的措施以及提供一定的护理费用,目的是使患者的健康状况恢复到从前的状况,而长期护理的重点在于尽最大可能长久地维持和增进患者的身体机能,提高其生存质量。

(二) 社会照顾

1. 母亲保护和儿童补贴

按照规定,职业妇女及家庭妇女从怀孕到分娩后这一时期内可享受一系列保护和照顾。

---

① 2008—2017 年德国长期护理保险数据报告。

诸如对从申报怀孕到分娩后4个月的妇女不得解雇；分娩前6周的妇女可以自己决定是否继续工作；孕妇分娩后的8周内必须休息，不得参加工作；产前6周、产后8周的保护期内的妇女，可领取相当于分娩前3个月净工资的工资额；分娩后可享受6个月的休假期，休假期间享受一定量的现金补贴；等等。1975年德国政府颁布了《联邦子女补贴费用法》，以法律形式对儿童补贴做出规定：每个有义务抚养儿童的公民，不论其收入多少，都可以领取一定数量的儿童补贴；每个儿童从出生之日起，到年满16岁止，都可享受儿童补贴，如果儿童在年满16岁时还在继续上学或还在接受职业培训，可以进一步把儿童补贴延长到27岁止；补贴标准主要根据每一家庭孩子的多少和家庭收入的多少来决定。

2. 住房补贴

住房补贴是专门为解决低收入、多子女家庭及残疾人、老年人的住房而实施的。《联邦住宅补贴法》规定，凡收入不足以租住适当面积住房的公民都可以享受国家提供的住房补贴。决定住房补贴额度的是家庭收入、人口、住房费用的多少。在实施住房补贴的同时，政府还辅之以其他保证公民住房需要的政策，如保护住房政策，规定房主不得无理或随意废止住房合同，房租不得超过当地同类住宅的租金，鼓励个人建房和购房的优惠政策，对决定自建或自购住房的公民，给予贷款、减税和补贴等。

3. 社会救济

社会救济是指为了帮助被救济者能够维持最低生活水平，并力求使被救济者在最短的时间内靠本人的力量达到自救而提供的帮助。按《联邦社会救济法》有关规定，凡是生活在德国的居民，不论是德国人还是外国人，只要在遇到该救济法所列的各种困难时，都可以要求得到社会救济。救济的内容包括两类：为维持日常生计提供的帮助和在特殊困难时提供的帮助。前者包括对被救济者的衣、食、住、家庭用具、取暖等方面的救济；后者主要包括建立和保障生活基础的救济，涵盖对危及健康的预防性健康救济，对残疾人的救济，为家庭主妇设立的因病不能料理家务的家庭救济，对居住在国外的德国人的救济，对无家可归者、流浪者和罪犯等特殊社会困难者设立的救济等[1]。

三、德国社会保障的特点

（一）以社会保险为主

由养老保险、疾病保险、工伤保险、失业保险和护理保险等险种组成的社会保险是德国社会保障制度最基本、最重要的组成部分。同时，保险的强制性与保险方式及承保机构组织的多样性并存，德国社会保障体制浓厚的强制性色彩是俾斯麦型保障制度的主要特征[2]。

（二）施行资金自助

德国社会保障的基金采取国家、雇主和雇员共担的办法。随着福利项目增多、开支加大，在国家增加预算的同时，雇主和雇员负担的那部分份额都随之增加[3]。在保障资金的筹措方面，德国政府重视社会职能的发挥，让社会保障的受益者及企业来承担大部分的重任，由雇主和被保险

---

[1] 吕学静.现代各国社会保障制度[M].北京：中国劳动社会保障出版社，2006：7.
[2] 丁纯.德国社会保障体制的现状与改革[J].国际经济评论，2000(Z2)：45-48.
[3] 同[1]9.

人缴费构成的社会缴费占德国社会保障资金来源的60%左右,政府承担第二位的责任。

(三)完善的法规保障

德国十分注重社会保障的法规建设,先后颁布了一系列社会保障法规,形成了一个完整的社会保障法规体系,使德国社会保障的发展有章可循、有法可依。"二战"前德国已积累许多社会保障的立法,这为战后德国的社会保障立法奠定了良好的基础。"二战"后,立法成为历届政府社会政策运用的主要手段,每一社会保障项目都通过立法而建立,并按照相应的法律规定进行管理和运营[1]。

(四)保险自治管理

社会保险机构施行自治管理是德国社会保障体制中最具特色之处。在各类承办社会保险机构中,分别设置代表大会和董事会,负责决定保险承办机构的财政预算和人事安排[2]。德国在社会保险基金的管理上贯彻共同参与的民主管理思想,各项社会保险基金除失业保险外,均实行自治管理的办法。主要办法是由参保人与企业分别派出代表进入保险机构的董事会和监事会,在决策方面反映参保人与企业的意见和要求,并参与各保险机构的管理与监督[3]。

第三节 美国社会保障制度

一、美国社会保障制度起源及发展历程

(一)社会保障的萌芽

美国是一个移民国家,早期迁往美洲大陆的移民崇尚克勤克俭,提倡个人奋斗,把贫困归因于个人的懒惰和无能,而不是社会的责任,在早期美国历史中,美国人通常乐意进行个人自保。而福利事业仅仅是被当作一种济贫措施[4],北美最早的济贫所出现于纽约殖民地,随后出现了各类慈善机构,主要指由社会团体、教会和私人举办的救济院、养育院、收容所等慈善性机构,老残孤寡者的生活问题主要依靠上述济贫机构解决。"促进公共福利"思想被正式写入了1787年《美利坚合众国宪法》,这是美国社会保障制度法治化的起点[5]。美国南北战争后,全国性工会组织联合成立了"美国劳工联合会",以合法的手段保护工人的权益、改善工作条件、维护女工和童工的权益等。第一次世界大战后,美国的职业福利制度有了很大的发展,企业普遍承担了很多的社会职能,一些企业面向职工推行教育计划,实行免费医疗和带薪休假制度。在美国"新政"以前,美国没有国家出面组织的社会保障制度,保障是企业与职工之间的一种契约关系,国家则负责社会救济事务,以填补职业福利的空缺。

(二)社会保障制度的建立

1929年,一场罕见的经济危机猛烈地袭击了美国各行各业,成千上万的劳动者一夜之间

---

[1] 林闽钢,周薇,周蕾.社会保障国际比较[M].北京:科学出版社,2015:91.
[2] 周茂荣.德国的社会保障制度[J].世界经济,1998(7):46-49,58.
[3] 仇章建.德国社会保障制度考察[J].首都经济,2020(7):21-23.
[4] 张桂琳,彭润金,等.七国社会保障制度研究:兼论我国社会保障制度建设[M].北京:中国政法大学出版社,2005:109.
[5] 黄安年.当代美国的社会保障政策[M].北京:中国社会科学出版社,1998:7.

变成了处于极端困境、需要接济的穷人,人们逐渐意识到,贫困不只是个人的问题,还有社会的责任。危机打破了廉价政府自由放任和无为而治的政治观念,人们强烈要求政府承担其社会责任。1935年,罗斯福签署了《社会保障法》,这是美国第一个全国性的由联邦政府承担义务以解决养老和失业问题为主体的社会保障法,第一次明确提出了社会保障的概念,并规定了社会保障的基本原则和内容:第一,设立退休养老金,其基金来自工人与雇主的缴费,退休养老金的领取与在职时的工资以及缴费金额挂钩;第二,联邦政府对退休计划实行管理,强制在职职工加入这项保险计划;第三,政府对财政困难的地方政府提供特别贷款,使其有能力向特困户提供资助;第四,没有资格享受老年保险的65岁以上老人,在经过调查确认后,由各州政府自主决定是否建立援助项目,对其实行补贴;第五,对父母双亡或出走或残疾而无人抚养的儿童,由各州自愿举办援助项目,联邦政府对该州予以补助。这是一个由联邦政府承担义务以解决养老和失业保障问题为主的法规,也是社会保障立法的第一次高潮①。

(三)社会保障改革与完善

美国社会保障制度经历了几十年的改革与变迁,在实践中得到不断完善和发展。1939年国会通过社会保障法修正案,为工作人员的遗属提供保险。1950年社会保障受益者扩大到从事公共服务者、农场工人和家庭仆人身上,并增加了福利金额。1954年社会保障适用范围扩大到自由职业者如律师和医师身上。1956年社会保障的覆盖面再次扩大,包括军职服役人员和其他自谋生活人员,残疾人保障加入了社会保障制度行列。1965年国会通过了健康医疗照顾法案,它包括医院保险和补充医疗保险两个部分。1983年国会颁布修正案逐步将领取福利金的年龄由65岁提高到67岁,并建立社会保障信贷基金制度。1994年政府将社会保障税提高到雇主和雇员所得的7.65%②。总的说来,美国社会保险保障事业在20世纪五六十年代经历了不断发展,其保障程度与保障范围已接近中等福利国家的水平。而20世纪70年代,由于通货膨胀日益加剧,美国政府继续改革社会保障制度,几次提高社会保障津贴,解决地区间的不平衡问题,减轻各州日益沉重的福利负担。到了20世纪80年代中期,社会保障法案已进行了17次修正,在不断修改中,保障种类增多,给付水平提高,社会保障税上升,社会保障制度从不完善逐渐趋于完善。

二、美国社会保障制度的体系

美国的社会保障立法虽然起步较晚但发展速度快,其社会保障制度体系由社会保险和社会救助两大部分组成。其中社会保险包括养老保险、医疗保险、失业保险和工伤保险。社会救助是社会保障制度的重要组成部分,是对社会保险的补充,主要包括贫困家庭临时补助、补充性保障收入、医疗救助计划、补充营养补助项目、贫困家庭住房补助以及退役军人福利计划。

(一)社会保险

1. 养老保险

美国是多层次养老金制度的典型代表,由政府立法制定实施的公共养老保险制度始于20世纪30年代,1935年美国国会通过《社会保障法》,为美国养老保险制度的建设奠定了法律基

---

① 吕学静.各国社会保障制度[M].北京:经济管理出版社,2001:105.
② 同①107.

础。20世纪50—60年代私人养老金计划得以普及。个人储蓄退休金在国家税收优惠鼓励下,作为退休收入的补充也获得相当的发展。历经半个多世纪,美国形成了包括国家法定养老保险、私营退休养老保险和个人储蓄养老保险在内的多支柱养老保险体系。

1)国家法定养老保险

这是美国养老保险制度的第一层次,是美国为其公民提供的全民退休保障。其资金来源为雇主、雇员共同缴纳的工资税,税率从收入的12.4%(雇主和雇员各半)到15%不等[1],实行现收现付制。养老金的享受条件及发放方式为:年满65周岁,并在工作期间缴纳满10年的养老保险费,退休后即可按月领取养老金;未到65周岁退休属提前退休,领取的养老金是减额退休金,其扣减办法是每提前一个月减发养老金的1.56%,减少是永久性的,不会恢复到年满65岁(改革后享受养老金的年龄提高,目标为67周岁)退休时应领的退休金数额。养老保险替代率为40%左右,美国采用一种累退的待遇计算方式,虽然高缴费者获得的待遇绝对额高于低缴费者,但是低缴费者获得待遇的工资替代率却高于高缴费者[2]。

2)私营退休养老保险

这项保险由政府雇主或者企业雇主出资,采取自愿原则,不具有强制性,包括公共部门养老金与企业雇主养老金两个部分。公共部门养老金是联邦、州和地方政府为其雇员提供的各种养老金计划。美国公务员退休金计划是一个待遇确定型养老金制度,它由联邦政府根据雇员的工作年限和工资水平为退休者提供一定的养老金收入。其资金来源于联邦政府部门和公务员共同缴纳的费用,不足部分由联邦政府财政负担。退休金待遇的确定主要取决于其工作年限和工资水平。1983年,美国国会规定联邦政府的新雇员全部参加联邦社会保障计划。企业雇主养老金起源于1974年通过的《雇员退休收入保障法案》,通过两种方式建立养老金计划:第一是限定投入的缴纳费用,由雇员或与雇主双方共同缴纳的费用构成个人收益账户,美国大部分企业规定雇员最多可存入工资的13%,雇主按照雇员选择的比例,每年定期向雇员投入一定量的资金;第二是限定福利的待遇,由雇主承诺给每位工龄到达一定年限的雇员按月支付一定的养老金,雇员工龄越长,所获越多。

3)个人储蓄养老保险

这是一种由联邦政府通过提供税收优惠而发起的、个人自愿参与、自行管理的补充养老金计划。个人储蓄养老保险最早于1981年初建立,通常做法是建立个人退休账户,个人退休账户不仅为个人提供养老储蓄,还允许调换工作的职工将其在私人养老金计划中的积蓄取出,暂时存入个体退休账户。个人退休账户由银行、人寿保险公司和共同基金等多种金融机构来管理,其投资方式也多样化。它有个人退休普通账户和个人退休特别账户之分。前者是可以享受延后纳税优惠的个人退休储蓄计划,数额有最高限制。存入个人退休账户的收入是否享受延后纳税,取决于所有者的收入税申报身份、扣除各种免税部分后的调整收入和参加具有税收优惠性质的退休金计划的情况。后者中的存款不享受延后纳税,但持有个人退休特别账户满5年和年龄超过59.5岁时,通过个人退休特别账户获得的收入可免缴个人所得税[3]。

2. 医疗保险

1929年,美国一些学校的教师与得克萨斯州达拉斯的一所医院签约,预定月费用以获得

---

[1] 仇雨临.社会保障国际比较[M].北京:中国人民大学出版社,2019:96.
[2] 魏红英.社会保障制度比较[M].北京:新华出版社,2007:126.
[3] 同[2].

一些医疗服务,称为"蓝盾计划",这是最早诞生的医疗保险。1956 年,约翰逊总统签发了《医疗保险法案》,自此,美国社会保险管理局开始负责实施医疗等在内的新的社会保险计划。在美国,国家没有一体化的医疗保险制度,医疗保险的主要方式有两种:一是雇主为他们的雇员及其被供养人提供的医疗保险,称为私人健康保险;二是政府为老年人、残疾人和低收入家庭、儿童孕妇、军人以及印第安人等提供的医疗保障计划①。

1) 私人健康保险

私营医疗保险公司在美国医疗保险中承担重要角色。美国企业的医疗保险在 20 世纪 80 年代以前的 20 年中,基本上实行的是实报实销制度,蓝十字和蓝盾是美国最大的两家民间医疗保险公司,前者为住院患者提供保险,后者为门诊医疗提供服务②。1985 年部分企业开始向人寿保险公司投保,采用定额付费的方式,企业交给保险公司一定的费用,保险公司对员工看病规定一个报销办法和报销水平,省下的费用可以成为保险公司的赢利。保险费主要由雇主为雇员缴纳,雇员能否参加医疗保险取决于雇主是否为其缴纳医疗保险费。雇主参加医疗保险时,要考虑三个因素:一是劳动力市场的供求状况;二是生产费用及产品竞争力情况;三是劳资谈判即工会力量的强弱程度。基于以上三点,规模较大、效益较好、工会力量强大的大中型企业一般都参加医疗保险,而很多小企业都不参加医疗保险③。

2) 政府主办的医疗保障计划

医疗保险计划是根据社会保障法建立的,主要有医疗照顾计划、医疗补助计划和健康保险计划。医疗照顾计划是只对 65 岁及以上的老年人、低于 65 岁的残疾人和肾病患者提供,包括强制性的住院保险计划和自愿性的补充医疗保险计划。住院保险主要支付住院治疗所需费用,出院后的康复服务费用、家庭护理费用、临终护理费用等,资金来源通过政府征税取得;补充保险主要提供参保人员看门诊需支付给医生的相关费用,资金来源于联邦补充医疗保险信用基金,这个基金通过参加者缴纳保险费用和联邦政府的一般性财政收入拨款来建立。医疗补助计划是针对低收入人群、失业人群、残疾人群提供各种特别医疗项目,由联邦政府和州政府共同资助低收入居民,实行部分免费医疗。服务项目包括门诊、住院、家庭保健等,有的州、市还提供药品、助听器等十多个项目的医疗资助。健康保险计划是联邦政府为联邦雇员赞助的健康福利计划,这项计划与美国国防部健康系统的军人健康福利计划相对应④。国防部为军事人员及其抚养人建立了医疗保健体系,医疗服务向现役与退役人员提供,包括退休人员的遗属。

与其他福利国家相比,美国的医疗保障制度有着很大的不同,它以复杂多样的自由市场型为其主要特征。美国是唯一没有实现全民医保的发达国家,历届政府都尝试推行医疗改革,但其内容依然由住院保险和补充医疗保险两部分组成,原有的以雇佣关系为基础的私人医疗保险体制没有发生根本变化⑤,保险覆盖对象的限制非常严格,给付水平也很有限,在医疗卫生领域中,美国人不强调医疗卫生工作的政府责任和社会的统一性,充分体现了社会保障制度设

---

① 李超民.美国社会保障制度[M].上海:上海人民出版社,2009:196.
② 穆怀中.社会保障国际比较[M].北京:中国劳动社会保障出版社,2014:200.
③ 温海红.社会保障学[M].北京:对外经济贸易大学出版社,2016:269.
④ 同①202.
⑤ 仇雨临.社会保障国际比较[M].北京:中国人民大学出版社,2019:131.

计中对个人责任的强化①。

3. 失业保险

1935年,国会通过立法授权各州政府建立失业保险制度。美国的失业保险制度属于强制性社会保险制度,完整的美国失业保险制度由联邦和州失业保险制度两部分组成。美国联邦有关失业保险的法律规定,各州政府必须建立失业保险制度。

1) 适用范围

在美国工作的绝大多数劳动者都能受到失业保险法的保障,主要包括工商业雇员、受雇于农业部门的人员、受雇于非营利机构的人员、家庭佣工、医院工作人员、受雇于高等学校的人员、海员及铁路工人、公务员、军人。联邦立法规定,所有工商企业的雇员,一年有20周雇佣人数在4人或4人以上的非营利机构的雇员,州和地方政府的工人,家庭佣人以及部分农场工人有资格参加失业保险。州立法规定的保险范围包括:凡一年中连续20周雇佣1人以上,或任何一个季度支付1500美元或更多的工资、缴纳联邦失业税的私人企业;每个季度支出工资2万美元,或者一年内有20周每周至少有一天雇佣10人或10人以上的农业企业;在一个季度中支付佣人工资1000美元或以上的家庭所雇佣的劳动者;一年内有20周每周至少有一天雇佣4人或4人以上的福利、教育和宗教等非营利组织。在给付期限上,有4/5的州失业保险等待期是7天,给付期最长为39周,一般各州规定最多26周②。

2) 资金来源

依据1935年国会通过的《社会保障法》和《联邦保险税法》的规定,美国失业保险金由国家税务局通过国家税收方式强制收缴。失业保险税由雇主缴纳。企业开业,雇主必须办理失业保险登记,并在企业内公开张贴参加失业保险书。失业保险办法全国不统一,各个州的计税依据和税率由各个州的《失业保险法》确定。联邦政府的失业保险税全部存入联邦失业信托基金,在该基金中,各个州都有自己独立的账户,记录各州的资金收支和运作状况。该基金统一用于投资联邦政府公债和社会公债以确保利息收益。失业保险金仅限于支付失业救济金,必须专款专用。各州根据失业人员的工资水平和工作时间支付失业救济金③。

3) 给付条件与标准

失业者领取失业救济金必须具备事先规定的资格条件,具体包括:工资收入或就业时间达到法定要求;履行等候期;有工作能力且有工作意愿;积极寻找工作和不属于取消给付金资格的范围等。失业保险给付的标准没有统一的规定,完全由各州根据本州的实际和被保险人的就业收入和家庭情况来决定。有34个州根据本州周平均工资发放失业保险金,周失业保险金的上限相当于周平均工资水平的50%~70%④。各州规定,如果工人所获得的工资收入或者工资收入加其他来源低于救济金数额,被视为部分失业。给付标准是:部分失业救济金=失业救济金-工资收入。如果失业者家庭按规定领取了公共年金和私人年金,那么,这些年金视为失业救济金的一部分,需要在应领救济金总额中扣除。

---

① 杨玲.美国、瑞典社会保障制度比较研究[M].武汉:武汉大学出版社,2006:28.
② 杨斌,丁建定.国外就业保障的发展及对中国的启示:以美国、英国和德国为例[J].理论月刊,2016(5):177-181.
③ 魏红英.社会保障制度比较[M].北京:新华出版社,2007:217.
④ 同③.

4. 工伤保险

1837年,为防止工伤事故造成劳动者及其家庭的过度损害,美国颁布了工业意外事故保险法,有条件地对伤残工人进行补偿。1908年,美国工伤保险法得以通过,适用于部分联邦雇员,之后在州政府层面迅速发展,现在美国50个州和哥伦比亚特区都有工伤保险法。

1)适用范围

美国工伤保险制度既有强制性参保又有选择性参保。联邦工伤保险针对特殊群体制定了相应的工伤保险制度,这些特殊群体包括联邦雇员、海岸和港口雇员、患尘肺病的煤矿工人、暴露于辐射下的雇员、能源雇员、退伍军人、铁路雇员和商船队雇员。法律规定雇主有权选择是否需要参加工伤保险,美国各州覆盖范围不同,大多数企业雇员均已参保,只有少部分人群被排除在制度之外,如家庭劳动者、农业雇员、一些小企业雇员、临时劳动者以及自由职业者。美国工伤保险产品分为三种形式,即私人工伤保险、州工伤保险和雇主自我保险。目前,私人工伤保险是主体,占到工伤保险支付赔偿总额的一半以上,雇主自我保险占到20%左右,为第二大补偿方式①。

2)资金来源

美国工伤保险费率分为三个层次:手册费率、经验费率及运用借贷手段进一步调整等。手册费率是依据雇员所在行业的风险程度来确定的;经验费率是指各行业在实际中由于其职业健康和安全环境不同,即使同一行业、同一性质的工作也会有不同的工伤发生率,因此美国依据企业过去的工伤事故量制定经验费率,通常是用3年内工伤事故的发生率来确定的,经验费率可以激励雇主积极改善工作条件;借贷手段是由手册费率确定,经验费率调整以后,再运用借贷费率进一步调整,在测算的保险费基础上打折,各州的费率标准不一致。

3)工伤待遇

美国工伤保险待遇包括收入补偿、医疗补偿、遗属待遇和死亡抚恤金等。收入补偿包含四个方面的内容:①暂时性伤残补贴。在大多数州,自发生工伤之日起3~7个等待日,可得到工资水平的66.6%的补偿,如果残疾有一个5天到6个星期的持续期,则补发待遇。②永久性补贴。它包括完全和部分伤残年金,在大多数州对完全伤残者会提供约相当于收入的66.6%的永久性伤残年金,对于部分伤残,则根据失能等级相应减少津贴。③日常护理补贴。部分州会对需要日常护理才能正常生活者发放护理补贴,该补贴会终身或根据残疾持续时间发放。④尘肺病年金。患者最后一任雇主需要为其发放每月625美元的尘肺病年金,该待遇会随着尘肺病患者需要供养的人数而增加,最高限额为3个供养者,每月为1251美元②。医疗补偿指的是所有州均提供医学上需要的治疗费用,没有时间限制。遗属待遇中配偶可得到相当于死亡者收入的35%~70%的津贴,子女中需要供养的儿童可得到死亡者60%~80%的津贴。死亡抚恤金一次性发放,数额由各州自行确定。

(二)社会救助

社会救助在美国称作公共救助或福利补助,是帮助贫困阶层维持最低生活水平和享有某些权益的社会保障项目,是社会保障体系的重要组成部分。美国社会救助制度形成于20世纪

---

① 仇雨临.社会保障国际比较[M].北京:中国人民大学出版社,2019:187.
② 同①190.

30 年代,被列为社会保障的三大项目之一。经过长期的补充,其制度日趋完善。目前政府提供的社会救助或福利补助有 70 多项,其中主要的有贫困家庭临时补助(抚养未成年子女家庭补助)、补充性保障收入、医疗救助计划、补充营养补助项目(食品券项目)和贫困家庭住房补助等。

1. 贫困家庭临时补助

这项计划的主要受助对象为单亲家庭或是父母双方当中有一人无劳动能力或是长期失业的家庭。该项目由联邦政府和州政府共同出资,救助待遇主要包括按月给付生活津贴以及提供相关的医疗救助项目。此外,各州一般规定在此计划下,具备一定资格的成年人一生最多可领取 60 个月的福利津贴,一旦领取补助的时间总计达到规定上限,该成人及其家庭所有成员都不再具有家庭补助福利的领取资格。一旦接受该项目补助,受助家庭会被要求在 2 年内找到符合项目规定的工作,受助家庭每周还要参加至少 30 小时的工作,有孩子的单亲家庭每周至少参加工作 20 小时。

2. 补充性保障收入

这项计划的资金不是由社会保障基金支出,而是由美国财政部的一般基金项目列支[①]。该项目受助资格较为宽松,只要是 65 岁以上的老年人、盲人、残疾人,资产低于 2000 美元的低收入者,都可领取。

3. 医疗救助计划

这项计划的受助范围包括抚养未成年子女家庭援助计划和补充性保障收入计划的受助对象,低收入家庭的儿童和孕妇,低收入的医疗照顾对象,有较大医疗开支的人,接受机构护理的人。按照联邦法律,前三类人各州必须予以救助,后两类人各州可以进行选择性救助。救助范围包括了一系列基本的医疗服务以及口腔护理、精神疾病治疗等特殊服务。医疗救助的资金由联邦政府和州政府共同承担。

4. 补充营养补助项目

美国的食品券项目最早从 1939 年启动,其受助人群和可购买食品不断发展,目前已被电子福利转账卡所取代,在项目目的上,也从最初的反贫困措施转变为营养补助,如改变低收入群体的肥胖现状。食品券项目在 2008 年正式更名为补充营养补助项目,项目经费来源于联邦政府,经证明,该项目有效增强了受助人员在营养物质上的获取量[②]。

5. 贫困家庭住房补助

该项目始于《住宅与社区发展法》,前身称为住房补助项目,包括公共住宅和房租补贴两种形式。2004 年,该项目正式更名为"贫困家庭住房补助"项目,主要转变是向私人房产主提供租金补贴,低收入家庭只需向房主缴纳占收入固定比例的房租,其余部分由政府补贴。贫困者的收入低于该地区平均收入的 80%,或低于贫困线的两倍就可以获得房租补贴[③]。该项目主要由联邦政府出资,补贴的住房券金额以核定房租(市场上中等水平的住房房租)与 30%的核

---

① 李超民.美国社会保障制度[M].上海:上海人民出版社,2009:84.
② LANE S. Food distribution and food stamp program effects on food consumption and nutritional "achievement" of low income persons in Kern County, California[J]. American journal of agricultural economics,1978,60(1):108-116.
③ 褚福灵.社会保障国际比较[M].北京:中国劳动社会保障出版社,2006:474.

定收入(除去消费、医疗和教育开支的余额收入)之间的差额为标准发放①。

美国凡领取救助的人,事先均需对其进行经济调查。经济调查分为资产调查和劳动收入调查。申请者被调查的收入包括现金、支票、养老金和一些非现金收入,如食品、住所等。食品券的分发是依据家庭的收入水平和家庭人口按月进行的。美国实行中央、地方政府分别负责的社会救助管理制度,方式有中央政府管理、中央政府定标、中央财政负担的制度;也有中央政府定标、地方政府管理、共同出资的制度;还有地方政府定标、地方政府管理并负责全部资金的制度②。

6. 退役军人福利计划

在美国,有资格的退伍军人、军人家属、阵亡军人的遗属都享有一系列的退伍社会福利。美国退伍军人事务部通过各种计划提供福利,主要包括:①军人伤残福利计划。对于现役军人服役期间因负伤和疾病造成的伤残,退伍后联邦政府将给予伤残补偿,退伍军人个人每月领到的伤残补偿福利,取决于退伍伤残等级、退伍军人是否有配偶和被赡养者、军人在服现役期间出现截肢和丧失器官而给予的每月特别补偿费等要求。②退伍军人养老金。退伍军人养老金的支付对象为战争期间服过役的退伍军人,以及因非服役原因造成永久性和全面性伤残的退伍军人,或者65岁以上的老年退伍军人,还包括这类军人的遗属。领用退伍军人养老金者,必须满足收入和财产资格要求,福利的发放以家庭人数为考量,提供最低收入保障。③转业福利。美国退伍军人事务部的退伍军人计划,对于符合一定资格条件的退伍军人和军队人员,提供转业教育、工作训练和职业再安置福利,同时美国劳工部也为退伍军人提供就业咨询和岗位培训。④住房福利。美国退伍军人事务部向退伍军人提供住房福利,包括担保贷款和直接贷款等。美国联邦政府还开办了一些计划,帮助无房的退伍军人,福利内容涵盖了保健、就业服务和住房项目。⑤保健护理计划等。退伍军人的医疗福利项目包括了门诊和住院医疗,资格标准包括服役伤残和收入要求。退伍军人事务部向符合服役条件的退伍军人和不符合服役条件的低收入军人,提供免费的门诊和住院医疗服务③。

三、美国社会保障的特点

(一)强调自助保险

美国社会保险资金基本上由本人提供,社会保障制度一开始就强调"财务自理"原则,保障资金的来源体现了多方共同负担的原则,雇主与雇员都有缴纳保险税的责任,主张由职工在就业期间缴纳,专款专用于退休的福利,不同于西欧国家部分或全部由政府提供。基金纳入政府财政预算,独立于预算之外。此外,还强调社会福利制度具有私人保险的特征,提倡由企业和职工自己出钱办理④。

(二)资金来源多渠道

美国社会保障资金主要以税收形式向企业和个人征收,具有强制性,政府将征收到的社会保障税作为一个独立的基金与财政分开,支出如有不足,则由联邦、州和地方政府从财政拨款

---

① 廖俊平,林青.住房券:美国最大的直接住房补贴项目[J].中国房地产,2006(7):80.
② 魏红英.社会保障制度比较[M].北京:新华出版社,2007:327.
③ 李超民.美国社会保障制度[M].上海:上海人民出版社,2009:180.
④ 同②46.

补贴。由联邦政府支付的项目有退伍军人津贴和低收入家庭的补充保险收入以及食品津贴；由州和地方政府支付的项目有公共救济、医疗补助、对抚养儿童家庭的补助等；由企业支付的项目有失业救济金、私营企业养老金、补充失业津贴和残疾保险等。此外，社区组织、工会组织、慈善机构、宗教组织等也负担一些小规格的局部社会保障和社会服务项目。

(三)差别化社会保障

强制与自愿相结合，但对受惠者的条件有严格的规定。对那些开支大、影响面广的社会保障项目，如老年保险、失业保险等采取强制执行的办法，而对那些开支少、影响面窄的项目，如医疗费用保险等则采取自愿的原则。社会保障主要倾斜参保儿童和老人，而对劳动年龄以内的人，除提供伤残和失业救济金之外，其他保险内容未能涵盖。

(四)多层次管理体系

美国社会保障项目的管理体系是多层次的，不同项目由联邦、州、地方政府各有关部门分别管理，并与民间机构形成了遍布全国的组织机构体系。为了节约行政开支，加强管理，提高效率，美国政府近年逐步将一些社会保障项目交给私营企业或民间群众团体管理。同时，社会保障基金的管理与运营严格分开，政府部门只负责监管，保险基金保值增值在内的运营活动是由专门的经营机构进行的①。

第四节 日本社会保障制度

一、日本社会保障制度起源及发展历程

(一)起步阶段

日本在1868年明治维新后，开始进入工业化社会，作为反对贫困和防止贫困的措施，社会救助和社会保险相继出台，这可视为日本社会保障制度的萌芽。日本1874年颁布的《恤救规则》，针对贫困者实施社会救助，可以视为日本实施社会保障制度的开端。1875—1884年日本相继推出《海军退隐令》《陆军恩给令》和《官吏恩给令》，标志着日本国家公务员和地方公务员养老保险的问世。1907年日本开始对国有企事业职工实行养老保险制度，意味着共济年金制度从此出台。1922—1938年，日本着手制定并推出医疗保险法规。1922年《健康保险法》问世，它包含了工伤社会保险，适用于企业职工。1938年日本推出《国民健康保险法》，针对农民和个体工商业者实施医疗社会保险。1941年劳动省颁布《养老金保险法》，标志着日本从此在私营企业中间实施了老年社会保险制度。1944年，厚生省接管养老保险事业，推出新的"养老保险法"。20世纪60年代初日本推出了以非雇佣者即个体劳动者为对象的养老保险制度。至此，日本各种类别的社会养老保险制度基本得以出台②。

(二)重建阶段

第二次世界大战结束以后，日本作为战败国，国民经济几乎遭到毁灭性的打击，医疗保险和年金制度一度陷入崩溃的境地。在社会福利和国家救济方面，针对战后贫困人口大量增加，

---

① 吕学静.各国社会保障制度[M].北京：经济管理出版社，2001：141.
② 同①6.

孤儿、残疾人增多的情况,政府先后颁布了《生活保护法》《儿童福利法》和《残疾人福利法》等。在公共卫生方面,政府制定了《环境保护法》。在社会保险方面,针对失业率过高的问题,政府颁布了《失业保险法》。1959年政府进一步颁布了《国民健康保险法》,规定全国市町村必须实行。1960年,政府颁布《国民年金法》,将健康保险和年金制度扩展到农民和自营职业者。到1961年,日本实现了全民皆医疗保险和全民皆年金的目标。这些出台的法规大多与社会救助有关,针对贫民、贫困家庭、孤儿、残疾人以及失依老人。此后,直到1973年,日本每隔大约3~5年修改一次国民健康保险法、养老保险法、国民养老保险法和工伤保险法,由于这一时期日本经济持续高速发展,医疗保险和养老保险的支付额得到提高,劳动者工伤保险的内容也得到扩充[1]。日本社会保障事业获得空前发展,实现了"全民皆养老"和"人人享受医疗保险"的目标。

(三)改革阶段

1973年石油危机后,日本的经济度过了不景气时期,进入稳定增长的轨道。从该时期开始,日本人口高龄化速度加快,从而要求重新制定21世纪高龄化社会的社会保险制度。1974年,替代《失业保险法》的《雇佣保险法》出台,该法不仅包含支付失业补助,还包含预防失业、稳定雇佣、开发能力等综合性政策。20世纪80年代初日本开始改革社会保险,其中最引人注目的是老年社会保险改革,先是实现双重公共年金制,接着促使医疗保险和养老保险一元化、保险负担公平化。在这一时期,政府进行了一系列制度方面的改革,受雇者在保险方面的负担急剧增加福利水平和保险费取费标准逐年降低。这主要体现在:1983年,废除原定70岁老人免费看病的规定,改为个人负担部分费用;1984年,设立了退休人员医疗制度,减少国库对国民健康保险的补贴比例;1985年,政府规定未来医疗病床床位数将不超过1985年的水平;1986年,变更了各医疗保险制度的公积金的负担方法,增加了患者部分负担;1994年,通过修改年金制度的议案,决定享受年金的年龄从现行的60岁推延到65岁;1995年,提高厚生年金的保险费率等。

二、日本社会保障制度的体系

日本的社会保障制度是针对生活中可能出现的各种各样困境和风险,由政府强制征收社会保险金,它既是一种对参加保险者本人及家属的生活保障,也是一种相互扶助的制度。它包含社会保险、生活保护和社会福利三个部分,其中社会保险是日本社会保障制度的核心,其内容主要分为年金保险、医疗保险、雇佣保险、工伤保险、护理保险。

(一)社会保险

1. 年金保险

日本实行的养老保险又称为年金保险,它由国家建立并运行。国民养老保险所依据的法律是1961年4月开始实行的《国民养老保险法》。日本年金制度基本上是按企事业单位职工及非企事业单位职工分类的。对于一般企事业单位职工,年金制度分为厚生年金和共济年金。厚生年金的对象是公司职员,共济年金的对象为国家及地方政府的公务员(包括国立及公立学校的教职员工)以及私立学校的教职员工等。对于非企事业单位职工的年金称为国民年金,其对象主要是个体经营者[2]。

---

[1] 吕学静. 日本社会保障制度[M]. 北京:经济管理出版社,2000:8.
[2] 同[1]29.

1) 国民年金

国民年金是根据日本宪法第 25 条"国家有义务为国民的社会福祉、保障、公共卫生条件改善而努力,面向全体国民以备养老、伤残、死亡"而设立的面向所有国民支付共同的基础年金的制度。1961 年日本实施的《国民年金法》规定,凡是 20—60 岁的国民以及常驻日本的外国人都有权而且必须参加不同的年金保险,并按月缴纳保险费,60 岁开始享受一定年限的年金。根据保险金的缴纳方法,可以将加入者分为三类:第一类为自营业者及其妻子、20 岁以上的学生以及非法人化的 5 人以下小企业的职员。第二类为厚生年金、共济年金的加入者。加入厚生年金、共济年金,就意味着自动加入国民基础年金。第三类为受第二类被保险者抚养的妻子,如果妻子本人也参加工作且年收入超过规定数额,则失去第三类被保险者的资格,须每月缴纳保险费。此外,还有自愿加入的情况,称为任意加入者,主要是已经退休但还不够领取养老金条件的人。第一类被保险者即个体营业者,由本人直接向地方政府缴纳保险金。第二类厚生年金、共济年金的加入者及其妻子(第三类),则直接由厚生年金、共济年金的保险机关向国民年金的保险机关转账,个人无须直接交付。为了照顾生活困难的人,国民基础年金设有保险金免除制度,分为法定免除与申请免除。身体障害者、生活贫困者或接受国家生活保护的人,可以按手续获得法定免除。申请免除适用于低收入的人,申请提出后经审查批准获得免除[1]。

2) 厚生年金

这是针对在企业工作的工薪人员等被固定雇佣的人加入的一种公立保险制度,有强制加入与任意加入之分。法律规定,在就业人数 5 名以上的企业中未满 65 岁的职工都必须加入厚生年金。有些人虽然到了领取年龄,但尚未满最低加入年限,为了获得领取厚生养老金的资格,就必须在退休后继续缴纳保险金,这些人被称为任意加入者。厚生年金的保险费是根据一定的基数标准按比例按月进行征收的,由被保险人及其雇主各负担一半,雇主不仅负有缴纳自己应该承担的保险费义务,而且还负有代缴被保险人保险费的义务。厚生年金按赔付种类可分为老龄厚生年金(养老)、障碍厚生年金(伤残赔付)和遗属厚生年金(死亡赔付)。厚生劳动省每五年修订一次年金制度,根据人口老龄化发展和经济社会发展更新给付标准。2020 年日本厚生劳动省对《国民年金法》进行了最新修订,降低了参与职工保险企业的规模要求,对选择延迟退休的职工在职期间的养老金领取方式进行了修正等。领取老龄厚生年金必须同时满足年满 65 周岁以上以及保险费的缴纳期和减免期之和必须在 25 年以上两个条件。对于被保险人在职期间因故成为残疾人士时,厚生年金制度规定对满足条件的残疾人进行厚生年金的支付。能领取遗属厚生年金的遗属,必须是被保险人或者曾是被保险人的配偶、子女、父母,第三代或者祖父母,而且他们还必须是在被保险人或者曾是被保险人的人员死亡或被视为死亡时,依靠死者的收入来维持生计的人[2]。

3) 共济组合年金

在日本,共济组合的历史比厚生年金和国民年金要长得多,加入者中领取年金人员的数量较多,其成熟度也较高。目前拥有年金制度的共济组合包括国家公务员共济组合、地方公务员共济组合和私立学校教职员共济组合。随着以全民为对象的基础年金制度的导入,共济组合也和厚生年金一样,成为附加在基础年金之上的两层次公共年金给付框架中的第二层。共济

---

[1] 吕学静.日本社会保障制度[M].北京:经济管理出版社,2000:37.
[2] 宋健敏.日本社会保障制度[M].上海:上海人民出版社,2012:155.

组合的缴费额和厚生年金保险一样,是以标准收入制度为基础的,并以此作为计算年金额的依据。其给付的种类主要包括退职共济年金、残疾人共济年金和遗属共济年金三种,其领取条件和厚生年金基本相同。两者在制度上的主要区别是,共济年金还拥有相当于企业年金的第三层给付,而厚生年金中则不存在第三层。此外,共济年金的缴费率也根据共济组合的不同而略有区别①。

2. 医疗保险

1938 年颁布的《国民医疗保险法》是日本国民健康保险制度的开始,现行立法是 1958 年的《国民健康保险法》和 1986 年的《健康保险法》②。日本医疗保险制度从整体结构上来看,分为职域保险和地域保险两大类。前者是通过各种职业团体的保险机构进行的医疗保险,其中有健康保险和各种共济组合;后者是以市町村为保险机构的国民健康保险。两种保险均由政府运作,属于公共健康保险。

1)职域保险

日本的职域保险主要是以职业或行业为单位建立的保险,要求被适用的单位必须强制性地加入各个相应的保险制度。具有代表性的有健康保险、船员保险、各种共济以及由各种相同业务的单位成员参加的国民健康保险组合。在健康保险中又分为政管和组合两个部分,其主要涵盖的是企业在职员工,而企业的规模不同,其适用的保险制度就不相同。一般来说,中小企业或机构组织(除私立学校之外)适用政管健康保险,而大型企业则适用健康保险组合。健康保险组合是一个法人单位,其成员是各个健康保险适用单位以及被保险者。只有当员工数量达到一定要求时,才可以建立健康保险组合。船员保险适用面比较狭窄,是指渔业中船舶所有者。日本的各种共济保险采取的是地方自治,中央与地方政府的行政工作人员的管理体系具有相当的独立性。目前健康保险的保险人为"全国健康保险协会",三种共济保险制度根据被保险者对象不同,其主管者和保险人也不同。以国家公务员为对象的共济保险的主管者为中央财务省,以地方公务员为对象的共济保险主管者为中央总务省,以私立学校教职员为对象的私立学校共济保险的主管者为文部科学省。健康保险和国家公务员共济以及私立学校教职员的保险费按"标准报酬"(月工资)的一定比率进行征收,而只有地方公务员共济是按年收入的一定比率来计算的,保险费率设有上限。国库承担财源的方式分为国库负担和国库补贴。前者是指国库预算中每年都有支付各个健康保险机构的事务性支出的项目;后者是指对于财政发生困难的组合给予的财政补贴(国库补贴)③。

2)地域保险

国民健康保险属于地域医疗保险制度,其覆盖面广,将各种被其他制度遗漏、零星分散的人群全部囊括之中,因此,可以说它是日本"国民皆保险"体制的基石。国民健康保险的被保险者从形式上看有三类:市町村所属的国民健康保险的被保险者、退职被保险者和国民健康保险组合的被保险者。从《国民健康保险法》的规定来看,所有具有正式居住地址的居民都首先被纳入为国民健康保险的被保险者(称"市町村国民健康保险"),然后再从其中排除具有被雇佣者身份的被保险者以及属于生活救助对象的人员。市町村国民健康保险制度的被保险人,不

---

① 宋健敏.日本社会保障制度[M].上海:上海人民出版社,2012:158.
② 姜守明,耿亮.西方社会保障制度概论[M].北京:科学出版社,2002:210.
③ 同①98.

包括被其他健康保险制度所覆盖的人员以及 75 岁以上的高龄者。国民健康保险制度区别于健康保险组合等制度的重要特征是,健康保险组合等制度,虽然通常都以在职人员本人为被保险人,但其家属可以作为被抚养人,在不进行缴费的情况下享受保险给付;而国民健康保险制度则只以加入者本人为被保险人,其家属不能享受被抚养人的待遇。国民健康保险费是该制度的主要财源,保险费征收标准由各市町村根据具体情况独自确定。由于被保险者人群特征分散、收入差距大等原因,大多数市町村的保险费在考虑家庭总收入、家庭资产、被保险人人均费率以及家庭平均费率四个因素的基础上采取类似税收的方式,确定当地的保险费(税)水平,根据"国民健康保险条例准则"向各家庭户主征收,有些市町村就直接称之为"国民健康保险税",并根据地方税法进行征收①。

3. 雇佣保险

20 世纪 70 年代,日本整个社会高龄化程度不断提高,随之而来的是雇佣市场出现了劳动力需求不足,这成为审视失业保险制度、制定雇佣保险法的契机。于是,政府 1974 年将《失业保险法》改名为《雇佣保险法》。这一改变具有十分重要的意义,雇佣保险制度不再仅仅是雇佣中断(失业)时的生活保障制度,而是包括防止失业、职业能力开发、雇佣创造和确保这三项更为广义和更为积极的雇佣保险制度。

日本的雇佣保险是政府掌管的强制性保险制度,除了农林、畜牧、水产等行业以外,只要是"雇佣劳动者的单位",不论其行业、规模,均为雇佣保险的适用单位。而"被适用企业雇佣的劳动者"中,"被雇佣"是指有雇佣关系,并在企业主的指挥监督下提供劳动,作为其报酬获取薪水的人,以承包或委任关系提供劳动的人通常不能称为"被雇佣",判断有无雇佣关系,不能被合同的形式或名称所局限,而要综合考虑包括工作场所、企业主是否提供器材在内的业务活动的实际情况以及报酬或津贴的形态等各种因素。对于人寿保险公司、财产保险公司、证券公司等的推销员,如果能根据业务的内容、服务的形态、工资的计算方法等认定雇佣关系,他们也是被保险人。

日本的雇佣保险制度由"失业等给付"和"雇佣保险二事业"构成,其中相当于"失业保险制度"的"失业等给付"是雇佣保险制度的核心所在,其内容可以概括为三个方面:第一是对劳动者在由于"失业"状态引起的收入的中断、丧失的情况下给予生活保障;第二是对劳动者在维持雇佣困难的某些特定情况下给予"必要的给付";第三是对劳动者在自愿接受相关职业教育与训练的情况下给予"必要的给付"。"失业等给付"所包含的内涵比较丰富,但其主要功能仍然是维持失业者的生活安定并援助其求职活动。雇佣保险中承担这一功能就是以"求职者给付"和"就职促进给付"为基本内容,以"教育训练给付"和"雇佣继续给付"为补充内容的"失业等给付"体系②。

失业保险费的来源为保险对象和雇主共同承担的保险费和中央财政补贴,一般企业的三种类型规定有不同的保险费率,但是除了相当于雇佣稳定项目等三种项目的费用全部由雇主负担外,剩下的部分费用由雇主和劳动者平分。对于高龄劳动者,在一般保险费中,雇主和劳动者都可以免除雇佣保险相关部分的保险费的负担。雇佣保险由政府掌管,其具体管理机构为厚生劳动省内部的职业安定局下设的雇佣保险科。但是,有关雇佣保险的一线事务则由各

---

① 宋健敏.日本社会保障制度[M].上海:上海人民出版社,2012:102.
② 同①322.

地公共职业安定所进行,有关适用单位的事务、失业给付的事务以及决定雇佣安定事业等的给付金的事务等都属于公共职业安定所所长的权限。

4. 工伤保险

日本工伤保险又称"劳动者灾害补偿保险"。1947年日本政府颁布了《工伤补偿保险法》,该法第一条指出,"对工人因业务上的事由或因上班造成负伤、生病、残疾或死亡者,予以迅速且公正的保护,实行必要的保险给付。同时,促进这些因业务上的事由或上班而病残的工人重返社会,救援该工人及其遗属,确保工人的劳动条件,以利于工人福利的改善"。该法在实施过程中经过历次修改一直沿用至今。

在日本,除了个别个人经营的小型农林水产业以外,工伤事故保险将所有"使用劳动者的事业"作为适用事业,是对被雇佣者在工作以及上、下班中所发生的伤、病事故进行的保险。劳灾保险实施分类参保,由4个体系构成:一是劳动者灾害补偿保险,保障对象为一般工薪阶层;二是船员灾害补偿保险,保障对象是各类船员(2001年开始,这两项合并为一般劳动者灾害补偿保险);三是专为国家和地方公务员设立的公务员灾害补偿保险,由政府内阁人事院主管;四是地方公务员灾害补偿保险,由各级地方政府的公务员灾害补偿基金管理运营。

工伤事故保险费率按照企业的类别并考虑过去的事故发生率等来制定,其中包含通勤事故在内的基础费率。一定规模以上的企业按照各个企业的事故发生、保险给付的多寡,在一定范围内增减保险费率、保险费金额。工伤事故保险由政府掌管,政府作为工伤事故保险的保险人运营工伤事故保险事业,同时向经营者征收保险费。日本劳灾保险施行全国统一的行业差别费率,在全国范围统筹实施以支定收,行业差别费率一般每3年调整一次,调整依据是过去3个保险年度的收支状况及职业伤害发生情况。在行业差别费率的基础上实行浮动费率,政府根据参保企业前3年劳灾保险的收支率确定企业的浮动费率。工伤事故保险通过导入浮动年金等制度显著地强化了对受害者的生活保障的功能,不同于健康保险、年金保险,工伤事故保险对劳动事故的补偿依据是工伤事故这种劳动关系上的风险,因此以雇佣者的责任对这一风险进行补偿是公平且妥当的。

对遭受业务事故或上、下班事故的劳动者或其遗属进行保险给付,其支付内容不仅包括对被雇佣者的补偿,还包括对其家属的补偿,从补偿时间上来看,既有一次性的、短期的补偿,也有长期的、终身的补偿。与其他的社会保险给付相比,工伤事故保险的给付处于比较高的水平,这与补偿给付具有补偿损害的特性有关。受理有关工伤事故保险事务的中央行政机关是厚生劳动省,为了掌握工伤事故保险制度全体的运营管理,在厚生劳动省劳动基准局设置了工伤事故补偿部,其下又设有工伤事故管理科、补偿科、工伤事故保险业务室。

5. 护理保险

在日本,随着人口老龄化的不断加剧,老年人的护理需求日益提高。为了解决这一严峻的现实问题,日本从2000年开始实施护理保险制度,又被称为"介护保险"制度。日本是继德国之后世界上第二个建立护理保险制度的国家,该制度是日本为应对老龄化社会的一项重要举措。

护理保险制度的对象是40周岁以上的人,其中又分为两种被保险人:一是65周岁以上的老人,称为第一种被保险人;二是40—64周岁参加医疗保险的人,称为第二种被保险人。护理保险制度提供包括保健、医疗、福利在内的综合服务,主要有两个方面,即居家服务和设施服务。居家服务是指被保险人大部分时间住在自己家里,接受各种服务。被保险人所能接受的服务种类大致有上门护理(家庭服务员)、上门帮助洗浴、上门帮助康复、日托康复、居家疗养指导(医师、牙医等上门诊断、治疗)、日托护理、短期入住设施、痴呆性老人共同生活护理、自费老人福利院护理、支付租赁及购买福利用具费用、支付住房改修费(安装扶手、拆除台阶等)等。设施服务是指被保险人入住到各种福利设施的服务,具体有护理老人福利设施(特别养护老人之家)、护理老人保健设施(老人保健设施)、护理疗养型医疗设施(疗养型病床、老年人痴呆病疗养病房)等。

护理保险的保险人是市町村和特别区。市町村作为保险人,不仅负有向符合法定条件的被保险人进行保险给付等"实施护理保险"的责任,还必须设立特别会计,管理护理保险的收入和支出。市町村具有决定给付、实施给付的给付主体的"事权"功能,又具有决定保险费率、征收和管理保险费的财政主体的"财权"功能[①]。在费用方面,日本介护保险费用由国家与个人共同负担,国家负担50%,其中中央政府负担25%,都道府县、市町村各负担12.5%;在个人缴纳费用方面,65岁以上退休老年人和40—64岁在职人员都需要缴纳费用,其中,65岁以上退休老人个人负担22%,由基层政府直接从退休金内扣除,40—64岁在职人员负担28%,与医疗保险费用同时缴纳,有困难者保险费减轻。此外,在接受护理的同时,也要缴纳一定比例的费用,以控制护理费用的增长。2014年修正的日本介护保险法规定,65岁以上护理服务利用者若收入超过规定标准则需要缴纳20%的服务费,其他利用者仍保持10%的原有标准。

(二)生活保护

在日本社会保障制度中,社会救济制度被通称为生活保护制度,始自1932年日本《救护法》的颁布。"二战"后,1946年日本颁布《生活保护法》,开始了一个新的阶段,直至今天。生活保护是针对贫困者进行最低生活水平保障的一种事后"救贫"措施,属政府行为,由国家出资救助,其财源来自税收,受益者与成本负担之间没有必然联系。日本生活保护制度是通过八种扶助来实现最低生活保障的,这八种扶助是根据被救济者或家庭的实际情况并考虑各地不同的经济发展水平,制定最低生活费标准后给予的各种不同给付。

1. 生活扶助

生活扶助是生活保护最基本和最核心的内容,是为了维持各种情况下日常生活所必需的伙食、衣服寝具、家具杂货等支出以及移动所必需的支出。生活扶助所设定的标准原则上是以居家生活所需支出为限,如果因故无法实施居家保护,则有相应的生活保护设施,但进入设施接受保护则不能违背被保护人自身的意愿,不可强制。生活扶助一般以现金方式支付,但是在特殊情况下也可以由社会福利事务所代购物品来进行实物支付。

2. 教育扶助

教育扶助包括义务教育所必需的教材等学习用品、上学交通费以及学校伙食费,教育扶助支付也以现金形式支付,但为了确保使用目的,与教育用品相关的费用以及学校伙食费则直接交由学校校长并代其支付各项费用。

3. 住宅扶助

住宅扶助是针对生活极端贫困者提供维持最低生活所必需的住宅房租以及修缮费用,一

---

① 宋健敏.日本社会保障制度[M].上海:上海人民出版社,2012:235.

般也是以现金方式支付,但在特殊情况下,也以提供简便宿舍的方式进行实物支付。

4. 医疗扶助

医疗扶助的内容包括提供诊疗、药材、治疗设备、手术以及必要的治疗措施、居家疗养管理以及伴随性看护、住院治疗等。接受医疗给付者每月需要在医疗机构申请医疗扶助,在医疗扶助身份未被确认前,采取交付医疗券的方式。

5. 护理扶助

护理扶助是护理保险法成立以后出台的新内容,是对于需要护理对象或者需要支援对象给予的扶助,具体内容可以参见前文提到的护理保险,这里不再重复。

6. 生育扶助

生育扶助包括分娩的措施和卫生用品,也一般以现金方式支付,但其中接生等费用直接支付给医疗机构。

7. 生业扶助

生业扶助是指针对有劳动意愿但生活极端贫困者所提供的用于经营开业所必需的资金技能学习费、就职准备费等,一般也是以现金形式给付。

8. 丧葬扶助

丧葬扶助是针对被保护者死亡情况下的给付,包括验尸、遗体搬运、火葬、埋葬等丧葬必需的费用。支付的对象是举办葬礼的被保护人的亲属或义务抚养人,如果没有的话,则支付给实际举办葬礼者,一般以现金方式支付[①]。

(三) 社会福利

社会福利是社会保障制度三大支柱之一,日本宪法第 25 条提出"国家必须在所有生活方面,不断努力促进社会福利、社会保障以及公众卫生水平的提高"。早期的社会福利制度与生活保护制度紧密相连,在经济高速增长期间逐步得以扩充。后来,随着社会少子化与老龄化趋势的发展,家庭功能的变化,残障者自立及其社会参与度的提升,人们对福利的需求更加多样化,与社会保险强调以社会"连带责任"来抵御生活中的各种风险不同,社会福利强调保障国民最低限度的健康、文明生活中的国家责任。日本的社会福利主要内容可以分为以下内容。

1. 对低收入者的生活保障

针对因某些原因生活陷入困境的人员,根据困难程度给予援助,提供日常生活福利,以保证其最低生活标准并帮助其自立,同时对于因疾病生活陷入困境的低收入者,向其提供生活费、医疗费。这一福利项目必须通过由需要协助的人员、其法定监护人或居住在与其相同地址的亲属提交申请来启动。原则上,以家庭为单位提供。扶助的种类包括:提供食品、衣服以及其他日常生活必需品;提供义务教育课程需要的课本;提供住所;提供医疗检查及药品;提供生育帮助;提供工作所需的资金与设备方面的协助;提供丧葬费用以及提供长期看护方面的协助。

2. 对高龄者的福利保障

对高龄者的福利保障包括为老人进行癌症检查及完善老人保健设施等一系列保健措施,

---

① 宋健敏.日本社会保障制度[M].上海:上海人民出版社,2012:354-355.

承担老年人医疗费用的医疗保障措施,向老人家中派遣护理人员、为其提供必要的护理服务的上门服务措施,为无法在家中生活的老年人提供老人养护之家等公共设施的保障措施。

3. 对残疾、痴呆患者的福利保障

被确认为有身体残疾的人员可以享受咨询与指导、特殊康复与医疗服务、残疾人辅助设备与器械的更换和维修以及在几种康复设施里接受治疗等福利项目。对于那些有特别严重残疾的人,服务的项目还可以包括用于购买澡盆、便壶、特别设计的床、文字处理机,雇家政服务人员,请医务人员登门体检的无偿赔款或借款。特殊残疾人员还可以获得一笔津贴,使他们能够在经济上自立,那些精神及身体残疾人员还可以通过一套扶持与互助系统领取一项特殊补助。

4. 对儿童的福利保障

对儿童的福利保障包括为孤儿提供生活场所、向有问题的儿童提供咨询服务、向抚养者提供必要的抚养资金援助等。对于身体或精神残疾的儿童,那些在家中养育这些儿童的法定监护人还可以得到一笔特别儿童养育津贴,津贴的数额根据残疾程度分为几等。教育方面的设施有盲人学校、聋人学校、可以提供特别护理的住所学校以及公立学校中的特殊课堂。

5. 对单亲家庭的福利保障

单亲家庭的福利保障是指面向单亲家庭提供的包括生活咨询服务、低息贷款等各种必要的援助措施[①]。

三、日本社会保障的特点

(一)年金一体化

为使年金制度更合理,日本厚生省提出了建立基础年金制度的构想,内容包括:设立全体国民共同固定的基础年金制度,从 65 岁起发放;现行的国民年金、厚生年金,各种共济组合的年金制度予以继续保持,扣除基础年金应支付的费用后,其剩余部分作为附加年金给予支付;将现行各种年金收取的保险费交给基础年金作为保险支付金,不足部分由国库承担。把现存的各种年金制度进行统一,全体国民都有平等的享用权。虽然医疗制度中的国民健康保险在保险费的缴付方面有地区和家庭的差别,但在医疗费的支付方面完全相同。

(二)保障自我化

日本社会保障制度强调劳动者个人的自我保护意识,鼓励个人依靠自身的努力和家庭的协助满足社会保障方面的需要。日本倡导建立以个人的资助努力和家庭、邻里(即社区共同体)的结合为基础,以政府重点保障公共福利的自由经济社会所具有的创造性活力为原动力的福利社会。在这种保障思想下,日本劳动者个人负担相对较多,与国际水平相比,日本老龄者就业率相对较高。让国民自己保障自身和家庭的形式是日本社会化保障制度中的重要制度选择。

(三)负担全民化

在日本的社会保障制度中,首先是政府负担大部分保险费用,其次是企业,再次是个人。公共救助部分依据的是必要的原则,由政府承担保证最低生活水平的责任;养老保险和医疗保险主要依据贡献原则,其社会保险资金来源采取受保人、雇主、政府三方分担的原则,其中政府

---

① 宋健敏.日本社会保障制度[M].上海:上海人民出版社,2012:198-200.

责任占有较高比例。日本的社会保险资金主要包括保险费、公费和其他资产收入等,政府负担的费用依靠税收获取。全民皆保险和全民皆年金制度实质上是全体国民共同保障全体国民生活的社会保障制度①。

(四)管理多元化

日本的社会保障制度是按系统分散管理的,没有形成全国统一的管理体系,可以简单分为政府、专业机构和社会团体三个层次。政府的职责主要集中于制定、实施、监督和落实社会保险的政策和方案;社会保险专业机构具体负责日常业务管理;社会团体协助办理相关的社会保险实务。养老保险中的国民年金、私人企业厚生年金和船员保险、疾病与生育保险以及家庭津贴,均由厚生省负责管理。养老保险中的私立学校教职员共济年金由文部省管理,而工伤保险与失业保险均由劳动省负责管理②。

本章小结

世界各国在不同的政治制度背景、历史文化环境、经济发展水平等多种因素的影响下,形成了多种风格的社会保障制度。本章分别介绍了英国、德国、美国和日本的社会保障制度,梳理各国保障制度的起源与发展历程,从历史起源、保障内容、保障对象、筹资方式、给付标准及管理手段等方面介绍了各国社会保障体系的内容,总结归纳不同社会保障制度的特征。

案例分析

当代资本主义国家的"新福利风险"

福利国家发展早期,福利国家要为因战争失去生活能力和就业能力的人提供基本生存保障,保护社会弱者基本权利,这些属于传统社会保障所包含的基本内容,被称为"老社会风险"(old social risks)。进入21世纪,福利国家经历了"后工业社会",传统的工作和家庭的平衡被打破、产业结构发生变化带来的社会不安定因素、不同类型技术工人的就业风险、单亲家庭的骤增、女性家庭责任的缺位等,俨然成为福利国家在新世纪之际亟待解决的新问题,这些问题被归纳为"新社会风险"(new social risks)③。

从"新社会风险"的提出到现在,资本主义世界又发生了很多"大事件"——金融风暴席卷全球、经济普遍不振、以英美"黑天鹅"事件为代表的局部逆全球化运动、民粹主义思潮的死灰复燃、"黄背心"运动席卷欧陆、新冠疫情不断蔓延……如今的资本主义国家面对的是与新老社会风险时期截然不同的格局。

一、难民潮催生新社会保障风险

2015年开始,受战乱影响,西亚、北非地区涌现大量难民,他们为了躲避战争和饥荒,不顾艰险迁徙到欧洲,形成"二战"以来欧洲最大的难民潮。造成了这些传统福利国家出现新的社会保障风险。对难民构成的社会保障机制难以在短期内完善,以普惠制社会保障为例,德国经

---

① 郑秉文,方定友,史寒冰.当代东亚国家、地区社会保障制度[M].北京:法律出版社,2002:111-113.
② 林闽钢,周薇,周蕾.社会保障国际比较[M].北京:科学出版社,2015:172.
③ BONOLI G. The politics of the new social policies: providing coverage against new social risks in mature welfare states[J]. Policy and Politics, 2005, 33(3):431.

济最发达的巴伐利亚州,每月为每个成人难民提供140欧元的低保补助,以此推算巴伐利亚州在未来两年在难民方面的财政支出将超过10亿欧元①。这种纯粹消耗性社会保障机制显然不是长久之计。

二、不平等加剧、民粹思潮复燃引发新社会政策风险

20世纪80年代以来,资本主义国家的贫富差距不断拉大,特别是以英国、美国等为代表的自由市场经济模式的国家,贫富加剧的一个后果,是民粹主义的复燃。如2012年伦敦骚乱事件、2018年巴黎"黄背心"运动以及2020年5月美国明尼苏达警察暴力执法引发席卷140余座城市的街头抗议活动。资本主义国家普遍的不平等加剧,对社会政策的制定带来更大挑战:面对新时期基于民粹主义思潮的社会抗争运动,资本主义用以应对"二战"创伤、建立福利"兜底"机制的老社会政策收效甚微,导致结合了民粹主义的新社会政策风险频发。

三、互联网时代产业结构变化导致新劳动力风险

随着互联网产业的突飞猛进,在大数据时代,通用型技能工人需求增加,劳动力市场上的特定高技术劳动力需求越来越旺,大量具有一般专业技能的失业工人成为社会不稳定的导火索,同时也造成了低端薪酬劳动力需求萎缩,进一步增加了失业,这便形成了新的高端通用型技术工人短缺的劳动力风险,这也会对资本主义国家福利保障结构产生影响。

(资料来源:冉昊.当代资本主义国家的新福利风险:表现、原因与应对[J].教学与研究,2021(2):56-67.)

思考:

当今资本主义福利国家面临的新风险是什么?结合你所学的知识,思考资本主义国家应该如何应对福利危机。

复习思考题

1. 简述英国福利型社会保障的起源及其发展历程。
2. 德国社会保障体系主要包括哪些内容?
3. 美国的社会保障具有哪些特点?
4. 日本为什么要建立介护保险体系?

推荐阅读书目

1. 郑春荣.英国社会保障制度[M].上海:上海人民出版社,2012.
2. 姚玲珍.德国社会保障制度[M].上海:上海人民出版社,2011.
3. 李超民.美国社会保障制度[M].上海:上海人民出版社,2009.
4. 宋健敏.日本社会保障制度[M].上海:上海人民出版社,2012.
5. 林闽钢,周薇,周蕾.社会保障国际比较[M].北京:科学出版社,2015.
6. 仇雨临.社会保障国际比较[M].北京:中国人民大学出版社,2019.

---

① 刘益梅.难民危机与欧洲民粹主义崛起探析[J].学海,2016(4):42-48.

参考文献

[1] 郑功成.社会保障学[M].北京:中国劳动社会保障出版社,2005:22-34.
[2] 赵曼,周祖荣,蔡伟.美国社会保障制度研究于借鉴[M].武汉:武汉出版社,1999:150-157.
[3] 许琳.社会保障学[M].北京:清华大学出版社,2008:70-80.
[4] 丁建定.西方国家社会保障制度史[M].北京:高等教育出版社,2010:45-50.
[5] 孙树菡.社会保险学[M].北京:中国人民大学出版社,2012:66-87.
[6] 柏拉图.理想国[M].郭斌和,张竹明,译.北京:商务印书馆,1986:58.
[7] 亚里士多德.政治学[M].吴寿彭,译.北京:商务印书馆,1965:113,118-119.
[8] 中共中央马克思恩格斯列宁斯大林著作编译局.马克思恩格斯文集第1卷[M].北京:人民出版社,2009:156.
[9] 中共中央马克思恩格斯列宁斯大林著作编译局.马克思恩格斯文集第2卷[M].北京:人民出版社,2009:357-359.
[10] 中共中央马克思恩格斯列宁斯大林著作编译局.马克思恩格斯文集第3卷[M].北京:人民出版社,2009:9-12.
[11] 中共中央马克思恩格斯列宁斯大林著作编译局.马克思恩格斯文集第5卷[M].北京:人民出版社,2009:743-745.
[12] 中共中央马克思恩格斯列宁斯大林著作编译局.马克思恩格斯文集第6卷[M].北京:人民出版社,2009:646.
[13] 列宁全集第4卷[M].北京:人民出版社,2013:190-196.
[14] 列宁全集第6卷[M].北京:人民出版社,2013:195-197.
[15] 桑巴特.现代资本主义第1卷[M].李季,译.北京:商务印书馆,1958:212-215.
[16] 凯恩斯.就业利息和货币流通[M].徐毓枬,译.北京:商务印书馆,1983:326
[17] 斯密.国民财富的性质和原因的研究(上卷)[M].郭大力,王亚南,译.北京:商务印书馆,1972:64-74.
[18] 吉登斯.第三条道路:社会民主主义的复兴[M].郑戈,译.北京:北京大学出版社,生活·读书·新知三联书店,2000:122-134.
[19] 布莱尔.新英国:我对一个年轻国家的展望[M].曹振寰,等译.世界知识出版社,1998:166-169.
[20] 穆怀中.社会保障适度水平研究[J].经济研究,1997(2):8.
[21] 穆怀中.社会保障的生存公平与劳动公平:"保障适度"的两维度标准[J].社会保障评论,2019,3(2):10-12.
[22] 林义,任斌.政治经济视角下的中国社会保障:变迁逻辑与发展经验[J].社会科学,2021(10):57-69.
[23] 鲁全.新时代中国社会保障体系建设的路径:兼论"十四五"时期社会保障改革新要求

[J].行政管理改革,2021(4):42-39.
[24] 郑功成.中国社会保障70年发展[J].社会科学文摘,2019(12):49-50.
[25] 郑功成.中国社会保障70年发展(1949—2019):回顾与展望[J].中国人民大学学报,2019,33(5):2-10.
[26] Zheng B W, Zhang X L. Social security development in China and its support to economic transition[J]. China Economist,2019,14(4):96-121.
[27] 郑秉文.中国社会保障40年:经验总结与改革取向[J].中国人口科学,2018(4):2-16.
[28] 杜惠敏,张小楠,梁佳伟.习近平新时代民生观的逻辑维度研析[J].理论导刊,2020(9):19-23.
[29] 周弘.福利的解析:来自欧美的启示[M].上海:远东出版社,1999.
[30] 卫兴华.中国社会保障制度研究[M].北京:中国人民大学出版社,1994.
[31] 丁建定,罗丽娅.试论中国共产党民生思想的发展[J].中州学刊,2020(6):70-75.
[32] 钟仁耀.社会救助与社会福利[M].上海:上海财经大学出版社,2005.
[33] 陈银娥,潘胜文.社会福利[M].北京:中国人民大学出版社,2004.
[34] 杨燕绥.社会保障[M].北京:清华大学出版社,2011.
[35] 刘力宁.习近平社会公平思想研究[D].沈阳:沈阳理工大学,2020.
[36] 李长达.中国共产党民生观研究(1949—1956)[D].锦州:渤海大学,2020.
[37] 张园园.习近平民生观研究[D].临汾:山西师范大学,2019.
[38] 贾桓宇.社会保障国际比较[J].现代经济信息,2015(12):143.
[39] 库少雄,BURCH H A.社会福利政策分析与选择[M].武汉:华中科技大学出版社,2006.
[40] 王玉明.发挥慈善事业三次分配作用[J].中国民政,2021(17):22.
[41] GILBERT N, TERRELL P.社会福利政策导论[M].黄晨熹,周烨,刘红,译.上海:华东理工大学出版社,2003.
[42] 孙炳耀,常宗虎.中国社会福利概论[M].北京:中国社会出版社,2002.
[43] 冉昊.企业年金制度的比较与借鉴[J].河北大学学报(哲社版),2021,44(5):125-130.
[44] 陈先玲.企业年金制度演进历程、运行现状和发展路径[J].科技创业月刊,2021,34(7):156-157.
[45] 张轶妹,周明.中国共产党百年社会保障管理体制探索、演进与创新[J].西北大学学报(哲社版),2021,51(4):100-102.
[46] 迪尼托.社会福利:政治与公共政策[M].北京:中国人民大学出版社,2007.
[47] 怀特科,费德里科.当今世界的社会福利[M].北京:法律出版社,2003.
[48] 单大圣.中国建成世界最大社会保障体系后的政策选择[J].北京航空航天大学学报(社会科学版),2019,32(2):30-33.
[49] 童星.社会保障与管理[M].南京:南京大学出版社,2002.
[50] 陈成文,胡书芝.社会救助与建设和谐社会[M].长沙:湖南大学出版社,2007.
[51] 王卫平,郭强.社会救助学[M].北京:群言出版社,2007.
[52] 曹立钱.社会救助与社会福利[M].青岛:中国海洋大学出版社,2006.
[53] 时正新.中国社会救助体系研究[M].北京:中国社会科学出版社,2002.
[54] 宋晓梧.中国社会保障制度改革[M].北京:清华大学出版社,2002.
[55] 刘钧.社会保障理论与实务[M].北京:清华大学出版社,2005.

[56] 郑秉文,和春雷.社会保障分析导论[M].北京:法律出版社,2001.
[57] 孙建勇.社会保障基金监管[M].2版.北京:中国劳动社会保障出版社,2005.
[58] 丁建定.社会保障概论新编[M].北京:中国人民大学出版社,2016.
[59] 林义.企业年金的理论与政策研究[M].成都:西南财经大学出版社,2006.
[60] 齐海鹏,刘明慧,付伯颖.社会保障基金管理研究[M].大连:东北财经大学出版社,2002.
[61] 林义.社会保险基金管理[M].北京:中国劳动社会保障出版社,2002.
[62] 丁建定.社会保障制度论:西方的实践与中国的探索[M].北京:社会科学文献出版社,2016.
[63] 李珍.社会保障理论[M].北京:中国劳动社会保障出版社,2013.
[64] 郭士征.社会保险基金管理[M].上海:上海财经大学出版社,2006.
[65] 孙祁祥,郑伟,等.中国社会保障制度研究:社会保险改革与商业保险发展[M].北京:中国金融出版社,2005.
[66] 郑功成.当代中国慈善事业[M].北京:人民出版社,2012.
[67] 孟昭喜.社会保险经办管理[M].北京:中国劳动社会保障出版社,2005.
[68] 曹信邦.社会保障学[M].北京:科学出版社,2007.
[69] 孙光德,董克用.社会保障理论[M].5版.北京:中国人民大学出版社,2016.
[70] 张思锋,温海红,赵文龙.社会保障概论[M].武汉:武汉出版社,2003.
[71] 洪进,杨辉.社会保障导论[M].合肥:中国科学技术大学出版社,2006.
[72] 章晓懿.社会保障:制度与比较[M].上海:上海交通大学出版社,2004.
[73] 费梅苹.社会保障概论[M].3版.上海:华东理工大学出版社,2008.
[74] 周德民,邹文开,刘志红.社会保障概论[M].北京:中国轻工业出版社,2008.
[75] 穆怀中.社会保障国际比较[M].2版.北京:中国劳动社会保障出版社,2007.
[76] 郭捷.劳动与社会保障法[M].北京:中国政法大学出版社,2007.
[77] 杨燕绥.社会保障法[M].北京:人民出版社,2006.
[78] 王洪春.社会保障学[M].合肥:合肥工业大学出版社,2008.
[79] 贾俊玲.劳动法学[M].北京:北京大学出版社,2009.
[80] 董保华.社会保障的法学观[M].北京:北京大学出版社,2005.
[81] 张开云,李倩.社会保障学导论[M].2版.北京:科学出版社,2015.
[82] 向运华,王晓慧.公平理念在中国:改革开放40年社会保障事业回顾和展望[J].河北大学学报(哲社版),2019,44(3):127-128.
[83] 范丛.中国共产党社会保障理念的演进及思考[J].当代世界社会主义问题,2019(2):46-48.
[84] 徐进.中国社会保障70年:制度演进、理念变迁、中国经验[J].哈尔滨商业大学学报(社会科学版),2019(6):126-128.
[85] 郑功成.中国社会保障发展报告[M].北京:人民出版社,2016.
[86] 曾煜.新编社会保障通论[M].北京:中国建材工业出版社,2003.
[87] 陈林,董登新.我国社会保障基金投资应借鉴国际经验:基于美国、新加坡的投资经验[J].武汉金融,2015(2):39-41.
[88] 任丽芳,李俊杰.全国社会保障基金投资股票市场实证分析[J].征信,2014(2):86-89.
[89] 唐艳,陈志国.公共养老储备基金资产配置比较研究与启示:基于挪威、法国、爱尔兰、新西兰四国公共养老储备基金比较分析[J].社会保障研究,2014(3):105-112.

[90] 泰阳,张瑾.新加坡社会保障基金监管模式及其启示[J].内蒙古农业大学学报(社会科学版),2021,23(3):60-62.

[91] 丁建定,王伟.西方国家社会保障制度发展模式研究[J].东岳论丛,2021,42(3):140-144.

[92] 唐运舒,胡琪.基本养老金市场化投资的理论依据与风险控制[J].华东经济管理,2014(8):169-173.

[93] 张兴.我国养老保险个人账户基金管理体制研究[J].经济与管理,2014(4):40-44.

[94] 邹东涛,李欣欣.社会保障:体系完善与制度创新[M].北京:社会科学文献出版社,2011.

[95] 邱春明.社会保障水平与经济发展的适应性关系研究[J].商业观察,2021(16):56-57.

[96] ATKINSON,MOGENSEN,GUNNER.A North European perspective[J].Welfares Work Incentives,1993(10):12-26.

[97] 巴尔.福利国家经济学[M].郑秉文,穆怀中,等译.北京:中国劳动社会保障出版社,2003.

[98] 郑功成.中国社会保险法制建设:现状评估与发展思路[J].探索,2020(3):36-38.

[99] 米尔丝.社会保障经济学[M].郑秉文,译.北京:法律出版社,2003.

[100] 杨风寿.中国社会保障水平与经济水平关系的研究[J].开发研究,2015(4):164-168.

[101] 郭林,杨斌,丁建定.政府职能与社会保障制度体系发展目标嬗变研究[J].浙江社会科学,2013(9):78-84.

[102] 米拉什.资本主义社会的福利国家[M].郑秉文,译.北京:法律出版社,2003.

[103] 郑功成.中国慈善事业发展:成效、问题与制度完善[J].国家行政学院学报,2020,24(6):58-60.

[104] 张宗坪,董西明.社会保障概论[M].上海:上海财经大学出版社,2012.

[105] 刘宁宁,王小川.社会保障适度水平探究[J].劳动保障世界,2019(3):35-36.

[106] 柳清瑞,沈毅,陈曦.社会保障水平变动规律的跨国实证分析[J].人口与发展,2014(6):51-62.

[107] 王健.我国社会救助制度中受救助者义务条款的正当性、体系化及其限度[J].河南财经政法大学学报,2021,36(5):32-36.

[108] 马斌.社会保障学[M].北京:科学出版社,2015.

[109] 刘钧.社会保障理论与实务[M].2版.北京:清华大学出版社,2009.

[110] 郑功成.全面深化医保改革:进展、挑战与纵深推进[J].行政管理改革,2021(10):14.

[111] 丁建定,何二毛.论中国社会福利制度类型的完善[J].贵州社会科学,2015(6):62-66.

[112] 潘锦棠.社会保障学[M].大连:东北财经大学出版社,2015.

[113] 鲁全.新发展格局要求社保发挥新功能[J].中国社会保障,2021(5):36.

[114] 王立剑.社会保障的价值理性与工具理性[J].中国社会保障,2021(8):33.

[115] 赵峰,李清章.我国社会保障水平区域差异化综合评价研究[J].商业经济研究,2018(21):148-149.

[116] 李平.历史视角下公共政策功能限度的转变:以中国社会保障领域政策为例[J].现代商贸工业,2020,41(12):55.

[117] 王震.公共政策70年:社会保障与公共服务供给体系的发展与改革[J].北京工业大学学报,2019,19(5):26-29.